KB270678

# 명리학 정해

命理學正解

# 명리학 정해

青巖 郭東勳 編著

도서출판 섬영사

# 머리말

　인간들은 제각기 자신들의 삶을 위해서는 생존 경쟁에서 이기는 것이 숙명일지도 모른다. 그것은, 이 세상에서 태어나 목숨을 이어가기 위해서는 최소한의 의식주가 필요하고, 이것을 얻기 위해서는 싸워 이겨야 하기 때문이다. 그러나 이렇듯 치열한 생존 경쟁 속에 끼어들 엄두조차 못 내고 제외된 채 현대 사회의 사생자私生子처럼 살아가고 있는 사람들도 숱하게 많다. 도와주어도 살아가기 힘든 처지인데도 부와 권세의 싸움에 들러리처럼 끼어 본의 아니게 피해를 입게 되고, 부와 권세의 횡포 속에서 희생되지 않으려고 바둥거리기에도 힘에 부친다.

　인간 만사라는 것이 안 되는 사람은 잘 해도 안 되고, 착한 일을 해도 복이 따르지 않으며, 잘 되는 사람은 잘못해도 요행이 따르고, 악한 일을 해도 재앙을 받지 않는 것 같다. 이러한 모순은 예나 지금이나 다를 바 없다. 그래도 본디 선량하고 우매한 백민들은 이런 모순을 원망하지 않고, 내 팔자려니 하면서 책임을 박복하게 태어난 자신에게 돌리고 만다.

　이와 같이 대부분의 사람들은 운명론을 믿고 있다. 선악에 따른 인간 관계보다 운명에 의하여 행운과 불행이 따르는 것으로 생각하고 있다. 그렇다면 이와 같은 운명론을 나한테 유리하게 접목시킬 수는 없는 것일까? 자신이 타고난 운명을 믿고, 자신에 대한 운명의 작용을 인정한다면 자기가 타고난 숙명을 가늠하여, 그 그릇이 허용되는 범위 안에서 뜻을 두고 목적을 세워 그 한계에 도달하면, 이에 만족을 하고 더 이상의 욕망을 추구하지 않으면 될 것이니, 이보다 더 슬기로운 방법은 없을 것이다.

또 현실이 어렵다고 해서 될 가능성이 있는 일조차 실행을 하지 않으면 아까운 복록을 버리는 것이고, 반대로 오르지 못할 것을 쟁취하려고 욕심을 낸다면 부질없이 시간과 노력만 허비할 뿐 아니라, 심하면 자신이 가지고 있는 것마저 모두 잃을지도 모른다.

그래서 우리는 자신이 타고난 숙명과 운명을 정확히 예측하고자 한다. 그것은 화복을 미리 측정하여 복록은 최대한으로 받아들이고, 화액은 최소한으로 줄이거나 통하지 못하게 할 수 있기 때문이다. 그러므로 이 학문에 담긴 심오한 이치는 사물의 조화와 천지 자연의 법칙, 인간사의 처세 철학이 담겨 있기 때문에 이《명리학 정해》가 아니고서는 인간 만사에 부여된 호환의 법칙을 깨달을 수 없을 것이다.

청암주역원에서<br>곽동훈 적음

# 서론

## 운명을 대하는 마음의 자세

하늘에는 미루어 생각할 수 없는 풍운의 조화가 있고, 인간에게는 조석朝夕으로 변화하는 복록福祿과 재화災禍가 있다. 그러나 평범한 인간의 능력으로는, 생각할 틈도 없이 변하여 다르게 되는 기상의 천재 이변과 예측하기 어려운 인간들의 길흉 화복을 헤아릴 수 없다. 물론 예로부터 천문학이 있어 비바람과 구름의 측정하기 어려운 변화를 가늠했고, 음양 오행학이 있어 인간의 길흉 화복을 유추해 왔으므로, 이 학문만 통하면 화복禍福의 궁통을 알 수 있겠으나, 그 참뜻을 이해하기가 어찌 쉬운 일이겠는가!

그러나 우리가 이 세상에 태어난 것은 반드시 태어나야 할 숙명이기 때문인지도 모른다. 요행이건 우연이건 일단 이 세상에 태어난 이상 한 생애를 값있고 보람있게 살아야 하겠고, 그러기 위해 끊임없는 노력을 하는 것이다. 그러나 사람은 각자 타고난 복력이 있고, 운명이 달라서 한세상 같은 시대에 태어났어도 사람마다 살아가는 형태는 천차만별이다. 누군들 불행을 원하겠으며, 누군들 행복을 싫어하겠냐마는, 그 부귀 빈천과 수요壽夭와 화복이 자신의 뜻대로 되지 않는 게 우리 인간들의 번뇌와 갈등이다.

그러나 제아무리 생을 위해 안간힘을 쓰고 노력해도 그 생을 영원히 지킬 수 있는 것은 하나도 없다. 모든 생물은 한번 생겨나면 늙고 시들고 병들어

죽는다. 이것은 지극히 공정한 하늘의 도道요, 자연의 법칙이므로, 인간이라 해서 이 생로병사의 자연 법칙에서 벗어날 수 없다. 그저 수만 겁을 통해 태어나서 죽고 생멸生滅을 거듭하는지라, 한 사람으로만 여길 때는 생했다가 사라지는 것 같으나, 통틀어 생각해 보면 생멸 성쇠의 영원한 순환이다. 그리하여 우리 인간도 생멸 성쇠의 길고 짧은 차이는 있어도 부귀 빈천과 수요에 의한 화복은 근본적으로는 없는 것이다.

우리는 흔히 운명運命이란 말들을 한다. 그것은 인간의 의지와 상관 없이 초인적인 위력에 의하여 지배되는 신상에 닥치는 길흉 화복이다. 우리가 인생을 살다보면 숱한 우여곡절을 겪게 되고, 뜻하지 않은 일도 당하며, 서로의 인과성因果性이 얽히고 설켜 전혀 상상하지 못한 결과를 초래하기도 하고, 원인을 규명할 수 없는 일들이 벌어지곤 한다. 이와 같은 일들이 이어지면서 뜻밖의 행운을 얻어 출세도 하고, 뜻밖의 형액을 만나 가산을 탕진하며, 비명 횡사하는 수도 있다. 마음 속에 품은 뜻이든 아니든 결과를 막론하고 행복과 불행, 성패와 희비에 결정적인 영향을 미치게 하는 모든 것들을 포함한 결과를 운명이라 말할 수 있다.

그러면 이런 불가사의한 운명을 바꿀 수는 없는 것인가? 그것은 인간 만사가 제가 할 나름이면 남이 할 수 있는 일도 자신이 할 수 있고, 남이 누리는 부귀 영화를 그 사람같이 처신한다면 자신도 누릴 수 있어야 한다. 하지만 그렇지 못하다. 그 일은 그 사람만이 할 수 있고, 내 일은 나만이 할 수 있을 뿐이다. 그러므로 모든 것을 운명으로만 돌리지 말고, 어차피 태어난 세상 안에서 최선을 다 하면 성공도 하고 화액도 면할 수 있다. 그러기에 진인사

대천명이란 옛 성현의 말씀이 있지 않은가. 무슨 일이건 착수해서 최선을 다하면 결과는 노력하는 자의 것이 될 것이다.


## 사주의 응용

우리가 원하든 원하지 않든 의식할 수 없는 무아적인 상태에서 나타나는 현상을 운運이라고 하고, 팔자라고 부르기도 한다. 그러나 팔자 운운하다 보면 인간의 운명은 자신도 모르는 사이에 외길로 정해져 있어 어쩔 수 없다는 체념으로 흐르게 되고, 그것은 또 다른 부작용을 낳기도 한다. 그러나 어떠한 악운이 닥쳐도 빠져나갈 길은 반드시 있다. 이것이 우리가 역학을 공부하는 이유이다.

만약 미래에 일어날 일들을 정확하게 알 수 있다면 그 일의 진로가 어떠할지라도 우선은 알기를 원하는 게 인간들의 공통된 심리일 것이다. 그러므로 이 학문을 깊이 연구하여 원리를 터득한다면 각 개인이 타고난 부귀 빈천의 궁통과 흥망 성쇠의 시기를 추리하여 자기가 타고난 복력에 맞추어 계획을 세우고, 욕망의 한계를 정해서 무리 없는 삶을 영위하게 될 것이며, 다가올 운세의 좋고 나쁨에 따라 일의 한도를 측정하여 조심스럽게 처신해서 불운을 방지할 수 있다. 따라서 가능한 일을 미리 겁내거나 자신감을 잃어 실행에 나가지 않는다면 성공은 요원할 뿐이다. 그렇다고 불가능한 일을 가능한 것으로 오인하여, 무모하게 진행한다면 시간과 노력, 그리고 자본만 헛되이 낭비할 뿐이니, 이런 것들을 예측한 명리命理에 따라 삶을 경영하는 게 자기 사주의 복력에 맞는 인생을 살아가는 슬기라 하겠다. 따라서 이《명리학 정해》를 잘만 응용하면 우리의 생활을 더욱 보람차게 만들고 생활의 윤활유 역할을 할 것이라 믿어 의심치 않는다.


## 사주는 통계학이 아니라 자연 과학이다

명리학命理學은 사람이 태어난 생년·월·일·시를 음양 오행으로 표현한 것으로서 네 개의 기둥을 이루고 있어 사주四柱라고 부르며, 전체의 글자가 여덟 자로 이루어져 팔자八字라고 부르기도 한다.

사람이 태어나서 죽을 때까지 긴 세월 동안 태어난 생년·월·일·시의 힘에 의해 운명이 결정된다는 사실에 억울하게 생각하는 사람들도 있을 것이다. 특히 좋은 사주를 타고 났다면 모르겠으나, 반대의 경우라면 도무지 믿고 싶지 않은 것이 인지상정이다.

그러나 저자의 수많은 경험상으로 볼 때 나쁜 사주는 없다고 말할 수 있다. 그 이유는, 성공은 자신이 만들어 가는 것이기 때문이다. 인간은 태어난 환경이 다르고, 살아가는 형태가 다르고, 흥망 성쇠가 다르기 때문에, 나는 상대방이 지닌 능력을 타고나지 못했으므로 그가 부러워도 그의 것을 취할 수 없고, 그는 내가 지닌 능력을 타고나지 못했으니 그가 나를 부러워해도 나의 것을 취할 수 없다. 즉, 사람마다 각자의 그릇이 있고 제각기 할 일이 있으며, 자신의 능력에 따라서 모든 것을 선택할 수 있는 자유가 있다. 그러므로 사주 팔자가 나쁘다고 체념하지 말고, 자신이 타고난 사주를 바로 알아 단점은 보완하고 장점은 살리면서 항상 몸과 마음을 수련하며, 인내하고 노력하는 자에게 대운은 따르는 것임을 명심해야 한다.

그렇다면 왜 태어난 날과 시간이 중요한지 그 원인을 더듬어 보자.

동양에서는 일찍부터 인간의 모든 생활과 학문에 음양 오행의 원리를 적용하였다. 본편에서 음양 오행에 대하여 자세히 논하겠으나, 우주는 음양 오행으로 이루어져 있다는 것이 동양 철학의 밑바탕에 깔린 논리이다.

## 동양 철학의 우주론

우주에서 삼라 만상이 무궁한 변화를 일으키고 있는 것은 음陰과 양陽이라는 이질적인 두 기운이 지닌 역량의 작용으로 인하여 모순과 대립이 나타남으로써 일어나는 현상이다. 이와 같은 변화 작용을 하지 않을 수 없는 것은 그와 같이 추진하는 역원力源이 있기 때문이다.

우주는 본래 지정지무至靜至無한 상태에서 생겨났다. 다시 말하면 삼라 만상을 장식하는 모든 유형 물체는 그 시초부터 형체가 있었던 것은 아니다. 최초의 우주는 적막하고 공허한 상태여서 어떠한 물체도 없었다. 다만, 연기煙氣 같기도 하면서 무엇이 있는 듯하기도 하고 없는 듯하기도 한 진공眞空의 상태였다. 이러한 상태를 무無 또는 무극無極이라 한다. 무극은 천지 창조의 본체인데, 이 무극의 본질인 무는 순수한 무가 아니고 상대적인 무로서 상象의 본질인 것이다. 그 상이라는 것은 비청비탁非淸非濁의 중성적 존재로서 형체를 이룰 수 있는 소질素質을 만드는 유무有無의 화합체和合體이다. 그러나 그것은 시각이나 촉각으로 느낄 수 있는 형形은 아니다. 그러므로 무극의 성질을 엄밀히 논하면 형의 분열이 극미세하게 분화되어서 조금만 응고해지면 형이 될 수 있는 직전의 상태에 있었던 것이다.

이 무극의 세월이 몇 수억 겁을 거치면서 비로소 일기一氣가 형성되었으며, 이 일기의 상태를 유有라 할 수 있다. 이 유의 상태는 조화력이 있는 무극의 상태에서 더욱 진화하여 음·양의 기를 함께 포함해서 지니고 있었으나, 이 유의 상태도 기만있을 뿐 무나 다름없는 허공의 상태나 다를 바 없었으며, 다시 이 일기의 상태가 한층 더 진화하여 동질적인 분파 작용을 일으키면서 태극으로 변하게 된 것이다. 거기에서 태극은 자기 본체의 본성을 발휘하여 현실계의 모순·대립을 나타내게 되는 것이니, 이 작용을 음양 작용陰陽作用이라고 한다.

이와 같은 내력으로 상象에서 유有가 창조되는 것이므로 역易은 이를 감위수坎爲水·감괘坎卦라고 한다. 다시 말하면 감坎자의 개념은 土의 작용이 결여되어서 수水가 된다는 것을 의미하는 것이다. 그러므로 수는 유의 기본이며, 형상계形象界의 모체母體인 것이다.

일기一氣에서 태극으로 진화한 상태는 음과 양의 기가 하나로 뭉쳐 있는 음양 동정의 시대이며, 다시 우주 운동은 무극에서 태극으로 불규칙적인 팽창과 분열을 반복하면서 태극은 양의兩儀로 화한다. 이 양의의 시대는 음과 양의 기가 뚜렷이 구분되어 생물이 생장할 수 있는 근간을 이루고, 인식이 성립되며, 이성을 창조하는 중대한 기반을 다지는 시기이다. 이와 같은 우주 운동이 시간적 발전을 거듭하면서 형상계가 세분화되는데, 그 세분화 작용이 극極에 이르는 과정을 황극이라고 한다. 다시 말하면 무극의 시기를 탈피하는 과정의 끝이 바로 황극인 것이다. 즉, 己土의 시작이 무극이고, 甲木의 시작이 황극인 것이다. 그러므로 만물은 황극에서 생장을 준비하고, 태극에서 생화生化를 시작하는 바이다.

이상을 정리하면 우주가 창시되기 전 태초가 무無이고, 무에서 음양의 기가 뭉쳐 하나인 태극이 생성되었으며, 태극이 둘인 양의음·양가 되고, 양의가 넷인 사상〔노음老陰·소양少陽·소음少陰·노양老陽〕이 되었으며, 사상은 다시 팔괘〔곤坤·간艮·감坎·손巽·진震·이離·태兌·건乾〕로 분화되었다. 팔괘는 천지 만물의 형상과 형태를 상징하는 근본적이기는 하지만, 우주 만물이 변화하고 생성하는 이치는 갖추어지지 않았다. 그래서 8괘의 한 괘 한 괘를 둘씩 거듭하여 육십사괘의 주역을 만든 것이다. 이 육십사괘는 삼라 만상의 상징이며, 천지 만물과 인간이 창조된 원리인 것이다.

오행五行이란 개념도 위에서 설명한 바와 같이 일기一氣라는 하나의 통일체가 태역太易·태초太初·태시太始·태소太素의 네 단계를 거치면서 태극으로 발전이 되었으며, 태극은 다시 음과 양이라는 두 가지의 기운으로 변화하고, 그 음양은 또다시 각각의 분합 작용을 일으키면서 다섯 개의 새로운 성질이 발생하게 되었으니, 이것은 오행목·화·토·금·수이라고 한다.

그러므로 동양 철학의 원리는 단적端的이 아니며, 진리의 참됨을 어떤 낱개의 물질이나 성질에서 찾으려는 것이 아니고, 통일된 형形과 상象에서 찾으려는 것이다. 즉, 무한한 매개체每個體의 원리에서 찾아내려는 것이다.

## 역易의 기원

역의 뜻은 바뀌고 순환한다는 의미이다. 즉, 시간과 공간 속에서 천변 만화하는 우주와 만물의 변화하는 원리를 탐구하는 원천이 바로 역인 것이다.

때문에 우주가 창시된 순간부터 역의 법칙은 있었으며, 간괘艮卦로 시작되는 연산역連山易, 곤괘坤卦로 시작되는 귀장역歸藏易, 건괘乾卦로 시작되는 주역, 이렇게 3역이 있었는데, 모두 8괘로 64괘를 이루었다고 한다.

그러나 지금은 주역만이 전해지고 있다.

중국 고대의 삼황三皇:헌원씨·신농씨·복희씨의 한 사람인 복희씨伏羲氏가 천하를 다스릴 때 하수지금의 황하강 유역에 나타난 용마龍馬:머리는 용이고 몸은 말의 형상을 한 신비스러운 동물의 등에 있는 55개의 점인간의 머리에 있는 가마같이 소용돌이치는 무늬을 보고 우주 만물의 생성 이치를 깨달아 천체와 지구·인간, 즉 천지인天地人 삼재三才의 도를 문양으로 형상화하여 주역의 시초인 복희팔괘伏羲八卦를 만들었다.

그 후 삼황의 한 사람인 신농씨가 이를 이어받아 농사 짓는 법과 백초百草:온갖 풀의 맛을 보아 의약醫藥을 창안하였으며, 이 때 사용한 역을 연산역이라 한다.

신농씨 다음 황제인 헌원씨軒轅氏는 육갑六甲을 창안해 사용하기 시작하였으며, 이 때 그가 썼다는 《황제내경黃帝內經》은 의서醫書 및 음양 술서陰陽術書로서 지금까지 전해지고 있으며, 이렇게 사용한 역을 귀장역이라 한다.

그리고 약 2000년 후 은대殷代 말기에 서쪽의 제후로 있던 문왕文王이 복희의 팔괘와 하우씨夏禹氏:하나라의 시조인 우왕 때 출연하였다는 신성스러운 거북의 몸에 나타난 무늬, 즉 낙서洛書의 이치를 근본으로 삼아 문왕의 팔괘를 만들었고, 주역 64괘의 차례를 새롭게 정하여 괘사를 붙이니 바로 문자화한 역의 시작이며, 문왕의 아들 주공이 문왕의 역을 계승하여 각 괘의 384효마

다 설명을 붙이니, 문왕의 괘사와 주공의 효사를 합하여 주역 경문周易經文이
라 한다.

그 후 춘추春秋 말엽, B.C. 550년 경에 공자孔子가 선대 성인들의 가르침을
이어받아 자신의 사상과 경륜을 담아 주역을 해명해 보고자 시도한 것을 십
익十翼:열 개의 날개이라고 하며, 주역의 말씀에 숨어 있는 심오한 진리를 터득
하여 해석과 해설과 해명을 덧붙임으로써 주역의 대계大系를 이루었다.

그리고 주자朱子:이름은 熹, 南宋 때 인물는 주역의 모두冒頭 글에 주석註釋을
달아 우리가 이해하기 쉽도록 함으로써 현재의 주역周易이 완성을 보게 된
것이다.


## 역학의 발전

주역과 명리학은 모두 음양의 이원론二元論에서 시작되었다. 음양은 사상四
象을 낳고, 사상은 팔괘八卦로 발전하였으며, 팔괘는 다시 한 괘 한 괘를 서로
한 번씩 합하여 육십사괘六十四卦로 대성괘를 이루는데, 이와 같이 우주 내
만물의 본연성을 깨우치는 공간적인 개념의 학문이 주역이다. 그리고 음양이
오행으로 화化하고, 오행은 다시 십간·십이지로 분화하였으며, 분화한 십간·
십이지의 생화극제를 이용하여 인간사의 이치를 예지하는 시간적인 개념의
학문이 명리학이다. 또한 주역의 공간적인 개념과 명리학의 시간적인 개념이
아우러져 우주 삼라 만상의 이치를 터득하는 학문이 바로 기문 둔갑이다.

　숙명과 운명의 압박 속에서 벗어나려는 인간들의 지혜는 미래를 규명하여 인간 생활에 이용하려고 노력하였다. 이러한 인간의 노력과 연구의 역사는 동서양 모두 지금으로부터 약 오천 년 전 밤하늘의 별을 보고 앞날을 예지하는 점성술로 시작되었으며, 이것은 해와 달, 그리고 행성의 움직임이 인간의 운명과 연관성이 있다는 논리에 근거를 두었다.

　서양의 점성술은 입춘에서 한 해를 시작하는 동양의 역학과는 달리, 춘분을 기준으로 한 해를 시작한다. 그리고 한 해를 십이궁으로, 하루를 십이시로 나누어 운명을 예지한다. 이외 집시들이 애용했던 칠십팔장의 카드로 점을 치는 타롯이라는 카드 점이 번성했다.


　동양의 점술은 약 사천 년 전부터는 대체로 음양과 오행을 이용하여 점占을 하였는데, 이것을 종합하여 추명학推命學이라 부르고, 음양의 생화극제生和剋制를 이용하여 시간적인 개념을 도입한 명리학命理學을 위시하여 태을수太乙數·오성술五星術·구성학九星學·기학氣學·육임六壬·자미두수紫微斗數 등이 미래 예지학으로 점진적 발전을 하였다.

　그 후 당唐나라 때의 이허중李虛中은 사주 팔자 가운데 연간年刊을 중심으로 오행의 생과 극으로 사주 보는 법을 완성하였고, 송宋나라 때 서공승徐公升:徐子平이란 이름으로 더 잘 알려져 있음은 일간日刊을 중심으로 하여 오행의 생화극제로 사주 보는 법을 확립하여 오늘날 사주 추명학의 근간을 이루었다.


　서공승 이전의 사학斯學 연구가를 살펴보면 중국의 전국 시대 때에 청오자靑烏子가 지은 《청오경靑烏經》은 지리학서로 가장 오래 된 저서이고, 낙녹자珞錄子·귀곡자鬼谷子 등이 이 학술을 연구하여 상당한 경지에 도달하였다. 한漢

나라 때에는 동중서董仲舒·사마계司馬季·허부許負·동방삭東方朔 등이 유명했고, 한말漢末 삼국 시대에는 관노管輅·자허상인紫虛上人 등이 신복神卜으로 알려졌으며, 이들의 일화는《삼국지》를 읽은 사람이라면 잘 알 수 있을 것이다. 삼국 이후의 진晉나라 때 인물로는 진유곽晉有郭·박북제璞北齊·유의정有擬定 등이 세상에 알려진 대가들이며, 그 후 당대唐代의 인물로는 양구빈楊救貧·장일행張一行·곽림종郭林宗 같은 국사國師와 도인이 있었고, 마의도인麻衣道人 달마조사達摩祖師는 상법相法에 능통하였다.

당이 망하고 송宋나라가 세워진 초기 마의도인의 제자인 진박陳博은 상법·사주법·지리 등에 통달하였으며, 같은 송나라 때 인물인 서공승은《연해자평淵海子平》을 저술하여 오행 사주의 완전한 체계를 세웠다.

이후 명대明代에 와서는 오행 사주가 주主를 이루었으니, 장남張楠의《명리정종命理正宗》, 만유오萬有吾의《삼명통회三命通會》, 심효질沈孝瞠의《자평진전子平眞詮》, 유백온劉伯溫의《적천수滴天髓》등 적지 않은 책자가 저술되었다.

청대淸代에 와서도 왕홍서王洪緖의《복서정종卜筮正宗》, 유성의劉誠意의《천금부千金賦》외 다수의 사주학·상법서·풍수학·점술서에 관한 서적들이 저술되어 전해지고 있다.

이와 같이 사주 추명학은 지현 및 학자 들에 의하여 수천 년의 세월 동안 연구되어 연찬 전승研鑽傳承됨으로써 오늘에까지 이르게 된 것이다.


## 운명의 변환


우리들이 흔히 이야기하는 운運이란 바로 그 사람에게 깃들여 있는 잠적재인 하늘의 기운을 말한다. 그 사람의 기운과 하늘의 기운이 서로 일치하고 호흡이 잘 맞아 무언의 조화를 이룰 때는 운이 좋아서 만사 형통하지만, 자신의 기운과 하늘의 기운이 서로 어긋나면 하늘의 기운에 적응하지 못하여 흉한 일이 일어나게 된다.

인간이 이 세상에 태어나 자신의 힘으로 산소 호흡을 처음 하는 순간, 하늘의 기운氣運이 체내로 들어와 아기의 체질을 만든다. 그 순간 태양은 어디에 있고, 달은 어디에 있으며, 기후는 어떠한가? 참으로 의미 심장하고 중요한 순간이 아닐 수 없다. 그만큼 태어난 날과 시간은 중요한 것이다.

그렇다면 타고난 생년·월·일·시의 사주 팔자는 절대적인 것인가? 저자는 전혀 절대적이라고 생각지 않으며, 우리 인간의 노력으로 변경할 수 있으리라 확신한다. 운이 전 생애에 걸쳐서 지대한 영향력을 미칠 수 있을지언정 변경 및 전환은 못 시키는 것은 아니다.

하늘은 스스로 돕는 자를 돕는다고 하지 않았던가. 어려움이 있기 때문에 극복하려는 의지가 생기고, 그 의지는 하늘의 축복으로 연결이 된다. 나 자신을 바로 알고, 있는 힘을 다 해 최선을 다 하면 반드시 크게 성공할 것이다.

바쁘신 중에도《명리학 정해》와《운수 대통 만세력》의 감수에 도움을 주신 역학계의 거목 청호靑湖 박준현朴準泫 사형께 감사의 말씀을 드린다.

# 목 차

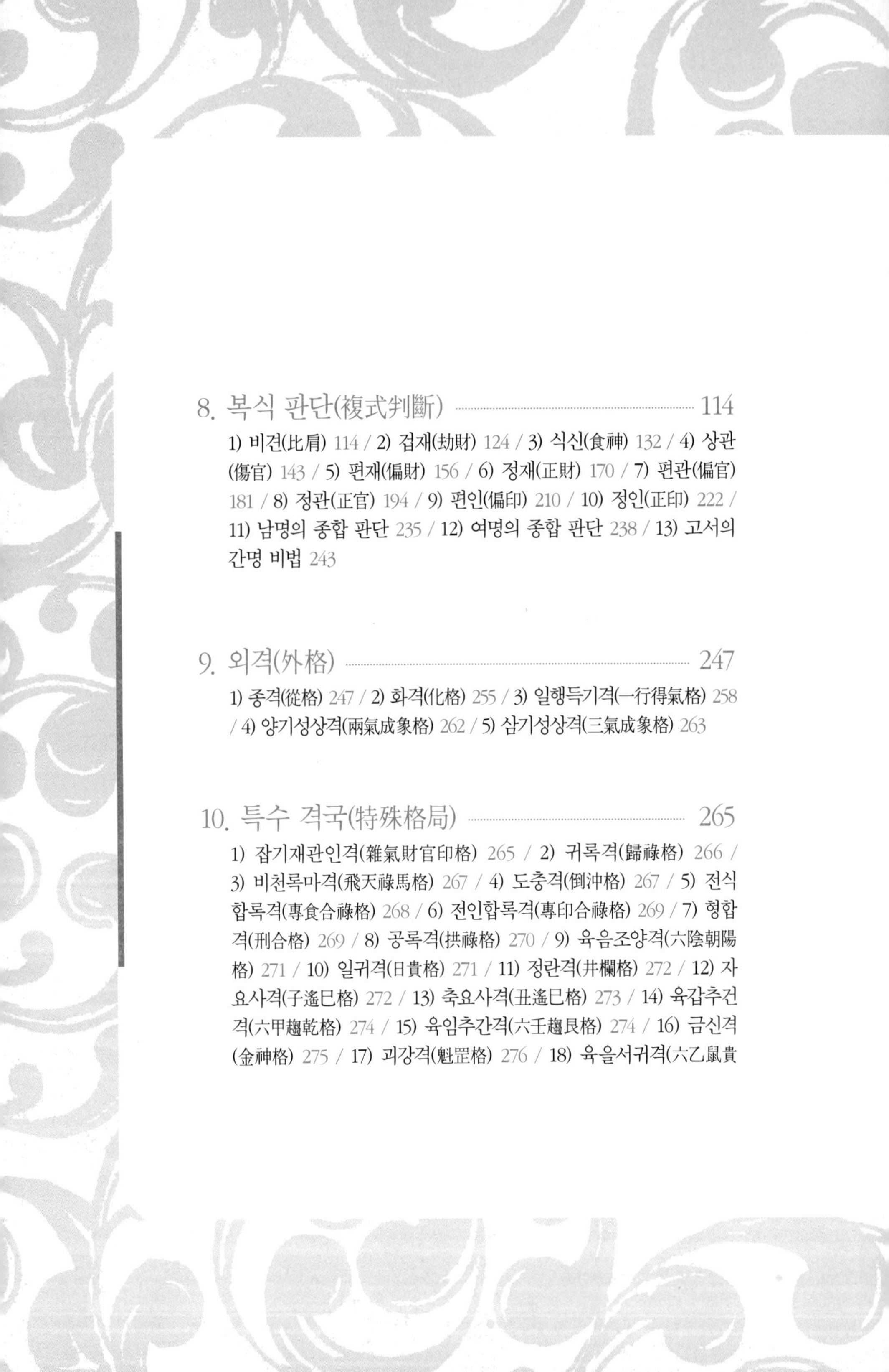

## 11. 간명(看命)의 요점(要點) — 290



## 12. 육친(六親) — 315

# 1 명리 입문命理入門

## 1) 우주의 시작

우주란 천지 사방과 고금古今의 왕래를 포함하여 삼라 만상의 모든 만물을 포용하는 공간이다. 그런데 우주는 본래부터 존재했던 것이 아니고, 이루 헤아릴 수 없는 몇 수만 광년의 세월에 걸쳐서 이루어진 모든 천체를 포함하는 광활한 공간으로, 우주가 시작된 원리를 동양 철학에서는 다음과 같이 말한다.

하늘도 땅도 물질도 형체도 아무런 기氣가 없었던 시기를 무극無極이라 한다. 이 무극의 시기는 어둡고 끝이 없는, 참으로 무한함의 극치인 공허한 상태였다. 무극의 세월이 거듭되는 가운데 지금부터 약 백 수십억 년 전에 일어난 우주의 대폭발로 인하여 우주가 팽창을 개시할 무렵, 홀연히 한 점의 기운인 일기一氣가 나타났다.

이 기운의 상태는 만물의 원기元氣인 음양의 기운을 내포하고 있었으며, 이 것은 우주를 창시創始하는 데 주체가 될 수 있는 태초太初의 기운이었다.

그러나 이 시기도 역시 허공의 상태나 다를 바가 없었다. 다시 수많은 세월이 흐르는 동안 일기의 상태가 한층 더 진화하여, 드디어 음陰과 양陽, 양의兩儀의 시대인 태극太極의 시대가 도래했다. 이 태극의 시대는 음과 양의 기를 확연히 구분할 수 있었으며, 동시에 오행으로 화한 기운을 함께 내포하고 있었다.

그리하여 이 음양 오행의 신비하고 영묘한 기운이 서로 부딪치고 한데 엉겨 뭉침으로 해서 우주가 열리고, 천체天體와 천지 만물이 창조되어, 삼라 만상이 조화를 이룸으로써 역易이 탄생하는 계기가 되었다.


### 2) 역易

역이란, 우주의 변화하는 원리를 일컫는 말로 바꾸고, 순환하는 자연 그대로의 의미를 말한다.

지구는 자전하고 공전하며, 해와 달은 뜨고 진다. 봄·여름·가을·겨울이 순환하면서 세월은 흐르고, 인간 역시 태어나서 성장하고, 늙어서 흙으로 돌아간다. 이렇듯 시간과 공간 속에서 변화하는 우주의 만물 만상의 원리를 표현한 것이 역이다.


### 3) 역의 발전

역의 발전은 무극無極에서 일기一氣가 생기고, 일기가 나뉘어 음양양의이 되었으며, 음양은 사상태양·태음·소양·소음을 낳고, 사상은 팔괘감·곤·진·손·건·태·간·리로 발전하였으며, 팔괘는 다시 한 괘 한 괘를 서로 한 번씩 합하여 육십사괘로 대성괘를 이루어 삼라 만상의 이치를 깨우치는 주역이 탄생하였고, 일기에서 음양으로, 음양은 다시 오행목·화·토·금·수으로 화化하고, 화한 오행의 생·화·극·제生·和·剋·制를 이용하여 인간 만사의 길흉 화복을 예지하는 명리학이 탄생하게 되었다.

## 4) 음양陰陽

음양이란, 음과 양 두 개의 개체가 서로 결합하여 이루어진 헤어질 수 없는 하나의 조직체로서 상대적相對的인 개념으로 분석한다.

동적動的인 것과 정적情的인 것, 양지와 음지, 위와 아래, 맑음과 흐림, 강함과 약함, 시작과 끝, 체體와 용用으로 나눌 수 있다. 그리고 물질적으로는 하늘과 땅, 해와 달, 여름과 겨울, 남자와 여자, 임금과 신하, 소년과 노인 등으로 나눌 수 있는데, 세상의 모든 것들을 음과 양으로 구분할 수 있으며, 이 모든 것이 곧 우주를 이루는 기본 요소들로서 우주의 변화와 자연, 그리고 인간 만사의 실상을 파악하는 데 필요한 것이다. 즉, 시간과 공간 속에서 한없이 변화하는 우주와 만물의 원리를 탐구하는 원천이 바로 음양이다.


## 5) 음양의 조화

이 세상에서 음양의 이치에 해당하지 않는 것은 없다. 무無에서 일기一氣로, 일기에서 음과 양, 양의로 발전하였으며, 이 음양의 조화로써 우주가 생성되고, 우주 안의 삼라 만상이 창조되었다. 사람에서부터 동물·곤충·식물, 또한 미세한 박테리아끼지도 음양의 조화에 의하여 번식하고, 인류의 과학 문명, 기상 변화 등 모든 만물의 생장 성쇠가 음양의 조화에 의해 이루어진다.

음양의 구분은, 양은 강하고 억세고 빠르고 높고 밝고 거칠고 단순한 특성이 있으며, 음은 약하고 부드럽고 느리고 낮고 어둡고 여리고 복잡한 특성이 있다. 그러나 음과 양의 구분을 음양 양단론으로만 구분 지어서는 안 된다. 이를테면 남자는 양이므로 대부분의 양의 특성을 가지고 태어나고, 여자는 음이므로 대부분 음의 특성을 가지고 태어나지만, 우주의 천지 조화는 남자의 특성과 여자의 특성을 보완하여, 단점은 보충하고 장점은 더욱 살려서 세상을 함께 살아가도록 한 것이 음양 조화의 이치이기 때문이다.

음양을 도표로 정리하면 다음과 같다.

| 음 | 양 | 음 | 양 |
| --- | --- | --- | --- |
| 땅 | 하늘 | 달 | 해 |
| 여자 | 남자 | 안 | 바깥 |
| 신하 | 임금 | 끝 | 시작 |
| 가벼움 | 무거움 | 凹 | 凸 |
| 약함 | 강함 | 겨울 | 여름 |
| 짝수 | 홀수 | 아래 | 위 |
| 낮음 | 높음 | 물 | 불 |
| 북 | 남 | 천함 | 귀함 |
| 우측 | 좌측 | 빈천 | 부귀 |
| 뒤 | 앞 | 밤 | 낮 |

이와 같이 흔하게 체험할 수 있는 것들을 도표로 구분 지어 봤으나, 음과 양의 구분은 딱 잘라서 어느 한 쪽으로만 규정할 수는 없다. 왜냐 하면 여름의 경우 날씨는 덥지만 습도가 높으므로 양이 음을 내포하고 있으며, 겨울은 날씨는 춥지만 건조하므로 음이 양을 내포하고 있는 것이다.

불 자체는 양이지만, 불이 붙어 탈 때 불 속의 내부는 탁하고 어둑하므로 음의 성질이 내포되어 있으며, 물 자체는 음이나, 물 속은 맑고 투명하니 양의 성질도 내포하고 있다.

이렇듯 음이 있으면 양도 있다는 상대성으로, 서로 상극과 화합을 반복하고 융화하면서 우리의 모든 일상사에 무한대적으로 영향을 미치는 것이 음양의 원리이다.

## 6) 오행五行

우주 삼라 만상의 변화하는 원리를 나무·불·흙·쇠·물로 함축시켜 놓은 것이다. 이것은 춘·하·추·동의 사계절과 시간·방위·공간·인간·우주의 근본적인 법칙을 다섯 종류의 상像으로 설명한 것으로서 복합적인 개념을 가지고 연속적으로 변화하고 있는 것이 바로 오행이다.

木 火 土 金 水
목 화 토 금 수

목·화·토·금·수를 오행이라 칭한다. 오행은 나무·불·흙·쇠·물을 대변하는 기호로서, 순환하는 개념을 내포하고 있으며, 돌고 도는 오행의 이치 속에서 우주 변화의 원리와 세상 만사의 흐름을 말할 수 있다.


## 7) 간지干支

음양은 오행으로 나뉘고, 오행은 다시 십간十干과 십이지十二支로 발전하면서 분열과 확장을 거듭하며 우주의 근간을 이룬다. 그러므로 십간과 십이지는 음양 오행의 기운을 표현하는 가장 대표적인 기호이다.

간干은 천간天干을 말하고, 열 개로 이루어져 십간이라 하고, 지支는 지지地支를 말하고, 열두 개로 이루어져 십이지라 하며, 천간과 지지를 일컬어 간지라 칭한다.

### (1) 천간天干

甲 乙 丙 丁 戊 己 庚 辛 壬 癸
갑 을 병 정 무 기 경 신 임 계

(2) 지지<sup>地支</sup>

| 子 | 丑 | 寅 | 卯 | 辰 | 巳 | 午 | 未 | 申 | 酉 | 戌 | 亥 |
|---|---|---|---|---|---|---|---|---|---|---|---|
| 자 | 축 | 인 | 묘 | 진 | 사 | 오 | 미 | 신 | 유 | 술 | 해 |
| 쥐 | 소 | 범 | 토끼 | 용 | 뱀 | 말 | 양 | 원숭이 | 닭 | 개 | 돼지 |

중국 고대의 헌원씨<sup>황제</sup>가 나라의 어려움을 바로잡고 백성들의 평안을 위해 하늘에 축원 기도를 하여 계시를 받아, 천간을 십간으로 하늘 모양을 본떠 만들었고, 지지는 십이지지로 땅의 모양을 본떠 만들었으며, 열두 마리의 동물을 상징하고 있다.


## 8) 간지의 음양 오행

음양이 오행으로, 오행은 다시 십간·십이지로 세분화되었으므로, 십간과 십이지는 근본적으로 음양 오행의 기운을 내포하고 있다.

**간지의 음양 오행 조견표**<sup>早見表</sup>

| 오행 | 목 | | 화 | | 토 | | | | 금 | | 수 | |
|---|---|---|---|---|---|---|---|---|---|---|---|---|
| | 양 | 음 | 양 | 음 | 양 | | 음 | | 양 | 음 | 양 | 음 |
| 천간 | 甲 | 乙 | 丙 | 丁 | 戊 | | 己 | | 庚 | 辛 | 壬 | 癸 |
| 지지 | 寅 | 卯 | 午 | 巳 | 辰 | 戌 | 丑 | 未 | 申 | 酉 | 子 | 亥 |

천간은 하늘을 상징하므로 하늘 천<sup>天</sup>자를 붙여 천간<sup>天干</sup>이 되었고, 지지는 땅을 상징하므로 땅 지<sup>地</sup>자를 붙여 지지<sup>地支</sup>가 되었다.

천간 甲·丙·戊·庚·壬은 양에 속하므로 양간<sup>陽干</sup>이라 하고, 乙·丁·己·辛·癸는 음에 속하므로 음간<sup>陰干</sup>이라 한다.

지지 子·寅·辰·午·申·戌은 양에 속하므로 양지<sup>陽支</sup>라 하고, 丑·卯·巳·未·酉·亥는 음에 속하므로 음지<sup>陰支</sup>라 한다.

지지의 음양 구분은 해당하는 지지 동물의 발가락 숫자에 의하여 구분하는데, 예를 들면 동물들의 발가락 숫자가 홀수1, 3, 5, 7, 9이면 양이고, 짝수2, 4, 6, 8, 10이면 음이다.


## 9) 육십갑자六十甲子

천간과 지지를 양간은 양지, 음간은 음지와 순서대로 결합하면 육십갑자가 성립된다.


육십갑자 조견표

| 甲子 | 乙丑 | 丙寅 | 丁卯 | 戊辰 | 己巳 | 庚午 | 辛未 | 壬申 | 癸酉 |
|---|---|---|---|---|---|---|---|---|---|
| 甲戌 | 乙亥 | 丙子 | 丁丑 | 戊寅 | 己卯 | 庚辰 | 辛巳 | 壬午 | 癸未 |
| 甲申 | 乙酉 | 丙戌 | 丁亥 | 戊子 | 己丑 | 庚寅 | 辛卯 | 壬辰 | 癸巳 |
| 甲午 | 乙未 | 丙申 | 丁酉 | 戊戌 | 己亥 | 庚子 | 辛丑 | 壬寅 | 癸卯 |
| 甲辰 | 乙巳 | 丙午 | 丁未 | 戊申 | 己酉 | 庚戌 | 辛亥 | 壬子 | 癸丑 |
| 甲寅 | 乙卯 | 丙辰 | 丁巳 | 戊午 | 己未 | 庚申 | 辛酉 | 壬戌 | 癸亥 |

천간과 지지의 결합에 있어 양간과 음지, 음간과 양지는 절대 결합하지 않으며, 천간 열 자와 지지 열두 자를 한 번씩 순환하여 돌리면 모두 여섯 번이 돌아가므로 육십 종에 이르고, 첫머리 갑자를 붙여 육십갑자라 칭한다. 따라서 모든 사람들의 생년월시는 이 육십갑자의 어느 것에 해당하며, 결국 명리학이란 이 간지의 결합에 의한 변화의 궁통에 있다.


## 10) 오행의 상생相生과 상극相克

햇빛이 너무 강하면 말라붙고, 너무 추우면 얼어붙어서 모든 생물이 살아갈 수 없다. 불과 물이 잘 조화되고 적당한 온도가 되어야 모든 생물체가 성

장할 수 있듯이, 오행의 조화는 상생과 상극으로 인해 무궁 무진한 변화가
이루어진다.

### (1) 오행의 상생

오행간의 상관 관계에서, 한 오행이 다른 오행을 도와주는 것을 상생이라
한다. 상생 관계는 木은 火를 생生하고, 火는 土를 생하고, 토는 金을 생하고,
금은 水를 생하고, 수는 목을 생한다.

木生火　火生土　土生金　金生水　水生木

목생화　화생토　토생금　금생수　수생목

나무가 있어야 불이 열과 빛을 내며 타므로 목생화, 불이 타고 남은 재는
흙으로 돌아가서 화생토, 흙 속에서 광석을 채취하므로 토생금, 차가운 쇠에
는 물이 맺히고 금속은 물로 씻어야 광채가 나므로 금생수, 물이 있어야 나
무가 자랄 수 있으니 수생목이다. 일단, 상생 관계에 있는 오행은 바로 뒤에
있는 오행을 생한다는 것을 기억하면 된다.

### (2) 오행의 상극

오행간의 상관 관계에서, 한 오행이 다른 오행을 이기는 것을 상극이라고
한다. 상극 관계는 목은 토를 극하고, 토는 수를 극하고, 수는 화를 극하고,
화는 금을 극하고, 금은 목을 극한다.

木剋土　土剋水　水剋火　火剋金　金剋木

목극토　토극수　수극화　화극금　금극목

나무 뿌리가 흙을 뚫고 들어가서 자리를 잡으니 목극토, 흙으로 댐을 만
들어 물을 가두거나 매립하므로 토극수, 물이 불을 제압하니 수극화, 불로

쇠를 달구어 녹이므로 화극금, 쇠로 만든 도끼·톱 등으로 나무를 자를 수 있으니 금극목이다.

### (3) 상생·상극의 작용

오행의 상생과 상극을 생각할 때 상생은 좋고 상극은 나쁘다고 생각할 수 있으나, 그것은 어떻게 사용하느냐에 따라서 좋을 수도 있고 나쁠 수도 있는 법이다. 일반적으로 어느 한 오행이 힘이 넘쳐서 강하면 극하는 오행을 만나야 좋고, 힘이 부족해서 약하면 생하는 오행을 만나야 좋다.

그러나 너무 많이 극하거나 생하여서 과잉 보호가 된다면 오히려 나쁜 결과를 가져 올 수 있다. 예를 들면, 나무는 물이 부족하면 말라죽는데, 반대로 물이 너무 많아도 뿌리가 썩어 버려 더 나쁜 결과를 초래하고, 또 도끼로 나무를 쳐내므로 자라는 어린 나무에게는 치명적이지만, 나무로 집을 지을 때는 톱과 대패로 다듬어서 반듯한 목재를 만들어 주니 극하는 금의 힘이 유용하지 않을 수 없다.

나무를 키워서 재목을 만들기 위해 가지치기를 하는데, 적당히 잘라 내면 나무의 모양이 똑바로 자라서 쓸모있는 목재가 되지만, 가지를 너무 많이 쳐 내거나, 전혀 가기치기를 하지 않아 나무가 제멋대로 자란다면 훌륭한 재목이 될 수 없다.

다라서 상극도 적당히 작용하면 좋은 결과를 가져오고, 상생도 너무 과하면 오히려 해가 된다.

이와 같이 오행의 상생·상극은 어떻게 처한 상황에 대해 어떤 작용을 하느냐에 따라서 도움이 되기도 하고 해가 되기도 한다.


### (4) 오행의 분류

우주는 음양 오행의 기운으로 이루어져 있으므로 우주 공간에서 활동하고 있는 형상과 물질 등 많은 것을 오행으로 분류할 수 있는데, 그 중 우리들의 주변에서 흔히 보고, 느낄 수 있는 계절·방향·인체에 관한 것 등을 오행으로 분류하면 다음과 같다.

## 오행 분류표

| | 목木 | 화火 | 토土 | 금金 | 수水 |
|---|---|---|---|---|---|
| 천간天干 | 갑을甲乙 | 병정丙丁 | 무기戊己 | 경신庚辛 | 임계壬癸 |
| 지지地支 | 인묘寅卯 | 오사午巳 | 진술축미辰戌丑未 | 신유申酉 | 자해子亥 |
| 계절季節 | 춘春 | 하夏 | 사계절四季節 | 추秋 | 동冬 |
| 방위方位 | 동東 | 남南 | 중앙中央 | 서西 | 북北 |
| 오상五常 | 인仁 | 예禮 | 신信 | 의義 | 지智 |
| 오지五志 | 기쁨喜 | 성냄怒 | 생각思 | 두려움恐 | 슬픔哀 |
| 오장五臟 | 간肝 | 심心 | 비脾 | 폐肺 | 신腎 |
| 오색五色 | 청靑 | 적赤 | 황黃 | 백白 | 흑黑 |
| 오음五音 | 각角 | 치齒 | 궁宮 | 상商 | 우羽 |
| 오형五形 | ─ | △ | ○ | □ | ◯ |
| 오미五味 | 산酸 | 고苦 | 감甘 | 신辛 | 함鹹 |
| 오기五氣 | 풍風 | 열熱 | 습濕 | 조燥 | 한寒 |
| 오사五事 | 모貌 | 시視 | 사思 | 언言 | 청聽 |
| 오체五體 | 근筋 | 맥脈 | 육肉 | 골骨 | 피皮 |
| 수리數理 | 3, 8 | 2, 7 | 5, 10 | 4, 9 | 1, 6 |
| 음音 | ㄱ, ㅋ | ㄴ, ㄷ, ㄹ, ㅌ | ㅇ, ㅎ | ㅅ, ㅈ, ㅊ, | ㅁ, ㅂ, ㅍ |

오행의 분류는 음양 오행의 기본적인 개념을 다섯 가지로 분류한 것이므로 충분히 이해해야 한다.

음양 오행을 이해한 다음에는 사주 팔자를 감정하기 위해서 사주四柱를 어떻게 정하는가 알아야 한다. 사주란 생년·생월·생일·생시에 해당하는 간지이다. 생년의 간지를 연주年柱, 생월의 간지를 월주月柱, 생일의 간지를 일주日柱, 생시의 간지를 시주時柱라 한다.

사주를 정하는 법은 대부분 만세력에 의하여 정하므로 독자는 만세력을 준비하여 참고하기 바란다.

## 1) 연주 정하는 법

(1) 사주를 정하는 데는 먼저 연주부터 정하는 것이 순서이다. 연주를 정하는 법은 금년부터 생년에 이르기까지 육십갑자를 거꾸로 세어 나가면 된다. 가령 2000년의 연주를 알려면 금년 2010년부터 십년 전에 해당하므로, 2010년 庚寅년을 기준으로 하여 육십갑자의 순을 역으로, 己丑·戊子·丁亥·丙戌·乙酉·甲申·癸未·壬午·辛巳·庚辰·己卯 순으로 세어나가다 보면, 십년 전 2000년의 연주가 庚辰임을 알 수 있다.

그런데 여기에서 주의할 것은, 지난해와 올해의 구분은 정월 초하루를 기준으로 정하는 것이 아니고, 입춘立春을 기준으로 하는 것이다.

그러므로 똑같이 2000년에 출생했더라도 입춘 전에 출생한 경우의 연주는 庚辰이 아니라 1999년의 연주인 己卯가 된다.

(2) 절기<sub>節氣</sub>는 양력으로 산정한다. 입춘은 대체로 양력 2월 4일이지만, 해에 따라서는 전후 하루 정도의 차이는 있다. 또 같은 입춘 당일에 출생한 경우라도 그 해의 간지를 쓸 것인지, 아니면 전해의 간지를 쓸 것인지는 입춘 절입 시각에 의해 결정한다. 만약 절입 시각이 오후 4시 30분이라면 4시 30분 전에 출생한 사람은 입춘일에 출생했더라도 전년도의 간지를 쓴다.

## 2) 월주 정하는 법

월주는 출생한 달을 통하여 정하는데, 만세력에 있는 각월의 월건<sub>月建:월의 간지</sub>에 의한다. 월주를 정할 때 특히 주의해야 할 것은 연주를 정할 때 입춘을 기준으로 하듯이, 월주를 정할 때는 절입 시각을 기준으로 한다. 가령 1988년 양력 3월 5일 17시 47분이 경칩의 절입 시각이므로, 3월 5일 17시 45분생이라면 월주가 甲寅이 되고, 만약 3월 5일 18시에 출생했다면 월주는 乙卯가 된다.

### 1988년 절기 조견표

| 계절 | 음력 | 월지 | 절기 | 양력 : 절입 시각 |
|---|---|---|---|---|
| 봄 | 1월 | 寅 | 입춘立春 | 2월 4일 : 23시 43분 |
| | 2월 | 卯 | 경칩驚蟄 | 3월 5일 : 17시 47분 |
| | 3월 | 辰 | 청명清明 | 4월 4일 : 22시 39분 |
| 여름 | 4월 | 巳 | 입하立夏 | 5월 5일 : 16시 02분 |
| | 5월 | 午 | 망종芒種 | 6월 5일 : 20시 15분 |
| | 6월 | 未 | 소서小暑 | 7월 7일 : 06시 33분 |

| 가을 | 7월 | 申 | 입추立秋 | 8월 7일 : 16시 20분 |
| | 8월 | 酉 | 백로白露 | 9월 7일 : 19시 12분 |
| | 9월 | 戌 | 한로寒露 | 10월 8일 : 10시 45분 |
| 겨울 | 10월 | 亥 | 입동立冬 | 11월 7일 : 13시 49분 |
| | 11월 | 子 | 대설大雪 | 12월 7일 : 06시 34분 |
| | 12월 | 丑 | 소한小寒 | 1월 5일 : 17시 46분 |

각월의 간지는 만세력을 참고하면 알 수 있으나, 만세력 없이 생월의 간지를 알 수 있는 방법이 있다. 우선 월지는 어느 해를 막론하고 고정되어 있으므로 위 도표를 보고 암기하기 바란다. 다음, 월지를 정했으면 월간月干을 정해야 하는데, 아래의 방법을 사용한다.

甲·己년은 丙·寅월, 乙·庚년은 戊·寅월, 丙·申년은 庚·寅월, 丁·壬년은 壬·寅월, 戊·癸년은 甲·寅월로 시작한다.

가령 1988년은 戊辰년인데, 연간이 戊이므로 무진년의 시작인 1월은 甲寅월, 2월은 乙卯월, 6월은 己未월이 된다.

tip 만세력을 보면 월의 간지가 상세히 기록되어 있으므로 굳이 이 공식대로 월주를 구할 필요는 없다.


## 3) 일주 정하는 법

일주는 출생일의 간지이므로 그 해의 달력이 없이는 불가능하다. 그래서 일주 정하는 법은 만세력을 통하여 찾을 수밖에 없다. 가령 1988년 양력 3월 5일이면 己未일이고, 3월 6일이면 庚申일이다. 여기에서 주의할 것은 연의 구분은 입춘을, 월의 구분은 절입 시간을 기준으로 하듯이, 일의 구분은 자정子正시을 기준으로 한다.

## 4) 시주 정하는 법

(1) 시주는 출생한 시간으로 결정한다. 시주는 월주의 간지와 같이 시지時支는 항상 일정하고, 시간時干은 일간日干에 의하여 결정된다. 오늘날 우리들이 사용하는 시간을 십이지 시로 환산하면 하루는 24시간이므로 2시간이 하나의 시지時支에 해당한다. 이를테면 다음과 같다.

子시 전날 밤 23시~0시 59분
丑시 01시~02시 59분
寅시 03시~04시 59분
卯시 05시~06시 59분
辰시 07시~08시 59분
巳시 09시~10시 59분
午시 11시~12시 59분
未시 13시~14시 59분
申시 15시~16시 59분
酉시 17시~18시 59분
戌시 19시~20시 59분
亥시 21시~22시 59분

(2) 지구의 자전과 공전에 의해 발생하는 시간은 일정한 법칙에 의해 일어나므로 변할 수 없다. 그러나 현재 우리 나라에서 사용하고 있는 시간이 표준시보다 30분 정도 차이가 있으므로 낮 12시 30분이 정오가 되고, 새벽 0시 30분이 자정이 됨을 명심해야 한다.

시時의 지지地支를 구했으면 일간日干:일주의 천간을 기준으로 하여 시의 천간도 구해야 한다. 공식은 다음과 같다.

甲己일은 甲子시부터 乙丑시 丙寅시 순으로

乙庚일은 丙子시부터 丁丑시 戊寅시 순으로

丙辛일은 戊子시부터 己丑시 庚寅시 순으로

丁壬일은 庚子시부터 辛丑시 壬寅시 순으로

戊癸일은 壬子시부터 癸丑시 甲寅시 순으로 진행된다.


예컨대 일간일주의 천간이 甲己일이면 새벽 0시 30분에 출생한 사람의 시주의 간지는 0시 30분은 子에 해당하므로 甲子이며, 오전 10시에 출생하면 巳시이므로 갑자·을축·병인·정묘·무진·기사 순으로 헤아리다 보면 시주의 간지는 己巳에 해당함을 알 수 있다. 시주의 간지 찾는 법을 도표로 정리하면 다음과 같다.


## 시주의 간지 조견표

| 시간 / 일간 | 子 자 | 丑 축 | 寅 인 | 卯 묘 | 辰 진 | 巳 사 | 午 오 | 未 미 | 申 신 | 酉 유 | 戌 술 | 亥 해 |
|---|---|---|---|---|---|---|---|---|---|---|---|---|
| 甲·己 갑·기 | 甲子 갑자 | 乙丑 을축 | 丙寅 병인 | 丁卯 정묘 | 戊辰 무진 | 己巳 기사 | 庚午 경오 | 辛未 신미 | 壬申 임신 | 癸酉 계유 | 甲戌 갑술 | 乙亥 을해 |
| 乙·庚 을·경 | 丙子 병자 | 丁丑 정축 | 戊寅 무인 | 己卯 기묘 | 庚辰 경진 | 辛巳 신사 | 壬午 임오 | 癸未 계미 | 甲申 갑신 | 乙酉 을유 | 丙戌 병술 | 丁亥 정해 |
| 丙·辛 병·신 | 戊子 무지 | 己丑 기축 | 庚寅 경인 | 辛卯 신묘 | 壬辰 임진 | 癸巳 계사 | 甲午 갑오 | 乙未 을미 | 丙申 병신 | 丁酉 정유 | 戊戌 무술 | 己亥 기해 |
| 丁·壬 정·임 | 庚子 경자 | 辛丑 신축 | 壬寅 임인 | 癸卯 계묘 | 甲辰 갑진 | 乙巳 을사 | 丙午 병오 | 丁未 정미 | 戊申 무신 | 己酉 기유 | 庚戌 경술 | 辛亥 신해 |
| 戊·癸 무·계 | 壬子 임자 | 癸丑 계축 | 甲寅 갑인 | 乙卯 을묘 | 丙辰 병진 | 丁巳 정사 | 戊午 무오 | 己未 기미 | 庚申 경신 | 辛酉 신유 | 壬戌 임술 | 癸亥 계해 |


이상으로써 여러분은 사주의 연·월·일·시의 간지를 구하는 법을 다 알았을 것이다. 사주의 간지는 사람의 운명을 판단함에 있어서 기준이 되는 것이므로 독자 여러분은 신속 정확하게 사주의 간지를 찾도록 노력해야 한다.

### 5) 대운大運 정하는 법

대운이란 사주에 의하여 약속된 운명이 어느 시기에 올 것인지를 알 수 있는 큰 흐름을 말한다. 대운은 월주를 기준으로 정한다. 즉, 연간이 양에 속하는 남자와 연간이 음에 속하는 여자의 대운은 순행하고, 연간이 음에 속하는 남자와 연간이 양에 속하는 여자의 대운은 역행한다.

(1) 순행順行:월주가 甲子이면 乙丑·丙寅·丁卯·戊辰의 순서대로 천간과 지지가 앞으로 나아간다.

(2) 역행逆行:월주가 乙丑이면 甲子·癸亥·壬戌·辛酉의 순서대로 뒤로 가는 것을 말한다.

이상 순행하는 대운을 순운順運이라 하고, 역행하는 대운을 역운逆運이라 한다.


### 6) 대운수大運數 정하는 법

대운수는 천간·지지를 합한 간지의 운이 몇 살부터 바뀌는지 알아내는 것이며, 이를 다시 분류하는 경우 간지가 각각 5년씩 담당한다 하면 몇 살에 어느 대운에 포함되는가 하는 대운수는 운명을 감정하는 핵심적 요소 가운데 하나가 된다. 대운수를 정하는 법은 다음과 같다.

(1) 양년생陽年生 남자와 음년생陰年生 여자의 대운은 생일부터 다음날 절입일節入日까지의 일수日數를 삼분三分한다.

(2) 음년생 남자와 양년생 여자의 대운은 생일부터 지나간 달 절입일까지

의 일수를 삼분한다.

일수를 삼분함에 있어 정수整數를 얻을 수 없을 때에는 남는 숫자가 1이면 버리고, 2면 반올림한다. 즉, 일수가 4일이면 대운수는 1이 되고, 일수가 5일이면 대운수는 2가 된다. 그리고 대운수가 2이면 2세, 12세, 22세, 32세, 42세……마다 10년 단위로 대운이 변한다.

(3) 일수의 계산은 정확히 생일 및 절입의 시간까지 계산해야 하지만, 보통 시간 이하는 계산에 넣지 않고 있으며, 생일을 포함하면 절입일을 제외하고, 생일을 제외하면 절입일을 포함한다.
① 예를 들어 1980년 음력 3월 9일 인시생의 남과 여의 사주를 세워보자.

예) 남 : 순행

<table>
<tr><td></td><td></td><td></td><td></td><td></td><td></td><td></td><td>시</td><td>일</td><td>월</td><td>연</td></tr>
<tr><td></td><td></td><td></td><td></td><td></td><td></td><td></td><td>주</td><td>주</td><td>주</td><td>주</td></tr>
<tr><td></td><td>丙</td><td>乙</td><td>甲</td><td>癸</td><td>壬</td><td>辛</td><td>庚</td><td>丙</td><td>庚</td><td>庚</td></tr>
<tr><td></td><td>戌</td><td>酉</td><td>申</td><td>未</td><td>午</td><td>巳</td><td>寅</td><td>寅</td><td>辰</td><td>申</td></tr>
<tr><td></td><td>54</td><td>44</td><td>34</td><td>24</td><td>14</td><td>4</td><td></td><td></td><td></td><td></td></tr>
</table>

양년생 남자이므로, 월주 庚辰에 이어 辛巳·壬午·癸未 순으로 순행한다. 순운이므로 3월 9일 생일부터 다음달의 절기인 입하까지의 일수는 12일이다. 이를 삼분하면 대운수는 4가 된다.

예) 여 : 역행

| 시 | 일 | 월 | 연 |
|---|---|---|---|
| 주 | 주 | 주 | 주 |
| 庚 | 丙 | 庚 | 庚 |
| 寅 | 寅 | 辰 | 申 |

| 甲 | 乙 | 丙 | 丁 | 戊 | 己 |
|---|---|---|---|---|---|
| 戌 | 亥 | 子 | 丑 | 寅 | 卯 |
| 56 | 46 | 36 | 26 | 16 | 6 |

양년생 여자이므로, 월주 庚辰을 기준으로 하여 己卯·戊寅·丁丑으로 역행한다.

역운이므로 3월 9일 생일부터 지나간 달의 절기인 청명까지의 일수는 18일이므로 삼분하면 대운수는 6이 된다.

② 다음 1981년 음력 8월 21일 申時生의 남녀 사주를 세워본다.

예) 남 : 역행

| 시 | 일 | 월 | 연 |
|---|---|---|---|
| 주 | 주 | 주 | 주 |
| 壬 | 己 | 丁 | 辛 |
| 申 | 亥 | 酉 | 酉 |

| 辛 | 壬 | 癸 | 甲 | 乙 | 丙 |
|---|---|---|---|---|---|
| 卯 | 辰 | 巳 | 午 | 未 | 申 |
| 53 | 43 | 33 | 23 | 13 | 3 |

음년생 남자이므로, 월주 丁酉를 기준으로 하여 丙申·乙未·甲午로 역행한다.

역운이므로 8월 21일 생일부터 지나간 달의 절기인 백로까지의 일수는 10일이다. 이를 삼분하고 일사이입하면 대운수는 3이다.

예) 여 : 순행

| 시 | 일 | 월 | 연 |
|---|---|---|---|
| 주 | 주 | 주 | 주 |
| 壬 | 己 | 丁 | 辛 |
| 申 | 亥 | 酉 | 酉 |

| 癸 | 壬 | 辛 | 庚 | 己 | 戊 |
|---|---|---|---|---|---|
| 卯 | 寅 | 丑 | 子 | 亥 | 戌 |
| 57 | 47 | 37 | 27 | 17 | 7 |

음년생 여자이므로, 월주 丁酉에 이어 戊戌·己亥·庚子 순으로 순행한다.
순운이므로 8월 21일 생일부터 다음달의 절기인 한로까지의 일수는 20일
이다. 이를 삼분하고 일사이입하면 대운수는 7이다.

tip 대운수는 보통 만세력의 해당 일주 밑에 적혀 있는데, 그 숫자를 그대로 옮
    겨 적으면 된다. 한 가지 주의할 것은 현재 시중에서 판매되고 있는 만세력
    중에는 대운수의 계산이 부정확하거나 오류가 있는 것도 많다. 사주 명리학
    은 사주의 간지를 기준으로 하여 숙명과 운명을 예지하므로 만세력이 부정
    확하면 운명 감정은 그 근본부터 불가능하므로 독자 여러분은 만세력 선정
    에 신중을 기해야 할 것이다.

## 7) 야자시夜子時 · 조자시朝子時

어떤 학설은 하루의 시작을 밤 11시부터 적용해야 한다고 주장한다. 이유
는 밤 11시가 십이지의 시작인 子시이므로 자시가 시작되면서 다음날로 봐
야 한다는 것이다. 그러나 자시가 날짜의 교체 기준이라면 자월인 11월에 새
해가 바뀌어야 된다는 논리이다. 그러므로 자시 초부터 일진이 바뀐다는 주
장은 바람직하지 않다. 저자는 0시를 기준으로 하여 0시 전에는 전날의 일진
을 사용하고 0시 후에는 다음날의 일진을 40여 년 적용해 오고 있다.

# 3 오행(五行)의 정설(定說)

앞장에서 오행의 성질이 무엇인가 밝혔는데, 명리학이란 십 종의 천간과 십이 종의 지지를 음양 및 오행으로 분류하여 그 상호 관계에 의해 사람의 운명을 예지하는 것이므로 철저히 이해해야 한다.

## 1) 오행의 생극生尅과 왕쇠旺衰

오행간에는 그 작용이 서로 화합하고 친목하는 것을 상생이라 하고, 서로 배반하고 불목하는 것을 상극이라 한다.

상생:木이 火를, 화가 土를, 토가 金을, 금이 水를, 수가 木을 생生한다.
상극:목이 토를, 토가 수를, 수가 화를, 화가 금을, 금이 목을 극尅한다.

오행설에 대하여 《역경》에서 말하기를, 오행의 유래는 태양太陽에서 화가, 소양小陽에서 목이, 태음太陰에서 수가, 소음小陰에서 금이 유래되었고, 토는 이 모든 것을 포함한 것이라 한다. 오행설을 정리하면 다음과 같다.

목:방각方角은 동東에 해당하고, 계절로 보면 봄에 해당하며, 하루로 치면 아침에 해당한다. 기氣는 생기生氣이고, 색은 청색靑色이며, 성질은 인仁

이다.

화:방각은 남南에 해당하고, 계절은 여름이며, 하루로 치면 낮에 해당한다. 기는 왕기旺氣이고, 색은 적색赤色이며, 성질은 예禮이다.

토:방각은 목화금수 사방의 중앙이고, 계절도 각 계절의 중앙이며, 하루로 치면 해가 중천에 떠 있는 대낮을 말한다. 기는 둔하고, 색은 황색黃色이며, 성질은 신信이다.

금:방각은 서西에 해당하고, 계절은 가을이며, 하루로 치면 저녁에 해당한다. 기는 숙살지기肅殺之氣이고, 색은 백색白色이며, 성질은 의義이다.

수:방각은 북北에 해당하고, 계절은 겨울이며, 하루로 치면 밤에 해당한다. 기는 사기死氣이고, 색은 흑색黑色이며, 성질은 지智이다.

## 2) 오행의 정리

남·화火

동·목木　　중앙·토土　　서·금金

북·수水

오행은 계절에 따라 왕성해지기도 하고 쇠약해지기도 한다.

목:봄인·묘·진월에 가장 왕성하고, 겨울해·자·축월에도 수생목하여 왕성하다. 여름사·오·미월에는 화가 성하는 계절이므로 그 기운을 화에게 빼앗겨 쇠퇴하며, 가을신·유·술월에는 목을 극하는 금이 왕성한 계절이므로 가장 쇠약해진다.

화:여름에 가장 왕성하고, 봄에도 목생화이므로 왕성하다. 가을에는 쇠약해지며, 겨울에는 수극화이므로 가장 쇠약해진다.

토:사계절진·미·술·축월에 가장 왕성하고, 여름에도 화생토이므로 왕성하다.

가을과 겨울에는 쇠약해지며, 봄에는 목극토이므로 가장 쇠약해진다.

금:가을에 가장 왕성하고, 토가 성하는 사계절에도 성한다. 겨울과 봄에는 쇠약하고, 여름에는 화극금이므로 가장 쇠약해진다.

수:겨울에 가장 왕성하고, 가을철에도 왕성하다. 봄에 쇠약해지며, 여름과 사계절에는 가장 쇠약해진다.


## 3) 사절봄·여름·가을·겨울과 오행

사절에 의한 오행의 왕쇠를 분류하면 다음과 같다.

봄:木이 왕성하며, 火는 줄어들고, 金은 갇히게 되며, 土는 죽게 된다. 온화한 절기이므로 화창함을 상징하는 목이 왕성한 계절이다.

여름:화가 왕성하고, 토는 강해지며, 목은 힘이 없어지고, 수는 갇히게 되며, 금은 죽게 된다. 덥고 따뜻한 절기이므로 불을 상징하는 화가 왕성한 계절이다.

가을:금이 왕성하고, 수는 강해지며, 토는 약해지고, 화는 갇히게 되며, 목은 죽게 된다. 써늘한 절기이므로 모든 결실을 거두는 금이 왕성한 계절이다.

겨울:수가 왕성하고, 목은 강해지며, 금은 약해지고, 토는 갇히게 되며, 화는 죽게 된다. 추운 절기이므로 춥고 습하며, 수가 왕성한 계절이다.


(1) 오행의 왕쇠를 계절에 따라서 왕旺·상相·휴休·수囚·사死로 구분하면 다음과 같다.

오행의 왕상휴수사는 일간일주의 천간의 오행을 월령월주의 지지의 오행과 대조하여 힘의 강약을 측정하는 데 주로 이용된다.

• 오행과 같은 오행에 해당하면 왕이다.

• 오행을 생해 주는 오행에 해당하면 상이다.

- 오행을 설기하는 오행에 해당하면 휴이다.
- 오행이 극하는 오행에 해당하면 수이다.
- 오행을 극하는 오행에 해당하면 사이다.

(2) 오행의 왕·상·휴·수·사를 도표로 정리하면 다음과 같다.

| 오행 | 왕旺 | 상相 | 휴休 | 수囚 | 사死 |
|---|---|---|---|---|---|
| 봄 : 목 | 봄 : 목 | 겨울 : 수 | 여름 : 화 | 사계 : 토 | 가을 : 금 |
| 여름 : 화 | 여름 : 화 | 봄 : 목 | 사계 : 토 | 가을 : 금 | 겨울 : 수 |
| 사계 : 토 | 사계 : 토 | 여름 : 화 | 가을 : 금 | 겨울 : 수 | 봄 : 목 |
| 가을 : 금 | 가을 : 금 | 사계 : 토 | 겨울 : 수 | 봄 : 목 | 여름 : 화 |
| 겨울 : 수 | 겨울 : 수 | 가을 : 금 | 봄 : 목 | 여름 : 화 | 사계 : 토 |

오행이 왕·상에 해당하면 힘을 얻어 왕성하고, 휴·수·사는 힘을 얻지 못하여 쇠약하다. 앞으로 오행의 조화에 의한 직접 판단법에서 월령을 얻었다, 또는 득기하였다는 말이 나오면, 그것은 일간이 왕·상에 해당하는 월을 만나 기운이 강해졌다는 말이다.

## 4) 간지의 성격

천간과 지지가 가지고 있는 우주의 원리를 표현한 것으로서 명리학 해석의 근본적인 바탕이 된다.

### (1) 천간십간

甲 : 하늘이 처음 열리는 개벽이고, 땅에서는 큰 나무를 상징하며, 봄철에 나무의 껍질이 터져 새싹이 돋아나는 시기이다.

乙 : 하늘에서는 바람의 작용을 상징하고, 땅에서는 화초 넝쿨을 의미하며,

모든 생물체가 처음 그 형상을 세상에 드러내는 어린 시절이다.

丙:하늘에서는 태양을 상징하고, 땅에서는 큰 불을 의미하며, 양의 기운이 가장 왕성하고, 만물이 완연하게 그 모습을 드러내는 시기이다.

丁:하늘에서는 달과 별이고, 땅에서는 촛불·호롱불, 또는 희미한 빛을 의미하며, 만물이 성장하고 있는 상태를 말한다.

戊:하늘에서는 원석이나 먼지이고, 땅에서는 큰 산을 의미하며, 모든 생물체가 왕성하게 성장하는 것을 뜻한다.

己:하늘에서는 구름이요, 땅에서는 밭·정원, 또는 작은 동산을 의미하며, 만물의 성장이 완성 단계에 이르렀음을 뜻한다.

庚:하늘에서는 서리·이슬을 의미하고, 땅에서는 철광석이나 큰 쇳덩이를 상징하며, 모든 생물체가 자라서 거의 완성된 것을 뜻한다.

辛:하늘에서는 옅은 서리이고, 땅에서는 금·은·보화, 또는 작은 쇳덩이를 의미한다. 만물이 성장을 완전히 끝내고 수확의 결실을 맺는 시기이다.

壬:하늘에서는 큰 비나 우레이고, 땅에서는 바다를 의미하며, 모든 성장이 한 시대를 마치고 다음 세대로 가기 위한, 마치 폭풍이 불어닥치기 직전의 고요함을 뜻한다.

癸:하늘에서는 습기·눈·안개이고, 땅에서는 시냇물·연못·이슬이다. 겨울이 얼마 남지 않았으며, 다음의 새로운 세계가 시작되기 위해 서서히 움직이는 시기이다.


## (2) 지지십이지지

땅이 가지고 있는 자연의 이치를 표현한 것으로써,

子:양기가 서서히 움트는 것을 말하며, 씨앗을 잉태한 것과 같고,

丑:한기가 스스로 물러나기 시작한 것이며,

寅:따뜻한 기운이 들어와 모든 생물체가 활동을 시작하기 위해 준비 중이다.

卯:모든 생물체가 드디어 땅 위로 솟아오르는 것을 의미하고,

辰:생물체가 힘을 얻어 발전할 기운을 지니고 있음을 뜻하며,

巳:양기가 충만함을 말한다.

午:음양이 서로 부딪치고 어우러지면서 활발히 교제하는 것을 의미하며,

未:양의 쇠퇴가 시작된 것이다.

申:모든 물체의 형체가 완성되었음을 의미하고,

酉:그 결실을 얻기 위해 수확하는 시기이다.

戌:모든 수확이 완료되었음을 의미하고,

亥:한 시대는 끝났지만 다음을 위해 씨앗이 암장되어 있음을 의미한다.


## 5) 토의 속성

저자가 명리학을 공부할 때 천간·지지의 분석 중에서 진·미·술·축의 해석이 가장 난해하고 정의를 내리기가 어려웠던 기억이 있으므로 다시 한 번 정리하면 다음과 같다.

진·미·술·축월의 사계는 봄·여름·가을·겨울, 즉 사계절의 중앙이다.

辰:봄의 절기이며, 찬기운은 물러가고 따뜻한 기운이 오는 여름과의 중간 절기이며, 만물을 배양하는 영양이 풍부하면서도 습한 흙이다.

未:여름의 절기이며, 더위는 약해지고 서늘한 가을과의 사이를 연결하는 절기이며, 여름과 가을을 화해시키는 윤택한 흙이다.

戌:가을의 절기이며, 모든 결실이 완성되고, 앞에 오는 겨울을 극복하기 위해 만물을 수용하고 있는 건조한 흙이다.

丑:겨울의 절기이며, 모든 역활을 거두고 장래를 위해 씨앗을 내장하고 있는 차가우면서도 영양분을 숙성시키는 흙이다.

## 6) 절기법節氣法

사주의 원리는 기후의 원리 그대로 음양과 오행의 기호인 십간과 십이지지로 풀어나가는 것이며, 각각의 절기마다 오행의 조화가 우주의 불가사의한 법칙과 자연의 기상에 의해 끊임없이 바뀌고 있다.

입춘절에서 1년이 시작되고, 월도 절을 기준으로 해서 바뀐다. 절기는 12절과 12의 중기가 합해서 24절기로 순환된다.

**절기의 조견표**

| 계절 | 월음력 | 월지 | 절節 | 중기中氣 |
|---|---|---|---|---|
| 봄 | 1 | 寅 | 입춘立春 | 우수雨水 |
| | 2 | 卯 | 경칩驚蟄 | 춘분春分 |
| | 3 | 辰 | 청명淸明 | 곡우穀雨 |
| 여름 | 4 | 巳 | 입하立夏 | 소만小滿 |
| | 5 | 午 | 망종芒種 | 하지夏至 |
| | 6 | 未 | 소서小暑 | 대서大暑 |
| 가을 | 7 | 申 | 입추立秋 | 처서處暑 |
| | 8 | 酉 | 백로白露 | 추분秋分 |
| | 9 | 戌 | 한로寒露 | 상강霜降 |
| 겨울 | 10 | 亥 | 입동立冬 | 소설小雪 |
| | 11 | 子 | 대설大雪 | 동지冬至 |
| | 12 | 丑 | 소한小寒 | 대한大寒 |

음양 오행의 원리는 시간과 공간을 모두 담고 있다. 시간의 흐름과 위치의 변화에 따라 오행의 힘이 다르게 작용하며, 복합적인 개념을 가지고 순환하는 것이 바로 음양 오행이다. 결국 사주 추명학이란 오행간의 생화극제를 유추하여 길흉 화복을 판단하는 것이므로 지금까지 배우고 익힌 음양·오행·십간·십이지지의 법칙을 이해하는 것이 사주 팔자 해독의 첩경이다.

사주를 추명하는 방법은 먼저 오행 상호간의 생화극제生化剋制와 제합諸合 및 제살諸煞을 규명하여 선악을 구별하고, 다음 육신·격국·십이운성의 동태를 파악하여 그것이 암시하는 숙명과 운명을 판단하는 것이다. 오행의 생화 극제 및 합·살을 보고 판단하는 방법을 단식 판단이라 하고, 육신까지 포함하여 포괄적으로 길흉 화복을 판단하는 방법을 복식 판단複式判斷이라 한다.

그러므로 단식 판단은 복식 판단에 부수되는 것이며, 범위도 어느 순간에 한정되어 있으므로 종합적인 복식 판단에 중점을 두고 간명해야 한다. 따라서 사주 팔자 안에 몇 가지 흉·살이 있더라도 다른 길성이 있으면 흉살의 불길한 숙명적 암시는 해소된다고 봐도 좋다.

단식 판단법에는 형·충·파·해와 제살 및 간합·삼합·육합 등의 제합이 있다.

## 1) 간합干合

간합을 부부 유정의 상이라고 칭하듯이 주로 사람들 간의 만남의 문제를 다루는 합이다. 원래 음과 양은 상극이지만, 간합이 되면 남녀가 만나서 사랑을 하고 결혼을 하듯이 합을 이룬다. 십간 중 다섯 개의 양간은 각각 다섯 번째의 특정한 음간과 합이 되며, 명칭을 천간합이라고도 한다.

甲己합·토 : 중정지합中正之合
乙庚합·금 : 인의지합仁義之合
丙辛합·수 : 위엄지합威嚴之合
丁壬합·목 : 인수지합仁壽之合
戊癸합·화 : 무정지합無情之合

간합이 연·월·일·시의 천간 상호간에 이루워질 경우 운명에 어떠한 영향을 줄 것인지는 다음과 같다.

## (1) 갑기합·토甲己合 土

甲己합을 하면 甲은 토로 변화한다. 이 간합이 있는 사주는 그 분수를 지키며, 마음이 넓어 타인과 다투지 아니하고 세상 사람들의 존경을 받는다. 그러나 작게는 자기 의무를 다 하지 못하고, 인정이나 동정심도 없이 모사에만 능한 사람도 있다.

甲일생으로 己의 간합이 있는 자는 믿음과 의리는 있으나, 지혜의 머리가 없다.

己일생으로 甲의 간합이 있는 자는 실리적이지 못하고 신의가 없으며, 허황한 면도 있다.

## (2) 을경합·금乙庚合 金

乙庚합을 하면 금으로 화하여 금이 강하면서도 부드러워진다. 이 간합이 있는 사주는 과감하고 강직한 성격을 가지고 있으며, 매사 처신이 신중하다. 그러나 육신의 편관이 십이운성의 병·사·절에 해당하면 용감 무쌍하나, 천한 경향이 있다.

乙일생으로 庚의 간합이 있으면 강직하고 의리는 있으나, 예의에 소홀하고 변덕스럽다.

庚일생으로 乙의 간합이 있으면 우직하고 책임감은 강하나, 자비심이 없으며, 의로운 일만 과장한다.

### (3) 병신합·수丙辛合 水

丙辛합을 하면 수로 변화한다. 이 간합이 있는 사주는 겉으로는 위엄이 있으나, 내면은 잔인하고 냉정하며, 강압적이고 색을 좋아한다.

丙일생으로 辛의 간합이 있으면 수준이나 실력은 월등하지만, 계략에 능하고 예의가 문란하다.

辛일생으로 丙의 간합이 있으면 대망의 큰 뜻을 품은 자는 없고, 소심하여 한 가지 일도 제대로 이루지 못한다.


### (4) 정임합·목丁壬合 木

丁壬합을 하면 목으로 변화한다. 이 간합에 있는 사주는 분위기에 약하고 감정에 흐르기 쉬우며, 호색과 음란의 이미지가 있다. 만일 육신의 편관이 왕하고 도화살이 있으면 간통으로 패가 망신한다. 여자도 방사를 즐기고, 나이가 많거나 반대로 나이가 아주 어린 사람에게 인연이 있다. 단, 늦게 결혼하면 애정적인 파탄은 막을 수 있다.

丁일생으로 壬과의 간합이 있으면 소심하고 질투심이 강하나, 여성은 몸이 가늘고 키가 커서 매혹적이다.

壬일생으로 丁과의 간합이 있으면 신의가 없고 변덕스러우며, 실리적이지 못하다.


### (5) 무계합·화戊癸合 火

戊癸합을 하면 화로 변화한다. 이 간합이 있는 명은 따뜻한 정이 없고 박정하며, 이중 성격을 지니고 있다. 남녀 모두 독신주의자가 많고, 사랑을 해도 서로의 필요에 의한 일시적인 사랑일 가능성이 많다.

戊일생으로 癸의 간합이 있으면 총명하고, 겉으로는 다정한 듯하나 내심은 무정하고, 얼굴이 붉은 사람이 많다.

癸일생으로 戊의 간합이 있으면 아둔하고 인내심이 없어 한 가지 일도 제대로 끝내지 못한다. 남자는 늙은 여자와 결혼하고, 여자도 늙은 남자와 결혼한다.

　합이란 원래 좋은 의미이지만, 사주에서 합이 반드시 좋은 것만은 아니다. 예를 들면, 사주의 흉신을 합으로 엮어서 흉신의 기운을 감소시키면 길하지만, 반대로 나에게 이로운 길신을 합으로 엮어 버리면 오히려 흉하기 때문이다. 또 사주에서 합이 많은 사람은 정이 많고, 정이 많다 보니 끊고 맺지를 못해서 질질 끌려다니다 뼈저린 통한의 슬픔을 맛본다. 특히 애정 문제에선 더욱 그러하다.
　이렇듯 합이란 반드시 좋기만 한 것은 아니다.


## 2) 육합六合

　육합을 지지합地支合이라고도 한다. 육합은 서로 생生하는 합과 서로 극剋하는 합이 있는데, 생하는 합은 寅亥·辰酉·午未가 있고, 극하는 합은 子丑·卯戌·巳申이 있다.
　생하는 합은 그 영향력이 중대하지만, 극하는 합은 흉성이 합하면 길로 변하고, 길성이 합하면 그 작용력은 감소된다.

子丑합토　　寅亥합목　　卯戌합화

辰酉합금　　巳申합수　　午未합화

　사주의 일지가 子이고 월지가 丑인 경우, 일지와 월지는 子丑 합이 된다. 합하는 순간 본래의 오행이 다른 오행으로 변하므로, 합하여 어떤 오행으로 변화하는지 잘 살펴야 한다.
　사주의 지지에서 육합이 이루어지면 다음과 같은 운명이 작용한다.
　첫째, 연과 월이 육합을 이루면 부자간에 정이 있고, 조상의 업을 이어받거나 가권을 상속하게 된다.

둘째, 월과 일이 육합을 이루면 배우자와 시어머니 사이, 즉 고부간의 갈등 없이 원만한 가정을 이룬다.

셋째, 일과 시가 육합을 이루면 가정이 화목하고 자식이 효도하며, 노후가 편안하다.

넷째, 巳申합은 합을 이루면서 형刑의 작용도 있으므로 고요함 속에 시끄러움도 있다.

다섯째, 사주에서 합이 많으면 남녀 모두 사교적이며, 외교적 수완이 뛰어나서 대인 관계에 능하나, 실절失節할 위험이 있다.


### 3) 삼합三合

삼합이란 십이지 가운데 세 개의 지가 그 성정에 따라 서로 화합하여 결합한 것으로서, 육합과 다른 점은 결합하는 요소가 음양의 두 개가 아니고 세 개의 지지가 융합하여 그 중 중심이 되는 지지의 오행으로 모두 변화한다는 점이다.

> 甲子辰 삼합하여 수국水局이 된다.
> 巳酉丑 삼합하여 금국金局이 된다.
> 寅午戌 삼합하여 화국火局이 된다.
> 亥卯未 삼합하여 목국木局이 된다.

子·酉·午·卯를 중심으로 삼합이 이루어져 오행의 성정도 중심이 되는 오행의 성정으로 바뀐 것을 알 수 있다.

사주 중에 삼합이 이루어진 경우의 예를 들면 다음과 같다.

시  일  월  연
주  주  주  주

乙  壬  庚  甲
巳  辰  子  申

이 경우 申子辰은 삼합하여 수국이 된다. 申과 辰은 오행이 금과 토이나, 삼합함으로써 오행이 수에 가깝게 변한다. 따라서 사주에 수가 많음으로써 길한 경우에는 삼합 수국이 있으면 대길하고, 수가 있어서 흉한 경우에는 수국인 삼합이 있으면 더욱 흉해진다. 이러한 삼합의 이치를 통하여 오행의 기운이 변화하는 원리를 잘 이해하고 응용하여야 한다.

삼합도 육합처럼 두 개의 지지만 있어도 반합을 이룬다고 보는데, 단 중심이 되는 지지의 오행이 포함되어야 한다. 가령 亥卯未가 삼합하여 목국을 이루는데, 亥卯 또는 卯未가 나란히 있으면 반합으로서 목의 기운이 성한 걸로 보지만, 삼합의 중심인 卯가 빠진 상태에서 亥未만 있을 경우에는 반합으로 보지 않고, 오히려 未토가 亥수를 극한다고 판단한다. 그러나 대운이나 연운 등의 운에서 卯가 올 경우에는 삼합은 다시 이루어진다.


### 4) 방합方合

방합이란 같은 계절의 기운이 모여서 강력한 연합 세력을 형성하는 것을 말한다.

寅卯辰 방합하여 목국木局을 이룬다.
巳午未 방합하여 화국火局을 이룬다.
申酉戌 방합하여 금국金局을 이룬다.

亥子丑 방합하여 수국水局을 이룬다.

사주에서 방합은 지지의 삼합보다 더욱 강력한 힘을 발휘하며, 세 개의 지지 가운데 두 개의 지지만 있어도 반합은 이루어진다. 세 개 지지의 결집된 기운이 사주에서 길신이 되면 대길하나, 반대로 흉신이 되면 대흉하다.

십간·십이지가 서로 친화력이 있는 기운들이 뭉쳐 합을 이루면, 그 합의 기운이 길신으로 작용할 것인지, 흉신으로 작용할 것인지는 사주의 조화를 통하여 판단해야 한다. 일반적으로 사주에서 삼합 또는 방합이 있는 사람은 조직력이 좋아 정당이나 외교·노조·조직 등의 여러 모임에서 지도력을 발휘하여 성공할 수 있다고 본다.


## 5) 형刑

간합·육합·삼합·방합은 십간·십이지지의 친화력을 분류해서 설명한 것이고, 지금부터 설명할 형·충·파·해는 십간·십이지지의 상극을 그 정도에 따라 형·충·파·해로 분류해서 설명하는 것이다.

형에는 다음과 같은 네 종류가 있다.


### (1) 지세지형:寅巳申

세 개의 지지 중에 두 개만 있어도 형작용을 한다. 사주에 인사신 삼형이 있으면 자기의 세력을 너무 믿고 과감하게 일을 추진하다가 세력 다툼으로 인하여 일을 좌절시킨다. 그러나 사주의 구성이 좋으면 생살지권을 거머쥐고 포청천 같은 역할을 할 것이고, 그렇지 못하면 교활하고 비굴한 자가 많으며, 교통 사고 등의 재앙을 당한다. 특히 여자는 이 형이 있으면 고독하다. 형살 가운데 寅巳申 삼형살이 가장 강력하다.

### (2) 무은지형 : 丑戌未

역시 세 개의 지지 중에 두 개만 있어도 형의 작용을 한다. 사주에 축술미 삼형이 있으면 성질이 냉혹하여 은혜를 원수로 갚고 은인을 해치며, 적과 내통을 잘 한다. 그러나 이 형살 역시 사주의 구성이 좋으면 전문 기술직에서 크게 성공하고, 그렇지 못하면 도리와 정의에 어긋난 일을 예사로 한다.

사주에 丑戌未가 모두 있으면 부부 관계가 원만치 못하고, 여자는 임신 중에 곤란한 일을 많이 겪는다.

### (3) 무례지형 : 子卯

사주에 자묘형이 있으면 성격이 횡포하고 예의를 무시하며, 화가 나면 안하 무인으로 욕설과 독설을 내뱉는다. 이 형과 더불어 사주의 구성이 좋지 않으면 마음이 혹독하여 부모 형제를 배신하고 해치는 흉조가 있다.

특히 여자는 남편으로부터 형을 받으며, 모자간도 화목하지 못하다.

### (4) 자형 : 辰辰, 午午, 酉酉, 亥亥

사주에 자형이 있은 지는 자주 독립 정신이 박약하고, 게을러서 무슨 일이나 열성이 없다. 반면, 쓸데없이 자기 주장을 내세워 적을 잘 만들고, 성격도 침울하며, 내심 사악하다. 그러나 사주의 구성에 따라서는 어느 한 분야에서 독보적인 존재로 성공한다. 사주의 구성에 대해서는 뒷장에서 상세히 설명하겠다.

### (5) 사주의 지지에 형살이 있으면 다음과 같은 운명이 작용한다.

첫째, 연과 월에 형살이 있으면 조상과 부모가 화합하지 못한다.

둘째, 월과 일에 형살이 있으면 부모 형제와 뜻이 잘 맞지 않고 덕이 없다.

셋째, 일과 시에 형살이 있으면 부부가 불목하고 자손과도 인연이 없다.

넷째, 연과 일에 형살이 있으면 조상과 인연이 없고, 멀리 입양될 수 있다.

## 6) 충沖

형·충·파·해는 결국 서로 상극하는 오행의 극해 정도를 세분화한 것이며, 그 정도가 가장 심한 것이 충이다. 충은 천간충과 지지충이 있다.

### (1) 천간충天干沖

천간합은 음과 양이 서로 만나 합을 이루는 것이고, 천간충은 양은 양끼리, 음은 음끼리 만나 서로 충한다.

甲庚충, 乙辛충, 丙壬충, 丁癸충, 壬戊충

甲戊충, 乙己충, 丙庚충, 丁辛충, 癸己충

천간은 그 사람의 의지와 사고가 밖으로 드러나는 기운이다. 그러한 천간이 서로 충하면 피해가 빠르게 구체적으로 나타난다. 특히 천간 중에서도 일간일주의 천간이 충을 당하면 가장 흉하고, 천간과 지지가 동시에 충을 당하면 천충 지충이 되어 더욱 흉하다. 그러나 충이 반드시 나쁜 것만은 아니다. 충이라고 해서 부서지고 깨지는 등의 부정적인 변화만 일어나는 것은 아니고, 사주의 구성에 따라 오히려 자극이 되고 좋은 변화를 가져올 때도 있다. 사주상에서 이로운 간·지가 충을 당하면 나쁘겠지만, 반대로 사주상에서 해로운 간·지를 충해서 제거해 버리면 오히려 발전하는 계기가 될 수 있다. 따라서 사주를 간명할 때는 하나만 보려 하지 말고 주변의 상황도 잘 살펴야 한다.

### (2) 지지충地支沖

지지의 충도 천간충처럼 양은 양끼리, 음은 음끼리 만난 충을 말한다.

子午충, 辰戊충, 寅申충

卯酉충, 丑未충, 巳亥충

천간충은 의지와 사고의 충이므로 지지의 뿌리가 튼튼하면 그 충격이 완화될 수 있지만, 지지충은 지지의 뿌리까지 얽혀서 서로 충이 되므로 구제할 방법이 난감하다. 그러므로 지충은 천충보다 작용과 결과는 다소 느리지만 피해는 훨씬 강하다. 그래서 형·충·파·해 가운데 극해의 정도가 가장 심한 것이 바로 지지충이다. 충의 작용은 파괴와 변동을 나타내는데, 사주에서 좋은 길성이 충을 당하면 관재 구설·이별·파면·교통 사고·싸움 등의 분쟁이 발생하고, 나쁜 흉성이 충을 당하면 오히려 새로운 반전의 기회가 될 수도 있다.

- 연과 월이 충하면 할아버지와 아버지의 사이가 나쁘거나, 아버지 대에서 가문이 쇠락해지고, 본가를 떠나 멀리 타향에서 종사한다.
- 월과 일이 충하면 부모 형제의 덕이 없고, 자수 성가할 운명이다.
- 연과 일, 또는 월과 일, 월과 시가 충하면 난폭하고 은혜를 모르며, 고질병으로 오랫동안 고생한다.
- 일과 시가 충하면 부부간에 불화하고, 자녀에게 문제가 생긴다.
- 연과 일이 충하면 부모와 불화하고, 일과 시가 충하면 자식과 불화한다.
- 천충 지충을 당하면 항상 몸과 마음이 고달프고, 하고 있는 사업을 파한다.
- 寅과 申의 충은 감수성이 예민하고, 다정 다감한 경향이 있다.
- 卯와 酉의 충은 은인을 배반하고, 걱정할 일이 많이 발생한다.
- 子와 午의 충은 일신이 불안하고, 관재 구설이 들어온다.
- 巳와 亥의 충은 작은 일을 크게 벌이다 패가 망신하고, 쓸데없이 남의 일에 걱정이 많다.
- 辰과 戌의 충은 토지나 가옥으로 인해 구설이 발생하고, 부부간의 공방수가 발생한다.
- 丑과 未의 충은 매사 막힘이 많고, 믿는 도끼에 발등 찍히는 격이다.
- 일지가 충이 되고 천간합이 있는 여자는 항상 고생이 많고 고독하다.
- 공망을 충할 때에는 흉이 변하여 길하게 된다.

## 7) 파破

파는 두 개의 기운이 서로 부딪쳐 깨어진다는 의미이다.

子酉파,　午卯파,　申巳파

寅亥파,　辰丑파,　戌未파

특히 파는 삼합을 방해하고 깨트리는 역할을 한다. 삼합이 있는 사주에 파가 뛰어들면, 삼합이 구성되어 좋은 사주는 불리하고, 삼합이 구성되어 나쁜 사주는 반대로 파가 끼어들면서 좋은 역할을 할 수 있다.

- 연과 일이 파하면 부모와 인연이 없고, 일찍 헤어지기 쉽다.
- 월과 일이 파하면 평생 풍파가 많고, 부부 관계가 불안하다.
- 일과 시가 파하면 말년이 고독하고, 처자식에게 불리하다.
- 寅과 亥의 파는 寅亥합도 이루므로 파의 영향은 불식된다.

## 8) 해害

해는 자신에게 이롭지 못하고 손상되는 것을 말한다.

子未해,　寅巳해,　申亥해

丑午해,　卯辰해,　酉戌해

해는 근심·원망·박복·증오·방해를 의미한다. 일반적으로 寅巳는 형살과 중복되고, 子未·丑午는 원진살과 겹치므로 자주 사용하지만, 나머지는 작용력이 미약하여 잘 쓰지 않는다.

- 일과 시에 해가 있으면, 자손에게 대흉하며, 일찍 사별하고, 노년에 건강이 이롭지 못한다.
- 여성이 일과 시에 해가 있으면 본남편과 해로하기 어렵고, 고독 박명하다.
- 寅巳의 해는 불구 폐질이 될 경우가 많다.
- 酉戌의 해는 머리나 얼굴에 악창이 있고, 농아가 되는 수가 있다.
- 丑午의 해는 노하기 쉽고 인내력이 없으며, 잔병 치레가 많다.
- 卯辰의 해는 말이 거칠거나 직설적이며, 욕설을 잘 내뱉는다.

## 9) 공망空亡

육십갑자는 열 개의 천간과 열두 개의 지지로 이루어지는데, 하나씩 아래위로 배열하다 보면 반드시 두 개는 남게 된다. 예를 들면, 갑자 순에서 甲子·乙丑·丙寅·丁卯·戊辰·己巳·庚午·辛未·壬申·癸酉 순으로 조합하다 보면, 지지의 戌과 亥가 갑자 순에서 제외된다. 이것이 바로 공망이다.

육십갑자의 공망 조견표는 다음과 같다.

| 공망 조견표 | | | | | | | | | | 공망 |
|---|---|---|---|---|---|---|---|---|---|---|
| 甲子 | 乙丑 | 丙寅 | 丁卯 | 戊辰 | 己巳 | 庚午 | 辛未 | 壬申 | 癸酉 | 戌亥 |
| 甲戌 | 乙亥 | 丙子 | 丁丑 | 戊寅 | 己卯 | 庚辰 | 辛巳 | 壬午 | 癸未 | 申酉 |
| 甲申 | 乙酉 | 丙戌 | 丁亥 | 戊子 | 己丑 | 庚寅 | 辛卯 | 壬辰 | 癸巳 | 午未 |
| 甲午 | 乙未 | 丙申 | 丁酉 | 戊戌 | 己亥 | 庚子 | 辛丑 | 壬寅 | 癸卯 | 辰巳 |
| 甲辰 | 乙巳 | 丙午 | 丁未 | 戊申 | 己酉 | 庚戌 | 辛亥 | 壬子 | 癸丑 | 寅卯 |
| 甲寅 | 乙卯 | 丙辰 | 丁巳 | 戊午 | 己未 | 庚申 | 辛酉 | 壬戌 | 癸亥 | 子丑 |

공망은 일주생일의 간지를 중심으로 해서 다른 주의 지지를 대조하여 공망을 살핀다. 예를 들면, 庚子 일주인 사람의 월의 지지가 辰이라면 辰은 甲午 순의 공망에 해당하므로, 이 사주는 생일에서 생월이 공망되었다고 한다.

사주에 공망이 있으면 어떠한 운명이 작용하는가는, 공망이라는 글자 그대로 본래 사주상의 숙명이 헛되이 되는 것이다. 이를테면 길성이 있더라도 그것이 공망이 되면 그 길성이 작용을 못 하게 되고, 반대로 흉성이 공망이 되면 흉조가 사라지고, 때로는 길조가 나타나기도 한다.

- 연지가 공망이면 조상이 흉하고, 부모와 인연이 없으니 일찍 고향을 떠나 타향살이를 하게 되고, 하는 일마다 실적이 없으니 크게 발전하기 힘들다.
- 월지가 공망이면 형제와의 인연이 없고, 부모가 흉하다.
- 시지가 공망이면 자식이 없거나, 있어도 도움이 안 된다.
- 연지와 월지가 같이 공망이면 처자식과 이별한다.
- 연·월·시지가 전부 공망이면 오히려 귀한 사주가 되므로 길하다.
- 공망당한 지지가 삼합 또는 육합이 되면 공망으로서의 작용을 못 한다.
- 서로 충하는 지지를 공망하면 충으로 인한 흉은 길조로 변할 때가 많다.
- 상대방과 재판이나 담판을 지을 때, 상대방의 공망일을 택하면 필승한다.


## 10) 양인羊刃

(1) 양인은 육신으로는 겁재이고, 십이운성의 제왕에 해당한다. 음간은 작용력이 미약하여 중시하지 않고, 양간만을 인정하므로 子午卯酉가 양인살에 해당하며, 양인의 산출은 일간을 지지와 대조하여 산출한다.

| 일간 | 甲 | 乙 | 丙 | 丁 | 戊 | 己 | 庚 | 辛 | 壬 | 癸 |
|---|---|---|---|---|---|---|---|---|---|---|
| 양인 | 卯 | 辰 | 午 | 未 | 午 | 未 | 酉 | 戌 | 子 | 丑 |

양인은 형벌을 맡은 살로서 횡포·강렬·성급을 나타내므로, 사주의 구성이 좋으면 불세출의 영웅이나 열사가 되는 수가 있다. 특히 군인으로서 대권을 쟁취할 수도 있다. 그러나 이 경우에도 곤액이나 험한 일이 따르는 것은

말할 것도 없다. 그리고 사주의 구성이 불량하면 소인배에 지나지 않고 형액만 따른다.

(2) 양인이 사주 중의 어디 있는가, 또 어떤 육신과 십이운성을 만나는가에 의하여 다음과 같은 운명이 작용한다.

- 연지에 있으면 조업을 이어받지 못하고, 은혜를 원수로 갚는다.
- 월지와 일지에 있으면 자만심이 강하고 비사교적이며, 안하 무인이 되기 쉽다.
- 시지에 있으면 처자식에게 해롭고, 만년에 재화를 만나기 쉽다. 그러나 사주 중에 편관이 있으면 흉의는 억제된다.
- 일지에 양인이 중중하면 가정이 삭막하며, 외면은 겸손하고 부드러워도 내심은 무자비한 성질을 가지고 있다.
- 양인이 정재와 동주에 있으면 재물로 인하여 이름을 더럽힌다.
- 천간이 비겁이나 상관이고 양인이 동주하면 만년에 큰 재난을 만나 패가 망신하는 자가 적지 않다.
- 양인과 인수가 동주하면 비록 명예는 높으나, 병환으로 오래 고생한다.
- 양인과 십이운성의 사·절이 동주하면 성급하고 횡포하며, 목욕과 같이 있으면 악병 때문에 고생하는 자가 많다.
- 사주에 양인이 두 개 이상이면 장애인이 되는 수가 있다.
- 양인이 많은 남자는 부인을 극하므로 처궁이 자주 변한다.
- 사주에 양인과 인수·상관이 있는 여자는 그 자식에게 해가 있다.
- 여자로서 양인이 두 개 있으면 장환을 앓고, 세 개 있으면 음탕하여 수치스러움을 모를 정도이다.
- 양인이 비록 흉살이나 편관이 왕할 경우에는 일간을 도와 목숨을 구하니, 육신 관계를 잘 살펴야 한다.

육신과 십이운성에 대해서는 뒷장에서 자세히 설명하겠다.


## 11) 비인飛刃

비인은 양인과 충이 되는 지지이다. 예를 들면, 甲의 양인은 卯이므로 卯와 충이 되는 酉가 즉 비인이다.

| 일간 | 甲 | 乙 | 丙 | 丁 | 戊 | 己 | 庚 | 辛 | 壬 | 癸 |
|------|----|----|----|----|----|----|----|----|----|----|
| 비인 | 酉 | 戌 | 子 | 丑 | 子 | 丑 | 卯 | 辰 | 午 | 未 |

비인이 운명에 작용하는 것은 양인과 비슷하나, 그 힘은 양인만큼 강렬하지는 못하다. 비인의 특성은 무슨 일에 열중하기 쉬우면서도 쉽게 포기하는, 즉 인내심이 없는 것이다. 그러므로 사주에 비인이 있으면 성공할 가망이 없는 일을 무리하게 추진하다 파산하거나, 혹은 모험으로 한때 성공을 했더라도 그것이 오래 가지 못한다.


## 12) 괴강魁罡

괴강은 모든 사람을 제압하는 강렬한 살로서, 대귀부·황포·총명·엄격·살생·재앙·극빈 등의 길흉이 극단적으로 작용을 한다.
괴강은 다음의 여섯 가지로써 사주의 연·월·일·시 어디에 있어도 성립되는데, 그 중 일주의 괴강이 가장 영향력이 크다.

庚辰, 庚戌, 戊辰, 戊戌, 壬辰, 壬戌

괴강은 남자보다는 여자에게 흉살이 더욱 강하게 작용하고, 남자에게는 크게 흉이 되지 않으며, 때로는 의외의 귀록도 동반한다.

- 괴강이 사주 속에 있는 여자는 일반적으로 용모는 아름다우나 고독한 운명으로, 과부가 되거나 병으로 신음하는 수가 많다.
- 일주의 괴강이 형·충이 되면 일생에 형액이 많이 따르고 빈천하므로 형·충을 매우 기피한다.
- 남자의 일주에 괴강이 있으면 의사·군인·경찰로서 입신 양명하나, 남녀 모두 전성기가 지나면 재기가 어려운 점이 특이하다.
- 괴강이 사주에 세 개 이상 있으면 오히려 이상하게 발달하여 부귀 양자를 겸하는 자가 많다.
- 일주가 괴강이고 사주의 구성이 좋으면 지혜롭고 총명하여 대권을 장악하지만, 마음 속에 살생의 기운이 감돈다.

### 13) 백호白虎

백호살을 핏빛 재앙을 본다는 흉악살로서 사주 중에 어디에 있어도 해당한다.

甲辰, 戊辰, 丙戌, 壬戌, 丁丑, 癸丑, 乙未

백호살은 예측할 수 없는 불의의 재난이 발생하는 흉살이므로, 특히 백호살에 해당하는 육친을 잘 살펴야 한다.

- 연주·월주에 백호살이 있으면 조상이 시끄러웠고, 파란 곡절이 많았다.
- 백호살의 십이운성의 사·절과 동주하면 교활하고 방탕하다.
- 일주·시주에 있으면 처와 자식에게 해가 된다.

• 사주에 괴강과 백호살이 세 개 이상이면 보통 인물은 아니다. 사주 전체
의 구성이 좋으면 훌륭한 인물이 될 것이며, 그렇지 않으면 많은 악운을
겪는다.


## 14) 원진怨嗔

원진살의 작용은 파·해와 비슷하며, 이별·고독·불화·증오의 뜻을 지니고
있다.

子未, 丑午, 寅酉, 卯申, 辰亥, 巳戌

원진살은 전생에 원수라는 뜻도 있어 그 업보를 풀 듯이 만나면 다툰다.

• 연과 월이 원진이면, 아버지와 할아버지가 불화하고, 애정적인 시련이 많다.
• 월과 일이 원진이면 부모 형제와 불신하고 반목하며, 자신의 환경에 불만
이 많고, 부부간에 화합하지 못한다.
• 일과 시가 원진이면 처·자식 문제로 걱정이 많고, 말년이 고독하며, 불효
자식을 둘 수 있다.
• 식신·상관이 원진이면 남의 흉은 잘 보고, 속과 겉이 다르다.


## 15) 천라 지망天羅地網

사주의 일지를 기준으로 타지에 한 개가 더 있어야 성립한다.

戌亥천라　辰巳지망

천라 지망은 하늘에서 씌운 그물이라, 여기에 걸리면 꼼짝 못 하고 불행의
나락에서 헤어나지 못하는 형극이다.


- 남자는 천라를 꺼리고, 여자는 지망을 꺼리는데, 감금 구속이나 관재 구
  설·시비 송사를 당하고, 납치를 당하는 수도 있다.
- 여자의 사주에 지망이 있으면 파혼을 당하고, 자식에게 해로운 일이 생
  긴다.
- 辰·戌은 공성이라, 공업계나 전문 기술직에 진출하여 성공하는 수가 있다.
- 戌·亥는 천문성이라 하여 활인업에 종사하는데, 활인업이란 사람을 죽이
  고 살리는 직업으로 의사·판사·검사·군인·경찰·종교인 등이 이에 해당
  한다.
- 특히 亥가 있는 사주는 해당 육친이나 본인이 종교에 심취하여 크게 대
  성한다.


## 16) 고신孤神·과숙寡宿 및 격각살隔角煞

고신과 과숙은 연지를 기준으로 타지와 대조하여 산출하고, 격각살은 일
지와 시지가 한 글자 건너뛴 것을 말한다. 가령 격각살은 子일寅시·丑일卯시·
寅일辰시·卯일巳시 등이다.

| 연지 | 子 | 丑 | 寅 | 卯 | 辰 | 巳 | 午 | 未 | 申 | 酉 | 戌 | 亥 |
|---|---|---|---|---|---|---|---|---|---|---|---|---|
| 고신 | 寅 | 寅 | 巳 | 巳 | 巳 | 申 | 申 | 申 | 亥 | 亥 | 亥 | 寅 |
| 과숙 | 戌 | 戌 | 丑 | 丑 | 丑 | 辰 | 辰 | 辰 | 未 | 未 | 未 | 戌 |

이 살들이 있으면 다음과 같은 운명이 작용한다.

- 고신이 사주에 있으면 처를 극하며 고독하다.
- 과숙이 역마와 동주하면 타향에 나가 방탕하게 생활한다.
- 과숙이 사주에 있으면 육친이 인연이 없고 박복하다.
- 과숙이 화개와 동주하면 남녀 모두 중이 될 팔자이다.
- 월지에 과숙이 있으면 처와 인연이 없고, 시지에 과숙이 있으면 자식들이 불효한다.
- 과숙이 공망을 만나면 평생 고생이 많다.
- 사주에 격각살이 있으면 주로 형벌을 당한다.

여기서 동주同柱한다란, 같은 주에 있는 것을 말한다.


## 17) 십이신살十二神殺

십이신살은 일지와 연지를 기준으로 산출하는데, 예전엔 연지를 중요시하였으나, 근래엔 일지의 작용을 더 강하게 본다. 십이신살을 산출하는 방법은 삼합을 이용한다.


**십이신살 조견표**

| 신살<br>일지·연지 | 지살 | 도화 | 월살 | 역마 | 육해 | 화개 | 망신 | 장성 | 반안 | 겁살 | 재살 | 천살 |
|---|---|---|---|---|---|---|---|---|---|---|---|---|
| 申子辰 | 申 | 酉 | 戌 | 寅 | 卯 | 辰 | 亥 | 子 | 丑 | 巳 | 午 | 未 |
| 亥卯未 | 亥 | 子 | 丑 | 巳 | 午 | 未 | 寅 | 卯 | 辰 | 申 | 酉 | 戌 |
| 寅午戌 | 寅 | 卯 | 辰 | 申 | 酉 | 戌 | 巳 | 午 | 未 | 亥 | 子 | 丑 |
| 巳酉丑 | 巳 | 午 | 未 | 亥 | 子 | 丑 | 申 | 酉 | 戌 | 寅 | 卯 | 辰 |

원래 신살은 약 140여 종에 이르고 있으나, 적중률의 부족함과 시대의 흐름에 따라 실제 활용하고 있는 것은 30여 종에 지나지 않으며, 현재는 다시

정리되어 십이신살로 정예화되었다.

### (1) 지살地殺

지살은 항상 동분서주하여 빠르게 돌아다니는 살로, 특히 자신의 개인적인 일보다는 조직이나 집단의 임무를 띤 이동이 많다. 이사·여행·해외 이민 등을 주관하는 살이며, 운에서 들어오면 변동·이동·원행 등을 하게 된다.

- 연지에 지살이 있으면 조상 중에 객사한 사람이 있고, 일찍 고향을 떠나 객지에서 생활한다.
- 지살이 형충을 당하면 교통 사고가 발생한다.
- 지살이 역마나 인성과 같이 있으면 외국어를 전공하면 길하고, 동시 통역이나 특파원도 좋다.
- 지살이 인수와 힘을 합하거나 동주하면 외국 유학을 가게 된다.

### (2) 도화桃花

일명 연살 또는 함지살이라고도 한다. 도화는 남녀 모두 음란하고 호색하여 주색에 빠지는 살이다. 때로는 사주의 구성이 좋으면 연예계나 인기 업종에 종사하여 이름을 크게 떨치고 대성하기도 한다.

- 사주에 특히 일지와 시지에 도화가 있으면 남녀 불문하고 호색하며, 성욕과 쾌락을 바탕으로 결혼 생활을 하는 사람이 많다.
- 도화가 있는 남자는 강개지심이 있고, 여자는 풍류를 좋아한다. 특히 남자는 도화가 월지에 있고, 일지가 관성이면 처가덕으로 치부한다.
- 도화가 십이운성의 장생·건록·제왕에 해당하면 절세 미인이다. 그러나 일지와 시지가 모두 도화이면 주색으로 패가한다.
- 도화가 십이운성의 병·사·절에 해당하면 배은 망덕하고 교활하며 유탕하다.

- 여자 사주에 도화와 역마가 동주하면 음란하여 수치심을 모를 정도이고, 정부와 타향으로 야반 도주한다.
- 도화가 일지나 시지에 있고 양인과 동주하면 학식이 있고 재주는 좋으나 항상 몸이 약하다.
- 도화와 편관이 동주하면 박복하고, 정관과 동주하면 복록이 있다.
- 도화는 형·충과 합이 되는 것을 기피하고, 공망되면 오히려 길하다.
- 사주에 도화가 있는데, 운에서 다시 도화가 들어오면 이성으로 인하여 재난이 발생하고, 관재 구설에 휘말린다.

### (3) 월살月殺

월살은 화개와 충이 되는 지지이며, 일명 종교살이라고도 한다. 월살은 사고네 개의 창고인 辰·戌·丑·未이며, 만물이 고갈되는 의미가 있다.

- 월살이 있으면 신비스러운 것을 좋아하여 사이비 종교에 빠지기 쉽다.
- 사주에 월과 시가 월살이면 종교인·철학자·점술가 등이 많고, 일과 시가 월살이면 장애인의 자식을 두거나 자식을 앞세울 수도 있다.
- 월살이 사주에 중중하면 교통 사고·소아마비·사업 부진·자금 부족·종교상 분쟁 등이 많고, 잔병이 많아 평생 시름시름 아프게 된다.
- 월살이 드는 날에 파종을 하거나, 교미·부화 등을 하면 싹이 트지 못하고 변질된다고 한다.
- 월살이 있는 亥·子·丑생의 부부가 자식을 낳으면 복덩이가 되어 살림이 날로 번창한다.

### (4) 역마驛馬

역마는 말이 달린다는 의미이며, 지살과 뜻이 비슷하나, 역마는 달리는 말에 채찍을 가한 형국이라, 지살보다 작용력이 더 강하다.

- 역마는 사방으로 돌아다니기를 좋아하고, 임기 응변의 재치가 있으니 무역업·관광업·신문·방송·광고·정보 산업 등의 계통에서 재산을 모으고 명진 사해한다.
- 사주 중의 길신이 역마에 해당하면 비약적 발전을 할 기쁨이 있고, 매사가 순조롭게 움직인다.
- 사주 중의 흉신이 역마에 해당하면 평생 안정하지 못하고 분주 다사하다.
- 역마가 충이 되어 길신에 해당하면 더욱 길하고, 흉신에 해당하면 더욱 흉하다.
- 역마가 합이 되면 매사가 더디고, 역마가 공망이 되면 평생 실속이 없고 주거가 불안하다.
- 역마와 도화가 동주하거나 형충이 되면 타향에 나가 객사한다.
- 역마가 십이운성의 건록을 만나면 변화할 때마다 비약적인 발전을 거듭한다.
- 역마와 정재가 동주하면 현처를 얻고, 평생 재물이 떨어지지 않는다.

## (5) 육해六害

육해는 여섯 가지 액운이 자신을 해친다는 뜻으로, 질액·구병·피곤을 의미한다.

- 연·월에 육해살이 있으면 부모 형제와 인연이 없고, 일찍이 종교에 귀의하여 신앙으로 일생을 보낸다.
- 육해살년이나, 월과 일·시에 망자를 위한 의식을 하면 길하다.
- 육해살이 있는 사람이 원인 모르게 사업이 부진하거나, 하는 일이 순조롭지 못할 때 육해살의 연·월·일·시에 공을 들이면 막혔던 일이 묘하게 풀린다.
- 육해살은 잘 나가다 한번 좌절하면 한평생 운이 없고 고독하다.

## (6) 화개華蓋

화개는 화려한 꽃방석의 이미지를 가질 만큼 인기가 좋다. 팔방 미인의 운명으로 재주가 많고 야망도 크며, 이상적인 세계를 추구하는 꿈이 있다.

- 화개가 충을 만나면 앞만 보고 달리다 자칫 수렁에 빠지는 수가 많다.
- 화개와 인수가 동주하면 대학자가 되고, 천을귀인과 함께 놓이면 위인이 청귀하다.
- 화개는 辰·戌·丑·未에 해당하므로, 만물을 추수하여 창고에 보관하는 역할을 하기도 하고, 동시에 새로운 것을 창조하는 진리의 보고이다.
- 화개가 공망이 되면 승려로 나감이 좋고, 공망이 다시 충이 되면 환속한다.
- 화개가 십이운성의 병·사·절과 동주하면 빈곤하고, 헛소리를 잘 하여 신용이 없다.

## (7) 망신亡身

망신은 글자 그대로 망신을 당하는 살로서, 주로 도박·주색·실패·도적·사기 등으로 패가 망신을 시키는 살이다.

- 사주에 망신살이 있으면 여난이 있고, 정치적인 정쟁 속에서 속성 속패의 암시가 있다.
- 사주의 구성이 좋고 망신살이 길성과 같이 있으면 권모 술수가 능하며, 계산이 빠른 사람이다. 그러나 흉살과 같이 있으면 눈치는 빠르지만, 천성이 게으르고 거짓말을 잘 하여 분쟁이나 송사를 잘 일으킨다.
- 망신이 인수와 함께 있고 길성의 작용을 하면 정치적인 실천가이며, 매사에 백전 백승한다.
- 망신살이 형살과 함께 있으면 기술직이나 청부업·도살직 등의 직업에 길하고, 다시 운에서 형살이 들어오면 관재 구설에 휘말린다.
- 망신살은 억울하게 죽은 객사한 귀신이므로 공을 드리는 것이 좋고, 부

부가 바람 피울 때 애인을 숨겨두는 곳은 망신살 방향이다.

- 사주에 망신살이 있으면 매너가 좋고 이성적인데, 사주에 한 개가 있으면 비밀이 많고, 두 개가 있으면 거짓말을 잘 하며, 세 개가 있으면 도둑이나 사기꾼이 된다.

### (8) 장성將星

장성은 문무를 겸비한 장군성으로 권위가 빛나는 길성이다. 삼합의 가운데 지지가 장성이며, 십이운성의 제왕지에 해당한다.

- 일반적으로 장성이 있는 사주는 관계에 출입하며, 장성과 양인이 동주하면 생살 대권을 장악하고, 재성과 동주하면 국가 재정 관리의 총수가 된다.
- 장성이 편관과 동주하면 군인·법무부·국가 정보원 등으로 진출하면 명진 사해에 가문을 빛낸다.
- 장성은 권력·명예·승진·발전·용맹·건강·강건 등을 뜻한다.
- 장성이 반안과 동주하면 선망이 높은 종교인이며, 월살과 동주하면 사고나 이단 종교에 빠지기 쉽고, 화개와 동주하면 국가의 큰 재목이다.
- 여자의 사주에 장성이 임하면 기가 너무 강해 남편을 꼼짝 못 하게 지배하고, 무슨 일이나 우물쭈물하지 않고 태도가 분명하다. 한마디로 여장부격이다.
- 장성이 사주에 임하면 일단 야심가이며, 용맹심이 강하고, 무슨 일이든 진취적으로 인내와 끈기가 투철하여 큰일이 닥쳐와도 무난히 극복한다.

여기서 동주한다란 함께 있다는 의미이다.

### (9) 반안攀鞍

반안은 말안장을 뜻하는 말로, 번영·출세·승진 등의 의미가 있으며, 일명 금여록이라 한다.

• 반안과 장성·역마가 만나면 말 위에 안장을 올려놓고 장군이 행군하는 기상으로 크게 출세하며, 만인의 추앙을 받는다.
• 반안이 천을귀인과 동주하면 상인은 돈을 벌고, 직장자는 승진하며, 일반인은 조상의 음덕을 입게 된다.
• 반안살 방향으로 머리를 놓고 자면 소원이 이루어진다.
• 반안이 십이운성의 장성·관대·건록·제왕을 만나면 근면하고 정직한 행정 관료의 표상이며, 교만하지 않고 공정·공평하게 일을 추진하며, 신용이 있는 관료의 기질도 가지고 있다.

## (10) 겁살劫殺

겁살은 강탈이나 겁탈을 당한다는 뜻이며, 십이운성의 절에 해당한다. 겁살은 도난·이별·속패·탈재·탄압·교통 사고·살상 등의 의미가 있다.

• 겁살이 관성과 동주하고 사주의 구성이 좋으면 행정 관리의 우두머리가 되거나, 군인으로서 생살 대권을 잡게 된다.
• 겁살이 있고 비견·겁재·양인이 많은 사람은 재산을 파진하거나 몸을 다치는 등의 흉액을 피하기 어렵다.
• 겁살이 십이운성의 장생지나 천을귀인 등의 길성을 만나면 모험심과 의협심이 많고, 충명하고 과단성이 있어 일찍 성공한다.
• 겁살이 형이나 원진을 만나면 도벽이 발동하고, 운에서 화나 금을 봉하면 교통 사고가 발생한다.

## (11) 재살災殺

재살은 일명 수옥살이라고 일컬으며, 사주의 구성이 좋으면 사법 기관이나 권력 기관에 종사하고, 사주가 나쁘면 죄를 짓고 감옥에 들어간다.

재살은 송사·구속·감금·납치·횡액사·교통 사고사 등의 의미가 있다.

- 재살이 형살이나 칠살·양인과 동주하면 권력은 행사할 수 있으나, 교통 사고 등의 불측의 재난을 당한다.
- 재살이 있고 사주의 구성도 좋은데 감옥에 가 있다면, 정치범이나 재야 운동권의 양심범일 가능성이 높다.
- 재살과 식상·관성이 태왕할 때는 해당하는 육친이 해롭고, 자신은 공연한 일로 시비 구설에 휘말린다.
- 재살과 인수가 만나면 구속을 면할 수 없으나, 오히려 전화 위복이 되어 유명해진다. 바로 독립 투사·혁명가·열사 등이 이에 해당한다.

### (12) 천살天殺

천살은 하늘이 내리는 벌이며, 불의의 천재지변을 당하는 살이다. 천살은 벼락·홍수·지진·태풍·가뭄·열병·정신 질환·불치병 등의 의미가 있다.

- 천살이 발동하여 재난을 당하면 반안살 방향으로 가서 치료하거나, 반안살 방향으로 머리를 두고 자면 효과를 본다.
- 천살이 비겁·양인과 동주하면 중풍·언어 장애 등의 신경성 질환에 시달린다.
- 천살이 칠살偏官을 만나면 반항적이고 급진적인 면이 강하므로 시비 구설을 자초하는 경우가 많다.

### 18) 삼재三災

亥·卯·未년생은 巳·午·未년이 삼재이고, 寅·午·戌년생은 申·酉·戌년이 삼재이며, 巳·酉·丑년생은 亥·子·丑년이 삼재이고, 申·子·辰년생은 寅·卯·辰년이 삼재에 해당한다.

일반적으로 역학에 대한 이해가 잘못된 부분이 많은데, 그 대표적인 경우가 삼재이다. 역학도 시대의 변화에 따라서 발전하는 법이다.

고대에 우리들의 선조님들이 살던 시대에는 사회가 매우 단순하여 연지의 기운이 미치는 영향이 매우 중대하였으나, 오늘날 눈부실 정도로 발전하는 현대 과학 문명을 따라가기에는 역부족이다.

따라서 시대가 변한 만큼 역학의 위치도 변할 수밖에 없으므로, 사수 팔자의 전체적인 구성이 중요하고, 연지 하나만을 참고하는 삼재는 무시해도 좋을 것 같다.


### 19) 길성吉星

형·충·파·해와 흉성, 그리고 십이신살 등은 음양 오행의 기운이 나쁘게 작용하고 서로 대립하는 관계를 설명하였으나, 길성, 즉 길신은 음양 오행의 기운이 바르게 작용하고 서로 친화하는 이치를 설명하고 있다.


#### (1) 금여金輿

사주풀이에서 가장 중요한 점은 사주의 주인공인 일간일주의 천간이 어떤 지지의 기운을 만나야 힘을 얻고 복을 받는지가 매우 중요하다.

| 일간 | 甲 | 乙 | 丙 | 丁 | 戊 | 己 | 庚 | 辛 | 壬 | 癸 |
|---|---|---|---|---|---|---|---|---|---|---|
| 금여 | 辰 | 巳 | 未 | 申 | 未 | 申 | 戌 | 亥 | 丑 | 寅 |

금여는 온후·유순·준수·음덕·절의 등을 특성으로 하고, 자연의 행복을 받을 암시가 많다.

금여가 사주에 있으면 몸가짐에 절도가 있고, 인물이 준수하고 온화하다. 남자는 탐구적인 면이 강하고, 처가의 덕을 본다. 여자는 대체로 미모가 빼어나고, 결혼운도 좋다.

- 일지 또는 시지에 금여가 있으면 평생 안락하며, 자손이 번창한다.
- 주로 황족이나 귀족 등의 명문가 사주에 금여가 많다.


## (2) 암록暗祿

| 일간 | 甲 | 乙 | 丙 | 丁 | 戊 | 己 | 庚 | 辛 | 壬 | 癸 |
|------|----|----|----|----|----|----|----|----|----|----|
| 암록 | 亥 | 戌 | 申 | 未 | 申 | 未 | 巳 | 辰 | 寅 | 丑 |

사주에 암록이 있으면 한평생을 통해 재물이 떨어지지 않고, 남이 모르는 복록이 많으므로 항상 뜻밖의 귀인을 만나 위험에서 벗어난다.

- 월이나 일지가 암록이면 사람됨이 건전하고 자립심이 강해 자수 성가한다.
- 암록은 식상·관성·인성과의 합을 기뻐하고, 형·충은 싫어한다.
- 사주의 격국이 좋고 희신의 도움이 있으면 일생 복록이 왕성하나, 그 행복을 깨는 형·충을 싫어한다.


## (3) 정록正祿

| 일간 | 甲 | 乙 | 丙 | 丁 | 戊 | 己 | 庚 | 辛 | 壬 | 癸 |
|------|----|----|----|----|----|----|----|----|----|----|
| 정록 | 寅 | 卯 | 巳 | 午 | 巳 | 午 | 申 | 酉 | 亥 | 子 |

일명 건록이라 한다. 정록은 관록·작위를 얻었다는 뜻으로 만사 형통한 작용을 하는 길신으로 본다. 일간이 튼튼한 뿌리를 얻어 강건한 정신과 육체로 무슨 일이든 목적을 이룬다.

- 정록은 관성·인성·식신과 합을 좋아하나, 형·충을 싫어한다, 사주의 격국이 좋고 희신의 도움이 있으면 복록이 왕성하고 일생이 편안하니, 그 행복을 깨는 형·충을 싫어한다.
- 월이나 일지가 녹祿이면 사람됨이 건전하고, 자립심이 강하여 자수 성가한다.
- 정록이 십이운성의 장생·관대·건록·제왕과 동주하면 길성의 작용은 더욱 왕성하고, 십이운성의 쇠·병·사·절과 동주하면 길성의 작용은 삭감된다.

## (4) 문창성 文昌星

| 일간 | 甲 | 乙 | 丙 | 丁 | 戊 | 己 | 庚 | 辛 | 壬 | 癸 |
|---|---|---|---|---|---|---|---|---|---|---|
| 문창성 | 巳 | 午 | 申 | 酉 | 申 | 酉 | 亥 | 子 | 寅 | 卯 |

문창성이 임하면 지혜가 있고 총명하며, 사주 속의 흉성을 길하게 만든다. 그러나 문창성이 충이나 합, 또는 공망이 되면 그 길작용을 못 한다.

- 문창은 학문의 보고로서, 비범하고 뛰어난 문장가이며, 풍류를 즐기는 낭만이 있다.
- 사주에 문창성이 있고, 비겁이나 양인이 있으면 문창성의 효험이 더욱 크다. 그 이유는 인간이 신왕해야 모든 복을 취할 수 있기 때문이다.

## (5) 천을귀인 天乙貴人

| 일간 | 甲 戊 庚 | | 乙 己 | | 丙 丁 | | 壬 癸 | 辛 |
|---|---|---|---|---|---|---|---|---|
| 천을귀인 | 丑, 未 | | 子, 申 | | 亥, 酉 | | 巳, 卯 | 午, 寅 |

천을귀인은 일간을 기준으로 하여 연·월·일·시와 대조한다. 천을귀인은

길신 중의 길신이며, 귀인의 음덕으로 천부적으로 존귀하고 총명하며, 모든 일에 일체의 흉살을 제거하여 평생을 안락하게 살 수 있는 길성 중의 길성이다.

- 사주에 귀인이 있으면 지혜가 총명하며, 흉이 변하여 길하여지고 일찍 출세하며, 또 문장이 높아 세인의 존경을 받는다.
- 십이운성의 장생·건록·제왕과 함께 있으면 성정이 양순하고 인덕이 있으며, 평생 동안 복록이 많다.
- 귀인이 있는 천간이 간합되거나, 귀인 자체가 합이 되면 사회의 신용을 얻고 출세가 빠르며, 한평생 형벌을 받지 않는다.
- 귀인과 괴강, 또는 백호살이 사주에 있으면 성격이 활발하고 경우에 밝으며, 여러 사람들의 존경을 받는다.
- 귀인이 형·충·파·해되거나 공망을 당하면 귀인이 무력해져 평생 곤고하다.
- 귀인이 왕성한 십이운성과 같이 있으면 한평생 복이 많고, 사·절·병 등 약한 십이운성과 동거하면 복이 없다.

### (6) 학당귀인 學堂貴人

| 일간 | 甲 | 乙 | 丙 | 丁 | 戊 | 己 | 庚 | 辛 | 壬 | 癸 |
|------|----|----|----|----|----|----|----|----|----|----|
| 학당귀인 | 亥 | 午 | 壬 | 酉 | 壬 | 酉 | 巳 | 子 | 申 | 卯 |

학당귀인이 사주에 있으면 학문에 능통하고 총명하여 박사·교수 등의 대학자가 된다.

- 학당귀인이나 문창성이 공망이 되면 학업이 중도에 좌절되거나, 열심히는 하는데 성적이 오르지 않는다.
- 학당귀인은 학문·인수·문장·총명·창의·지혜·문화·종교·금백수청·목화통명을 상징한다.

## (7) 천덕귀인千德貴人

| 월지 | 寅 | 卯 | 辰 | 巳 | 午 | 未 | 申 | 酉 | 戌 | 亥 | 子 | 丑 |
|---|---|---|---|---|---|---|---|---|---|---|---|---|
| 천덕귀인 | 丁 | 申 | 壬 | 辛 | 亥 | 甲 | 癸 | 寅 | 丙 | 乙 | 巳 | 庚 |

천덕귀인은 월지를 기준으로 간지와 대조한다. 천덕귀인은 결혼·경사·이사·건축 상량식 등의 의미가 있다.

- 사주에 천덕이나 월덕이 있으면 길한 사주는 더욱 길해지고, 흉한 사주는 그 흉이 강해진다. 그러나 천·월 이덕二德이 형충파해가 되면 무력해져서 이와 같은 길조는 사라진다.
- 천·월 이덕이 있으면 국회의장·대법원장·국무총리에 오를 정도로 관운이 좋다. 특히 법관이 많으며, 천·월 이덕에 해당하는 육친에게 크게 좋은 일이 있다.

## (8) 월덕귀인月德貴人

| 월지 | 寅 | 午 | 戌 | 亥 | 卯 | 未 | 申 | 子 | 辰 | 巳 | 酉 | 丑 |
|---|---|---|---|---|---|---|---|---|---|---|---|---|
| 월덕귀인 | 丙 | | | 申 | | | 壬 | | | 庚 | | |

월덕귀인은 월지를 기준으로 천간과 대조한다. 천덕귀인과 같이 길조는 더해 주고 흉조는 감해 주는 덕신이다.

- 월덕귀인이 사주에 있으면 무병 장수하고 조상의 덕이 있으며, 형액이나 재앙이 소멸된다.
- 천·월 이덕이 사주에 있으면 흉한 악살이 침범치 못하고, 심성이 착해서 자선심이 많다. 또 처음엔 가난하더라도 후에 부자가 된다.

### (9) 천의성 天醫星

| 월지 | 寅 | 卯 | 辰 | 巳 | 午 | 未 | 申 | 酉 | 戌 | 亥 | 子 | 丑 |
|---|---|---|---|---|---|---|---|---|---|---|---|---|
| 천의성 | 丑 | 寅 | 卯 | 辰 | 巳 | 午 | 未 | 申 | 酉 | 戌 | 亥 | 子 |

일명 활인성이라 한다. 천의성이 사주에 있으면 남의 인명을 구해 주는 의사·종교인·간호사·약사·소방관 등에 종사하게 된다.

- 천의성은 월지를 기준으로 타지와 대조하는데, 주로 사회사업이나 힘들고 어려운 사람들을 구제하는 직업에 종사한다.
- 천의성이 십이운성의 장생·건록·제왕과 동주하면 종교인으로 큰 대업을 이룬다.
- 사주상의 재성이 건전하고, 천의성이 동주하거나 타지에 있으면 어질고 명망 있는 의사로서 이름을 떨친다.

이상으로 설명한 아홉 가지의 길성 외에도 삼주귀인·천사성·천희선·태극귀인·황은대사 등의 많은 길성들이 있으나, 실제로 활용하기에는 미흡한 점이 많아 설명을 생략하기로 한다.

지금까지 설명한 것이 사주 속에 길신이든 흉신이든 있을 경우, 그것은 어디까지나 길신이나 흉신의 그 자신 하나만의 운명이 사주에 작용하는 영향력을 판단한 것이다. 사주를 추명함에 있어 길신이나 흉신만으로 모든 것을 판단할 수 없는 법이다. 길신도 형충파해를 당하면 제 능력을 발휘할 수 없고, 흉신도 때로는 전화 위복이 되어 길신의 작용을 하기도 한다.

이렇듯 길신으로 작용을 할 것인지, 아니면 흉신으로 작용을 할 것인지는 무엇보다 음양 오행의 강약과 천간·지지의 조화를 통하여 판단해야 한다는 사실을 명심하기 바란다.

# 5 십이운성十二運星

  십이운성이란, 장생·목욕·관대·건록·제왕·쇠·병·사·묘·절·태·양을 말하고, 일명 포태법이라고도 한다. 십이운성은 일간과 지지를 상호 대조하여 산출하는데, 일간의 힘이 어느 정도인가 알아보는 데는 이 십이운성만 한 게 없다.

  십이운성의 작용이 음간은 미미하므로 양간만 작용해야 한다는 논리도 있으나, 한 가지 분명한 것은 십이운성만의 작용력은 절대적이지 않고, 대개 육신과 결합하여 운명에 작용을 한다.

### 십이운성 조견표

| 운성<br>일간 | 장생 | 목욕 | 관대 | 건록 | 제왕 | 쇠 | 병 | 사 | 묘 | 절 | 태 | 양 |
|---|---|---|---|---|---|---|---|---|---|---|---|---|
| 甲 | 亥 | 子 | 丑 | 寅 | 卯 | 辰 | 巳 | 午 | 未 | 申 | 酉 | 戌 |
| 乙 | 午 | 巳 | 辰 | 卯 | 寅 | 丑 | 子 | 亥 | 戌 | 酉 | 申 | 未 |
| 丙, 戊 | 寅 | 卯 | 辰 | 巳 | 午 | 未 | 申 | 酉 | 戌 | 亥 | 子 | 丑 |
| 丁, 己 | 酉 | 申 | 未 | 午 | 巳 | 辰 | 卯 | 寅 | 丑 | 子 | 亥 | 戌 |
| 庚 | 巳 | 午 | 未 | 申 | 酉 | 戌 | 亥 | 子 | 丑 | 寅 | 卯 | 辰 |
| 辛 | 子 | 亥 | 戌 | 酉 | 申 | 未 | 午 | 巳 | 辰 | 卯 | 寅 | 丑 |
| 壬 | 申 | 酉 | 戌 | 亥 | 子 | 丑 | 寅 | 卯 | 辰 | 巳 | 午 | 未 |
| 癸 | 卯 | 寅 | 丑 | 子 | 亥 | 戌 | 酉 | 申 | 未 | 午 | 巳 | 辰 |

십이운성의 조건표를 보면 일간과 동일한 오행의 지지가 건록·제왕에 해당하며, 甲·丙·戊·庚·壬의 양간은 건록·제왕 등 순행으로 나가고, 乙·丁·己·辛·癸의 음간은 건록·관대 등으로 역행한다. 여기에서 한 가지 유념할 것은, 십이운성은 일간에서 사주의 각 지지를 보고 산출할 뿐 아니라, 때로는 연·월·시, 천간의 힘이 어느 정도인지 알아보기 위해 천간에서 지지를 대조하여 산출하는 경우도 많다.

## 1) 일간을 기준으로 한 십이운성의 산출

<table>
<tr><td>(1)</td><td></td><td></td><td></td><td>(2)</td><td></td><td></td><td></td></tr>
<tr><td>시</td><td>일</td><td>월</td><td>년</td><td>시</td><td>일</td><td>월</td><td>년</td></tr>
<tr><td>庚</td><td>甲</td><td>丁</td><td>丙</td><td>乙</td><td>丙</td><td>壬</td><td>戊</td></tr>
<tr><td>午</td><td>子</td><td>巳</td><td>辰</td><td>未</td><td>辰</td><td>午</td><td>寅</td></tr>
<tr><td>사</td><td>목욕</td><td>병</td><td>쇠</td><td>쇠</td><td>관대</td><td>제왕</td><td>장생</td></tr>
</table>

## 2) 십이운성의 해석

십이운성은 사람이 출생하여 성장하고 활동하다가 늙어서 사망하여 무덤에 들어가, 다시 환생하여 태어나기까지의 과정을 십이 단계로 나누어 표시한 것으로, 불교의 십이인연법과도 유사하다.

### (1) 장생長生

모태 속에서 성장한 태아가 이 세상에 출생함을 뜻한다. 장생은 모방성이나 창작성이 뛰어나고, 행복과 번영, 그리고 점진적인 발전을 의미한다.

- 연지에 장생이 있으면 조상대에 발복하여 많은 혜택을 얻으나, 형·충·파·해를 당하거나 공망이 되면 생각지도 못한 변고로 인해 파란 곡절이 많다.
- 월지에 장생이면 부모 형제가 영화롭고, 인덕이 좋아 사회적으로 순탄하게 성공한다.
- 일지가 장생이면 현처를 만나 부부 화합이 잘 되고 부모 덕이 있으며, 말과 행동이 일치하고, 성격이 원만하며 온후하다.
- 시지에 장생이면 자식이 부귀 영달하고, 말년이 풍요롭다.

### (2) 목욕沐浴

세상에 태어나서 목욕을 한다. 물 속에서 목욕하는 형상이니 항상 자신을 꾸미고 씻고 몸치장하는 것을 좋아하며, 세상 물정에 어둡고 변덕이 심해서 경험도 없이 성공할 수 없는 일을 무리하게 추진하다 실패가 많다. 남자는 정신적으로 방황하고, 고독하거나 주색으로 패가 망신하기 쉽다. 여자는 감정적으로 행동하여 생이 사별生離死別을 피하기 어렵고, 정신적·육체적으로 방황하기 쉽다.

- 연지에 목욕이면 집안은 좋으나 일찍 고향을 떠났고, 주색으로 파가할 우려가 있지만 사교성만큼은 좋다.
- 일지에 목욕이면 부모 덕이 없으며, 남녀 모두 배우자와 인연이 없고, 주색 풍파가 두렵다.
- 시지에 목욕이면 처자식이 무정하게 되고, 말년이 고독하다.
- 목욕살이 천을귀인과 동주하거나 관성의 구성이 좋으면 고시에 합격하여 관계에 진출하고 출세도 하므로, 목욕이 꼭 흉한 것만은 아니다.

### (3) 관대冠帶

일명 대帶라 하고, 왕성한 청년기를 의미한다. 관대는 어떠한 난관에 봉착해도 개척 정신과 투쟁 정신이 강하여 모든 일을 과감하게 풀어나가지만, 사회적으로 미숙하고 경험이 부족하다. 그러나 교양과 덕망을 쌓으면 부귀하고 사회적 지위도 얻을 수 있지만, 자존심이 강하고, 남의 간섭이나 지배를 받기 싫어하므로 대인 관계에서 적을 만들기 쉬우니 주의해야 한다.

- 연지가 관대면 명문가 출신이며, 용기와 기상이 우월하여 일찍 출세한다.
- 월지가 관대면 개성이 강하고 집념이 완고하며, 출세와 명예를 위해 수단과 방법을 가리지 않는다. 초년에는 빈한하나 청년기부터 발복한다.
- 관대가 일지에 있으면 재능이 비범하여 크게 이름을 빛내지만, 배우자궁이 혼란스러워 반드시 애정의 실패가 따른다. 특히 壬戌일·癸丑일생이 더욱 심하다.
- 관대가 시지에 있으면 자손이 발복하여 크게 번영하고, 말년이 유복하다.

### (4) 건록建祿

일명 관이라 하고, 육체와 정신이 완성되어 지모를 겸비한 성숙한 시기이다. 사상이 건전하고 계획이 치밀하여 쉽사리 잘못을 저지르지 않고, 자립심이 강하여 타인의 지배나 간섭을 싫어한다. 자수 성가·풍성·번영·융창 등의 의미가 있다.

- 일간이 왕성하고 설기함이 좋으면 정치가나 사업가로 크게 대성한다.
- 연지에 건록이 있으면 선대가 번창하고, 명문의 후손이다.
- 월지에 건록이면 부모 형제가 발복하고, 사회 활동이 건전하여 성공한다.
- 일지에 건록이면 지식이 풍부하고, 독립심이 강하여 자수 성가한다.
- 여성은 결혼 후에도 왕성한 사회 활동을 해야 하고, 남편이 바람을 피우는 등의 속을 썩여 정신적 고통을 당한다.
- 건록이 시지에 있으면 자손이 번창하고, 노후가 편안하다.

### (5) 제왕帝王

일명 왕이라 한다. 일생 최고의 전성 시대이며, 활동력이 왕성한 시기이다. 경험과 지식이 풍부하여 매사에 신중하면서도 독선적이고, 자부심과 통솔력이 강하여 만인에 군림하는 두령격이다. 기상이 중후하여 조용히 처신하더라도 천하에 이름을 빛낸다. 왕성·고집·권위·유아 독존의 의미가 있다.

- 여성이 월지나 일지에 제왕이 있으면 고집이 세고, 성격이 강건하여 남편을 꼼짝 못 하게 억누른다.
- 연지가 제왕이면 선대가 부귀 명문하고, 권세가이다.
- 월지와 일지가 제왕이면 생가를 일찍 떠나 자수 성가하고, 수양이 있으면 남들로부터 존경을 받는다. 단, 주색을 삼가야 한다.
- 제왕이 시지에 있으면 학문 연구를 좋아하고, 귀한 자식을 두며, 말년이 좋다.
- 사주에 제왕이 중중하면 남녀 모두 배우자와 해로하지 못한다.

### (6) 쇠衰

인간 만사의 최성기가 끝나고 점차적으로 저물어가는 성패가 다사다난한 시기이다. 인생의 황혼기에 해당하며, 패기는 약하고 박력은 부족하지만, 정신적으로 성숙하고 노련하여 어려운 일을 쉽게 풀어나가는 재치는 있다. 하지만 매사에 소극적이다.

- 연지에 쇠가 있으면 선대의 부흥이 쇠퇴하였고, 성실하여 책임은 완수할 수 있으나 사회적으로 두각을 나타내기는 어렵다.
- 월과 일지에 쇠이면 남을 너무 믿다가 큰 손해를 당하니 보증은 금물이고, 패기는 잃었지만 허영이나 사치가 없어 원만한 운세이다. 여성은 차분하고 생각이 깊어 현모 양처로 내조를 잘 한다.
- 시지에 쇠이면 자손이 대기 만성형으로 운이 늦게 열리고, 말년이 안정치

못하다.


## (7) 병病

나이가 들고 병이 들면 노쇠해지는 것이 자연의 순리이다. 병이 든 환자가 이런저런 생각이 많듯이 환상과 몽상이 많고, 지나친 걱정으로 신경을 많이 쓴다. 병의 흉한 기운은 자신이 자기 분수를 알고 한 가지 일에 인내심을 갖고 꾸준히 정진해 나가는 것이 피해 갈 수 있는 길이며, 급속하게 일을 추진하거나 무리하면 반드시 실수한다.


- 병이 연지에 있으면 선대에 빈곤하고, 어릴 때 건강이 좋지 않다.
- 월에 있으면 부모 형제가 곤궁하고 변고가 있다.
- 정신이 산만하고 변덕이 심해 매사가 용두 사미격이다. 청장년 시기에 횡액이 따른다.
- 시지에 병이면 말년이 불행하고, 자손이 건강상의 문제가 있다.
- 여성의 사주에 甲午·丙戌·戊申·庚子·壬寅 일주이면 머리는 영리하나 남편과의 인연이 없고 고독하다.


## (8) 사死

병의 고통에서 벗어나 죽음으로 모든 것을 끝맺는 시기이다. 성품은 욕심이 없고 솔직한 호인이지만, 매사에 기회를 만나지 못하고, 늙어서 의지할 곳도 없다.


- 사가 연지에 있으면 조상이 곤궁하다.
- 월과 일지가 사이면 부모·형제·처자와도 인연이 없고, 몸이 약하고 잔병 치레가 많다. 그러나 솔직한 성품에 재주가 다양하니 특수한 기술직으로 나가면 평생 생활하는 데는 지장이 없다.
- 시지에 사이면 후손에게 변고가 있고, 말년이 고독하다.

(9) 묘墓

일명 장 또는 고라 한다. 인간이 죽으면 무덤에 들어가듯이 모든 기운이 땅에 묻힌 것과 같다. 그래서 악의가 없고 순박 소탈하며, 무엇이든 모으고 수집하기를 좋아한다. 따라서 나름대로의 철학이 있고, 낭비를 하지 않는 노력가이기도 하다.

- 연지에 묘가 있으면 장남이 아니더라도 선조의 묘를 지키고 가업을 계승한다.
- 월과 일지가 묘이면 비교적 운이 늦게 열리고, 장남이든 차남이든 조상의 묘를 치산한다.

(10) 절絶

일명 포라고도 한다. 죽어서 묘에 묻힌 후 육체의 형체가 썩어 사라지고, 한 인생을 마무리하는 동시에, 새로히 윤회하여 다음의 생을 시작하는 찰라에 해당한다. 절은 형체는 없고 기만 살아 있는 유기체이므로 솔직하고 숨기지 못하는 것이 특징이다.

- 연에 절이 있으면 선대에 양자나 서출이 가업을 계승한다.
- 월에 있으면 부모 형제가 덕이 부족하고 곡절이 많으며, 자신이 고독하다.
- 일지가 절이면 끈기가 없어 변화와 변동이 심하고, 직업이나 주거가 자주 바뀌며, 타인의 신뢰를 얻기 어려우나, 후일을 기약하여 실력을 기르는 시기이다.
- 시지에 절이 있으면 자식에게 근심이 있고, 남녀 모두 애정 관계가 혼란스러워 혼전 임신의 우려가 있으며, 가정이 원만치 못하다.
- 남성의 사주에 戊戌·丙申·戊子·庚寅·壬午 일주이면 재복이 한결같지 아니하고, 부부가 해로하지 못한다.

(11) 태胎

생명이 잉태하는 시기이므로 미완성의 기운이다. 태의 기운은 부드럽고 연약하여 소극적이며, 흉도 없고 길도 없는 중간 정도이다.

- 사주의 지지에 태가 있으면 집념과 패기가 부족하여 남에게 의지하려는 의타심이 많고, 고상한 성품이지만 신념이나 아량이 넓지 못한 것이 흠이다.
- 태가 연지에 임하면 선대가 발흥의 기회를 마련하였고, 유년에 부모가 자수 성가하여 입신 양명하였다.
- 월지에 임하면 부모 형제가 한때에 생활이 곤란하고, 고통을 겪으나 서서히 발복한다.
- 일지에 태가 임하면 유년의 기운은 미약하나, 중년부터 일기 승천한다.
- 시지에 태이면 부모의 유업을 승계하지 못하나, 나름대로 최선을 다 해 가업을 이룬다.

(12) 양養

어머니의 뱃속에서 자라나는 시기이니, 육성되고 배우는 기운이므로 영리하고 원만하며, 도량이 넓어 매사에 무리를 하지 않는다. 반흉 반길하여 길신과 화합하면 복력이 있고, 흉신과 상봉하면 재앙이 발생한다.

- 양이 연지에 있으면 부모와 인연이 없고, 선대에도 양자로 계승하는 경우가 적지 않다.
- 월지에 양이 임하면 이복 형제가 있을 수 있으며, 일찍 고향을 떠나 홀로 성가한다.
- 일지에 양이 임하면 다른 가문에서 양자로 성장하고, 부부의 인연이 부족하여 생이 사별이 걱정된다.
- 시지에 양이 임하면 자손이 양자로 승계되나, 그 자손이 효도를 한다.

십이운성의 형세를 장생·관대·건록·제왕은 사왕으로, 태·양·목욕·묘는 사평으로, 쇠·병·사·절은 사쇠로 구분할 수 있다.

　연월일시의 천간이 지지에 십이운성의 사왕에 해당하면 득기했다 하여 천간의 기운이 성하고, 사쇠에 해당하면 실기했다 하여 천간의 기운이 쇠하다고 판단한다.

　고서에서 십이운성을 설명하기를, 천간의 성쇠를 일년 십이개월로 나누어 표시한 것으로서, 사람의 출생에서부터 사망하기까지를 비유한 것이라 한다. 즉, 장생은 인간의 출생과 같고, 목욕은 출생 후 태아시의 때를 씻는 것과 같고, 관대는 성장하여 성복하는 것과 같고, 건록은 나라에 출사하여 국록을 먹는 것과 같고, 제왕은 사람이 장성의 극에 달한 것과 같고, 쇠·병·사는 극성한 후 노쇠하여 사망하는 과정과 같고, 묘는 사후 묘지에 묻힌 것과 같고, 절은 묘에 묻힌 후 그 형체가 절무하게 된 것과 같다. 그리고 태는 다시 그 기운이 돋는 것을 인간의 모체가 태기를 잉태한 것에 비유한 것이고, 양은 그 태기가 모체에서 자라는 것에 비유한 것이라 한다.

　이와 같이 십간의 기운의 성쇠를 사람의 출생 및 사망에 비유해서 설명한 것이 십이운성이라는 설은 분명하나, 음간인 乙목은 午화에 장생이 되고, 亥수에 사死가 된다. 사실 乙목의 기운은 오행 상생의 법칙에 의하여 亥수를 만나면 午화를 만난 것보다 몇 배나 더 왕성해지므로, 십이운성의 음간에 대한 해석은 다시 한 번 연구해 볼 과제이며, 십이운성과 육신이 결합하여 운명에 미치는 파장은 복식 판단편에서 자세히 설명하겠다.

# 6 육신六神

　육신이란 일간을 기준으로, 사주의 천간과 지지를 대조하여 그 사이에서 일어나는 운명의 작용력에 대한 정도를 육신으로 표출한 것이며, 이것은 음양·오행의 생과 극을 표현하는 운명 감정의 대표적 성징을 나타낸 것이다. 따라서 음양 오행의 대명사라 할 수 있으며, 사주 감정에서 가장 중요한 것 중의 하나이다.

　육신에는 비견·겁재·식신·상관·정재·편재·정관·편관·정인·편인의 열 가지이므로 일명 십신이라 칭한다. 이들 중에서 비견과 겁재는 격을 이루지 못하므로 그대로 두고, 식신과 상관을 묶어 식상으로, 정재와 편재를 재성으로, 정관과 편관을 관성으로, 정인과 편인을 인성으로 묶어, 총 여섯 종류이므로 육신이라고 하는 것이다.

　육신은 일간을 중심으로 하여 사주상의 전 간지와 대조해서 산출하는 것이므로 이에 의하여 표출되는 운명적 암시는 최소한 십여 항에 달할 것이다.
　이것을 산출한 육신에 의하여 감정하려면 판단되는 운명의 정도가 어디까지인지 알 수 없어 혼란에 빠지게 되므로, 사주상의 연·월·일·시주가 예지하고 있는 운명적인 암시를 쉽게 이해하기 위하여, 사주상의 각주가 대변하고 있는 범위를 정리하면 다음과 같다.

연주 : 사주 중 연의 간지가 암시하는 운명은 한평생을 통한 것이며, 이를
　　　대인 관계로 보면 선조 및 상사를 말한다.

월주 : 주로 성년 후의 운명을 암시하며, 대인 관계로 보면 부모·형제·자매
　　　를 말한다.

일주 : 일의 천간을 중심으로 하여 다른 간지를 대조하므로 일주는 지지
　　　만 대조의 대상이 된다. 일의 지지가 암시하는 운명은 주로 배우자
　　　의 일신상의 문제와 청년 시대를 말한다.

시주 : 주로 유년과 노년의 운명을 암시하며, 대인 관계로는 자손 및 아랫
　　　사람과의 관계를 말한다.


사주 팔자를 분류하여 명칭을 붙이면 다음과 같다.

| 시주 | 일주 | 월주 | 연주 | 사주 |
|:---:|:---:|:---:|:---:|:---:|
| 시간 | 일간 | 월간 | 연간 | |
| 辛 | ⓑ丙 | 乙 | 甲 | 천간 |
| 卯 | 寅 | 丑 | 子 | 지지 |
| 시지 | 일지 | 월지 | 연지 | |

일간을 중심으로 사주상의 모든 간지를 대조하여 육신을 산출한다.


## 1) 육신의 산출

육신은 비견·겁재·식신·상관·정재·편재·정관·편관·정인·편인의 십종이
있는데, 일간日干과 타주의 천간을 대조한 육신의 산출은 천성이라 하고, 일
간과 지지를 대조한 육신의 산출은 지성이라 한다.

## (1) 먼저 천간의 육신을 산출하는 법을 알아보자

- 비견 : 일간과 동일한 오행이며 음양이 같은 것
- 겁재 : 일간과 동일한 오행이며 음양이 다른 것
- 식신 : 일간이 생하는 오행이며 음양이 같은 것
- 상관 : 일간이 생하는 오행이며 음양이 다른 것
- 편재 : 일간이 극하는 오행이며 음양이 같은 것
- 정재 : 일간이 극하는 오행이며 음양이 다른 것
- 편관 : 일간을 극하는 오행이며 음양이 같은 것
- 정관 : 일간을 극하는 오행이며 음양이 다른 것
- 편인 : 일간을 생하는 오행이며 음양이 같은 것
- 정인 : 일간을 생하는 오행이며 음양이 다른 것

이상 십개 항목을 암기하면 즉각 육신을 알 수 있다.

예1) 甲을 일간으로 하여 육신을 산출하면 다음과 같다.

甲과 甲은 일간과 동일한 오행이며 음양이 같으므로 비견이다.
甲과 乙은 일간과 동일한 오행이며 음양이 다르므로 겁재이다.
甲과 丙은 일간이 생하는 오행이며 음양이 같으므로 식신이다.
甲과 丁은 일간이 생하는 오행이며 음양이 다르므로 상관이다.
甲과 戊은 일간이 극하는 오행이며 음양이 같으므로 편재이다.
甲과 己은 일간이 극하는 오행이며 음양이 다르므로 정재이다.
甲과 庚은 일간을 극하는 오행이며 음양이 같으므로 편관이다.
甲과 辛은 일간을 극하는 오행이며 음양이 다르므로 정관이다.
甲과 壬은 일간을 생하는 오행이며 음양이 같으므로 편인이다.
甲과 癸은 일간을 생하는 오행이며 음양이 다르므로 정인이다.

예2) 己를 일간으로 하여 육신을 산출하면 다음과 같다.

己와 甲은 일간을 극하는 오행이며 음양이 다르므로 정관이다.
己와 乙은 일간을 극하는 오행이며 음양이 같으므로 편관이다.
己와 丙은 일간을 생하는 오행이며 음양이 다르므로 정인이다.
己와 丁은 일간을 생하는 오행이며 음양이 같으므로 편인이다.
己와 戊은 일간과 동일한 오행이며 음양이 다르므로 겁재이다.
己와 己은 일간과 동일한 오행이며 음양이 같으므로 비견이다.
己와 庚은 일간이 생하는 오행이며 음양이 다르므로 상관이다.
己와 辛은 일간이 생하는 오행이며 음양이 같으므로 식신이다.
己와 壬은 일간이 극하는 오행이며 음양이 다르므로 정재이다.
己와 癸은 일간이 극하는 오행이며 음양이 같으므로 편재이다.

육신 산출을 조견표로 정리하면 다음과 같다.

### 육신 조견표

| 육신 / 일간 | 비견 | 겁재 | 식신 | 상관 | 편재 | 정재 | 편관 | 정관 | 편인 | 정인 |
|---|---|---|---|---|---|---|---|---|---|---|
| 甲 | 甲 | 乙 | 丙 | 丁 | 戊 | 己 | 庚 | 辛 | 壬 | 癸 |
| 乙 | 乙 | 甲 | 丁 | 丙 | 己 | 戊 | 辛 | 庚 | 癸 | 壬 |
| 丙 | 丙 | 丁 | 戊 | 己 | 庚 | 辛 | 壬 | 癸 | 甲 | 乙 |
| 丁 | 丁 | 丙 | 己 | 戊 | 辛 | 庚 | 癸 | 壬 | 乙 | 甲 |
| 戊 | 戊 | 己 | 庚 | 辛 | 壬 | 癸 | 甲 | 乙 | 丙 | 丁 |
| 己 | 己 | 戊 | 辛 | 庚 | 癸 | 壬 | 乙 | 甲 | 丁 | 丙 |
| 庚 | 庚 | 辛 | 壬 | 癸 | 甲 | 乙 | 丙 | 丁 | 戊 | 己 |
| 辛 | 辛 | 庚 | 癸 | 壬 | 乙 | 甲 | 丁 | 丙 | 己 | 戊 |
| 壬 | 壬 | 癸 | 甲 | 乙 | 丙 | 丁 | 戊 | 己 | 庚 | 辛 |
| 癸 | 癸 | 壬 | 乙 | 甲 | 丁 | 丙 | 己 | 戊 | 辛 | 庚 |

### (2) 다음은 지지의 육신 산출법을 알아보자

지지도 천간과 마찬가지로 일간과 지지를 대조하여 산출하는데, 지支를 간干으로 변화시켜 육신을 산출하는 점이 다르다. 육신은 어디까지나 간과 간을 상호 대조하여 산출하는 것이므로, 지지의 경우 그 지가 보유하고 있는 간의 기운을 표출하여 일간과 대조한다. 원래 지지 속에는 천간의 기운이 들어 있는데, 이를 지장간이라 한다.

간은 하늘을 상징하고 지는 땅을 상징하는데, 대지가 초목을 키우고 오곡백과를 풍요롭게 하는 것은 하늘의 양기를 받아들임으로써 가능한 것이므로, 하늘의 상징인 간이 땅의 상징인 지 속에 내재되어 있다고 보는 것이다. 이것을 지장간支藏干이라 한다. 지장간은 여기餘氣·중기中氣·정기正氣로 삼분되는데, 여기는 절기는 변했으나 아직도 앞절기 지지의 영향하에 있는 것을 나타내고, 중기는 여기에서 정기에 이르는 중간의 기로서 그 지가 삼합하여 변하는 오행의 간을 취한 것이며, 정기는 그 지가 지닌 오행과 동일한 간을 취한 것이다. 여기·중기·정기의 삼기가 보유하고 있는 간의 표시를 장간 분야라고 하는데, 그 분야는 십이지에 따라서 두세 가지의 간의 기운을 내포하고 있다.

십이지의 장간 분야는 다음과 같다. 장간 분야는 지지를 월지에 해당시켜 볼 때의 편의를 위하여 소수점 이하는 생략하기로 한다.

### 장간 분야표

| 지지<br>장간 | 子 | 丑 | 寅 | 卯 | 辰 | 巳 | 午 | 未 | 申 | 酉 | 戌 | 亥 |
|---|---|---|---|---|---|---|---|---|---|---|---|---|
| 여기 | 壬10 | 癸9 | 戊7 | 甲10 | 乙9 | 戊7 | 丙9 | 丁9 | 戊7 | 庚10 | 辛9 | 戊7 |
| 중기 |  | 辛3 | 丙7 |  | 癸3 | 庚7 | 己10 | 乙3 | 壬7 |  | 丁3 | 甲7 |
| 정기 | 癸20 | 己18 | 甲16 | 乙20 | 戊8 | 丙16 | 丁11 | 己18 | 庚16 | 辛20 | 戊18 | 壬16 |

지지의 寅목 속에는 戊토가 7일, 丙화가 7일, 甲목이 16일로 분류되어 있는데, 가령 음력 1월인 寅월에 출생한 사람이 있다고 가정하면, 1월은 입춘일인

양력 2월 4일부터 시작되므로, 2월 4일부터 7일간은 여기인 戊토를 취하여 육신을 산출하고, 2월 11일부터 7일간은 중기인 丙화를 취하여 육신을 산출하며, 양력 2월 18일부터는 정기인 甲목을 취하여 육신을 산출한다.

즉, 같은 寅월생이라 하더라도 여기에 태어난 사람은 戊토의 기운을 받고 태어났으며, 중기에 태어난 사람은 丙화의 기운을 받고 태어났고, 정기에 태어난 사람은 甲목의 기운을 받고 태어난 사람이다.

그래서 만약 일주가 토인 사람이 戊토인 여기에 태어났다면, 토가 기운을 받고 태어났으니 일주가 강하게 되고, 일주가 수인 사람이 정기인 甲목의 기운을 받고 태어났다면 목이 일간인 수의 기운은 설기하였으니 그 기운은 쇠약해지는 것이다.


이렇듯 지장간은 태어난 그 달의 시간과 공간을 지배하는 우주의 원래 기운을 육신으로 표출하여 사주의 격국그릇과 사주의 조화를 알아내고 추명하는 데 매우 중요한 역할을 한다.

항간에는 계절의 어느 때를 막론하고 지지의 오행을 표시하는 정기의 간을 취해서 육신을 산출하는 것이 옳다는 주장도 있으나, 저자는 같은 절기에 태어났더라도 날짜의 일수에 의하여 여기·중기·정기의 간을 교대로 취하는 것이 옳다고 생각한다.

여기에서 한 가지 주의할 점은 巳화와 亥수는 체가 음이지만 육신의 산출시에는 양으로 작용하며, 子수와 午화는 체는 양이지만 육신의 산출시에는 음으로 작용한다는 점을 유념해야 한다.

사주 팔자의 육신을 산출하는 예를 들면 다음과 같다.

예) 병인년丙寅年 음력 3월 12일 유시생酉時生(남자)

정인　편인　식신

癸　甲　壬　丙
酉　午　辰　寅

정관　상관　편재　비견

대운의 육신을 산출하는 방법도 동일하다.

편재 상관 식신 겁재 비견 정인

戊　丁　丙　乙　甲　癸
戌　酉　申　未　午　巳

편재　정관　편관　정재　상관　식신

55　45　35　25　15　5

예) 계해년癸亥年 음력 8월 21일 진시생辰時生(여자)

정인 편인 정관 편관 정재 편재　　　　편인　상관　정재

丁　丙　乙　甲　癸　壬　　　丙　戊　辛　癸
卯　寅　丑　子　亥　戌　　　辰　午　酉　亥

정관 편관 겁재 정재 편재 비견　　　비견　정인　상관　편재

54　44　34　24　14　4

tip 요즘은 컴퓨터상으로도 사주 팔자나 육신의 산출, 또는 기문 둔갑 포국법이
프로그래밍화되어 이용하고 있으나, 오류가 많이 발견되고 있으므로 프로그
램 선정에 신중해야 한다. 또한 사주의 산출이나 기문국의 포국이 바르다 할
지라도 해석이 전혀 엉뚱한 경우가 다반사이므로 자신 스스로가 실력을 배
양하여 감정을 할 수 있도록 노력해야 한다.

## 2) 육신의 상생·상극

음양 오행의 상생·상극과 같은 이치로, 육신도 상생·상극을 한다.

### (1) 상생相生

비겁생식상比劫生食傷 : 비견·겁재는 식신·상관을 생하고

식상생재食傷生財 : 식신·상관은 재성을 생하고

재생관財生官 : 재성은 관성을 생하고

관생인官生印 : 관성은 인성을 생하고

인생비겁印生比劫 : 인성은 비견·겁재를 생한다.

### (2) 상극相克

비겁극재比劫克財 : 비견·겁재는 재성을 극하고

재극인財克印 : 재성은 인성을 극하고

인극식상印克食傷 : 인성은 식신·상관을 극하고

식상극관食傷克官 : 식신·상관은 관성을 극하고

관극비겁官克比劫 : 관성은 비견·겁재를 극한다.

사주를 감정할 때 가장 많이 활용하는 원리이므로 반드시 암기해야 한다.

### (3) 육신십신의 상생·상극을 육친肉親에 비유하면 다음과 같다

육신의 육친에 관한 설명은 복식 판단편에서 자세히 논하기로 하고, 우선 육신의 상생·상극을 보면 우리가 살아가는 이치가 그대로 들어 있다.

### ① 상생

인생비겁印生比劫 : 어머니는 나에게 무조건의 사랑을 베푼다.

비겁생식상比劫生食傷 : 나는 장모님과 할머니가 무조건 좋다.

식상생재食傷生財 : 장모님은 시집간 딸나의 아내이 애처로워 틈만 나면 도와
주신다.
재생관財生官 : 아내는 오직 나와 아이들만을 위해 애쓴다.
관생인官生印 : 아들은 어머니·할머니께 효도를 한다.


② 상극

비겁극재比劫克財 : 나는 아내와 돈을 관리한다.
재극인財克印 : 아내는 나의 어머니와 항상 긴장 관계에 있다.
인극식상印克食傷 : 어머니는 장모님 앞에서는 기가 살고, 할머니도 어머니
의 눈치를 살핀다.
식상극관食傷克官 : 손자는 할머니를 잘 따르고 순종한다.
관극비겁官克比劫 : 나도 자식만큼은 내 뜻대로 안 되어, 자식 이기는 장사
없다는 탄식을 한다.


육신의 육친에 대한 비유는 대체로 이러한 원리에 의하여 작용하므로 상
황에 따라서 응용하기 바란다.

육친을 육신에 빗대어 설명하는 이유는 음양 오행의 상생·상극에서 그 원
리가 파생되므로, 육신만 자세히 살피면 부모·형제·처·자녀 등의 복잡 다단
한 인간 관계를 엿볼 수 있기 때문이다.



## 3) 오행의 생화극제


오행의 변화는 오행의 생화극제에 의하여 무궁 무진하게 이루어진다. 그러
므로 오행의 생화극제는 역학에서 아주 기본적인 것이므로 무조건 이해해야
한다. 오행의 생화극제는 과함도 모자람도 없는 중화를 지향한다.

(1) 인성이 일간을 생하나 너무 많으면 해가 된다

목이 화를 생하나 목이 너무 많으면 오히려 불이 꺼진다.

화가 토를 생하나 화가 너무 많으면 오히려 흙이 부서진다.

토가 금을 생하나 토가 너무 많으면 오히려 금이 묻힌다.

금이 수를 생하나 금이 너무 많으면 오히려 물이 탁해진다.

수가 목을 생하나 수가 너무 많으면 오히려 나무가 썩는다.

이상은 신약한 사주에 인성이 과다하여 해가 되는 경우를 설명한 것이다.


(2) 식상이 일간을 설기하나 너무 많으면 해가 된다

목이 수를 설기하나 목이 너무 많으면 물이 고갈된다.

화가 목을 설기하나 화가 너무 많으면 나무가 사라진다.

토가 화를 설기하나 토가 너무 많으면 불이 사그라진다.

금이 토를 설기하나 금이 너무 많으면 흙이 변색된다.

수가 금을 설기하나 수가 너무 많으면 금이 침몰한다.

이상은 식상이 많아서 일간을 너무 설기해도 해가 되는 경우를 설명한 것이다.


(3) 일간이 재성을 극하나 재성이 너무 많으면 오히려 일간을 역극한다

목이 토를 극하나 토가 너무 많으면 오히려 나무가 묻힌다.

화가 금을 극하나 금이 너무 많으면 오히려 불이 소멸된다.

토가 수를 극하나 수가 너무 많으면 오히려 흙이 붕괴된다.

금이 목을 극하나 목이 너무 많으면 오히려 금이 괴멸된다.

수가 화를 극하나 화가 너무 많으면 오히려 물이 고갈된다.

이상은 재성이 많아서 일간의 힘을 너무 빼내어 해가 되는 경우이다.


(4) 신왕 사주에 관성은 희신이다

목이 왕하면 금을 만나야 재목이 만들어진다.

화가 왕하면 수를 만나야 조우가 이루어진다.
토가 왕하면 목을 만나야 산림이 풍요롭다.
금이 왕하면 화를 만나야 기물을 작성한다.
수가 왕하면 토를 만나야 제방을 쌓을 수 있다.
이상은 신왕 사주가 관성을 만나면 희신이 되는 경우이다.


### (5) 신약 사주에 관성은 기신이다

목이 약한데 금을 만나면 나무가 꺾인다.
화가 약한데 수를 만나면 불이 멸절된다.
토가 약한데 목을 만나면 흙이 함몰된다.
금이 약한데 화를 만나면 쇠가 녹아내린다.
수가 약한데 토를 만나면 물이 소멸된다.
이상은 신약 사주가 관성을 만나면 기신이 되는 경우이다.


### (6) 신왕 사주는 설기하면 길하다

목이 왕하면 화를 만나야 나무가 빛을 발한다.
화가 왕하면 토를 만나야 화기를 억제한다.
토가 왕하면 금을 만나야 토지가 비옥해진다.
금이 왕하면 수를 만나야 쇠가 빛이 난다.
수가 왕하면 목을 만나야 물기를 경감한다.
이상은 신왕 사주를 식상이 설기하면 길한 경우이다.

사주 명리학에 있어서 운명 감정의 가장 중요한 포인트는 사주상의 오행의 조화 여부를 보고 운명의 길흉 화복을 판단하는 방법이다. 앞에서 설명한 형충파해·합·신살·십이운성에 의한 운명 감정법도 폭넓게 보면 오행의 조화 여부를 형충파해·신살 등의 이름을 빌려 설명한 것에 불과하다. 이를테면 사주상 오행의 조화가 잘 되어 인격자라고 판단이 되면 비록 괴강·양인·백호살 등의 흉살이 있더라도 비인격자라고 판단해서는 안 되며, 오히려 사주상에 천을귀인 등의 길성이 있으면 금상 첨화로 훌륭한 인격자이며, 자선심이 많다고 판단해야 한다. 결국 형충파해·신살·십이운성·합 등에 의한 감정법은 오행의 조화에 의한 직접 감정법에 부수되는 것에 불과하다.

오행의 조화 여부에 의하여 숙명과 운명의 길흉 선악을 판단하는 방법은 오직 음양과 오행의 태과 및 불급을 관찰하여 운명의 서악을 판단하는 것으로, 태과 및 불급이 없는 오행의 중화됨이 최선이며, 지금부터 논할 용신과 격국은 오행의 조화 여부를 판단하는 데 핵심적 역할을 한다고 할 수 있다.


## 1) 용신用神

용신은 사주의 주인공인 일간일주의 천간에게 가장 중요한 기운을 말한다. 용신은 그 사람의 생사 여부, 부와 명예 등의 길흉 화복을 주관하며, 일간을 보호하는 수호신으로서, 그 시기를 결정하는 중요한 역할을 한다. 따라서 용신 대운을 만나거나 연운에서 용신운을 만나게 되면 비약적인 발전을 이루고, 뜻밖의 행운을 잡게 된다. 우리가 흔히 이야기하는 운이 있다라는 말은 사주에서 용신운을 만나 괄목할 만한 발전을 이룰 기회를 맞았다는 것을 뜻한다.


### 2) 강약强弱

용신을 정할 때 가장 먼저 보는 것은 사주 팔자의 기준이 되는 일간의 기운이 어떠한가를 알아보는 것이다. 가령 일간이 甲 또는 乙木인 경우, 사주 상의 목의 기운은 지나치게 강왕해서도 안 되며, 반대로 쇠약해도 못 쓴다. 만일 강왕한 목 기운의 생조를 받아 일간이 지나치게 왕성하면 재산 손실·부부 이별 등의 흉악이 있으며, 반대로 지나치게 일주가 쇠약해도 병고·빈천 등의 흉운을 만나기 쉽다. 그리하여 일간이 신강한가, 강하다면 어느 정도 강한가, 어떤 기운이 와도 견딜 만한 것인가, 아니면 신약하다 못 해 허약한 것인가 등 먼저 일간의 강약을 알아내는 것이 사주 해석의 첩경이다.

일간의 힘이 강하다면 일간의 힘을 억제해 주거나 왕성한 기운을 누설시키는 육신이 용신이 되고, 일간의 힘이 쇠약하면 일간의 힘을 생해 주는 육신이 용신이 된다. 물론 용신을 정하는 방법은 여러 가지가 있는데, 그 방법은 사주의 구성에 따라서 다르다.

사주는 조화가 잘 되고, 오행의 태과 및 불급이 없는 중화된 신왕 사주를 좋아하는데, 한 마디로 용신은 부조화된 음양 오행의 기운을 원활하게 소통시켜 주는 기운이다. 일주가 왕성하고 강력한 것을 신강身强이라 하고, 쇠약하고 무력한 것을 신약身弱이라 하며, 오행의 조화가 이루어져 중화된 것을 신왕身旺이라 한다. 사주학에서 일간日干의 지칭을 보통 일주日主라 칭하는데, 이것은 사주의 주인이라는 의미이다.

# 3) 신강·신왕·신약을 구분하는 방법

첫째, 출생월<sup>월령</sup>이 일주가 왕성한 달인지 아닌지를 살핀다. 예를 들면, 일간이 甲木이면 봄·겨울생은 왕성하고, 여름·가을생은 쇠약하다. 오행의 〈왕상·휴·수·사〉편을 참고하라.

둘째, 일주가 생조되면 신강이고, 일주가 극해되면 신약이다. 일주가 생조된다 함은 일간을 상생하는 육신인 비견·겁재·정인·편인과 양인을 만나는 것을 말하고, 일주가 극해된다 함은 일간을 누설시키는 육신과 상극되는 육신인 식신·상관·정재·편재·정관·편관을 만나는 것을 말한다.

셋째, 일주가 지지에 십이운성의 장생·관대·건록·제왕을 만나면 득기하였다 하여 강해지고, 쇠·병·사·절을 만나면 실기하였다 하여 약해진다. 그러나 이것은 양일간일 경우에만 적용된다고 봐야 할 것이다.

넷째, 일주가 지지의 장간 속에서 같은 오행을 만나면 통근했다 하여 왕해진다.

신강·신약의 판단은 위에서 제시한 네 가지의 방법을 종합하여 결정하는데, 실제적으로 구분하기 난해한 경우도 있지만, 대체로 강약의 기운을 100%로 봤을 때, 첫째, 월령이 35%, 둘째, 육신이 30%, 셋째, 십이운성이 25%, 넷째, 지지의 통근이 10% 정도의 역량을 발휘한다고 생각하면 틀림이 없다. 일반적으로 신강·신약을 판단하는데, 중점은 월령에 두어야 하며, 일주·시주·연주 순으로 살펴나간다. 또 천간보다 지지의 육신의 역량이 2.5배 정도 강하다는 것을 염두에 두고, 삼합·육합·간합이 되어 타오행으로 화하는 것도 고려해야 한다.

이상 설명한 일주의 강약에 관한 법칙은 사주상의 다른 육신의 강약에도 적용된다.

## 4) 신강·신왕·신약의 예

### (1) 극신강

일주 甲목이 卯월에 출생하여 왕하고, 양인월에 해
당하며, 연주 및 시간에 같은 목 기운이 있고, 일지와
시지의 子수가 甲목인 일주를 생하는 반면, 월간의 丁화 하나만이 일주의 기
운을 누설시키므로 극신강이다.

甲 甲 丁 甲
子 子 卯 寅

### (2) 신강

일주 乙목이 酉월에 출생하여 극이 되고, 십이운성
의 절지에 해당하며, 시간의 丙화가 누설하여 일주 乙
목의 기운이 약한 듯하나, 연주에 목의 기운이 왕하고, 월간·일간·시지의 수
가 일주를 생하고 있으며, 월령 酉금이 오행 상생의 법칙에 의해 금생수·수
생목으로 오히려 일주를 생조하여 신강이다.

丙 乙 癸 甲
子 亥 酉 寅

### (3) 신왕

일주 甲목이 酉월에 출생하여 극이 되고, 일주를 극
하는 두 개의 금과 누설시키는 두 개의 화가 있는 반면,
일주를 생조하는 육신은 두 개의 목과 한 개의 수이므로 신약인 듯하나, 일
주를 극루하는 육신은 대개 천간에 있고, 생조하는 오행은 지지에 있으므로
신왕이다.

丁 甲 丁 辛
卯 寅 酉 亥

### (4) 신약

일주 丁화가 연주의 목과 월간 丙화의 생조는 있으
나, 일주 정화가 子월이 쇠약해지는 달에 출생하고, 극
루하는 두 개의 토와 한 개의 금이 왕하므로 신약이다.

戊 丁 丙 甲
申 未 子 寅

(5) 극신약

甲 일주가 가을 절기에 출생하여 실기하였으며, 두 개의 화가 일주를 누설시키고, 戊토의 생을 받은 네 개의 금이 일주 甲목을 극하므로 극신약이다.

庚 甲 庚 戊<br>午 午 申 申

tip 원래 사주는 음양 오행의 조화가 되어 신왕한 사주를 최고로 친다. 그러나 신강 또는 신약이라고 해서 성공할 수 없는 것은 아니다. 오직 파란 곡절만 이 있을 뿐이니 많은 임상을 통하여 궁통을 터득하기 바란다.

## 5) 용신법의 용어 정리

(1) 용신用神 : 사주 중에서 가장 중요한 역할을 담당하는 오행으로, 사주를 중화시키는 최고의 신이다.

(2) 희신喜神 : 용신을 생해 주고 보호하는 역할을 하는 기운을 말한다.

(3) 기신忌神 : 사주를 나쁘게 만드는 기운으로, 용신을 괴롭히고 억누르는 신을 말한다.

(4) 원신怨神 : 용신을 괴롭히는 기신을 도와 기신의 흉한 작용을 더욱 강하게 부추기는 신이다.

(5) 병신病神 : 어느 한 오행이 사주에 지나치게 왕해서 해가 되는 기운을 말한다. 기신은 용신에게 해가 되는 신이고, 병신은 사주의 조화를 방해하는 신이다.

(6) 약신藥神 : 사주에 약이 되는 신으로, 기신이나 병신을 제압하는 기운이다.

(7) 한신閑神 : 사주 중에서 아무런 작용도 하지 않는 기운으로, 희신도 아니고 기신도 아닌 것을 말한다. 다만, 사주의 어느 한 오행이 기반되었을 때는 이 기운이 작용을 한다. 기반되었다 함은 용신이 합이나 충을 당해 힘을 쓰지 못할 때 한신이 나름대

로 작용하여 용신을 도와주거나, 아니면 피해를 가중시키는
등의 작용을 한다는 뜻이다. 한신이 용신·희신·약신을 기반
시키면 흉하고, 오히려 사주에 해로운 기신·병신을 기반시킬
때는 전화 위복이 되어 길해진다.


## 6) 용신을 정하는 다섯 가지 원리


용신은 사주 팔자의 음양 오행 및 오행의 조화를 위해 소용되는 육신오행
을 말한다. 가령 사주가 신약이면 일주를 생조하는 육신이 필요하고, 신강이
면 반대로 일주를 억제하거나 강한 기운을 누설시키는 육신이 필요한데, 이
것이 즉 용신이다.

용신은 사주상의 위치·강약, 그리고 어느 육신에 해당하느냐에 따라서 운
명의 길흉 화복이 결정되므로, 용신은 운명 감정의 관건이다. 용신을 정하는
법은 일정치 않으나, 그 대략적인 기준은 다음과 같은 다섯 가지이다.


### (1) 억부抑扶

일간을 생조하는 육신이 많으면 신강이며, 신강이면 오행의 조화상 일주를
극루剋漏는 육신이 용신이다. 반대로 일간을 극루시키는 육신이 많으면 신약
인데, 이 때는 일간을 생조하는 육신이 용신이다.


• 일주가 신강하고 관성이 왕하면 관성을 용신으로 취한다.
• 일주가 강하면 관성이 용신인데, 관성이 뿌리가 없거나 미약하면 관을
  생하는 재성을 용신으로 삼는다.
• 인성이 너무 많아서 병이 되면 인성을 극하는 재성을 용신으로 삼는다.
• 신강한 사주에 관이 없거나, 있더라도 재성의 생조가 없어 무력한 경우
  에는 일간을 설기시키는 식상을 용신으로 삼는다.

- 일주가 관성이 너무 왕하여 신약이면 인성을 용신으로 삼아, 관생인 인생 일주해야 한다. 그러나 인성 역시 미약하면 식상을 용신으로 취하여 관살을 제압한다.
- 일주가 식신·상관이 너무 많아 신약이면 인성을 용신으로 취하여 식상을 제압한다.
- 사주에 재성이 너무 많아서 일간이 신약한 재다 신약의 경우에는 비견·겁재를 용신으로 취하여 재성을 제압한다.
- 사주가 신약하고 관성이 왕하여 관살이 되었을 경우에는 인성으로 통관을 시켜 일주를 생해야 하므로 인성이 용신이다.

### (2) 병약病藥

신약 사주에 일주를 생조하는 육신이 있으나 이를 파극하는 육신이 있으면 이를 병이라 하고, 파극하는 육신을 억제하는 육신을 약이라고 한다. 병이 있는 사주는 약이 용신이 된다.

### (3) 조후調候

세상 만물이 난조暖燥와 한습寒濕의 조화에 의하여 이루어졌듯이, 사주도 난조와 한습의 조화가 필요하다. 따라서 사주가 과하게 난조하거나 한습하면, 한·난·조·습을 조화시키는 육신이 용신이 된다. 음양 오행 중에서 甲乙寅卯·丙午丁巳·戊未戌은 난조에 해당하고, 庚辛申酉·壬癸亥子·己辰丑은 한습에 해당한다.

사주를 감정할 때는 사주의 억부·병약을 논하기 전에 습관적으로 사주가 춥고, 덥고, 습하고, 건조한지를 먼저 살펴야 한다. 사주에서 조후는 그만큼 중요하다.

### (4) 통관通關

서로 대립하는 육신의 기운이 비슷할 때에는 두 육신 간을 오행 상생의 원리에 의해 소통시켜 주는 육신이 용신이다. 즉, 목생화·화생토·토생금·금생수·수생목으로 음양 오행의 기운이 상극이 되지 않고 상생이 되는 것을 말한다.


### (5) 전왕専旺

사주에 오행이 골고루 구비되지 않고 어느 한쪽으로 편중되어 그 세력이 극히 강왕하여 억제하기 곤란할 경우에는 그 세력에 순응하는 육신이 용신이다. 종격·화격 등 외격에 속하는 사주가 이에 속한다.


실제로 대다수의 사주는 억부·병약·조후·통관에 의하여 용신을 정하며, 전왕 등은 드물다. 용신은 인간의 정신과 같이 사주의 중추가 된다. 인간의 정신이 건전하여야 인간으로서 소임을 다 할 수 있듯이, 사주 팔자가 길하기 위해서는 용신이 건전하여야 부귀 영화 및 수복을 누릴 수 있다.

용신이 형충을 당하거나 파극을 당한 오행은 용신으로 사용하기 미력하지만, 서로 형충하는 지지의 어느 한쪽이 다른 지지와 삼합, 또는 육합이 되면 형충은 해소된다.

용신이 건전하기 위해서는 용신이 왕성해야 하며, 다른 육신에 의해 파극되지 아니하고 형충되지 않아야 한다. 만일, 다른 육신에 의해 파극이 되어도 사주에 약신이 있어 용을 파극하는 병을 억제하면 무방하다. 용신이 왕성하기 위해서는 일주의 강약을 정할 때와 똑같이 월령이 왕성해지는 달에 해당하고, 사주상에 희신이 있어 용신을 생조하면 된다.

용신은 운명을 판단하는 기준은 되지만, 용신만으로는 언제 어떤 상황이 발생한다는 구체적인 판단은 불가능하다. 따라서 올바른 사주 감정법은 사주의 간지를 상호 대조하여 육신과 음양 오행의 상생·상극을 분석하고 종합하여 최종적인 판단을 내려야 한다.


寅申巳亥의 네 글자는 지지의 장간에서 용신을 뽑아 쓰는 것도 가능하다. 가령 寅의 지장간 戊丙甲 가운데 중기인 丙火를 용신으로 취할 경우, 행운에서 목·화가 도래하면 불같이 발복한다. 그러나 辰·戌·丑·未는 사고네 개의 창고에 해당하므로 지장간에서 용신을 뽑아 쓰는 것은 불가하며, 토 그 자체를 용신으로 사용한다.

명리학에서는 원래 뿌리가 없는 오행을 용신으로 사용하지 않는 게 원칙이다. 그러나 신강 사주는 왕성한 기운을 누출시키는 육신이 용신인데, 이 경우에는 식신·상관의 뿌리가 없더라도 용신으로 사용이 가능하고, 통관시에도 무근한 오행을 용신으로 사용할 수 있다.

원명에서 용신이 형·충으로 인해 극상을 당하면 용신으로 사용할 수 없으나, 월지에 있거나 합의 구함이 있으면 용신으로 사용할 수 있다. 그러나 격은 상당히 떨어진다.

사주를 감정할 때 용신을 잡는 법은 매우 중요하다. 왜냐 하면 용신을 잘못 구분한다면 사주의 해석이 모두 틀려지기 때문이다. 따라서 올바른 용신 구분법을 터득하기 위해 부단한 노력을 기울이어야 한다.


## 7) 격국格局

명리학을 공부할 때 용신과 격국은 기초편의 최종 관문이나 다름없다.
격국과 용신을 이해한다면 일단 기초는 마친 것으로 봐도 좋다.
격국이란 그 사람의 역량을 말하는 것이며, 격국을 정하면 사주의 구성을 좀더 세분화하여 볼 수 있게 구획 정리가 된다.

### (1) 내격과 외격

사주를 그 간지에 의하여 구별하면 무려 오십일만 팔천사백여 가지나 된다. 그러나 사주 팔자 가운데 가장 작용력이 큰 월지를 중심으로 구별하면 불과 십여 가지의 유형으로 구분할 수 있다. 이 유형을 격국이라 칭한다.

격국은 내격과 외격으로 분류하는데, 내격에는 식신격·정재격·편재격·정관격·편관격·정인격·편인격으로 분류되고, 여기에 비견을 일컫는 건록격과 겁재를 일컫는 양인격을 합하여 십정격으로 분류한다.

내격을 제외한 모든 격을 외격으로 부르는데, 외격에는 종아격·종재격·종 살격·종강격·화격 이외의 소수의 격들이 있는데, 거의 대부분의 사주가 내 격에 속하고, 외격은 극히 드물다.


### (2) 격을 정하는 원칙

첫째, 월지의 지장간의 정기가 천간에 투출해 있으면 그것이 표출하고 있 는 육신에 의한다.

둘째, 천간에 월지의 지장간의 정기가 투출해 있지 않다면, 만일 여기 또 는 중기가 투출해 있으면 그것이 표출하고 있는 육신에 의한다.

셋째, 월지의 지장간이 천간에 투출되어 있지 않거나, 투출되어 있더라도 다른 육신에 의해 파극이 되어 쓸모가 없다면, 월지의 정기가 표출하는 육신 에 의한다.


월지에서 격을 잡는 이유는, 월지가 부모님의 자리이므로 자신의 성장 배 경이 되고, 사주 가운데 월지의 영향력이 가장 왕성하여 그 사람의 천성이나 성품을 잘 표출하고 있으며, 봄·여름·가을·겨울 중 어느 한 계절에 해당하 는 월령이 일주에게 가장 많은 영향을 미치기 때문이다.


### (3) 격을 정할 때 유의할 점

- 용신도 격이 될 수 있다.
- 사주 중의 가장 왕한 육신도 격이 된다.
- 격은 한 가지로 정해진 것이 아니고, 운의 흐름에 따라 변화할 수 있다.


이렇듯 격을 정하다 보면 여러 개의 격이 나타날 수 있는데, 격이 많다고 좋은 것은 아니며, 격이 뚜렷하게 하나로 나타나는 사람이 용신운이 도래하면 명쾌하게 풀리는 경우가 많다.

이와 같이 격은 월지를 중심으로 이루어지며, 또 기세가 강왕한 육신이 있으면 현실에 순응하여 그 강한 세력을 따라서 격을 분류한다. 그러나 이것은 사주 감정의 편리를 위해 하나의 규격을 설정한 것에 불과하므로 앞으로 많은 임상을 통하여 공력이 쌓이면 계절의 흐름에 따라 음양 오행을 자연 그대로 관찰하는 것이 사주 감정을 향상시키는 지름길이 될 것이다.

내격십정격은 육신십신과 함께 다음 장의 〈복식 판단〉편에서 논하고, 외격은 그 다음 장에서 논하기로 한다.

본장에서 설명할 복식 판단은 지금까지 설명한 삼합·방합·육합·형충파해·각종 신살·십이운성·육신·격국과 용신 등의 단식 판단을 총망라하여 그 사이에서 일어나는 운명에 대한 경중 및 왕쇠를 세밀하게 통찰하고, 음양오행이 표출하는 숙명적 암시와 함께 사주학의 대표적 성정을 총체적으로 기술한 것이다. 그러므로 이 〈복식 판단〉편의 내용을 충분히 이해하고 활용한다면 명리학의 대가로 거듭날 수 있다.

## 1) 비견比肩

사주에서는 일간日干이 그 사주의 주인공, 즉 나이다. 그래서 일간을 중심으로 다른 오행들과 비교하여 육신을 분류한다. 일간과 오행이 같고 음양이 같으면 비견이다.

즉, 일간이 甲목이면 甲목이 비견이고, 일간이 乙목이면 乙목이 비견이다.

### (1) 육친

비견은 남자에게는 형제를 의미하고, 동서·며느리, 아내의 남자애인, 친구·동료·동업자를 상징한다.

비견은 여자에게는 자매를 의미하고, 동서·시아버지, 남편의 여자애인, 친구·동료·동업자를 상징한다.

### (2) 성격

비견은 가정적으로는 형제·자매, 사회적으로는 친구·동료로서, 나의 협력자이다. 그래서 그 힘을 믿고 독주하려는 외고집과 야망이 강해서 재성財星을 놓고 서로 다투게 되니, 시비·투쟁·손재·비방·대립·분배·분가·불화의 뜻을 가지고 있다.

비견이 많은 사람들의 장점은 독립심·개척 정신·자립 정신이 강해 남에게 의지하거나 굽히지 않고, 자기 자신의 신념을 믿으며 행동하는 스타일로, 자수 성가한다. 그러나 자부심이 너무 강하고 독선적이며, 남의 조언을 무시하거나 매사에 의심하는 습관이 있어서 친구나 동료는 물론, 형제들과도 화목하지 못하거나 사교성이 없다.

더 심한 경우에는 자기가 최고라는 생각으로 매사를 자기 위주로 처리하거나 독주하여, 주위로부터 따돌림을 당하거나 배신당하고, 결국은 고독해진다.

남녀 모두 시건방지고 과격하면서도, 스스로는 상대방에게 잘 해 준다는 아전인수격의 성격도 있으며, 매사를 급하게 처리하려다 속성 속패할 수도 있다.

사주에 비견·겁재가 많으면 신강하여 기가 매우 강한 사람으로, 고집이 세고 자기의 힘만 믿고 설치다가 실패할 우려가 많다. 그러나 신약한 사주는 비견·겁재를 매우 반기며, 행운에서 비견·겁재를 만나면 크게 대발한다.

아무튼 비견·겁재가 중복되어 강왕한 사람은 스스로 자신을 알고 마음을 닦는 수양을 게을리하면 안 된다. 비견·겁재의 단점이 자기 자신을 통제하지 못하는 것이기 때문에 수양을 통해 아상과 아만을 버리고 자신만 잘 통제한다면 큰 인물이 될 수 있다.

### (3) 판단통변

• 사주에 비견이 극강5개 이상하면 남자는 처자와, 여자는 남편과 반드시 이

별 또는 사별한다.

- 비견·겁재가 많은데3개 이상 재성이 약하면 많은 형제와 동료비견·겁재 들이 얼마되지 않는 재물을 놓고 다투는 형국으로, 이것을 군비 쟁재라고 하며, 재물로 인해 형제·자매 간에 다툼이 생기고, 친구·동료로 인하여 큰 손해를 입는다.

- 비견·겁재가 강왕4개 이상하면 자기 과시욕이 강해서 실리적이지 못하고, 허황된 면도 있으며, 자부심이 너무 강해 독선적으로 일을 추진하다가 패가 망신하고, 결국은 고립되어 세상을 등진다.

- 비견이 형·충·파·해가 되면 형제 및 친구의 도움이 없다.

- 남자 사주에 비견·겁재가 많으면 형제·부부 간에 대립과 불화가 있으며, 아버지와 일찍 사별하고, 결혼을 늦게 하는 경향이 있다.

- 비견이 강하고 재성이 약하면 평생 빈곤한 생활을 면치 못하지만, 관살이 있어 비견을 억제하면 면할 수 있다.

- 일주가 약하면 비견은 꼭 필요한 희신이 된다. 특히 재성이 왕성한 신약이면 더욱더 그러하다.

- 비겁과 양인이 중중4개 이상하면 평생 재물운이 취약하다.

- 사주의 연주 또는 월주의 간지가 모두 비견이면 아버지와 인연이 박하고, 양자로 가든지 아니면 두 집안을 관장한다.

- 일주가 신강하고 월지에 비견이 있으면 고집이 세고 이기적이다.

- 비견·겁재가 많은 사람하고는 동업은 절대 불가능하다. 또 의심이 많아 남녀 모두 의처증이나 의부증이 생기기 쉽다.

- 비겁이 태왕4개 이상하고 식신·상관이 없는 사주는 노름·도박 등의 투기 성향이 강하다.

- 비겁이 중중한 사주가, 월주가 겁재 양인이라면 가정에서 폭력적이며, 극처를 한다.

- 비견·겁재가 많은 사주가 재성이 하나뿐이라면 군비 쟁재가 되어 거지가 되고, 행운에서 다시 재운을 만나면 사망한다.

- 천간의 비견이 지지의 목욕·사·묘와 동주하면 형제가 일찍 죽을 수도 있다.
- 여자 사주에 비견이 많으면 부부가 불목하고 색정으로 인한 번뇌가 많다.
- 여자 사주에 비견·겁재가 왕하면 독신으로 지내는 수가 많고, 첩이 되는 수도 있다.
- 여자 사주에 비견이 강하고 관살이 약하면 극부하고, 합이 많으면 남자가 많고 풍류를 좋아한다.
- 여자 사주에 비견·겁재가 월지를 포함하여 5개 이상이면 도박과 투기를 좋아하여 사기에 휘말리기 쉽고 음란하며, 애정 관계가 난잡하다.
- 비견이라도 양의 비견이 음의 비견보다 역량이 더욱 강하다. 예를 들면, 甲과 寅의 비견이 乙과 卯의 비견보다 기운의 세기가 더 강하다는 것이다.
- 비견·겁재가 많아도 이를 극설하는 식상과 관살이 있어서 잘 다스리기만 하면 오히려 비겁의 흉은 길로 변하므로, 왕성한 비겁 자체만 보려 하지 말고, 주변의 용신·희신·약신 등의 역할도 잘 관찰해야 정확한 해석을 할 수 있다.
- 비견·겁재·양인이 중중하고 형·충이 되면 형제·친구·동료와의 불화로 시비·소송건이 발생하고 손재한다.
- 신강한 사주가 비견을 행운에서 만나면 형제·친우와 송사·관사가 일어나고, 재물로 인해 논쟁이 발생하니, 일절 문호를 닫고 논쟁을 피함이 양호하다.
- 비견이 십이운성의 목욕·사·절·묘지에 해당하면 형제와 인연이 박하다.
- 남명이 비견·겁재가 많고, 행운에서 편인이 오면 상처한다.
- 생일의 지지가 비견인 남명은 신약한 명이 아닌 이상 부부의 연이 바뀔 가능성이 많다.
- 비견과 겁재를 묶어 비겁이라 칭한다. 일주가 신약할 때는 재관은 물론이고, 식상도 일주의 기운을 누설시키므로 해롭다. 오직 비겁과 인성만이 일주를 생조할 수 있다. 특히 재가 많아 신약이 된 사주는 인성으로 생

하더라도 인성이 재에 의하여 극해되므로 비겁에 의하여 조신하는 것이 효과적이다.


### 부귀한 사주

예1) 이 사주는 연·월주에 식신·재성·관살이 있으나, 일주가 약하면 이를 향유할 수 없다. 그 것은 사람이 병자로서는 부귀 영화를 누릴 수 없는 이치와 같다. 그러므로 먼저 신왕이 되어야

| 편인 | | 편재 | 편관 |
|---|---|---|---|
| 庚 | 壬 | 丙 | 戊 |
| 子 | 子 | 寅 | 午 |
| 겁재 | 겁재 | 식신 | 정재 |

한다. 신왕이 되기 위해서는 비겁과 인성을 만나야 하는데, 이 사주는 시간의 편인이 생하고, 일과 시지의 겁재가 조신하고 있어 부귀를 감당할 수 있게 되었다.


예2) 일주 癸수가 午월에 출생하고, 월주와 시주에 재성·관성이 중중하니 일견 신약인 듯하나, 癸수가 일지에 亥수를 만나 제왕이 되고, 연주의 겁재와 편인이 일주를 생조하므로 능히 왕성한

| 정관 | | 정재 | 정재 |
|---|---|---|---|
| 戊 | 癸 | 丙 | 壬 |
| 午 | 亥 | 午 | 申 |
| 편재 | 겁재 | 편재 | 편인 |

재·관을 감당할 만하다. 어려서 부모 곁을 떠나 자수 성가하여 거부가 되었다.

tip 앞의 경우와는 반대로 일주가 강할 때에는 비겁은 쓸데없는 것이며, 오히려 여러 가지 폐단을 가져온다.


### 빈천한 사주

예1) 일주 壬수가 子월에 생하고, 연·월·일주에 비겁이 극히 왕성한 데 반하여, 재성인 丙午화는 시주에 있을 뿐 재를 생하는 식상도 없고, 비겁을 극하는 관살도 없다.

| 편재 | | 비견 | 비견 |
|---|---|---|---|
| 丙 | 壬 | 壬 | 壬 |
| 午 | 子 | 子 | 子 |
| 정재 | 겁재 | 겁재 | 겁재 |

비겁 壬子수가 재성 丙午화를 쟁탈하여 군비 쟁재가 되고, 지지 子수가 午

화를 충극하니, 세 사람이 한 사람인 나의 밥그릇에 메달린 형국으로, 어려서부터 비럭질로 전전하다 일찍 요절하였다.



**예2)** 일주 甲목이 亥월 장생지에 해당하고, 두 개의 비겁과 세 개의 인성이 생조하여 신강하다. 그러나 설기시키는 午화 상관은 월지 亥수와 시지 子수의 충극으로 제 역할을 못 하고 있으며, 연간의 己토 역시 卯목 위에 앉아 무근하고, 월지 午화와의 사이가 멀어 서로 힘이 되지 못하므로 이 사주는 천격이다. 어려서 부모 형제와 이별하고, 늦게 결혼한 부인과도 사별하였으며, 평생을 통해 파란 곡절이 많은 삶을 살았다.


## (4) 종합 판단

건록격은 월지가 십이운성의 건록에 해당하는 것을 말한다. 가령 일주 甲이 寅월을 만나거나 乙이 卯월을 만나면 성립된다. 건록은 육신의 비견에 해당하므로 〈비견〉편에서 논한다.


- 건록은 정록이므로 의미는 좋으나, 정록도 너무 많으면 태왕해져서 비겁으로 변화하여, 재성·관성·인성이 몰락하므로 흉이 된다. 그러나 신약한 사주에서는 일간의 힘이 되므로 대단히 길하고 귀한 존재이다.
- 건록격은 부모의 덕이 없어 보통 자수 성가한다. 그리고 격 자체가 비겁으로 구성되어 있기 때문에 사주에 재성이 있는지 잘 살펴야 한다. 만약 신강하다면 재성과 관성이 쇠락하므로 식신·상관으로 용신을 삼고, 항시 겸손하고 덕을 쌓는 데 힘을 기울여야 한다.
- 건록격에 비겁이 많은 신강이면 식상으로 용신을 삼는데, 만약 식상이 없으면 재성이나 관살을 취하여 용신으로 삼는다.
- 건록격에 인성이 많은 신강이면 재성으로 용신을 삼는데, 만약 재성이

없으면 관살이나 식상을 용신으로 삼는다.

- 건록격에 재성과 관성이 왕성하여 신약이면 비겁과 인성으로 용신을 삼고, 식신·상관이 왕성하여 신약하면 인성을 용신으로 삼는다. 그러나 인성이 없으면 재성이나 비겁으로 용신을 삼는다.
- 건록격이 신약이면 뿌리가 튼튼하여 흔들림은 없으나, 의타심이 강하고 인정에는 약하여 실속이 없으니, 언제나 사심을 버리고 당당하게 살아가야 한다.
- 건록격이 신강이면 매사를 쉽게 처리하여 손해를 자초하니, 삼세번 생각한 연후에 일 처리를 하고, 사업보다는 직장 생활이 좋다.
- 여성의 경우 건록격에 신강이면 남편 덕이 없고, 남편이 작첩 동거를 하여 독수 공방이 많다. 시어머니와도 불화하므로 인내심을 갖고 화합에 노력해야 한다. 또 본인의 노력 여하에 따라 부군의 출세가 좌우되니, 남편을 내조하여 진력하면 말년에 크게 성취한다.

예1)

| 식신 | 정재 | 편재 | 정관 | 편관 | 정인 | | 겁재 | | 편인 | 편관 |
|---|---|---|---|---|---|---|---|---|---|---|
| 癸 | 甲 | 乙 | 丙 | 丁 | 戊 | | 庚 | 辛 | 己 | 丁 |
| 卯 | 辰 | 巳 | 午 | 未 | 申 | | 寅 | 丑 | 酉 | 亥 |
| 편재 | 정인 | 정관 | 편관 | 편인 | 겁재 | | 정재 | 편인 | 비견 | 상관 |
| | | | | | | | 태 | 양 | 건록 | 목욕 |

이 사주는 월령이 건록이므로 건록격이다. 일주는 辛금이 酉월에 생하여 왕성하고, 2개의 편인과 비겁의 생조를 받아 신강하다. 또 식상·재성·관성이 용신인데, 월지가 酉월 가을 절기이므로 조후도 참작하고 비겁이 왕하여 연간의 丁화를 용신으로, 시지의 寅목을 희신으로 취한다. 빈민 농가에 태어나 어려서 혹독한 고생을 하였으나, 丁未 대운에 자손이 없는 부잣집 양자로 입적하였고, 약한 丁화가 丙午·乙巳의 남방 왕화운을 만나 젊어서 관계에 진

출하고, 명문가의 자녀와 결혼하였으며, 재물도 성취하였다.

이와 같이 격국·용신·희신도 뚜렷해야 하지만, 행운의 흐름도 대단히 중요하다.


예2) 여명

일주가 약할 때에는 재관은 물론, 식상도 일주의 기운을 누설하므로 해롭다. 오로지 비겁과 인성만이 일주를 생조할 수 있다. 특히 재성이 많아 신약이 된 사주는 인성이 생하더라도 인성이 재에 의하여 파극되므로 비겁에 의하여 조신하는 것이 양호하다.

<table>
<tr><td>정인</td><td>편인</td><td>겁재</td><td>비견</td><td>상관</td><td>식신</td><td>정재</td><td></td><td>비견</td><td></td><td>편재</td><td>상관</td></tr>
<tr><td>庚</td><td>辛</td><td>壬</td><td>癸</td><td>甲</td><td>乙</td><td>丙</td><td></td><td>癸</td><td>癸</td><td>丁</td><td>甲</td></tr>
<tr><td>申</td><td>酉</td><td>戌</td><td>亥</td><td>子</td><td>丑</td><td>寅</td><td></td><td>丑</td><td>巳</td><td>卯</td><td>寅</td></tr>
<tr><td>정인</td><td>편인</td><td>정관</td><td>겁재</td><td>비견</td><td>편관</td><td>상관</td><td></td><td>편관</td><td>정재</td><td>식신</td><td>상관</td></tr>
</table>

癸 일주가 卯월 경칩절에 생하여 약한데, 간지에 목화가 태왕하므로 신약 사주이다. 시간의 비견이 시지 癸丑 습토에 유근하여 용신이며, 격국은 건록 비견격이다. 원명에 금이 없어 귀인의 처는 못 되고, 사업가와 결혼하여 서북방 금수 희신운을 만나 약한 일주를 생조하므로, 23세 병자년부터 북방 수운에 7남매를 두었으며, 가정도 평안하였다. 乙丑·甲子·癸亥·壬 대운은 길하고, 戌운에 편관 丑토와 형이 되어 남편이 병고에 시달렸으며, 재물 손재도 보았다. 辛酉 대운은 금전적으로는 길하나, 酉운에 원명과 巳酉丑 삼합 회국으로 관이 화하여 남편과 사별하였으며, 庚申 대운은 명과 寅巳申 삼형은 되었으나 일주가 성하는 시기이므로 무난하였고, 남편의 사업을 이어받아 더욱 번창시켰다. 己未 대운부터는 사업은 자식에게 물려주고 건강 관리에만 치중하는 것이 좋겠다.

예3)

| 편인 | 겁재 | 비견 | 식신 | 상관 | 정재 | | 정재 | 편재 | 비견 |
| --- | --- | --- | --- | --- | --- | --- | --- | --- | --- |
| 癸 | 甲 | 乙 | 丙 | 丁 | 戊 | | 戊 | 乙 | 己 | 乙 |
| 未 | 申 | 酉 | 戌 | 亥 | 子 | | 寅 | 酉 | 丑 | 未 |
| 편재 | 편관 | 정관 | 정재 | 정인 | 편인 | | 겁재 | 편관 | 편재 | 편재 |

乙목이 토왕절에 생하고, 간지에 네 개의 토와 酉금의 극함을 받으니 신약 사주이며, 격국은 건록격이다. 용신이 비겁이므로 수목운은 길하고, 화토금운은 흉하다. 초년 북방 수운에 넉넉한 가정에서 태어나 귀하게 자랐으나, 丁운에 약한 일주를 설기하고, 왕성한 재성을 생하여 아버지와 사별하였으며, 戊戌 대운부터 유산이 탕진되고, 酉운도 신고하다가 申운에 용신 寅목을 충하고, 癸巳년에 寅巳申 삼형이 형성되어 졸하였다. 그러나 자식은 하나 두었으니, 불길한 사주라도 용신이 시주에 있기 때문이다.


## (5) 직업

직업의 선택이 그 사람의 일평생을 좌지우지한다. 현재의 복잡 다단한 사회 정서의 변화에 의해 직업의 종류도 다양하고, 날로 생존 경쟁이 치열해져 재능은 있으나 자신에게 맞는 직업을 선택하여 이를 살릴 수 없는 작금의 현실을 타개하기 위하여 숙고를 거듭한 결과, 다음과 같은 현세대에 맞는 직업 선택법을 논하게 되었다. 특히 부언하고 싶은 것은, 직업 선택에 있어 그 사람의 성격도 참작해야 할 것이다. 요즘 세태가 성격상 맞지 않는 부부가 해로할 수 없듯이, 직업도 자신의 성격과 맞아야 큰 성공을 거둘 수 있으므로 〈성격〉편도 참고하기 바란다.

직업은 사주의 격과 용신, 그리고 오행에 의하여 결정되므로 격과 용신을 기준으로 선택되는 직업에 대해서는 〈복식 판단〉편에서 논하고, 오행에 의한 판단은 후반부에서 논하기로 한다.

- 사주에 비견이 많으면 변호사·의사·약사·세무 회계사·변리사·프리랜서 기자 등의 독립적 사업이 적합하다.
- 비견이 태왕하거나, 월지 비견이 형·충·공망이 되면 특수한 전문 기술을 습득하여 기사·기능사로서 남의 밑에서 봉급 생활을 하는 것이 양호하다.
- 월지 건록격이면서 신약하면 독립적 사업은 불가하고, 기업체·공무원 등의 직장 생활이 적합하다.

## (6) 행운

일간을 중심으로 하여 대운·연운·월운·일운에서 비견운이 오면 다음과 같은 일들이 발생한다.

### ① 비견이 용신이나 희신에 해당하는 경우

- 경영인은 자금 융통이 활발하여 사업 확장의 즐거움이 있다.
- 정치적·사회적으로도 대인 관계가 원만하여 인기·명예가 올라가고, 형제·동료 또는 가까운 지인의 도움으로 어려운 일들을 해결한다.
- 직장인은 영전·승진 등의 기쁨이 있고, 자립하여 독립할 수 있는 기회가 찾아온다.
- 종재격은 재물운이 들어와 부동산·주식 등에 투자할 여력이 생긴다.
- 신약하고 재성이 왕한 경우는 형제·친우의 도움으로 재물이 들어오고, 미혼 남성은 결혼을 하고, 복권 당첨 등의 횡재운이 도래한다.
- 신약하고 관성이 왕한 경우는 동료·친우·형제의 도움으로 취업·승진·영전 등의 희소식이 있다.

### ② 비견이 기신이나 원신에 해당하는 경우

- 경영인은 자금 융통이 부진하여 사업 경영의 어려움이 있다.
- 형제들과 유산이나 재산상의 문제로 시비·구설·소송 등의 불미스러운 일이 생겨난다.

- 동료·친우·동업자로부터 중상 모략을 당해 재산상의 손해를 보고, 관재 구설이 발생한다.
- 부친의 사업 실패로 인하여 가족이 뿔뿔이 흩어진다.
- 대부분 금전 문제로 경제적인 어려움을 겪는다.
- 부부가 모두 애인이 생겨 이혼 등의 가정 파탄이 일어난다.
- 남자 사주에 재성이 미약하고 신강하면 반드시 부부간의 생이 사별이 있다.
- 신강하고 재성이 약한 경우는 형제·친우·동료·동업자한테 배반이나 배신을 당해 금전적인 손해를 보고, 부부 또는 사랑하는 사람과 생이별한다.
- 신강하고 관성이 약한 경우는, 직장자는 동료와의 암투로 인해 회사를 그만두는 경우가 있고, 학생은 나쁜 친구를 만나 학업을 중단하는 경우도 있다.


## 2) 겁재劫財

일간과 오행이 같고 음양이 다르면 겁재이다. 즉, 일간이 甲목이면 乙목이 겁재이고, 일간이 乙목이면 甲목이 겁재이다.


### (1) 육친

겁재는 남자에게는 이복 형제를 의미하고, 또한 여자 형제, 며느리, 사업적인 라이벌을 상징한다.

겁재는 여자에게는 이복 형제를 의미하고, 남자 형제, 시아버지, 사업적인 라이벌을 상징한다.


### (2) 성격

겁재는 비견과 거의 비슷하나, 그 정도가 더 흉한 일면이 있다. 특성은 교만 방자하고 자기 중심적이며, 투쟁을 좋아하고 모질고 사납다. 따라서 남을 너무 낮춰 보는 버릇이 있을 뿐 아니라, 특히 야망만 커서 투기와 요행만 바라고, 그것으로 인하여 손재·파산할 것이며, 가정이 파괴되고 흩어지는 아픔을 겪는다.

비견·겁재가 많은 사람은 육신의 특성상 재를 극하는 성질이 있어 부친의 덕이 없고, 부부가 서로 상극하여 배우자와도 이별하는 경우가 많다.

매사를 속전 속결로 처리하려다가 속성 속패할 수 있으니, 비견·겁재가 많은 사람하고의 동업은 절대로 불가능하다.

비겁이 사주에 많으면 남녀 모두 배우자와 자녀를 극해하고, 형제·자매·친우와 불화를 일으키기 쉬우며, 세상의 불신 및 비방을 불러들이기 쉽다.


### (3) 판단

겁재는 비견과 거의 유사한 작용을 하고, 음의 겁재보다 양의 겁재가 사주에 미치는 영향력이 더 강하다.


- 사주에 인성이 있으면 겁재의 나쁜 특성은 더욱 강해지고, 정관이 있으면 흉포한 특성이 제압되어 손실이 이익으로 변하고, 불손이 고매한 성품으로 바뀐다. 그러나 나쁜 특성을 완전히 없앨 수 없으므로 동업 등의 공동 사업에는 가장 부적합하다.
- 겁재가 많으면 남자는 처를, 여자는 남편을 극하고, 구설 수가 많다.
- 남자 사주에 비겁이 강왕하면 화류계의 여성과 결혼하는 수가 많다.
- 겁재와 양인이 많으면 외면은 화려해 보여도 내면은 곤고하며, 감정 역시 삭막하고, 남자는 반드시 상처한다. 그러나 관성이 있어 이를 극제하면 면할 수 있다.
- 여자 사주에 겁재가 많으면 배우자와의 사이가 원만치 않고, 거기에 편인운을 만나면 자식으로 인한 걱정 근심이 생기고, 유산 등의 산액을 당한다.
- 식약 사주에 재성·관성·식상의 왕하면 겁재가 있어야 발복한다.
- 겁재가 많고 재성이 미약하거나 행운에서 오게 되면 도벽이 발동한다.
- 겁재·상관·양인이 동주하면 만심 만정하여 무뢰한이고, 계옥·검난 등으

로 단명하거나 빈곤하다.

- 남자 사주에 일지·시지가 겁재·양인에 해당하고, 편인운을 만나면 처가 산액을 당하거나 사망하게 된다.
- 재성이 왕한 신약이면 재물과 여자로 인해 화가 발생한다. 그러나 겁재나 양인이 있으면 흉이 길로 변화한다.
- 겁재와 양인이 중첩되면 겉으로는 영화롭지만 내면은 부실하다.
- 겁재와 양인이 중중하고 관성이 있어 이를 제어하지 못하면 빈천하고, 남자는 반드시 상처한다.
- 배우자궁인 일지에 겁재가 있고, 신약한 명이 아닌 남자는 반드시 처와 생이별·사별한다.
- 남명에 겁재가 많으면 처를 상하게 하고 파재하며, 여명에 겁재가 많으면 남편과 불목한다.
- 신약하고 재성이 많으면 재물로 인하여 화가 발생한다. 그러나 겁재가 있으면 면할 수 있다.
- 신약한데 식상·재성·관성이 많으면 겁재가 있어야 개운 발달한다.

예1) 일간 乙목이 寅월에 생하고 인성과 비견의 생조를 받아 일주는 신강하다. 천간의 정재·편재는 지지의 기운을 얻지 못하고, 일지 상관도 형이 되어 재를 생하지 못하고 있다. 그러므로 부모 형제·친우의 덕이 없고, 처와도 일찍이 이별하였다.

| 편재 | | 정인 | 정재 |
|---|---|---|---|
| 己 | 乙 | 壬 | 戊 |
| 卯 | 巳 | 寅 | 子 |
| 비견 | 상관 | 겁재 | 편인 |

예2) 일간 丙화가 巳월 왕지에 해당하고, 비겁과 편인의 생조를 받아 극신강 사주이다. 언뜻 보기에 정관 癸수가 지지에 亥수를 만나 왕한 듯하나, 연·월지가 巳亥충이 되고, 극왕한 화 기운에 의해 음의 기운인 癸亥수가 제 역할을 못 하고 있다. 따라서 젊어서 남편과 사

| 편재 | | 겁재 | 정관 |
|---|---|---|---|
| 甲 | 丙 | 丁 | 癸 |
| 午 | 戌 | 巳 | 亥 |
| 겁재 | 식신 | 비견 | 편관 |

별하였으며, 자식과도 불목하여 평생을 외롭게 지내야만 했다.


(4) 종합 판단

양인격은 월지가 십이운성의 제왕에 해당하고, 육신으로 보면 겁재이다. 가령 일간 甲이 卯월, 丙戊가 午월, 庚이 酉월, 壬이 子월을 만나면 성립되고, 음 일간은 해당되지 않는다. 이렇게 양간 일주의 사람이 겁재의 달에 태어나면 양인격이 되고, 음간 일주의 사람이 겁재의 월에 태어나면 전록격으로 간주하고 간명하면 된다.


- 양인은 비겁으로서 재물을 파괴하고, 편관과는 암합하며, 인수는 설기한다. 암합이란 卯의 지장간에 甲乙이 있고, 申의 지장간에는 戊壬庚이 있는데, 이 때 지장간의 乙과 庚이 乙庚 간합이 되는 것을 암합이라 한다.
- 양인은 재를 파손하는 흉기이지만, 편관칠살을 만나면 양인 합살격이 되어 법원·검찰·안기부·군인·경찰·의사 등의 직종에서 최고위직으로 성공하고, 주변의 여건만 충족되면 대권도 장악할 수 있다.
- 예를 들면, 甲 일주이면 卯가 양인이고, 申이 편관에 해당하는데, 이 때 卯와 申이 암합이 되어 양인과 편관의 흉사는 길사로 변화한다.
- 양인격은 부모의 유산도 기대하기 어렵고, 속성 속패의 우려가 있으며, 금전의 손실이 빠르고, 인덕이 없다.
- 매사를 자기 위주로 처리하여 원성이 자자하고, 욕심과 투기성이 강해 도처에서 쟁투가 심하고, 경쟁자가 많이 생긴다.
- 양인격은 남녀를 불문하고 부부 해로하는 경우가 드물다. 그러나 같이 직업을 가지고 사회 활동을 하거나, 궁합이 좋으면 해로하는 경우도 있으니, 많은 인내가 필요하다.
- 양인격이 삼합 화국이 되면 흉명이다. 왜냐 하면 양인격은 대부분 신강한 경우가 많은데, 다시 신강해지면 칼을 쥐고 들어오는 형상으로, 재성을 극하니 더욱 흉한 것이다.

- 양인격에 관성이 없으면 남의 것을 거져 먹을려고 하는 도심이 있다.
- 양인격에 제일 해로운 것은 양인이 삼합하는 경우와, 형·충·파가 되는 경우이다. 그러나 신약한 경우에는 양인이 삼합하여 인성과 비겁으로 화하면 길하다.
- 고집도 대단해서 한번 내딛은 걸음이면 망하는 길이 뻔히 보이는데도 앞으로 내닫고, 안하 무인의 잔인성도 잠재하고 있으며, 무엇이든 일단 의심하는 버릇도 있다. 그러므로 비겁과 양인이 많은 사람하고는 동업은 절대 하지 마라.
- 양인격에 비겁이 많은 여성의 경우, 옹고집으로 쟁부와 극부를 하니 소박맞기 쉽다. 직업 여성으로 사회에 진출하여 명성은 얻겠으나, 부모의 덕이 없고, 일가의 가장으로서 가족을 부양하며, 형제로 인한 고심이 많다. 부부궁도 좋지 않아 속아서 결혼을 하거나, 노처녀로 늙다가 재취로 시집가는 인연을 만날 수 있다. 그러나 첫 자식을 얻으면서 남편을 잃을 수 있으니, 평상시 음덕을 많이 쌓고 희생 정신이 나의 살 길임을 명심해야 한다.
- 양인격은 재를 손상시키는 흉살이나, 편관이 있으면 양인 합살격으로 최상격이며, 양인이 왕하고 편관이 약하면 재성이 편관을 도와야 길하다. 만약 편관이 없고 정관만 있어도 흉은 면하나, 살벌한 직업에 종사하는 경향이 많다.
- 양인격은 관살이 극제하거나, 식상이 설기하지 않으면 상생운이나 묘운에 뜻밖의 화를 당한다.
- 신강한 양인격에 관살이 없고 식상이 있으면 식상운에 크게 발복한다.
- 일주가 약할 시에는 양인은 최고의 길신이다.
- 약한 일주가 양인의 도움을 받는데, 원국에 양인을 충하고, 행운에서 또 한 번 충하면 큰 화액이 따른다.
- 양인은 충함을 꺼리고 합이 되어도 불길하다. 양인격은 성질이 강강하나 재가 되든지 화가 되면 지나치지는 않다.
- 甲申日에 丁卯시는 申의 지장간 중 庚金이 卯의 지장간 중 乙木과 합이

되어 길하고, 일지가 약할 시에는 시지 양인도 큰 도움이 된다.

- 양인은 편관<sub>칠살</sub>과의 합을 기뻐한다. 가령 甲 일주에 庚이 편관이라면 卯가 양인이 되어 묘의 지장간 중 乙목이 庚금과 합이 되므로 庚금 편관과 乙목 양인의 흉포함은 제어되고, 오히려 좋은 기운이 들어온다.
- 일주가 약하고 식상이 많은데, 인성도 없고 재성도 없으면 비겁이 용신이다.
- 일주가 약하고 관살이 많은데, 인성도 없고 식상도 없으면 비겁이 용신이다.
- 일간이 약하면 재성과 관성은 물론 식상도 일간의 기운을 누설하므로 해롭다. 오직 인성과 비겁만이 일주를 생조할 수 있다. 특히 재가 많아 신약이 된 명은 인성으로 생조하더라도 인성이 재에 의해 극해되므로 비겁에 의하여 조신하는 것이 효과적이다.
- 일간이 강하면 비겁과 인성은 여러 가지 폐단을 불러온다. 즉, 재와 관살<sub>정관·편관</sub>이 약할 때 비겁이 있으면, 재와 관살이 더욱 약해지며, 식상이 약할 때는 인성이 있으면 약한 식상이 더욱 흉하다.


예1) 일주가 강할 때에는 비견과 겁재는 무용지물일 뿐 아니라, 여러 가지 폐단을 가져온다.

즉, 비겁이 있으므로 재와 관성이 더욱 약해져서 사주가 탁해지기 때문이다.

<table>
<tr><td>정인</td><td>편인</td><td>정관</td><td>편관</td><td>정재</td><td>편재</td><td></td><td>편관</td><td></td><td>상관</td><td>비견</td></tr>
<tr><td>癸</td><td>壬</td><td>辛</td><td>庚</td><td>己</td><td>戊</td><td></td><td>庚</td><td>甲</td><td>丁</td><td>甲</td></tr>
<tr><td>酉</td><td>申</td><td>未</td><td>午</td><td>巳</td><td>辰</td><td></td><td>午</td><td>辰</td><td>卯</td><td>寅</td></tr>
<tr><td>정관</td><td>편관</td><td>정재</td><td>상관</td><td>식신</td><td>편재</td><td></td><td>상관</td><td>편재</td><td>겁재</td><td>비견</td></tr>
<tr><td></td><td></td><td></td><td></td><td></td><td></td><td></td><td></td><td></td><td></td><td>양인</td></tr>
</table>


이 사주는 월령이 양인이고 목이 많아서 신왕 사주이다. 왕성한 목의 기운을 丁화가 설기하므로 목화 통명하여 길하고, 편관 庚금이 용신이다. 편관 庚금은 午화의 생을 받은 辰토가 생금하고 양인 卯의 지장간 중 정기의 乙목과

乙庚 합이 되어 양인 합살격으로 귀격이 되었다. 이와 같이 일주도 신왕하고 용신도 뚜렷하며, 명이나 운에서 생하면 좋다. 戊辰·己巳 대운에 약한 庚금이 생기되므로 세도가에서 출생하여, 庚午·辛未 대운에 군부에서 복무하였으며, 壬申·癸酉 대운에 약한 庚금이 건록·제왕의 생조를 받아 정계에 진출하여 부귀 공명하였고, 甲戌 대운은 용신 庚금이 극을 당하므로 은퇴하고 낙향하였다.


예2)

| 편재 | 상관 | 식신 | 겁재 | 비견 | 정인 |
|---|---|---|---|---|---|
| 丙 | 乙 | 甲 | 癸 | 壬 | 辛 |
| 午 | 巳 | 辰 | 卯 | 寅 | 丑 |
| 정재 | 편재 | 편관 | 상관 | 식신 | 정관 |

| 겁재 | | 편인 | 편재 |
|---|---|---|---|
| 癸 | 壬 | 庚 | 丙 |
| 卯 | 寅 | 子 | 申 |
| 상관 | 식신 | 겁재 | 편인 |
| | 양인 | | |


일간 壬수가 子월에 생하고, 사주에 금·수가 왕성하며, 양인월이므로 신강 사주인데, 극하는 관성이 없으니 일주를 설기하는 寅목을 용신으로 쓰고, 시기가 겨울이므로 丙화가 조후하는 약신이다. 辛丑운에 편재 丙화를 丙辛수 합거하여 아버지를 여의고, 壬寅운에 독학으로 입신하여 癸卯운에 은행에 입사한 후 甲辰운에 진급을 거듭한다. 乙巳·丙午·丁未운에 용신 寅을 극하는 庚금을 억제하고, 겨울 寅목이 여름 화의 기운을 만나 은행장의 지위에까지 오르고, 가내가 두루 번창하였다.


예3)

| 식신 | 상관 | 편재 | 정재 | 편관 | 정관 |
|---|---|---|---|---|---|
| 戊 | 己 | 庚 | 辛 | 壬 | 癸 |
| 子 | 丑 | 寅 | 卯 | 辰 | 巳 |
| 정관 | 상관 | 편인 | 정인 | 식신 | 비견 |

| 정인 | | 편인 | 겁재 |
|---|---|---|---|
| 乙 | 丙 | 甲 | 丁 |
| 未 | 子 | 午 | 卯 |
| 상관 | 정관 | 겁재 | 정인 |
| | 양인 | | |

丙화가 午월 양인월에 출생하고, 비겁과 인성이 극성하니 극신강 사주이다. 한낱 용신인 子수를 보호할 희신도 없고, 왕성한 화기를 누설시키는 습토가 사주에 없으므로 일찍이 부모를 잃고 홀로 성가하였다. 그러나 십대 중반에 어느 새 체격이 장대하고 기운이 천하 장사이며, 늘 용맹을 떨치기만 좋아하다가 마침내 동네 불량배가 되었으며, 卯운에 사람을 살상하고 극형을 선고받았다.

## (5) 직업

- 대체로 비견의 경우와 비슷하다.
- 양인격의 직업으로 격국이 양호하면 군인·검찰·수사 기관·의사·특파원·운동 선수·신문 기자·정보 기관 등에서 근무하는 경향이 많다.
- 격국이 불량하면 정육점·칼장사·철공소·재단사·유흥업·요식업·기사·기술자 등의 직업에 종사하면 길하다.
- 비겁이 왕하면 공동 사업은 불리하며, 큰 실패를 가져온다.

## (6) 행운

① 겁재가 용신이나 희신에 해당하는 경우

- 대체로 비견의 경우와 비슷하므로 〈비견〉편을 참조하기 바란다.
- 재성이 왕하고 신약이면 재물운이 크게 발복한다
- 남자 사주에 재성이 왕한 신약 사주이면 반드시 여자의 도움으로 성공한다. 그러나 그 여자를 배신하면 언젠가는 여자로 인해 패망한다.
- 관성이 왕한 신약 사주이면 장군이 권총을 차고 기세 등등하게 들어오는 형국이니, 위엄과 권세를 천하에 떨친다.
- 재성이 기신인 사주에 비겁운이 오면 기신인 재성을 비겁이 파극하므로 개운 발달한다.

② 겹재가 기신이나 원신에 해당하는 경우
• 재물로 인해 형제·동료·동업자와의 분쟁이 일어난다.
• 남자 사주에 재성이 미약하고 신강하면 반드시 부부 이별하며, 손재 파
  산한다.
• 관성이 약한 신강 사주이면 직장도 잃고 되는 일도 없이 허송 세월한다.
• 일반적으로 비견의 경우와 유사하니 〈비견〉편을 참조하라.


　지금까지 비견·겹재에 대하여 자세히 설명하였으나, 이외에도 주변 상황의
설정에 따라 더 많은 통변을 유추할 수가 있다. 그것은 음양 오행과 십간 십
이지의 복잡 다단한 변화가 주위 환경에 따라서 각각 다르게 해석되므로 지
면상으로는 일일이 논할 수 없는 일면이 있기 때문이다. 그러므로 지금까지
설명한 것을 초석으로 삼아 더욱 많은 임상을 통하여 새로운 통변 사항을
축적해 나가기 바란다. 이러한 것은 다른 육신도 동일하다.


### 3) 식신食神

　일간이 생하는 오행으로 음양이 서로 같으면 식신이다. 즉, 일간이 甲목이면
목생화하여 丙화가 식신이고, 일간이 丙화이면 화생토하여 戊토가 식신이다.

### (1) 육친
　식신이 남자에게는 장모·처갓집을 의미하고, 사위·조카·손자, 직장이나
후배 자신의 진로나 사업일을 상징한다.
　식신이 여자에게는 딸자식을 의미하고, 친정 조카·직장·후배·결혼·진로
를 상징한다.

## (2) 성격

식신의 특징은 의식주가 풍부하고, 소득·자산·가재·복록·녹봉 등의 윤택함을 의미한다. 식신은 내가 생하는 자로 나의 기운을 설기하여 덕을 베풀고, 공덕과 음덕을 쌓게 되니, 마음은 넓어지고 몸은 비대해진다. 또 재를 생하여 식신 생재하니 재산 축적의 근원이 된다.

식신·상관은 일주가 신강한 사람에게는 자신을 설기하며, 지켜주는 수호신으로서 지혜가 총명하고 덕이 되지만, 일주가 신약하면 자신의 기운을 빼내는 흉기가 되어 흉하다. 식신은 먹고 마시고 즐긴다는 뜻도 있으므로 적극적으로 대사업을 경영하기에는 힘이 부족한 일면이 있다. 인의·도덕의 이념이 깊고 자식과 인연이 많은 것은 식신의 장점이지만, 아름다움과 추함을 식별하는 안목을 지니고 가무를 즐기며, 색정에 빠지기 쉬운 단점이 있다. 비견을 만나면 이와 같은 특성이 더욱 강화되고, 편인을 만나면 극제되어 길의인 인덕 길경도 허망하게 된다.


## (3) 판단

- 사주에 식신이 너무 많으면 남녀 모두 자식복이 없고, 특히 여자는 과부가 되거나 첩 노릇을 한다.
- 여자 사주에서 식신이 편인의 극을 받으면 산액으로 고생하거나 죽는다. 단, 명이나 운에서 재성을 만나면 피해 갈 수 있다.
- 신약 일주에 식신이 많으면 신체가 허약하고 부모덕이 없다.
- 식신이 편인의 극을 받아 훼손되면 외모가 추하고 신체가 왜소하며, 음식이나 약물에 중독이 잘 된다.
- 일·월주의 식신이 형충 공망이면 소아마비나 골절 등의 장애를 조심해야 하고, 친정에 가서 출산을 하면 안 된다.
- 식신이 한 개만 있으면 길하고, 신왕 사주에 두 개가 있는 것도 역시 개운 발달한다.
- 식신이 많으면3개 이상 인성으로 식신을 극해야 길하며, 관성이 있어 인생

을 생하면 더욱 길하다.

- 식신이 왕하고 월지나 시지에 건록을 만나면 크게 발달한다.
- 월주에 식신이 있고 시주에 정관이 있으면 크게 발전하며, 특히 행정 관료로 출세한다.
- 사주에 식신이 3개 이상 있으면 상관의 특성흉조이 나타난다.
- 신왕하고 월지에 식신이 있으면 건강하고 명랑하며 미식가이다.
- 일주도 왕하고 식신 역시 왕하면 재성운에 크게 발복한다.
- 식신을 비견·겁재가 생왕하게 하고, 편인의 극이 없거나 형충파해되지 않으면 신체가 건강하고 덕망이 있으며, 부귀하게 평생을 보낸다.
- 고서에도 식신이 유기하면 승재관이라 하여 식신이 아름다운 사주를 재성이나 관성이 좋은 사주보다 더 높이 평가하고 있다.
- 시지 亥수가 일주 甲목을 생하고 비견·겁재가 많아서 목이 강왕하다. 왕한 목이 다시 화를 생하여 식신·상관도 대단히 왕성하므로 일찍 벼슬길에 올라 승승장구하였으며, 평생 부와 명예가 끊이지 않았다.

| 겁재 | | 식신 | 식신 |
|---|---|---|---|
| 乙 | 甲 | 丙 | 丙 |
| 亥 | 寅 | 寅 | 午 |
| 편인 | 비견 | 비견 | 상관 |

- 위와 같이 신강하고 식신·상관도 왕하면 좋은데, 신약하고 식신·상관이 왕하면 단명하고 빈곤하다.
- 식신이 있고 편인이 없으면 한평생 큰 도난을 당하지 않는다.
- 식신이 자신의 수호신격인 편재를 만나면 재물이 불어나고 횡재수가 있다.
- 식신이 편인에 의하여 극해되면 신체가 왜소하고 추하며, 평생 곤고하거나 단명하고, 성사되는 일이 없다.
- 여명에 편인·정인이 왕하여 식신을 극함이 강하면 산액이 있으며, 규방이 적막하고 평생 파란 곡절이 많다.
- 여명에 일간은 신약한데 식신·상관이 왕성하면 임신 후에 건강상의 이상이 생긴다.
- 시주에 식신과 편인이 같이 있으면 어려서 젖을 흡족하게 먹지 못하였다.

- 여명에 식신이 용신이나 희신에 해당하면 음식 솜씨가 보통은 넘는다.
- 여명의 시주에 식신과 건록, 또는 제왕이 같이 있으면 그 자식은 반드시 크게 성공한다.
- 식신이 편인을 많이 만나면 음식물 중독이나 늙어서 먹을 것이 부족하여 아사하는 경우도 있다.
- 식신·상관을 아울러 식상으로 통칭한다. 식신도 세 개 이상이면 상관의 역할을 하는데, 대운까지 식신·상관으로 흐르면 필사라 하였듯이 아무리 좋은 것도 많으면 병이 된다.
- 식신이 천을귀인을 만나면 예술 방면에서 성공하고, 인기와 명예가 올라간다.
- 신약하고 식상이 왕하면 항상 입조심을 해야 한다. 왜냐 하면 말이 시비 구설의 근원이 되기 때문이다.
- 식신이 형충되면 유년시 어머니의 젖이 부족한 일면이 있거나, 어머니와 이별수가 있다.
- 식신이 목욕·사·절·병의 십이운성을 만나면 자식이 불효하거나 극자한다.
- 식신이 형충되거나, 목욕·사·절·병의 십이운성을 만나거나 편인에 의하여 극해되면 직업이 미천하고 박복하다.
- 식신이 겁재의 생을 받아 왕한데, 편인을 만나면 요절한다.
- 식신과 편관이 동주같이 있으면하면 노고와 고난이 많고, 다시 편인을 만나면 큰 재앙으로 인해 피해를 입는다.
- 식신과 편관이 있고 양인을 만나면 비범한 인물이다. 그러나 양인이 너무 많으면 평생 노고가 많다.
- 연간에 식신이 있고 연·월지에 비견이 있으면 혹 부잣집 양자로 가거나, 여러 사람들의 도움으로 매사를 성공시킨다. 그러나 겁재가 있으면 남의 흉사로 인하여 득재할 수 없다.
- 신왕하고 식신과 재가 있으면 경제적 재능이 있어 크게 성공하며, 여자 복이 많고, 여자는 효자 자식을 둔다.

예) 여명

정관 편관 정재 편재 상관 식신　　　정관　　　겁재 겁재

己 戊 丁 丙 乙 甲　　　己　壬　癸　癸

巳 辰 卯 寅 丑 子　　　酉　寅　亥　丑

편재 편관 상관 식신 정관 비견　　　정인 식신 비견 정관

이 사주는 여명으로 壬 일주가 亥월에 생하고, 연·월·시주가 비겁·정인·습토로 이루어져 신강 사주이며, 한습하다. 그러나 일·월지의 寅·亥가 합이 되어 목이 성하고, 성한 목이 일주 壬목를 수생목으로 설기시키며, 寅의 장간에 화의 기운이 있어 보온된 목이므로, 이 명은 寅목 식신이 용신이고, 한습하므로 화가 희신이며, 시지의 酉금이 용신인 목을 극하는 것이 병이다. 초년 甲子·乙丑 대운은 평길이며, 丙寅·丁卯 대운에 용신인 寅목이 왕운을 만나고, 한습한 사주가 따뜻한 기운을 접하니 사업으로 거부가 되었으며, 巳 대운에 巳酉丑 삼합 금국하여 寅목을 극하고 巳亥충·寅巳형하여 패망하였다.

## (4) 종합 판단

식신격은 월지 지장간의 정기가 식신일 때 식신격이며, 월지의 지장간이 천간에 투출되어 있을 때, 또는 식신 용신도 식신격으로 본다.

- 사주에 식신이 3개 이상 있거나, 식신과 상관이 혼잡되어 있으면 상관으로 통칭한다.
- 월지를 포함한 삼합이 식신으로 회국하면 식신국으로 간주한다. 이 경우 일주가 신강해야 개운 발복하고, 신약하면 평생 무의도식하며, 남자는 자식과 인연이 없고, 여자는 상부한다.
- 식신격은 머리가 영리하여 다재 다능하고, 추리력·응용력·예지력·표현력이 풍부하며, 심성이 후하고 매사를 정도로 처리하여 약자를 거들고,

음덕을 많이 쌓아 때로는 횡재를 하기도 한다.

- 여성은 심성이 착하고 후덕하여 매사 순조로우나, 부부궁이 부실하여 남편과 인연이 없는 것이 흠이고, 오직 자식만을 믿고 살아야 할 팔자이며, 남들을 위해 희생하는 명이므로 예능계나 교육계에 남다른 소질이 있고, 음식 솜씨도 뛰어나다.
- 식신격이 사주에서 재성<sub>정재·편재</sub>을 만나면 식신 생재격으로 대부호격이다.
- 식신이 재성을 만나 식신 생재격을 이루면 대부호격으로 본다. 물론 신왕함을 요한다.
- 식신이 재성을 만나 식신 생재격이 되면 식신을 극하는 인성<sub>정인·편인운</sub>이 와도 재성이 인성을 극하여 식신을 보호하므로 아무런 피해가 없다. 그러나 식신이 왕성하고 재성은 없는데 인성운이 오면 최악의 경우 사망할 수도 있다. 그러므로 식신이 재성을 만나는 것은 매우 중요하다.
- 식신격이 사주에 재성이 없으면 재성운에 발복한다.
- 식신격이 사주에서 편관을 만나면 식신 제살격으로 영웅지상의 대귀격이다.
- 식신은 일간을 극하는 편관을 식신 제살로 제거하면 편관의 나쁜 흉조는 사라진다.
- 식신 생재나 식신 제살이 되면 복록이 왕성하고 출세길이 빠르다.
- 신강하고 재성이 약할 경우, 식상<sub>식신·상관</sub>이 사주에 있거나 식상 대운을 만나면 식상이 재성을 생하여 부귀하고 개운 발달한다.
- 신강하고 관성<sub>정관·편관</sub>이 왕한 사주에 식상이 관살을 억제하면 크게 발복한다.
- 인성과 비겁<sub>비견·겁재</sub>이 많아서 신강한 사주는 식상이 사주에 있거나 식상운을 만나야 발복하며, 재성과 관성운은 불길하다. 이유는 인성과 비겁이 많아 신강하면 하나의 재성이나 관성을 만나더라도 강왕한 기운을 억제하지 못하고, 오히려 태왕한 기운을 충극하는 결과를 가져오기 때문이다. 이것을 자연계의 이치로 풀이하면, 작은 불은 물을 끼얹으면 꺼져도 큰불은 더욱 잘 타기 때문이다. 특히 사주의 대부분이 비겁으로 구성

되어 있고, 식상이 없는데 재성운을 만나면 군비 쟁재가 되어 명도 이어가기 힘들 정도로 크게 불길하다.

- 사주에 식상이 너무 많아 신약하면 인성이 사주에 있거나 인성운을 만나야 발복한다. 반대로 관성이나 식상운을 만나면 빈천하지 않는 사람이 없다. 이유는 신약한 일주가 관성의 극을 받거나 식상이 설기하여 더욱 신약이 되기 때문이다.

- 사주에 식상이 많아서 신약하면 비겁에 의해 일주가 생조되는 것보다 인성을 만나는 것이 더욱 길하다. 이유는 비겁이 일주를 생조하더라도 종국에는 식상을 왕성하게 하는데 반해, 인성은 약한 일주를 생조하고 나아가 왕성한 식상을 억제하기 때문이다.

- 신강하고 재성이 약하면 식상이 사주에 있거나 식상 대운을 만나야 발복한다.

- 신강하고 식상이 왕한데, 재성도 없고 관성도 없으면 식상이 용신이다.

- 신강하고 관살이 왕하면 식상이 용신이다.

- 신강하고 재성이 왕한데, 관성이 없으면 식상이 용신이다.

- 신강하고 인성이 왕한데, 재성도 없고 관성도 없으면 식상이 용신이다.

- 신강하고 비겁이 왕한데, 관살이 없으면 식상이 용신이다.

- 신약하고 관성이 왕한데, 인성이 없으면 식상이 용신이다.

- 용신이 형·충·공망이 되면 길의가 반감된다. 길성은 형·충·공망이 되면 자신의 역할을 다 하지 못하고, 반대로 흉성이 공망이 되면 때론 길의가 나타나기도 한다.

- 식신이 태왕하면 일간을 설기시키므로 신약하여 건강에도 좋지 않고 빈천해진다. 그러나 인성이 식신을 극하고 관성이 인성을 생조하여 흉의가 길의로 변화한다. 이 때의 인성정인·편인은 신약한 일간을 생하면서 태왕한 식신을 극하므로 일거 양득의 효과가 있다.

- 일간이 강왕하여 재성과 관성이 무력할 때는 왕성한 일간의 기운을 식신 또는 상관으로 누설시켜야 하는데, 이를 수기 유행이라고 한다.

- 일간이 강한 것은 길하나, 이 왕성한 기운을 누설시킬 수 없으면 사주가 탁해져서 흉하고, 누설시켜야만이 사주가 맑아져서 길한 팔자가 된다.
- 일간이 왕하고 식신 생재하면 결혼 후에 처가가 발복하고, 장인·장모의 사랑을 받는다.
- 신왕하고 식신이 약하면 상관운도 길하지만, 신약하고 식신이 왕한데 상관운이 오면 격이 탁해져서 불길하다. 이 경우, 남자는 직업과 자식 문제로 어려움이 있고, 여자는 남편과 생이 사별한다. 그러나 사주에 인성이 있으면 흉의는 삭감된다.
- 식신 생재하는 가운데 일간이 왕하면 좋은 집안의 여자를 부인으로 맞이하고, 처가의 도움을 받아 사업을 발전시킨다.
- 신약 사주에 식신이 중첩되면 장인·장모를 일찍 잃고, 반드시 처가가 고생한다.
- 식신이 편인을 만나면 결혼 후에 처가의 사업이 쇠퇴하고, 발전하기 어렵다.
- 신강 사주에 식신이 미약하면 처가의 발전이 어렵고, 장인·장모가 사위에게 의지하여 살아간다.
- 시주의 식신이 편인과 함께 있으면 자식으로 인한 걱정·근심이 많다.
- 여명여자 사주에서 식신이 용신 또는 희신에 해당하고, 충극이 되지 않으면 자식이 성실하고 부모한테 효도한다.
- 여명에서 신약 사주에 식신이 중첩되어 있으며 자식이 똑똑하지 못하고 부실하다.
- 신약한 식신격은 재주 있고 꾀가 많으나, 때론 자기 꾀에 자기가 빠지는 경우가 많다. 실속이 너무 없으므로 지출을 최대한 줄이고, 버는 데 정성을 기울여야 한다. 여성은 훌륭하고 귀한 자식을 두지만 남편 덕이 없다.
- 신왕한 식신격은 품위 있고 착실하며, 그 꿈이 원대하여 깊은 마음을 헤아릴 길이 없다. 매사에 정이 있고, 어떤 어려운 일도 타개하여 목적을 달성하므로 타인의 존경을 받는다.
- 신강한 식신격은 마음은 넓어 보이나, 한 구석에 독기가 서려 있어 너무

고자세라는 평판을 듣기도 하고, 때로는 인정 때문에 실패를 자초하기도 하는데, 아랫사람에게 배신당하기 쉬우니 조심해야 한다. 여성은 팔자가 세나 재혼하면 더 좋은 인연을 만나니 후회할 것 없다. 혹 격국이 부실하면 부부 싸움이 잦아 맞으면서 살거나 첫아이를 낳고 이별한다.

격국은 사주 감정의 편리를 위해 하나의 규격을 설정한 것에 불과하므로, 격국을 찾는 데 너무 치중하다 보면 사주의 본질을 직시하지 못할 수도 있으므로 격국에 너무 치중하지 말고, 음양 오행의 생화극제에 의한 총체적인 면을 자연 그대로 관찰하여 종합 판단을 내리는 것이 명리학의 대가로 우뚝 서는 지름길이 될 것이다.

예1) 비겁과 인성이 많아서 신강한 사주는 식상이 사주에 있거나 식상운을 만나야 부귀한다.

| 편인 | 정관 | 편관 | 정재 | 편재 | 상관 | | 편관 | 식신 | 비견 |
|---|---|---|---|---|---|---|---|---|---|
| 壬 | 辛 | 庚 | 己 | 戊 | 丁 | | 庚 | 甲 | 丙 | 甲 |
| 申 | 未 | 午 | 巳 | 辰 | 卯 | | 午 | 寅 | 寅 | 子 |
| 편관 | 정재 | 상관 | 식신 | 편재 | 겁재 | | 상관 | 비견 | 비견 | 정인 |

일간 甲목이 寅월 목왕절에 생하고, 子수의 생을 받은 목이 중중하므로 신강 사주이다. 시간의 庚금은 무근하므로 용신으로 취할 수 없고, 지지에 뿌리가 있는 丙화 식신이 용신이며, 격국 또한 식신격이다. 초년 丁卯 대운은 부모덕으로 편안하였고, 戊辰·己巳 대운은 식상 생재하여 사업으로 축재하였으며, 庚운에 丙·庚 충극이 되어 사업상 시련이 있었고, 午운은 무난하였다. 辛운에 丙·辛 합거되어 사업을 접고, 未운은 처덕으로 지내다가, 壬申 대운 庚申년에 왕금과 왕목이 충극하고, 丙·壬 극이 되어 병고에 시달리다 이듬해인 辛酉년에 사망하였다.

예2) 관살이 성한 사주에 있어서 식상이 관살을 억제하면 극귀한다.

| 비견 | 겁재 | 편인 | 정인 | 편관 | 정관 | | 식신 | | 편재 | 정관 |
|---|---|---|---|---|---|---|---|---|---|---|
| 乙 | 甲 | 癸 | 壬 | 辛 | 庚 | | 丁 | 乙 | 己 | 庚 |
| 酉 | 申 | 未 | 午 | 巳 | 辰 | | 丑 | 酉 | 卯 | 申 |
| 편관 | 정관 | 편재 | 식신 | 상관 | 정재 | | 편재 | 편관 | 비견 | 정관 |

이 사주는 식신 제살격으로 세 금과 두 토가 있어 금기가 왕성하다.

乙목이 卯월을 목왕절에 생하였으나, 천간에 庚금이 투출하고, 지지에 申·酉·丑이 있어 일간의 뿌리인 卯목을 충극하니, 비록 월령을 얻었으나 신약 사주이다. 시간의 丁화가 약하기는 하나 하는 수 없이 용신이 될 수밖에 없다. 庚辰·辛巳 대운에 빈곤한 가정에서 자랐으며, 巳운은 길할 듯하나 巳酉 화합하여 흉하고, 壬운도 약한 일주를 생하여 좋은 것 같지만, 용신 丁화를 합거하니 무용지물이다. 午운은 용신 정화가 득세하여 최고의 운이며, 癸운은 불길하다. 未운은 卯未 화합되어 길하고, 甲운도 일주를 생조하여 길하다. 申운은 흉흉하며, 酉운에 월령 卯와 충극이 되면 크게 흉하리라.

예3) 신왕 사주에 식상도 왕하고 재성이 약한 사주는 식상, 또는 재성운을 만나야 부귀한다.

| 편재 | 정재 | 편관 | 정관 | 편인 | 정인 | | 정관 | | 비견 | 식신 |
|---|---|---|---|---|---|---|---|---|---|---|
| 戊 | 己 | 庚 | 辛 | 壬 | 癸 | | 辛 | 甲 | 甲 | 丙 |
| 子 | 丑 | 寅 | 卯 | 辰 | 巳 | | 未 | 寅 | 午 | 寅 |
| 정인 | 정재 | 비견 | 겁재 | 편재 | 식신 | | 정재 | 비견 | 상관 | 비견 |

여자 사주로서 목이 셋이므로 신강할 듯하나, 화왕절에 생하고 사주가 조열하므로 신왕 사주이며, 용신은 辛금이고 희신은 토이다. 사주가 난조하므

로 수는 조후용신에 해당하나, 일복이 많은 것은 어찌할 수 없다. 癸巳·壬辰
대운에는 유복한 집안에서 태어나 의식이 풍족하였으며, 신랑 잘 만나 결혼
도 하고 자식도 두었으나, 寅 대운 丙申년에 상부하고 자식과도 이별하였다.
그러나 己丑·戊 대운에 왕성한 식상을 재성이 누설하여 식상 생재를 이루니
사업으로 거금을 벌어들였으며, 子·丁亥 대운에는 사회사업으로 명망을 얻
고, 국가의 훈장까지 수여받았다.


### (5) 직업

교육계 및 예체능계에 적합하며, 육영·기술·사회 사업·생산업·요리업 등
의 사업도 양호하다.


- 식신이 재성을 만나면 생산업·문화 사업·육영 사업·식품 사업 계통의
  실업가로 성공하는 경향이 있고, 직장 생활은 금융 기관이나 기업체의
  경리 부서 등에서 근무하는 경우가 많다.
- 일반적인 자영업이나, 기술과 연관이 있는 봉급 생활도 무방하다.
- 식신격에 재성이 없으면 문학·학문·연구·설계·종교·역술 등의 비생산
  적인 분야에 종사하는 것도 나쁘지 아니하다.
- 식신격이 관살을 만나면 순발력을 요하는 방송·신문 기자·연출가·변호
  사·역술가·공인중개사·변리사 등의 직업이 좋다.
- 여명에 식신이 태과하면 사랑에 예민하여 연예계나 화류계로 나갈 가능
  성이 많다.
- 식신격이 신왕하고 관성이 양호하면 고위 관료직에 오르고, 정록이나 역
  마를 만나면 군인·경찰 등의 무관으로 출세한다.


### (6) 행운

① 식신이 용신이나 희신에 해당하는 경우
- 사업가는 기업의 자금 사정이 좋아지고, 실직자는 새로운 직장에 취업하

는 운이다.
- 새로운 사업을 시작하는 운이고, 대체적으로 재물이 불어난다.
- 직장인은 승진·영전 등의 기쁨이 있고, 분만이 가능한 여성은 출산할 운이다.
- 학생은 학업 성적이 오르고, 각종 시험에서 좋은 성과를 거둔다.
- 질환으로 고생하는 사람은 치료가 가능하고, 건강한 사람은 식욕이 왕성해져 몸이 불어난다.
- 남명은 처갓집의 도움으로 가정 살림이 윤택해진다.

② 식신이 기신이나 원신에 해당하는 경우
- 사업가는 기업의 자금 사정이 어렵고, 직장인은 실직의 위험이 있다.
- 남명은 자식 문제로 근심 걱정이 발생하고, 최악의 경우 뜻밖의 사고로 한 자식이 사망하거나 불구가 되는 우환이 일어난다.
- 여명은 남편 문제로 근심 걱정이 발생한다. 최악의 경우, 사별 또는 이별한다.
- 남의 일에 괜히 끼어들어 시비·구설을 일으키고, 좋은 일을 하고도 욕을 얻어먹는다.
- 관재 구설이 일어나고, 손아랫사람으로 인하여 손해를 입는다.
- 처갓집으로 인하여 금전적인 손해가 발생하고, 의외의 불이익을 당한다.
- 부주의로 재난을 당하고, 건강상의 문제가 발생한다.
- 새로운 사업이나 적극적인 투자는 불가하다.


## 4) 상관傷官

일간이 생하는 오행으로 음양이 서로 다르면 상관이다. 즉, 일간이 甲목이면 목생화하여 丁화가 상관이고, 일간이 丁화이면 화생토하여 戊토가 상관이다.

### (1) 육친

상관이 남자에게는 장모첩의 어머니·처갓집·할머니·외할아버지·손녀·조카·후배·직장·진로를 상징한다.

상관이 여자에게는 아들·친정 조카·할머니·외할아버지·후배·직장·진로를 상징한다.


### (2) 성격

상관의 특성은 교만하고 오만 불순하며, 사람을 얕잡아보는 기질이 있다. 총명하고 의협심은 있으나, 자존심과 자만심이 강해 타인을 무시하고 멸시하는 경향이 있어 세인의 오해와 비방을 받기 쉬우며, 소송·경쟁·권리·방해·권세·반대·무법·범법·극부·극자·오기·투쟁·구설 등을 끌어 일으키기 쉽다.

다른 사람의 간섭이나 테두리에 갇히는 것이 싫어서 항상 조직이나 단체의 방관자, 또는 아웃사이더 역할을 한다. 공상가이며 이상적이라 현실에 집착하지 않으며, 대의 명분을 중시하거나 주의를 의식하지 않는 면이 있으며, 화려함을 좋아한다. 앞을 내다보는 선견지명의 예지가 뛰어나고, 마음 속의 비밀을 다 털어놓아야 속이 시원해지는 성미이다. 한번 서운한 일을 당하면 쉽게 지우지 못하고 간직하는 집요성이 있고, 복수심도 강한 편이다.


### (3) 판단

신강하고 상관이 약하면 식상식신·상관운이 희신운이 되지만, 상관이 왕한데 식상운이 오면 남자는 직장·자식·건강 문제로 어려움이 생기고, 여자는 남자·자식·직장 문제로 어려움이 생긴다.


- 사주에 상관만 있고 재성이 없으면 재주는 많으나 빈천하다.
- 상관만 있고 정인이 없으면 헛욕심이 많고, 상관이 왕한데 겁재가 생기면 재산을 목적으로 결혼하는 탐욕적이고 이중 인격적인 사람이다.
- 신강하고 재성이 약하면 상관이 희신이다. 그것은 강한 일간을 설기하여

약한 재성을 도와주므로 흉신이 오히려 길신의 역할을 하는 것이다. 반대로, 신약하고 재성이 왕한데 상관이 있으면 약한 일간을 설기하여 재성을 생하므로 최악의 흉신이 된다.

육신 가운데 식신·정재·정관·정인을 길신으로, 상관·편재·편관·편인을 흉신으로 분류하는 경향이 있는데, 그것은 명리학의 원리를 이해하지 못하는 짧은 소견이다. 명의가 되려면 독성이 있는 약도 상황에 따라서 명약으로 쓸 줄 알아야 하듯이, 명리학의 이치를 깨우쳐 문리를 터득하려면 흉신도 때로는 길신이 될 수 있고, 길신도 흉신이 될 수 있다는 명리의 본질을 파악하고, 전체적인 면을 볼 수 있는 안목을 키우는 것이 최선의 방법이다.

- 상관이 용신일 때는 형·충·공망이 되면 파격이 된다. 그러나 상관이 강왕하면 공망이 되는 것이 오히려 길하다.
- 사주에 상관이 왕하고 정관이 없으면 눈빛이 예리하고 관골이 높다.
- 상관이 왕하면 종교가·예술가·음악가로서 명성을 얻으나, 인품은 교만하다.
- 상관은 신강해야만이 제 기능을 발휘한다. 상관은 흉신이고 일간의 힘을 설기하므로 이를 감당하려면 일간이 강해야 되는 것이다.
- 상관은 흉신이므로 간합이 되면 오히려 길하다.
- 일간이 매우 강하면 상관도 왕해야 한다. 즉, 상관이 두 개 정도 있거나, 식신이 있는 것도 좋다.
- 신약하고 상관이 강하면 남녀 모두 자식을 극해한다.
- 연주와 월주에 상관이 많으면 부모 덕이 없어 홀로 성가하고, 단명하며, 부귀하더라도 오래 가지 못한다.
- 연·월주의 왕성한 상관을 다시 겁재가 생하면 부모·처자가 온전하지 못하고, 생가가 빈한하며, 평생 노고가 많다.
- 왕성한 상관을 겁재가 생하는데, 재성이 없으면 간사하고 파렴치한 이중

인격자이다.

- 월주의 천간·지지가 모두 상관이면 형제·자매와 불목하고, 부부 이별수가 있다.
- 연주에 상관이 있고 월주에 재성이 있으면 재물복이 많다.
- 신약하고 연주와 시주에 상관이 있으면 남녀 모두 그 자식에게 반드시 해로운 일이 있다.
- 신약하고 일지에 상관이 있으면 처자가 완전할 수 없으며, 비록 뜻은 높으나 재능은 없다. 그러나 명중에 재성이 있으면 소년 시절에 영달한다.
- 신약하고 시주에 상관이 있으면 자손이 해롭다.
- 상관과 정관이 동주하면 호색 다음하는 경향이 있다.
- 신강하고 상관도 왕성하면 마음이 한없이 넓고 다재 다능하며, 박학 다식해서 만인의 존경을 받는다. 덕을 베풀고 약자를 도와 무슨 일이든 지속적으로 임하니 반드시 성공한다. 대범하여 어려운 일도 곧잘 타개하고, 가슴에 총부리가 와 닿아도 눈 하나 깜짝 하지 않는 당당한 사람이다.
- 신왕하고 월지에 상관이 있으면서 사주에 관성이 없거나, 또 상관 삼합이 있고 사주에 형·충·파해와 관성이 없는 경우를 상관 상진이라고 한다. 상관 상진된 사주에 인수와 재성이 있으면 극귀한다.
- 신강하고 상관이 3개 이상 되어 왕하거나, 신강하고 상관 삼합이 있으면서 관성이 없는 경우, 관리는 고위직에 오르고, 군인은 장성급이며, 일반인은 부귀한다.
- 상관 상진된 사주가 신약하면 명민하고 예술적 재능은 있으나, 심성이 거만하고 음험하여 남의 지탄을 받는 일이 많다.
- 여명에 상관이 많고 3개 이상 재성이 없으면 부부가 해로하지 못한다.
- 상관과 편인이 동주하면 자식과 남편복이 없다.
- 상관이 많으면 혼담에 장애가 많고, 결혼 후에 생이 사별수가 있으나, 상관이 공망되면 이를 면할 수 있다.
- 여명에 상관만 있고 관성이 없으면 정조 관념이 강하고, 그 남편이 사망

한 뒤에도 수절하는 경우가 많다.
- 여명에 상관이 많으면 남편을 극하여 재혼하는 명이지만, 관성을 만나지 않으면 정결한 부인이 된다.

예) 여명

| 편관 | 정인 | 편인 | 겁재 | 비견 | 상관 | | 상관 | | 식신 | 정재 |
|---|---|---|---|---|---|---|---|---|---|---|
| 癸 | 甲 | 乙 | 丙 | 丁 | 戊 | | 戊 | 丁 | 己 | 庚 |
| 酉 | 戌 | 亥 | 子 | 丑 | 寅 | | 申 | 巳 | 卯 | 午 |
| 편재 | 상관 | 정관 | 편관 | 식신 | 정인 | | 정재 | 겁재 | 편인 | 비견 |

일간 丁화가 卯월에 생하고, 지지에 巳·午화가 있어 신왕 사주이며 상관격이다. 신왕하면 설기함을 기뻐하니 巳·午에 뿌리를 둔 戊·己토로 용신을 삼는다. 상관격은 관성을 꺼리는데, 申 중의 壬水가 재앙의 근원이다. 초년 戊寅·丁丑 대운은 유복한 가정에서 태어나 귀하게 자랐으며, 子운에 申子 수국하여 불리하나, 연지의 午화 한신과 상충하여 관성이 변동하므로 혼인을 하였고, 乙亥 대운 乙巳년에 대운과 연운이 상충하고, 부부궁인 일지와도 巳亥 충이 되므로 부부 이별하였다. 甲戌 대운은 길하나 癸 대운 이후는 불길하다. 이 여명은 재복과 자식운은 좋으나 남편덕은 없는 사주이다.

### (4) 종합 판단

상관격은 월지 지장간의 정기가 상관격이며, 월지의 지장간이 천간에 투출되어 있을 때, 또는 상관 용신도 상관격으로 본다.

- 상관은 일간의 기운을 설기하기 때문에 신왕해야 하는데, 특히 인수와 균형을 잘 이루고 있으면 길하게 된다. 그것은 인수가 상관을 적절하게 극함으로써 상관의 나쁜 작용을 제거하여 식신의 형태로 변모시키기 때

문이다.

- 식신·상관격은 관살이 사주에 있거나, 관살운을 만나는 것을 싫어하나, 이것은 모든 식상격에 적용되는 것이 아니고 격에 따라 차이가 있다.

- 목화 식상격은 인성을 만나야 사주가 길하다. 목화 식상격이란, 일간이 甲·乙이고 월지가 巳·午·未월에 해당하는 사주를 말한다. 목화 식상격은 사주가 과하게 건조하기 때문에 인성, 즉 수기가 있어야 조후가 되어 사주가 길해지기 때문이다. 또 사주에 수기가 있는 이상 관살, 즉 금을 만나도 무방하다. 그것은 금생수·수생목·목생화하여 화금 상쟁을 유화시키기 때문이다.

- 화토 식상격은 관성이 사주에 없거나 있더라도 극히 미약해야 하는데, 이것을 상진이라고 한다. 화토 식상격이란, 일간이 丙·丁이고 월지가 未·戌월에 해당하는 사주를 말한다. 화토 식상격이 상진되어야 하는 이유는 화토가 왕성한 사주에 관성, 즉 水가 오면 수화쇠신충왕하여 엄청난 흉액을 몰고 오기 때문이다. 그러나 사주에 왕성한 화토의 기운을 누설시키는 습토 丑·辰이 있으면 관성이 사주에 있거나 관성운을 만나도 지장이 없다.

- 토금 식상격은 인성이 있어야 사주가 길하다. 토금 식상격이란 일간이 戊·己이고 월지가 申·酉·丑월에 해당하는 사주를 말한다. 이런 사주는 금이 일간 토를 누설시키고 한습하므로, 인성 화가 식상 금을 억제하고 일간 토를 생하며, 습함을 조열하므로 화를 만나야 길하다.

- 금수 식상격은 관성이 사주에 있거나, 관성운을 만나야 길하다. 금수 식상격이란, 일간이 庚·辛이고 월지가 亥·子·丑월에 해당하는 사주를 말한다. 이러한 사주는 한랭하므로 관성 丙·丁·巳·午를 만나야 조후가 되어 사주가 좋아지기 때문이다.

- 수목 식상격은 재성 및 관성을 만나야 사주가 길하다. 수목 식상격이란, 일간이 壬·癸이고 월지가 寅·卯월에 해당하는 사주를 말한다. 이 사주는 재성을 만나면 식상 생재격이 되어 길하고, 또 수가 왕성할 때는 관성

을 만나도 신약이 아니므로 사주가 길해지는 것이다.

- 신강한 상관격은 재성이 최대의 희신이다. 신강한 일간을 상관이 설기하여 재성을 도와주니 부자의 명이 된다.

- 비견·겁재가 많아서 상관을 너무 생하면 흉신인 상관이 더욱 흉포해져 파격이 된다. 그러나 신약할 경우에는 비견·겁재가 생하는 것이 오히려 길하다.

- 상관격이 신약하면 인성을 용신으로 쓴다. 그것은 인성이 신약한 일간을 도우면서 상관을 잘 다스려 주므로 귀한 명이 된다.

- 상관격이 가장 두려워하는 것은 관성을 동반하여 식상식신·상관과 관성정관·편관이 서로 상충하면 백 가지의 화가 발생한다는 것이다. 이 때 인성정인·편인을 만나면 관성의 힘을 설기하고, 식상은 적절하게 제압하여 서로 화해를 시키므로 오히려 귀명이 된다.

- 상관격은 상관이 많아서 왕하면 인성을 용신으로 쓴다. 이유는 인성이 상관을 제하면서 일간을 생하므로 발복하기 때문이다. 이 때 상관의 힘과 인성의 힘을 비교하여 인성이 상관보다 약하면 관성이 있어야 발복한다.

- 대운은 상관운이고 연운은 관성운이면 각종 재난이 일어난다. 반대로 대운이 관성운이고 연운에 상관운이 와도 동일하다.

- 일지와 연지에 상관이 있고, 대운이나 연운에서 상관운이 오면 얼굴에 상처가 생기는 사고를 당한다.

- 사주에 정관이 있고, 대운이나 연운에서 상관이 들어와 형·충이 되면 전직을 놓고 고민하고, 최악의 경우 실직한다.

- 상관격에 약한 정관이 사주에 있는데 상관운이 오면 각종 구설이 난무하고, 최악의 경우 불치의 병에 걸리거나 사망한다.

- 상관격의 사주에 인성이 많고 재성이 있으면 재성을 용신으로 쓴다.

- 상관격이 재성이 없으면 재성운에 발복한다.

- 일간이 약한 상관격에 재성이 많고 인성이 없으면 비견·겁재를 용신으로 쓴다.

• 일간이 매우 약하고 사주가 식신과 상관만으로 구성된 것을 종아격이라
하고, 성격이면 부귀한 명이다. 그러나 여자는 남편 문제로 고민이 많고,
남자는 자식 문제로 고민이 많다.

• 종아격은 비견·겁재·식신·상관 및 재성운이 희신운이고, 인성운이 최악
의 기신운이다.

• 인성과 비겁이 태왕하여 극신강하면 하나의 재성과 관성을 만나도 태왕
한 기운을 억제하지 못하고, 오히려 왕신을 충극하는 결과를 가져 오므
로 크게 흉하며, 오직 식상만이 흉액을 막을 수 있다. 특히 사주의 대부
분이 비겁으로 구성되어 있고, 사주에 식상이 없으면 재성이 와도 군비
쟁재가 되어 구사 일생을 하기도 어렵다.

• 상관격의 사람은 표현력이 뛰어나고 언변이 좋아서 사회에서나 좌중에서
윤활유 역할을 하는 사람이 많다. 그러나 머리가 너무 잘 돌아가다 보니
사기성이 있다거나 비열하다는 소리까지 들을 정도이다. 예컨대 자신이
상관격의 사주라면 자신의 재주에만 너무 의존하지 말고 인덕을 쌓는 일
에 많은 노력을 쏟으면 앞날에 큰 성공이 기다릴 것이다.

• 상관의 성질은 교만·불만·불화·공상·망상·환상·모방·표현·방해·경
쟁·반항·반대·실권 등의 이미지가 있다. 그래서 상관격의 사람은 강한
저항심과 반항심, 강한 희생 정신 때문에 운동권 학생이나 시민 단체·사
회 단체에 종사하는 사람이 많다.

• 신약한데 식신이나 상관이 많으면 건강이 좋지 않아 단명하고, 빈천하다.

• 신약한데 정관이 많아서 일간을 더욱 심하게 극할 경우 상관은 정관을
극제하는 길 작용을 한다.

• 신약한데 편관이 있어서 일간을 더욱 심하게 극할 경우 상관이 있으면
편관을 다스리는 길 작용을 한다.

• 신강하고 재성과 관성이 같이 있으면 부귀의 명이다.

• 상관은 흉신이지만 인수가 있어 제하든지, 재성이 있어 설하든지, 간합이
되면 흉조가 길조로 변화하여 부귀의 명이 된다.

- 신약한 상관격에 재성이 없고, 형·충이 되고, 편인이 있으면 각종 재난이 끊이지 않고, 다재 다능하지만 빈천하다.
- 상관과 십이운성의 사·절이 동주하면 쓸데없는 걱정이 많고, 우유 부단하며, 의심이 많고 질투심이 강하다.
- 신왕한 상관격을 대운의 지지와 대조하여 십이운성의 사왕이 되면 길하고, 사쇠가 되면 흉하다.
- 연주와 일주에 상관이 함께 있고, 형·충·파가 되면 얼굴에 상처가 있으며, 연과 일에 상관이 있는데 상관운이 와서 형·충·파가 되면 역시 얼굴에 상처를 입는다.
- 신약한 식상격은 인성과 비겁운은 희신운이고, 식상·재성·관성운은 기신운이다.
- 신강한 식상격은 식상·재성·관성운은 희신운이고, 인성과 비겁운은 기신운이다.
- 신약한 식상격에 관성이 왕하면 인성·비겁운은 희신운이고, 재성·관성운은 기신운이다.
- 신약한 식상격에 재성이 왕하면 비겁·인성운은 희신운이고, 재성과 관성운은 기신운이다.
- 신강한 식상격에 비겁이 왕하면 식상·재성·관성이 희신운이고, 인성·비겁운은 기신운이다.
- 신강한 식상격에 인성이 왕하면 식상·재성운이 희신운이고, 인성·비겁운은 기신운이다.
- 사주에 식신·상관이 중첩되면 아이디어와 기교가 뛰어나고, 동정심과 인정이 많아 봉사와 희생 정신이 강하다. 식신이 많은 사람은 인정이 많고, 상관이 많은 사람은 봉사 정신이 강하다.
- 여명에 식상이 태과하고3개 이상 인성이 없으면 남편을 극하고 황음하다.
- 여명에 식상이 약하고 태과하면 자식을 두기 어렵고, 남편을 상하게 한다.
- 여명에 식상이 태과하고 재성이 없으면 청상 과부의 명이다.

- 여명에 식상이 태과하고 사주에 관성이나 재성이 없는데 관성운을 만나면 남편과 이·사별한다.

- 남명에 식상이 태과한데, 이를 제하는 인성이나 설하는 재성이 없으면 자식이 없거나 한 자식을 잃을 수 있다.

- 시주에 식상이 혼잡되어 왕하면 자나깨나 자식 걱정이 많은 사람이다. 걱정이란 특성 그대로 지나친 관심을 말하고, 잘 되어도 걱정, 못 되어도 걱정이다.

- 목화 식상격은 목화 통명이라 하여 총명 영리하고, 다재 다능하나 화려하고 음주 가무를 즐긴다.

- 화토 식상격은 학문과 덕행은 높지만 자존심과 승부 근성이 강하여 대인 관계가 원만치 못하다.

- 토금 식상격은 성정은 고요하고 도량은 넓지만, 호승적인 기질이 있어 타인을 무시하는 경향이 있다.

- 금수 식상격은 박학 다식하고, 머리가 비상해서 천재라고 칭하지만, 머리가 너무 잘 돌아가서 야비하고 색난으로 화를 일으킬 수 있다.

- 수목 식상격은 성격이 명랑하고 지혜와 재능은 있지만, 지속성이 부족하여 번복을 잘 하고 오만 불손한 기질이 있다.

- 사주를 감정할 때 비겁·겁재·식신·상관·정재·편재·정관·편관·정인·편인의 성정과 생극만으로 추단하지 말고, 음양 오행과 십간 십이지의 자연적인 형태를 숙지하고, 월령과 주변의 오행을 참고하여 유추하면 더욱 정확한 추명이 가능할 것이다.


예1)

|  | 편관 | 정재 | 편재 | 상관 | 식신 | 겁재 |  | 정관 |  | 비견 | 편관 |
|---|---|---|---|---|---|---|---|---|---|---|---|
|  | 丙 | 乙 | 甲 | 癸 | 壬 | 辛 |  | 丁 | 庚 | 庚 | 丙 |
|  | 午 | 巳 | 辰 | 卯 | 寅 | 丑 |  | 亥 | 子 | 子 | 戌 |
|  | 정관 | 편관 | 편인 | 정재 | 편재 | 정인 |  | 식신 | 상관 | 상관 | 편인 |

이 사주는 일간 庚금이 子월 수왕절에 생하고, 왕한 상관격에 신약이라, 인성이 용신이며 한랭하므로 목·화가 조후 용신이다. 천간의 丁화는 庚금을 유하게 하고, 丙화는 조후하므로 관살<sub>정관·편관</sub> 혼잡을 흉으로 보지 말라. 辛 丑 대운은 불행하고, 寅·卯·甲운은 왕성한 수기를 설기하며, 조후 용신인 丙 화를 생조하므로 길하다. 乙巳·丙午·丁未 대운 30년은 한랭한 명을 조열하 므로 일취 월장하여 고위 관료직에 오르고 부귀가 겸전하였다. 이후 酉운은 화토가 사지에 임하므로 불길하다.

예2) 사주에 식상이 많아 신약이면 인성이 있거나 인성운을 만나야 부귀한 다. 그것은 비겁은 비록 일주를 생조하더라도 결국에는 식상을 왕하게 하는 것인데, 인성은 일주를 생조할 뿐 아니라, 왕성한 식상을 억제하기 때문이다.

<table>
<tr><td>정인</td><td>편관</td><td>정관</td><td>편재</td><td>정재</td><td>상관</td><td></td><td>정재</td><td></td><td>상관</td><td>정인</td></tr>
<tr><td>壬</td><td>辛</td><td>庚</td><td>己</td><td>戊</td><td>丁</td><td></td><td>戊</td><td>乙</td><td>丙</td><td>壬</td></tr>
<tr><td>子</td><td>亥</td><td>戌</td><td>酉</td><td>申</td><td>未</td><td></td><td>寅</td><td>巳</td><td>午</td><td>申</td></tr>
<tr><td>편인</td><td>정인</td><td>정재</td><td>편관</td><td>정관</td><td>편재</td><td></td><td>겁재</td><td>상관</td><td>식신</td><td>정관</td></tr>
</table>

이 사주는 乙 일주가 午월 화왕절에 생하고 식상이 태왕하여 신약 사주이 므로, 申금에 뿌리를 둔 壬수가 용신이고, 격국은 상관격이다. 초년 丁·未· 戊운은 온갖 고초를 겪었으며, 酉운 庚子년에 보통 고시에 합격하고, 승진을 거듭하여 庚운에 군수가 되었다. 가을 戊토 정재운에 왕한 식상을 설기하여 용신의 뿌리인 申금을 생하므로 부동산에 투자하여 거금을 손에 쥐었으나, 寅·午·戊 삼합하여 건강상의 어려움은 피해 갈 수 없었고, 辛亥·壬子·癸丑 대운은 용신 壬수를 생하여 대길하다. 이후 卯운에 기신인 화를 생하고 용 신 壬수가 십이운성의 사에 해당되므로 졸하였다.

예3) 일주가 강하여 재성이 무력할 때는 왕성한 기운을 식신 또는 상관으로 누설시켜야 사주가 맑아져서 길하다. 이것을 수기유행이라고 한다.

편재 상관 식신 겁재 비견 정인　　　정인　　편인 편재

丙　乙　甲　癸　壬　辛　　　辛　　壬　庚　丙

午　巳　辰　卯　寅　丑　　　亥　　寅　子　子

정재 편재 편관 상관 식신 정관　　　비견　식신 겁재 겁재

이 명은 壬 일주가 子월 수왕절에 생하고, 수금이 중첩되어 극신강 사주이다. 극왕한 수기를 설기하며, 寅亥합이 되어 성한 寅목이 용신이고, 한랭한 수기를 조후하는 丙화가 희신이며, 격국은 상관격이다. 辛丑 대운은 신고하였으며, 壬寅·癸卯·甲辰 30년 동방 목왕 대운에 부귀가 대발하였고, 巳운에 용신인 寅목과 亥수를 형충하여 불길하였으나, 乙목이 개두투간되어 흉을 면하였다. 丙午 대운에 용신인 寅목을 설기하고, 양인·왕수를 충하여 사망하였다.


## (5) 직업

언변과 달변을 요하는 직업이나 순발력과 예지력을 필요로 하는 직업은 모두 양호하다.


- 상관은 학문 교육·예술·예능·체육·심리·언어·언론·철학·웅변·통신·관광학·기상학·전자공학 분야의 업무가 유망하다.
- 학문 교육은 대학자·교수·교사이다.
- 예술·예능은 언론인·배우·탤런트·성우·가수·음악가·작가·시인이다.
- 상관이 인성을 만나면 종교인·작가·철학가로서 명성을 떨친다.
- 유창하고 순발력 있는 언변으로 남을 가르치고 계도하는 업무가 좋다. 즉, 변호사·승려·신부·목사·중개사·역술가 등이 좋다.

- 식상 생재격으로 관성이 적절하면 금융계·경제 부처 관리로서 크게 이름을 떨친다.
- 양인과 관살이 적절하게 배치되어 있으면 군인·경찰 등의 무관으로서 크게 출세한다.
- 기술 분야의 연구직·설계사·세무회계사·기획·발명가 등의 업무도 양호하다.
- 출판 업무·영업·유통·마케팅·광고·홍보·저술·기획 등의 업무도 가하다.

## (6) 행운

### ① 상관이 용신이나 희신에 해당하는 경우

- 학술 언론 분야·예체능 분야에서 큰 인기를 얻는다.
- 사업가는 회사의 운명이 순조로워 성공을 거둔다.
- 직장인은 직장 생활이 여의롭고, 승진·영전 등의 즐거움이 있다.
- 실직자는 새로운 사업이나 직장을 얻는 기쁨이 있다.
- 기혼 여성은 자식으로 인하여 좋은 일이 있고, 분만이 가능한 여성은 출산의 기쁨이 있다.
- 미혼 여성이나 남성은 중매나 선을 보는 등의 혼인의 기미가 있다.
- 기혼 남성은 부인으로 인하여 기쁜 일이 있고, 처갓집으로 인해 재물이 들어온다.
- 건강이 대체로 좋아지고, 생활에 여유가 생긴다.

### ② 상관이 기신이나 원신에 해당하는 경우

- 학술·언론·예체능·기술 분야의 연구와, 운영 실적이 저조하여 인기와 명예에 손상을 입는다.
- 사업가는 회사의 운영이 어렵고, 믿었던 부하 직원에게 배신을 당한다.
- 직장인은 감봉·좌천·직위 해제 등의 불이익이 있고, 최악의 경우 파면·사표 등으로 실직한다.

- 학생은 노력한 만큼 성적도 오르지 않고, 이유도 없이 학교도 다니기 싫고, 부모나 선생님의 충고도 무시하고 반항하며 탈선할 우려가 많다.
- 기혼 여성은 별다른 이유도 없이 남편이 미워지고, 최악의 경우 남편과 이·사별한다.
- 미혼 여성은 이상하게 남자가 싫어지고, 애인이 있으면 결별을 선언하게 된다.
- 부부간의 사이가 좋으면 남편이 사고로 불구가 되든지, 아니면 병원에 입원하게 된다.
- 기혼 남성은 자식 문제로 고민이 생기고, 처갓집하고도 사이가 멀어진다.
- 소송·시비·구설 등으로 관재 구설이 발생하고, 말이나 글로 인하여 명예가 실추되므로 입조심을 하지 않으면 큰 화를 당한다.
- 사업가는 재산상의 손해를 보고, 휴업 또는 폐업을 하기도 한다.
- 건강이 대체로 나빠지고, 생활에 여유가 없어진다.

## 5) 편재偏財

일간이 극하는 오행으로 음양이 서로 같으면 편재이다. 즉, 일간이 甲목이면 목극토하여 戊·辰·戌토가 편재이고, 일간이 乙목이면 己·丑·未토가 편재이다.

### (1) 육친

편재는 남자의 경우, 아버지<sup>아버지의 형제 포함</sup>·아내·애인·여자·큰 재물을 뜻한다.

편재는 여자의 경우, 아버지<sup>아버지의 형제 포함</sup>·시어머니·큰 재물을 뜻한다.

## (2) 성격

편재는 일확 천금의 투기·복권 당첨·도박·고리 대금 등의 대중 지배물로 이 사회에서 흐르는 큰돈이다.

유동성, 유동적인 재산, 큰 재물을 의미하고, 노력하지 않고 얻는 재물을 뜻한다. 사교적이며 애교가 있어 대인 관계가 원만하고 눈치가 빠르다. 남의 비위도 잘 맞추며, 유머와 재치도 있어 세일즈에 전부적인 재질이 있다. 남의 일에 참견하기를 좋아해서 빈축을 받는 경우도 있지만, 어려운 일을 보면 그대로 못 지나가는 정의성도 있다.

사교술을 뛰어나게 발휘할 수 있는 능력이 있다. 그러나 재성이 많다는 것은 여자가 많이 따른다는 뜻으로, 여난을 겪을 운명도 암시한다.

만약 일주가 신약한 사람이 재성이 많다면 여자와 돈이 감당이 안 되어 곤욕을 치를 수 있으므로 잘 살피고 여자를 피해 나가야 한다. 식신 또는 상관이 있으면 이와 같은 특성은 더욱 강해지지만, 비겁이 있으면 약화된다. 일확 천금을 노리는 기질이 있어 일견 재복이 많은 것 같아도 손실도 빠르므로 그저 금전의 출입이 빈번함을 의미함에 불과하다.

어떠한 환경에 처해도 자신에게 유리한 상황으로 전환시키는 재능이 있다. 그러나 지나치게 현실과 물질을 중요시하는 면이 있으니, 평소부터 정신적 가치의 중요성도 알게 하면 좋다.


## (3) 판단

- 사주에 편재가 많으면 황음하고, 술과 여자를 좋아하며, 돈 욕심이 많다.
- 신약하고 편재가 많으면 결단력이 부족하고 아둔하며, 돈에 대한 집착은 무서우리만큼 강하나, 의리나 인정은 찾아볼 수 없다.
- 신왕하고 편재도 왕하면 성격이 곧고 활동적이며, 강개심과 의기가 있어 의리를 앞세우고, 실업가로 크게 성공한다.
- 신강하고 편재가 약하면 돈을 버는 일이라면 수단과 방법을 가리지 않는다.
- 편재가 형충이 되면 돈이 들어와도 쉽게 흩어지며, 돈에 대한 집착이 너

무 많아 주위로부터 원성을 듣는다.

- 편재가 태왕하면 투기나 요행 등을 바라고 무리하게 사업을 관철시키다 돈을 벌기는커녕 파산하여 쪽박 신세가 된다.
- 신왕하고 편재가 월지에 있는데 타주에 또 있으면 독창적인 사업으로 성공한다. 그러나 성공한 후에는 첩을 얻는다.
- 편재가 많으면 양자로 가거나, 타향에서 자수 성가하여 성공하는 사람이 많다. 그리고 사업에 변동이 많아 주거가 일정치 않으며, 모험과 풍류를 좋아하고, 아름다운 것을 좋아한다.
- 편재는 아버지에 해당한다. 태과하면 아버지와 인연이 없고, 반대로 편재가 없어도 아버지와 인연이 없다.
- 편재가 왕하고 청하면 아버지의 도움을 많이 받고, 반대이면 아버지의 도움이 없다.
- 사주에 재성이 태왕하면 아버지와 일찍 이별한다.
- 재성이 형·충이 되거나 공망이 되면 양자로 입적할 운명이다.
- 연주에 편재가 있고 기신에 해당하면 할아버지 또는 아버지가 양자로 들어 왔거나, 공망이 되면 아버지가 홀로 성가한 분이다.
- 연주에 편재가 있고 신왕하면 장·차남을 불문하고, 집안 재산이 반드시 자신의 소유가 되며, 또 조상의 가업을 이어받는다.
- 편재가 형·충·파, 또는 공망에 해당하지 않고 건록지에 임하면 아버지가 귀인이며, 크게 성공한다.
- 편재가 왕하고 명중에 천월 이덕이 있으면 아버지가 명망이 있고 현명하며 유복하다.
- 편재와 편관이 함께 있으면 아버지 덕이 없고, 여자로 인하여 손재하기 쉽다. 편재와 비견이 동주하여도 마찬가지이다.
- 편재가 공망이 되면 아버지 덕이 없고, 여자덕도 없다.
- 연주에 편재와 비견이 동주함께하면 아버지가 타향에서 객사하는 수가 있다.

- 연·월주의 편재가 목욕과 동주하면 아버지가 풍류 남아이시다.
- 연·월주의 편재가 사·묘와 동주하면 아버지와 일찍 사별한다.
- 연·월주의 편재가 장생·건록·제왕지에 임하면 부자가 화목하다.
- 신왕하고 편재도 왕하면 아버지가 고귀하신 분이고 장수한다.
- 남명에서 편재는 첩 또는 애인에 해당한다. 그러나 정재가 없고 편재만 있으면 편재를 정부인으로 본다.
- 남명에서 편재가 희신에 해당하고 십이운성의 사왕지에 봉하면 처첩이 어질고 현명하며 내조를 잘 한다.
- 남명에서 편재가 희신에 해당하고 지지에 통근하거나, 간지가 서로 합하여 왕하면 처첩의 도움으로 큰 성공을 이룬다.
- 남명에서 편재·정재가 혼잡되어 3개 이상 있으면 여자 관계가 복잡하다.
- 연주의 천간·지지가 모두 편재에 해당하면 양자 또는 수양 아들로 들어간다.
- 편재는 월주에 있는 것이 가장 좋으며, 타주에도 편재가 여러 개 있으면 박복하다.
- 남명에서 일지 외의 타주에 편재가 왕하면 처보다 애인을 더 사랑하고, 반대로 정재가 왕하고 편재가 약하면 애인보다 처를 더 사랑한다.
- 신왕하며 재성도 왕하고 청하면 처가 현명하고 미인이며, 반대로 약하고 탁하면 처복이 없다.
- 편재가 월주에 있고 겁재가 시주에 있으면 선부 후빈하는 경향이 있다.
- 신강하고 편재도 왕하면 복을 누리는 힘이 강하다.
- 신왕하고 재성 또한 왕하면 처복과 재복이 있다.
- 비견·겁재가 왕하여 편재가 무력하면 무슨 일이든 한 가지라도 성사시키기 어렵다. 이 때 비겁이 연에 있으면 정도가 심하고, 월에 있으면 조금 경하다.
- 신왕 사주에 편재가 정관을 만나면 재관 쌍미가 되어 명예와 이익이 향상된다. 행운에서 관운이 오면 더욱 길하다.

- 신약 사주에 비겁이 많이 있어 재성을 극함이 심하면 온갖 재난이 들이 닥친다.
- 남명에서 양일생이든 음일생이든 편재·정재의 혼잡은 여자 문제로 많은 고난이 따르기 때문에 흉하지만, 일주가 왕하면 무난하다.
- 편재가 천간에만 있고 지지에 뿌리가 없으면 의로운 일에 재산을 희사하지만, 술과 여자를 탐한다.
- 재성이 천간이든 지지이든 합이 많으면 품행이 단정치 못하고 처연이 바뀔 가능성이 많다.
- 편재가 정재와 혼잡되어 편정 교집이 되면 남자는 돈과 여자 문제로 항상 고민이 많고, 여자는 남편에 대한 내조가 너무 심하여 문제가 발생한다.
- 편재가 월간에 투출하고 지지에 유근하면 강개지심이 있어 의기가 강하다.
- 편재가 형·충·공망이 되면 파격이 되어 금전 문제로 어려움이 많다.
- 신왕하고 편재도 왕하면 사업으로 크게 성공하고 장수한다.
- 비견·겁재가 많아 편재를 심하게 극하면 빈명이다. 그러나 편재의 수호신 격인 관성이 있으면 편재를 무력하게 만드는 비겁을 극하여 흉을 길로 전환시킨다.
- 정재는 열심히 일한 노력의 대가로 생기는 수입이며, 편재는 수단과 방법에 구애받지 않고 수완을 발휘하여 더 많은 재물을 얻는다.
- 여명에 재성이 많으면 친정이 몰락하고 인연이 없다.
- 여명에 편재가 많고 신약하면 오히려 재복이 없고, 편재가 쇠·병·사지에 봉하면 남편과도 이·사별한다.
- 사주에 재성과 관성이 왕하면 돈과 명예를 쟁취하려는 의욕은 강하다. 그러나 신강하면 가능하지만, 신약하면 그 뜻을 이룰 수 없다. 그것은 돈과 명예를 내 것으로 소화하기 위해서는 정신이 강건해야 할 필요가 있다. 신약한 사람은 재복이 들어와도 관리할 능력이 없기 때문에 오히려 화가 된다.
- 신왕하고 편재도 왕하면 사업 수완이 좋아서 큰 재물을 모으지만, 주위

의 시기와 질투도 많아서 때로는 기증이나 기부 같은 좋은 일을 하고서
도 비방과 욕설을 듣는 경우가 많다.
- 약한 편재를 명중<sub>사주</sub>이나 행운에서 식상이 생하면 무력한 편재가 부명
으로 변화한다.
- 재성이 약한 사주에 비겁이 많아서 신강하면 군비 쟁재가 되어 아내와도
생이사별하고 재산을 잃는다. 또 형제·친구·동료의 배신으로 믿는 도끼
에 발등 찍히는 경우를 당한다. 게다가 행운마저 비견·겁재운으로 흐르
면 인생을 비관해서 스스로 목숨을 끊는 일까지 있으나, 대운이 식신·상
관 또는 관성으로 흘러가면 사주가 중화되어 가뭄에 비를 만난 듯 만사
가 여의롭다.

예) 사주에 재성과 관성이 많아서 신약하면 비겁이나 인성운을 만나 일주가
생조되어야 사주가 길하게 된다. 재성만 왕할 경우에도 마찬가지이다.

| 편인 | 겁재 | 비견 | 상관 | 식신 | 정재 | | 겁재 | | 편재 | 편재 |
|---|---|---|---|---|---|---|---|---|---|---|
| 辛 | 壬 | 癸 | 甲 | 乙 | 丙 | | 癸 | 癸 | 丁 | 丁 |
| 丑 | 寅 | 卯 | 辰 | 巳 | 午 | | 丑 | 巳 | 未 | 卯 |
| 편관 | 상관 | 식신 | 정관 | 정재 | 편관 | | 편관 | 정재 | 편관 | 식신 |

이 사주는 癸 일주가 未월에 생하고 식신·재·관이 왕성하여 신약 사주이
므로, 인성·비겁운은 길하고 식상·재·관운은 불길하다. 어려서부터 부모 형
제 덕이 없이 단신으로 열심히 노력하며 살아왔지만, 근근히 생활 정도의 유
지만 했고, 辛丑 대운에 辛금이 일주 癸수를 생하고, 왕성한 화기를 한습한
丑토가 설기하여 허리 펴고 살 정도는 되었으나, 건강만큼은 유의해야 한다.

## (4) 종합 판단

편재격은 월지 지장간의 정기가 편재일 때, 월지의 지장간이 천간에 투출

되었을 때, 또는 편재 용신도 편재격으로 본다.

- 재성은 정재와 편재를 말한다. 정·편재는 육신의 성정과 그 성격도 유사하고, 오행상도 동일하게 취급된다.
- 재성은 내가 극하고 규제하여 관리하는 것으로 나의 소유물이며, 처·재물·금은 보화로 인생살이에 꼭 필요한 양명의 근원이 된다.
- 재성은 기본적으로 인성을 극하니 공부와는 인연이 없는 육신이다. 학창 시절에 공부는 안 하고 말썽만 피우던 사람들이 개중에는 사회에 나와서 사업가로 크게 성공하여 이름을 날리는 이유가 바로 이러한 이치 때문이다.
- 편재격은 정재격보다 그 작용이 거대하고, 정의감에서 우러나오는 기개가 있어 재물을 쓰되 정당하다면 아끼지 않으며, 투기성도 강하고 성패도 다단하다.
- 신왕하고 재성이 약하면 식상의 도움이 길하며, 재성과 식상이 왕하는 행운을 기뻐한다.
- 신약하고 재성이 왕하면 인성이 일주일간를 생하거나, 비겁이 일주를 도우면 길하며, 행운도 마찬가지이다.
- 시간의 편재가 시지와 통근하고, 일지와 시지가 충파되지 않으면 시상 편재격이 된다. 일주가 왕하면 식상운이나 재성운에 부귀가 거대하고, 신약하고 시상 편재가 왕하면 인성운에 발복한다.
- 시상 편재격은 신왕·신약을 막론하고 행운에서 편재를 만나면 반드시 사업에 성공하여 큰 재물을 모은다. 그러나 신약 사주는 재물이 들어오긴 하지만 주색으로 패망한다.
- 신왕하고 월지와 연결되어 편재국이 구성되면 크게 성공하여 대부호의 소리를 들을 수 있으나, 신약하면 공처가이며, 남의 집 데릴사위로 들어가는 경우도 있고, 재물에 대한 집착은 강하나 이를 감당할 능력이 부족하여 돈으로 인해 여러 가지 풍파가 발생한다.
- 편재격은 식상의 도움이 있어야 크게 발복하는데, 식상이 너무 많으면 3개

이상 오히려 빈천한 명이 된다.

- 시상 편재격 사주가 관성이 천간에 투간되어, 비겁의 충극으로부터 편재를 보호하면 일평생 부귀가 떠나지 않는다.
- 시상 편재격은 행운에서 비겁운을 만나면 관재 구설이 따르고, 사업이 실패할 우려가 많으나, 관성이 적의하면 면할 수 있다.
- 편재격의 구성이 양호하면 어려운 가정에서 출생하였더라도 부를 크게 이룰 수 있다.
- 편재격의 구성이 불량해도 행운에서 용신이나 희신운을 만나면 그 기간 동안에는 급속하게 재물이 모인다.
- 편재가 월주에 있고 기신에 해당하면 부모 곁을 떠난 뒤에 사업을 이루는 경우가 많다. 편재가 병·사·묘지에 해당하면 아버지와 인연이 없고, 이 때 비겁이 삼합 회국하여 편재를 극함이 심하면 아버지의 사업이 발전하지 못하고 심신이 피곤하다.
- 재성이 형이나 충이 되면 부도덕한 사기 행각이나 도적질 등으로 인하여 사회의 지탄을 받는다.
- 편재와 도화살이 동주하면 남녀를 불문하고 색골이다.
- 재성이 중첩되어 있는데, 식상 역시 왕하여 재성을 생하면 여러 가지 질병으로 인해 고통을 당한다.
- 신강 사주에 재성이 장생·건록·제왕지에 있고, 또 행운에서 재성운이 오면 빠르게 재물이 불어난다.
- 편재격이 지나치게 신강하면 돈으로 인하여 송사·시비 구설이 발생한다.
- 편재격은 조금 약해도 재산을 축재하는 데 비상한 재간이 있어 큰 거부가 될 수 있다. 그러나 정재격은 신왕해야 한다.
- 신약한 재성<sup>정재·편재</sup>격에 식상이 중첩되어 왕하면 인성운과 비겁운은 희신운이고, 식상운과 재성운은 기신운이다.
- 신약한 재성격에 재성이 중첩되어 왕하면 비겁운이 최대의 희신운이고 다음으로 인성운이 희신운이며, 식상운과 재성운은 기신운이다.

- 신약한 재성격에 관성이 중첩되어 왕하면 인성이 최대의 희신운이고, 다음으로 비겁운이 희신운이며, 재성운과 관성운은 기신운이다.

- 비겁이 많아서 신강하고 재성격이 약할 경우에는 식상이 최대의 희신운이고, 다음으로 관성운이 희신운이며, 비겁운과 인성운은 기신운이다.

- 인성이 많아서 신강하고 재성격이 약할 경우에는 식상운과 재성운은 희신운이고, 비겁운과 인성운·관성운은 기신운이다. 편재격과 정재격의 속성은 거의 비슷하므로 용신·희신·기신·원신 등을 찾는 데 굳이 편재·정재를 구분할 필요가 없다.

- 사고辰戌丑未 중에 암장된 재성은 충이 되어야 개운한다. 만약 명중에 충이 없으면 충이 오는 행운에 개운한다. 이유는 고庫는 창고이므로 창고의 문을 열어야 재물을 들어낼 수 있는 이치와 같다.

- 사주에 재성이 없어도 간합·육합·암합이 되어 재성을 이루면 부명으로 간주한다. 가령 일주가 토일 경우, 천간의 丙·辛이 합하여 수로 화하므로 재가 되고, 일주가 수일 경우 지지의 卯·戌이 합하여 화로 화하므로 재성을 이룬다. 이렇듯 합이 되어 재성을 이루고 희신에 해당하면 공망이나 형·충·파의 흉운이 와도 손상되지 않으므로 사주에 투출된 재성보다 오히려 더 양호한 부격으로 간명한다. 암합이란, 지지·장간의 합을 말하는데, 일주가 토일 경우 巳의 장간 중 정기인 丙과, 酉의 장간 중 정기인 辛이 丙·辛 합수되어 재성으로 화하는 것을 말한다. 암합 역시 간합·육합으로 이루어진 재성과 같이 사주의 구성이 양호하고, 희신에 해당하면 부유한 명이 이루어진다. 이러한 원리를 모든 육신이 마찬가지이다.

- 편재가 길신에 해당하는데, 간합 또는 육합이 되어 타오행으로 화하면 평생 돈으로 인해 노고가 많다.

- 인수가 명중에서 희신일 경우, 재성으로부터 극을 받으면 관성이 있어 통관신의 역할을 해도 귀명은 되지만 빈한하다.

- 연이나 월에는 재성이 없고, 일이나 시에 재성이 있으면서 왕하면 중년 이후에 재물운이 발복한다.

- 남명에서 관성이 없어도 재성이 왕하면 재성이 관성을 생하는 신이므로 자식이 있다고 간주한다. 그러나 태다하면 자식을 둔 뒤에 그 자식과의 사이가 좋지 않다.

- 여명에서 관성이 없어도 재성이 왕하면 재성이 관성을 생하므로 남편이 있다고 간주한다. 그러나 태다하면 잔소리가 많고 따지기를 좋아하여 남편을 정신적으로 고통을 주고, 자식성인 식상을 설기하므로 자식복이 없게 된다.

- 재는 관성을 생하므로 여명에서 보면 남편을 생하고 보좌하는 역할을 한다. 따라서 남편덕이나 남편의 사업 성패는 재성의 향방에 의하는데, 만일 재가 약하거나 형·충이 되면 관성을 돕지 못하고, 재성이 너무 많아도 오히려 관성이 묻히기 때문에 역시 해롭다. 그러므로 여명의 재는 중화됨을 요하고, 형·충·파 또는 공망을 싫어한다.

- 여명에서 재와 관이 멀리 있거나, 관성이 약하면 재를 극하는 비겁을 제압하지 못하므로, 행운에서 비겁운이 들어와 재성을 극하면 반드시 재물이 손상되고, 남편의 사업 부실로 고민할 문제가 많이 생긴다.

- 여명이 신왕·재왕하고, 관성을 생함이 적의하면 근면 성실하고, 현모 양처로서 남편을 도와 가업을 이룬다.

- 신약하고 재성이 많은 사주를 재다 신약이라 한다. 이 경우 책임감과 자신감이 부족하여 다른 사람의 영향을 많이 받게 되고, 사업의 이동·변동이 잦아 금전 관리의 어려움이 따르며, 얻는 것보다 잃는 것이 더 많다.

- 신약한 일주를 인성이 생하는데, 재성이 있어 회신인 인성을 극하는 것을 탐재 파인이라 한다. 이 경우 사람은 총명하고 야심은 크나, 주도 면밀하지 못하여 성패가 다단하다. 설령 복권 당첨의 횡재를 하여도 부귀 영화가 오래 가지 못하고, 주색·도박·탐욕으로 인해 빠르게 망한다.

- 남명에서 신약하고 천간에 투출된 재성이 지지의 도화 위에 앉아 있으면 아내가 화류계나 유흥업소에 종사하고, 부부가 모두 풍류를 좋아한다.

- 일지나 시지의 재성이 도화에 해당하고, 형·충이 되면 아내가 외간 남자와 바람이 난다. 원명에서 형·충이 없다면, 행운에서 형·충이 되는 시기

에 그러하다.

- 편재격이 너무 강왕할 때에는 비견이 있어서 일간을 생해야 체일간와 용<sub>용신</sub>이 균형이 맞아 발복하게 된다.
- 정재·편재가 교집하여 많으면 게으르고 우유 부단하며 혼자 떠돌아다닌다.
- 신왕하고 재왕하면 성격이 곧고 활동적이며, 풍류를 즐긴다. 공동 사업을 운영하게 되면 꼼꼼하고 세밀하여 재정 관리를 잘 하고, 장사 수완의 일환으로 선의의 거짓말도 곧잘 한다.
- 신강하고 재성이 약하면 양아치 근성이 있고, 신약하고 재성이 강하면 거지 같은 근성이 있다. 흔히 돈복이 많다고 말하는 사람은 재성이 많은 사주를 가리키는 말이다. 그러나 재성이 과다하면 항상 돈 버는 일에 집착해 재물을 모으는 일에만 몰두하여 무리하게 재물을 탐하다가 돈을 벌기는 고사하고 파산하여 패가 망신하는 경우가 많다. 특히 편재의 기질이 그런 경향이 강하므로 재성이 편중된 사람은 자기 분수를 지킬 줄 아는 도리를 가져야 한다.

하늘에서 인간에게 준 재복은 각자의 그릇마다 한도가 있기 때문에, 남자는 여자를, 여자는 남자를 많이 탐하면 재물복은 그만큼 줄어들기 마련이다. 자신의 재복에서 많은 이성을 취할지, 돈을 취할지는 본인이 결정할 문제이다.

예1) 일주가 강할 때는 인성은 불필요하다. 사주에 불필요한 인성이 있을 때, 재성이 사주에 있거나 재성운을 만나서 인성을 제거해야만이 사주가 맑아져서 길해진다.

| 정재 | 식신 | 상관 | 비견 | 겁재 | 편인 | | 편인 | 정인 | 겁재 |
|---|---|---|---|---|---|---|---|---|---|
| 庚 | 己 | 戊 | 丁 | 丙 | 乙 | | 乙 | 丁 | 甲 | 丙 |
| 子 | 亥 | 戌 | 酉 | 申 | 未 | | 巳 | 酉 | 午 | 午 |
| 편관 | 정관 | 상관 | 편재 | 정재 | 식신 | | 겁재 | 편재 | 비견 | 비견 |

이 명은 丁 일주가 午월 화왕절에 생하고, 비겁과 인성이 태과하여 극신강 사주이며, 巳酉 반합 회국한 편재가 용신이고, 격국도 편재격이다. 따라서 申 酉 서방금운에 의식이 풍족하고 나날히 발전하였으나, 원국에 습토가 없어 양호한 격은 못 된다. 戌운에 午·戌 반합하여 용신인 금을 극하면 흉이 되겠 으나, 왕화가 戌운에 입묘하고, 대운 천간에서 戊土가 개두되어 어려운 상황 에서도 무난하였다. 己亥 대운은 길하나 子운은 용신금이 사가 되고, 子午충 으로 왕화가 폭발하여 경영하던 회사 부도로 인해 가정이 파탄나고, 부부가 공멸하였다.

예2) 여명

일주가 강하고 재성이 약할 경우에는 재성 또는 식상운이 와서 재성이 생 조되어야 사주가 길해진다.

편관 정관 편재 정재 식신 상관

乙　甲　癸　壬　辛　庚

丑　子　亥　戌　酉　申

비견 편재 정재 겁재 상관 식신

식신　　　　비견 편재

辛　己　己　癸

亥　巳　未　丑

정재　식신　비견 비견

일간 己토가 화토 왕지에 생하고 일지에 巳화가 있어 신왕 사주이며, 巳亥 가 상충하고 丑未가 상충하여 연·월·일시가 모두 파가 되었다. 癸수가 습토 인 丑에 통근하고, 亥수가 辛금의 생을 받아 재가 왕하므로 재성이 용신이며, 辛금 식신이 희신이고, 행운에서 관성운을 만나도 신왕 사주이므로 양호하나, 남편과의 이별만큼은 유념해야 한다. 초년 庚申·辛酉·壬 대운은 희신운이므 로 유복한 가정에서 성장하여 사업가와 결혼하였으며, 戌운에 丑·戌·未 삼 형이 되어 애고가 많았으나, 癸亥·甲子·乙丑 수왕 대운에 사업이 번창하여 거부가 되었고, 자녀들도 훌륭하게 성장하였다. 丙寅 대운 이후는 불길하다.

예3) 일주가 강하고 재·관이 약할 때는 재성이 사주에 있거나, 재성운을 만나서 재·관이 생조되어야 사주가 길해진다.

<table>
<tr><td>정재 편재 정관 편관 정인 편인 겁재</td><td>정인</td><td>비견</td><td>편재</td></tr>
<tr><td>丙 丁 戊 己 庚 辛 壬</td><td>庚</td><td>癸</td><td>癸</td><td>丁</td></tr>
<tr><td>午 未 申 酉 戌 亥 子</td><td>申</td><td>亥</td><td>丑</td><td>卯</td></tr>
<tr><td>편재 편관 정인 편인 정관 겁재 비견</td><td>정인</td><td>비견</td><td>편관</td><td>식신</td></tr>
</table>

癸 일주가 대한절에 생하고, 사주에 금수가 태과하여 한수가 극왕하므로 신강 사주이다. 연간의 丁화가 비록 홀로 있으나, 연지 卯목의 생을 받아 뿌리가 견고하므로 용신이 된다. 초년 壬子·辛亥 대운은 빈농에서 장남으로 태어나 고난 속에서 자랐고, 庚戌·己酉 대운은 직장 생활을 하여 기반을 닦았으며, 戊운에 자영하다가 申운에 실패하고 근근히 생활하였다. 丁未 대운에 변두리의 선산이 부동산 개발로 인해 고액을 취득하였으나, 비겁이 쟁재하므로 친족이 상쟁하여 재산을 분재하였다. 이후 남방 화운은 의식이 넉넉하였으며, 장수하는 집안이라, 甲辰 대운까지는 수할 것이다.

### (5) 직업

일반적으로 상업에 적합하고, 금융업·해외 무역업·중개업·청부업 등이 양호하며 영업·유통·마케팅·광고·홍보·외교·무역 회사의 직장 생활도 좋다.

- 편재는 글로벌 대기업가로서의 탁월한 능력과 자질을 갖춘 명이다.
- 편재와 관성의 구성이 적절하면 금융 계통의 관리직으로 대성한다.
- 신강하고 재성이 약하거나, 반대로 신약하고 재성이 강한 경우는 어떤 사업이라도 실패한다. 단, 자신과 맞는 오행의 직업을 선택하면 성공이 가능하다.
- 사방팔방 뛰어다니면서 사람 만나는 직업은 다 좋다. 이를테면 전자 제

품·통신 제품·음료 제품·보험회사·화장품회사·부동산 컨설팅·서적 외판 등의 판매업을 말한다.
- 편재의 구성이 불량하면 도박·마약·사기·절도·사채·밀수·투기·매춘 등의 사회악을 조장하는 업무에 종사할 가능성이 많다.
- 사주의 구성이 양호하면 탁월한 능력과 재능을 발휘하여 일약 신흥 재벌로서 크게 이름을 날린다. 그러나 주의해야 할 것은 앞만 보고 달리다가 큰 화를 자초할 수도 있으므로 가끔은 속도를 조절하여 주변 상황을 냉철하게 분석하는 지혜가 필요하다.

## (6) 행운

① 편재가 용신이나 희신에 해당하는 경우

- 사업자는 사업이 번창하여 재물이 불어난다.
- 직장자는 부동산이나 주식 등의 투자로 인하여 봉급 이외의 수입이 들어온다.
- 사업자는 유망 업종의 신규 사업에 진출할 수 있는 기회를 잡는다.
- 직장자는 승진·영전 등의 기쁨이 있다. 이유는 재성이 관성을 생하기 때문이다.
- 사주에 재성이 없는 남자는 결혼을 하게 되고, 관성이 약한 여성도 재생관하여 결혼을 한다.
- 사주의 구성이 좋으면 로또 복권 당첨 등의 횡재수가 있고, 투기 사업 등으로 인해 한꺼번에 큰돈이 들어온다.

② 편재가 기신이나 원신에 해당하는 경우

- 사업자는 사업이 부실하여 큰 손해를 본다.
- 직장자는 부동산·펀드·주식 투자 등으로 재산상의 손실이 발생한다.
- 돈으로 인하여 송사·시비·구설·법정 소송 등이 일어난다.
- 돈만 보고 움직이다가 사기를 당하여 재산상의 큰 손해를 입는다.

- 기혼 남성은 주색으로 인하여 가정 불화가 발생한다. 특히 꽃뱀 등의 유혹에 빠져 패가 망탄할 수 있다.
- 미혼 남성은 삼각 관계가 형성되어 오히려 여자 친구를 모두 잃는다.
- 직장자는 실직할 우려가 있고, 학생은 학업 성적이 부실하다.
- 허무 맹랑한 망상이나 감언 이설에 속아 큰돈을 투자하여 패가 망신한다.

## 6) 정재正財

일간이 극하는 오행으로 음양이 서로 다르면 정재이다. 즉, 일간이 甲목이면 목극토하여 己·丑·未토가 정재이고, 일간이 乙목이면 戊·辰·戌토가 정재이다.

### (1) 육친

남자의 경우, 부인·여동생·여자·아버지, 또는 아버지의 여자 형제, 그리고 착실하게 버는 수입과 작은 재물을 의미한다.

여자의 경우, 시어머니·시어머니의 남동생·아버지·고모, 그리고 열심히 노력해서 버는 작은 재물을 의미한다.

### (2) 성격

정재는 근면·신용·명예·번영·자산·책임감을 의미하고, 복록과 길조를 나타낸다. 그 정신은 정의와 공론을 존중하고, 옳고그름을 분명히 하며, 의협심이 강하다. 사주에 정재가 있으면 양처를 얻어 영화로운 삶을 누리나, 정재가 많으면 생모를 극해하고, 여색으로 인해 파재하며, 생가를 계승하지 못하기 쉽다.

정재는 전형적인 엄격한 인물로 신용을 중히 여기며, 정당하지 않은 것을 싫어한다. 가식과 꾸밈을 싫어하고, 거짓을 모르는 순박한 기질을 지니고 있으니, 그 고지식한 성품 때문에 발전이 늦는 수가 있다. 또한 위험스러운 투기에 접근을 못 하기 때문에 목돈을 벌 수 있는 확률이 적으며, 위험 부담이 큰 일은 피한다.

천성이 꼼꼼하고 치밀하여 실언과 실수를 하지 않아 이해 득실은 빠르지만, 최종 결정을 내리는 기회를 놓치는 경우가 종종 발생한다.

성격이 야무지고, 성실하고 고지식하여 금전 관리를 잘 해 돈은 벌지만, 지나치게 절약하는 경향이 있어 아차 하면 수전노가 되기 쉽다.


### (3) 판단

정재는 열심히 일한 노력의 대가로 생기는 수입이다. 사주에 겁재가 많으면 좋은 길상도 허무하게 되나, 식신이 있으면 경복이 더욱 증가한다.


- 재성이 너무 많고 일주가 약하면 재다 신약이 되어 한평생 돈과 여자 때문에 속이 썩는다.
- 일주가 신강한데 재성이 지지에 유근하고 천간에 투간되면 처복·재복이 좋아 일생 부자로 살지만, 일주가 신약하고 재성이 왕하면 재다 신약으로 여자와 돈이 감당이 안 되어 곤욕을 치르므로 공처가로 사는 것이 현명하다.
- 정재가 원명에 3개 이상 있으면 편재의 특성이 나타난다.
- 정재가 월지에 있으면 성품이 단정하고 꾸밈이 없으며, 매사를 성실하고 원만하게 처리한다. 그리고 일반적으로 검소하고 저축심이 있으나, 정재가 사·묘·절과 동주하면 수전노 소리를 듣는다.
- 재성이 많은 여성은 친정인 인성을 극하여 친정과 인연이 없고, 시어머니와도 사이가 좋지 않다.
- 재성이 많은 남성은 엄처시하에 있고, 어머니하고도 이별하기 쉽다.
- 연·월주에 있는 인수정인를 정재의 극함이 강하면 부모님 중 한 분과 일찍 이별 또는 사별하게 된다.

- 비견·겁재가 강하고 정재가 약하면 아내를 상처한다. 시기는 비겁이 왕성한 행운 기간 중에 화를 당한다.
- 신약 사주에 재성이 왕하면 남자는 무능하고, 처가 가정의 경제를 이끌어 간다.
- 정재는 천간보다 지지에 있는 것이 좋으며, 그 중 월지에 있는 것이 가장 좋고, 그 다음이 일지와 시지이다. 특히 월지에 있으면 요조 숙녀를 처로 맞이한다.
- 연·월주의 천간이 정관이고 지지가 정재이면 고귀하다.
- 월주에 정재가 있으면 부지런하고, 일지에 정재가 있으면 처의 내조가 있다.
- 재성이 왕하고 희신이 되면 부부의 금슬이 좋다. 그러나 재성이 입묘하면 상처할까 두렵고, 재성이 지지에 암장되어 있으면 염문이 끊이지 않는다.
- 신왕하고 재성도 왕하면 남녀 모두 상당한 부를 축적한다.
- 신강하고 재성이 약하면 식신·상관이 있어야 발복한다.
- 재성은 약하고 비겁이 많아서 신강하면 군비 쟁재가 되어 설기하는 식상이 필요하고, 거기에 재·관을 만나면 금상 첨화이다.
- 신약하고 재성이 강하면 비겁이나 인성이 있어 발복한다.
- 신약하고 재성이 왕하면 금전 문제로 항상 심신이 고달프고, 비록 부자라 해도 멀지않아 가난해진다.
- 명중에 식신과 정재가 가까이 있으면 처의 내조가 있고, 또 정관이 있으면 현처를 맞이한다. 물론 희신일 경우이다.
- 신왕하고 재관 쌍미가 되고 파국되지 않으면 사회적으로 명망을 얻는다.
- 정재가 월지에 있고, 식상의 생을 받고, 십이운성의 사왕지에 임하면 매우 양호하다.
- 신강하고, 재성도 왕하고, 관성이 있어 인성의 도움을 받고, 식상의 뿌리가 있으면 이보다 더 좋을 수가 없다.
- 재성이 과다한 남자는 좋게 말하면 활동력 있고 능력 있는 처를 만나 처의 내조가 좋으나, 나쁘게 말하면 성격이 드센 여자를 만나 공처가나 경

처가가 되기 쉽다.

- 명중에 비견과 겁재가 있고, 정재가 도화살 또는 목욕과 함께 하면 그 처가 정이 많아 부정하다.
- 정재가 왕해도 관성의 설기함이 적의하면 무난하다. 그리고 신강하면 크게 발전한다.
- 정재가 십이운성의 사·묘·질과 동주함께하면 처의 신체가 허약하거나 우매하고, 그렇치 않으면 틀림없이 재혼한다.
- 천간에 있는 정재는 반드시 지지에 통근해야 한다. 통근하지 않으면 겁재운에 금전 문제와 배우자의 신상에 흉액이 발생한다.
- 재성은 인수를 극하는 학마성이다. 그러므로 신약한데 초년에 재성운이 들어오면 이성과 돈맛을 일찍 알게 되어 공부가 하기 싫고 학업에 장애가 따른다.
- 재가 많고 관성도 왕하면 반드시 신강해야 한다. 재성이 왕하면 일간이 스스로 탈기되어 약해지고, 또 형·충·파·해를 만나면 그 흉은 더욱 심하다.
- 신약하고 정재가 태다하면 우둔하고 머리가 조금 모자란 명이다.
- 일주가 신왕하면 재와 관은 돈과 명예·관직을 얻는 데 도움이 되지만, 신약하면 재와 관은 살이 되어 나를 해친다.
- 신왕하고 편관이 약할 경우, 정재가 있어 편관을 생하면 배우자의 도움을 받는다.
- 재성이 있어도 일주가 약하면 나의 재물이 될 수 없고, 정재와 편재가 혼잡되어 있으면 남녀를 불문하고 염문을 풍긴다.
- 정재와 겁재가 동주하면 부친덕이 없거나 빈곤하고, 인수와 동주하면 지망을 성취하기 어렵다.
- 정재가 공망·형·충이 되면 재화를 얻기 힘들고, 처연이 박하다.
- 정재가 많으면 어려서 어머니와 생이별 또는 사별한다. 그러나 관성이 정재와 가까이 있으면 어머니는 장수한다.

- 명중에서 정재와 정인인수이 서로 충파되면 시어머니와의 사이가 좋지 못하다.
- 여명에 정재와 정인이 너무 많으면 음란하거나 천부가 된다.
- 여명에 정재와 인수정인, 그리고 정관이 있으면 재색을 겸비하고 부귀한다.
- 여명에 정재가 너무 많으면 오히려 빈천하다.
- 신약하고 재성이 왕하면 단명하고, 재성이 형·충·파가 되면 파재한다. 그러나 신왕하고 재성도 왕하면 장수하고, 부가 갖추어진 명이다.

사주에서 재성은 매우 중요하므로 재성의 변화를 잘 살펴야 한다. 재성은 여자와 재물을 상징하지만, 너무 많으면 여자가 많이 따른다는 뜻으로, 여난을 겪을 운명도 암시한다.

예)

| 비견 | 겁재 | 편인 | 정인 | 편관 | 정관 | | 겁재 | | 편재 | 정재 |
|---|---|---|---|---|---|---|---|---|---|---|
| 己 | 戊 | 丁 | 丙 | 乙 | 甲 | | 戊 | 己 | 癸 | 壬 |
| 卯 | 寅 | 丑 | 子 | 亥 | 戌 | | 辰 | 巳 | 酉 | 午 |
| 편관 | 정관 | 비견 | 편재 | 정재 | 겁재 | | 겁재 | 편인 | 식신 | 정인 |

일간 己토가 酉월 서방 금왕절에 생하고, 두 개의 인성과 비겁의 생조를 받아 신왕하다. 연·월간의 재성도 득령한 식신의 생을 받으니, 신왕 재왕한 사주로서 전형적인 대부호의 명이다. 이러한 명은 기신운이 와도 크게 해로울 것이 없다. 부잣집 장남으로 태어나 일찍이 사업에 진출하여 亥·子·丑 북방 수운에 크게 발전하였으며, 戊운은 戊癸 합화하여 불리할 것 같으나, 한신 壬수가 조신하여 재복이 한결같았고, 寅운에는 정계에 진출하였다. 己卯 대운에 월지와 卯酉충이 되어 불길하나, 연·일지의 화가 목 기운을 목생화·화생토로 설기시켜 시주의 겁재를 생하고, 시주의 겁재가 토생금하여 재차 월지 酉금 식신을 생하므로 오행이 주류 무체가 되어 오히려 명예와 재물이

창성하였다. 이와 같이 신왕 재왕하고 극해가 없다면 일생토록 부와 귀를 겸전한다.

### (4) 종합 판단

정재격은 월지 지장간의 정기가 정재일 때, 월지의 지장간이 천간에 투출되었을 때, 또는 정재 용신도 정재격으로 본다.

- 정재격은 사람됨이나 행동이 빈틈이 없이 굳세고 단단하며 금전 관리를 잘 해 돈을 잘 벌지만, 지나치게 절약하는 성향이 있어 묘고<sup>사고</sup>에 들면 수전노가 된다.
- 정재격에 식상이 있으면 신강해야 하고, 정관이 있으면 반드시 한 개 정도 있어야 길명이다. 이유는 만약 정관 때문에 신약이 되면 오히려 빈천한 명이 되기 때문이다.
- 정재격에 비겁이 많아 신강하고, 재가 사고 중에 있으면서 공망이 되면 재물이 부족하다.
- 정재격은 편재격보다 일주가 더 강해야 발복한다. 이유는 정신적·육체적으로 강하지 못하면 자신의 재물을 모을 수 없기 때문이다.
- 재성이 공망이나 형충이 되면 재물은 뜬구름과 같다.
- 종재격이 되면 오히려 신약해야 발복한다.
- 종재격은 처덕에 큰 부를 이루고 대성하지만, 행운이 비겁으로 흐르면 모든 걸 잃을 수 있으니 조심해야 한다.
- 남명에서 정재가 약하고 편재가 왕성하면 첩이 아내의 권리를 빼앗고, 정재가 왕한데 관성이 없으면 아내가 느리고 게으르다.
- 남명에서 정재가 지지에 통근하고 천간에 투출되어 파극되지 않으면 반드시 경제 활동하는 여성을 아내로 맞이한다.
- 월지 정재격이 신왕하면 부귀한 집안의 여성을 아내로 맞이한다. 재성이 용신이나 희신이 되어도 마찬가지이다.

- 재성이 도화에 임하거나, 일지가 도화에 해당하면 아내가 미인이고, 다른 여자와도 인연이 많다.
- 정재격이 정관을 만나면 재관 쌍미격이 되고, 손상되지 않으면 부귀한다.
- 월지를 포함한 지지 삼합이 정재가 되면 정재국으로 간명한다. 정재국이 형성되면 일주가 강해야 체<sub>일간</sub>와 용<sub>용신</sub>이 균형이 맞아 호명이 된다. 다른 통변국도 마찬가지이다.
- 신강한 정재격은 식상이 희신이다. 그러나 신약 사주에 식상이 너무 많으면 희신이 기신으로 변하여 무력한 정재격이 된다. 이 때 인성이 있으면 무사하다.
- 신강하고 재왕하면 남녀 모두 부명이지만, 편재와 혼잡되어 있으면 남녀를 불문하고 애정 문제가 복잡하다.
- 정재가 태다하면 겁재가 있어야 발복한다. 이 때 정인이 있어 일간을 도우면 더욱 좋다.
- 신왕해야 재를 취할 수 있으나, 음일생은 편인과 간합이 되므로 조금 신약해도 지장이 없다.
- 정재격이 신약하면 식상운·재성운은 기신운이고, 겁재가 양인운은 최대의 희신운이다.
- 종재격은 정재운이 최상의 희신운이다.
- 신왕하고 식상이 성하면 재성이 용신이다.
- 신왕하고 관살이 성한데 식상이 없으면 재성이 용신이다.
- 신왕하고 재성이 성한데 관살도 없고 식상도 없으면 재성이 용신이다.
- 비겁이 성하여 신왕한데 관살도 없고 식상도 없으면 재성이 용신이다.
- 일주가 약하고 식상이 성한데 인성이 없으면 재성이 용신이다.
- 일주가 약하고 인성이 성하면 재성이 용신이다.
- 명중에 식상이 왕하거나 인성이 왕할 때는 재성이 최대의 희신이다. 이유는 왕한 인성은 극하여 중화를 이루게 하기 때문이다.
- 정재가 사고<sub>辰·戌·丑·未</sub>에 임하면 스스로 생왕해져서 재물이 넉넉하다.

- 재성이 왕하여 관성을 생하면 자수 성가로 부는 있으나, 귀는 부보다 못하다.

- 양일생의 정재가 겁재의 극을 심하게 받으면 처가 상하고, 음일생은 아버지를 극한다.

- 명중에 상관과 정관이 가까이 있으면 서로 극이 되어 흉하다. 그러나 정관이 있으면 통관신 역할을 하여 흉이 길명으로 변한다.

- 사묘辰·戌·丑·未월에 암장된 재성이 천간에 투출하면 대부호의 명이다.

- 정재격에 재성이 왕하면 반드시 인수가 있어야 길하고, 다시 정관이 있으면 부귀는 확실하다.

- 일간이 약하면 재성운을 만나는 것은 불길하다. 이유는 재성을 만나면 일간을 생하는 인성을 극하거나, 관성을 생하여 일간을 생조하는 비겁을 극하기 때문이다.

- 명에 재성이 많아 신약하면 비겁 또는 인성을 만나야 신강이 되어 팔자가 길하게 된다.

- 일간이 강하면 인성은 필요치 않다. 신강 사주에 인성이 있을 때 재성을 만나야 인성을 제거하여 사주가 맑아진다.

- 일간이 강하고 식상 또한 왕성해도 재성이 사주에 있거나 재성운을 만나서 왕성한 식상의 기운을 누설시켜야 사주가 생생 불식하여 팔자가 길하여진다.

- 일간이 강하고 관성이 약하면 재성이 사주에 있거나, 재성운을 만나야 관성을 생조하여 사주가 길하다.

- 사고辰·戌·丑·未에 암장된 재성은 충이 되어야 개운한다. 사주에 충이 없으면 충이 오는 행운에 발복하는데, 그 때는 아내를 대하거나 재물을 관리할 때 주위해야 한다. 특히 대운·연운·월운에서 이중·삼중으로 충할 때 위험하다. 이렇게 사묘를 충하여 개고되었을 때는 부동산을 구입하면 유익하나, 주식이나 펀드 같은 투자업은 매우 흉하다.

寅申巳亥는 사생지국으로 십이신살에서 지살에 임하여 역마살의 기운이 있고, 子午卯酉는 사정지국으로 도화살에 해당하며, 해당 오행의 기운이 가장 왕성한 시기이며, 辰戌丑未는 사묘지국으로 해당 오행의 기운을 땅 속에 저장하는 창고의 역할을 한다. 예를 들면, 사주에서 목이 재성이라면 戌토는 寅·午·戌 합화하여 목의 고장이 되므로 戌토가 있다면 재물 창고를 하나 가진 셈이다. 사주에 돈 창고를 하나 가졌으니 부유하게 살 팔자임은 분명하나, 재물 창고를 다르게 표현하면 여자의 무덤, 즉 아내의 무덤을 가졌다고 표현할 수도 있다. 따라서 남자의 사주에서 사묘가 재고에 해당하면 한 사람의 아내와 백년 해로하기가 쉽지 않다.

예1) 일주가 왕하고 식상 또한 왕하더라도 재성이 다시 식상의 기운을 누설시켜야 사주가 생생 불식하여 사주가 길해진다.

<table>
<tr><td>식신</td><td>겁재</td><td>비견</td><td>정인</td><td>편인</td><td>정관</td><td>편관</td><td></td><td>정인</td><td></td><td>정재</td><td>편재</td></tr>
<tr><td>甲</td><td>癸</td><td>壬</td><td>辛</td><td>庚</td><td>己</td><td>戊</td><td></td><td>辛</td><td>壬</td><td>丁</td><td>丙</td></tr>
<tr><td>午</td><td>巳</td><td>辰</td><td>卯</td><td>寅</td><td>丑</td><td>子</td><td></td><td>丑</td><td>申</td><td>亥</td><td>寅</td></tr>
<tr><td>정재</td><td>편재</td><td>편관</td><td>상관</td><td>식신</td><td>정관</td><td>겁재</td><td></td><td>정관</td><td>편인</td><td>비견</td><td>식신</td></tr>
</table>

壬수가 수왕지절 건록월에 출생하고, 丑 습토의 생을 받은 일지 시간의 인성이 일주를 생하여 신강 사주이다. 그러나 천간의 재성도 식신의 생을 받아 왕하고, 더욱 묘한 것은 천간의 丁화가 일주 壬수와 丁壬 합목이 되고, 지지의 寅목이 亥수와 寅亥 합목이 되어 희신인 목의 기운이 투출되므로 길하게 되었다. 초년은 신고하였으나, 寅 대운부터 동·남방 목화운으로 흐르므로 필자가 대길하다.

예2) 여명

<table>
<tr><td colspan="6">정관 편관 정재 편재 상관 식신</td><td>편재</td><td></td><td>겁재</td><td>정재</td></tr>
<tr><td>乙</td><td>甲</td><td>癸</td><td>壬</td><td>辛</td><td>庚</td><td>壬</td><td>戊</td><td>己</td><td>癸</td></tr>
<tr><td>亥</td><td>戌</td><td>酉</td><td>申</td><td>未</td><td>午</td><td>戌</td><td>辰</td><td>巳</td><td>酉</td></tr>
<tr><td colspan="6">편새 비견 상관 식신 겁재 정인</td><td>비견</td><td>비견</td><td>편인</td><td>상관</td></tr>
</table>

일간 戊토가 巳월 화왕절에 생하고, 비견·겁재가 중첩되어 신강하지만, 일지·시지가 辰戌충이 되어 왕한 토의 기운이 느슨해졌고, 월지·연지가 巳酉 반합이 되어 화금 상극을 해소하고, 오히려 희신 酉금을 조신하고 있다. 연간의 癸수 정재는 연지 상관이 생하고, 멀리는 있으나 시간의 壬수와 서로 조율하고 있으니 양호하다. 壬申 대운부터 불같이 발복하여 축재도 하고, 여성 사업가로서의 명성을 얻었다.

예3) 일주가 약할 때에는 재성이 사주에 있거나, 재성운을 만나는 것은 불길하다. 그것은 재성이 왕하면 일주를 생조하는 인성을 극하거나, 관살을 생조하여 관살이 약한 일주를 더욱 극해하기 때문이다.

<table>
<tr><td colspan="6">식신 상관 겁재 비견 편인 정인</td><td>겁재</td><td></td><td>편관</td><td>정재</td></tr>
<tr><td>癸</td><td>壬</td><td>辛</td><td>庚</td><td>己</td><td>戊</td><td>庚</td><td>辛</td><td>丁</td><td>甲</td></tr>
<tr><td>酉</td><td>申</td><td>未</td><td>午</td><td>巳</td><td>辰</td><td>寅</td><td>巳</td><td>卯</td><td>寅</td></tr>
<tr><td colspan="6">비견 겁재 편인 편관 정관 정인</td><td>정재</td><td>정관</td><td>편재</td><td>정재</td></tr>
</table>

일간 辛금이 卯월 목왕절에 생하여 설기하였으며, 사주에 재·관이 극왕하여 극신약 사주이다. 시간의 庚금이 일지 巳화 장생지에 유근하나, 시지·일지가 寅巳형하여 파극되고, 시간의 庚금만으로는 태과한 재·관의 극함을 방어할 수 없으므로 사주가 심히 불길하다. 이렇듯 일주가 약하면 재·관이 아

무리 좋아도 나의 재물과 나의 권력으로 취할 수가 없다. 그러므로 재·관은 적당히 있으면서 건왕하면 길하다.

### (5) 직업

정재는 신용과 성실을 바탕으로 내가 노력하고 수고한 대가로 받는 봉급이며, 인품·신용·자산·번영·명예를 상징한다.

- 정재격의 직업은 회사원·봉급 생활자가 많고, 격이 양호하면 재정 공무원·은행원·세무 회계사 등의 금융 업무에 종사한다.
- 정재격이 양호하면 기업 경영 등과 실업가로 크게 성공한다.
- 재관 쌍미격은 금융 계통의 고위 관료직에 진출한다. 격이 불량하면 은행·증권 등의 직장 생활이 좋다.
- 식상 생재격은 돈과 직결된 사업이 양호하고, 상관 생재격은 기술을 바탕으로 하는 공업 계통이 양호하다.
- 신강하고 재성이 약한 경우이거나, 재왕하고 신약일 경우에는 독립적 사업은 절대 불가하다. 이런 경우 금융 계통의 직장 생활이 양호하다.
- 정재는 주식·펀드 같은 투기성이 강한 업무보다는, 안정이 보장되는 투자쪽이 유리하다.

### (6) 행운

① 정재가 용신이나 희신에 해당하는 경우
- 사업자는 사업 기반을 더욱 공고히 하여 건실하게 사업을 성장시킨다.
- 직장자는 직장에서 인정을 받고, 승진·영전 등의 기쁨이 있다.
- 사업자는 사업이 번창하여 금전 거래의 여유가 생긴다.
- 기혼 남성은 처로 인해 재산이 불어나고, 부부간에 금슬이 더욱 좋아진다.
- 미혼 남성은 자신에게 도움이 되는 착하고 어진 여성을 만나 결혼을 하게 된다.

- 미혼 여성은 애인이 생겨 결혼할 가능성이 높고, 재정적으로도 수입이 늘어난다.
- 기혼 여성은 자식과 남편으로 인해 즐거움이 있고, 가정 경제도 여유롭다.
- 일반적으로 건전한 투자와 적절한 재산 활용으로 인하여 재산이 불어난다.

### ② 정재가 기신이나 원신에 해당하는 경우

- 사업자는 자금 사정이 악화되어 사업 운영에 어려움이 많다.
- 직장자는 직장에서 신망을 잃고, 정직·감봉·좌천 등의 괴로움이 있다.
- 기혼 남성은 처로 인하여 구설수에 오르고, 부부 이별·사별·별거 등의 가정 불화가 있게 되어 자식 문제로도 고심이 많다.
- 기혼 여성은 자의든 타의든 남편과 시시비비를 가릴 일이 많이 생기고, 서로 화합하지 못한다.
- 학생은 공부가 하기 싫고 성적이 급격이 떨어진다.
- 지인이나 동료, 또는 형제와 금전적인 문제로 다툼이 있고, 심하면 법적으로 소송까지 벌인다.
- 일반적으로 아내와 돈 때문에 고통을 받고, 신중하지 못하여 재정적인 어려움에 처한다.

정재·편재는 유사한 경우가 많으므로 서로 참고하면서 이해하기 바란다.


### 7) 편관偏官

일간을 극하는 오행으로 음양이 서로 같으면 편관이다. 즉, 일간이 甲목이라면 금극목하여 庚금이 편관이고, 일간이 庚금이라면 화극금하여 丙화가 편관이다.

(1) 육친

남자의 경우 아들·조카·외할머니·형님·선배·선생님·관청·일·직업을 상징한다.

여자의 경우 남편·남자·시숙·정부애인·시누이·선생님·관청·일·직업을 상징한다.


(2) 성격

편관을 일명 칠살이라 하고, 흉포·완강·투쟁·성급·권병·고독·억압 등을 의미한다. 사람에 따라서는 한줌의 권력을 믿고 약자에게 행패를 부려 비난을 받는 경향이 뚜렷하나, 한편으론 호협한 기상이 있어 의리와 인정의 두목 기질을 살려 군인·협객이 될 가능성이 많다. 오늘날 대부·대귀하는 사주 중에 편관이 있는 사람이 많다.

도발적인 일을 선택하면 정확한 직관력과 과단성으로 성공할 수 있다. 이런 사람은 권력욕이 강하고, 뜻이 높고, 주색을 좋아하고, 영웅적인 기상이 있다.

격렬함을 억제하며 정확한 방향으로 이끌어주면 적극적이고 주동적인 정신으로 큰 사업을 창조할 수 있다.

의협심이 강하고 가감하며, 용단력이 있고 끊는 데가 있으니 너무 강직하다. 기질은 권위 의식이 강하여, 반항적이고 급진적인 면이 많다. 또한 과격한 행동을 서슴지 않는다. 신강 사주에 편관이 좋으면 국가의 부름을 받는 명이지만, 신약 사주가 되면 곤고한 명이 된다.

자비심이 결여되어 있다면 후회할 일을 많이 저지를 것이다. 반면, 용맹성과 돌진성으로 인하여 공훈을 세우기도 한다.

사주 속에 식신이 있으면 흉포 등의 편관의 특성은 억제되어 길상만을 초래하나, 편재가 있을 경우에는 특성이 억제되지 않고 더욱 증가한다.

(3) 판단

　관성 중에서 정관은 문관이고 선비라, 정당하고 정이 있으나, 편관은 무관이나 권력을 상징하여 강압적인 뜻을 내포하고 있다. 따라서 신강한 사주의 경우, 재가 재생관하여 관을 생해 주어야 길하며, 식신·상관을 싫어한다. 관은 형충파해되거나 공망에 의해 손상을 입지 않아야 귀가 따른다.


- 남녀 모두 정관·편관이 혼잡됨을 싫어한다. 편관은 때에 따라서 관귀가 되기도 하고, 귀신·시체·혼백·도적·질병·재앙·시비·쟁투를 상징한다. 특히 편관이 강성하여 칠살로 화하면 흉악·광포·관재·송사·급변의 암시가 있어 매우 흉하다.
- 연·월주의 편관이 양인과 동주하면 부모에게 불리한 일이 있다.
- 일지에 편관이 있으면 성질은 조급하나 총명 영리하다. 그러나 병·사·묘에 임하면 매사 걱정이 많고 즐거움이 적다.
- 시주는 자식궁이므로 여기에 편관이 있으면 자식이 있다. 일간이 강하면 자식복이 있고, 일간이 약하면 자식복이 없다.
- 시주에 편관이 있으면 강직하고, 어려움이 닥쳐도 굽히지 않는 정신이 있다. 그러나 아들은 늦게야 얻는다.
- 명중에 편관과 식신이 있으면 대귀하거나 큰 부자가 된다. 그러나 신약하면 오히려 빈한하게 지낸다.
- 명중에 관살이 왕하면 비견·겁재를 극하므로 형제와 인연이 없고, 멀리 떨어져 생활한다.
- 시주의 편관이 십이운성의 사왕지에 임하면 자식이 많고, 사쇠지에 임하면 자식이 적다. 그러나 시주의 간지가 서로 생조되면 자식이 있다.
- 남명에서 정관이 없어 편관을 자식으로 볼 경우, 그 편관을 충하면 자식과 뜻이 맞지 않고, 합하면 정의가 깊다.
- 일주가 강하고 편관도 제화가 적의하면 귀한 자식을 둔다.
- 연·월주에서 편관과 편재가 동주하면 아버지와 인연이 박하다.

- 편관과 양인 및 괴강이 동주하면 군인으로서 최고의 지위까지 오르고 크게 공명을 세운다.

- 격이 양호하고 편관과 정인이 사주에 있으면 큰일을 할 팔자이고, 때로는 자기 중심으로 큰 세력을 만든다. 그리고 편관보다 정인이 성하면 문관으로 출세하고, 편관이 성하면 무관으로 출세한다.

- 사주에 정관과 편관이 같이 있으면 관살 혼잡이라 하여 사람이 잔꾀에 능하고 호색 다음하여, 생각지 못한 재액과 화난을 당하거나, 잔근심이 그치지 아니한다. 그러나 합관 유살이나 합살 유관이 되면 오히려 귀격이 된다. 합관 유살이란 정관이 합이 되어 타오행으로 화하는 것을 말하고, 합살 유관이란 편관이 합이 되어 타오행으로 화하는 것을 말한다.

- 편관이 약하고 이를 제하는 식신이 많으면 약살 제강이라 하고, 반대로 편관은 강한데 식신이 약하면 강살 제약이라 한다. 이 모두 빈한하거나 단명하고, 일생 파란 곡절이 많다.

- 편관은 흉포하고 강렬하므로 제화가 적의하면 귀명이 되고, 그렇지 못하면 빈천한 명이다.

- 편관이 태과하지 않는 한 너무 극제하면 흉명이 된다. 흉신이라 할지라도 흉 작용하는 것만 다스리면 되지, 너무 다스려 버리면 기가 꺾여 이도저도 아니다.

- 제아무리 흉포한 편관일지라도 마음과 행실을 바르게 하도록 심신을 수양하면 겸양지덕을 가지게 되어 주위의 존경을 받고, 현량하며 귀하게 된다.

- 편관이 편인을 만나면 비생산적인 업무에 종사한다.

- 일지에 편관이 있으면 총명하기는 하나 조급하다. 그러나 격국이 양호하면 의젓하고 질서가 있다.

- 왕한 편관이 명이나 운에서 십이운성의 묘에 봉하면 불길하다.

- 편관이 많고 제화가 없으면 사기꾼같이 허풍이 세고 거짓말을 잘 한다.

- 편관이 간합이 되면 귀명이 되어 복력이 두텁고, 정관과 혼잡되어 있어도 천을귀인이 있으면 박학 다재하여 학문으로 명성을 얻는다.

- 신약하고 편관이 왕성하면 빈천하고, 거기에 형·충·파가 있으면 고질병으로 고생하거나 형벌을 받는다.
- 사주에서 관살이 왕한데 아무런 제화가 없이 다시 살왕운이 오면 얼굴이나 머리에 상처를 입는다.
- 신왕 사주에 정인이 있고 편관이 간합하여 제화가 적의하면 박학 다식하여 분장이 뛰어나고, 성질은 급하지만 인정에 약하다.
- 편관의 특성은 반역과 사악함이다. 또한 압력과 권모 술수로 목적을 이룬다. 그리고 기회를 보는 데 예리하고, 영리하여 아이디어가 많고 과단성이 있어 행동을 주동하고 적극적이다.
- 편관이 양인을 만나면 장군이 권총을 차고 부대를 사열하는 것과 같다. 관살과 양인이 균등하게 왕하고 제화가 적의하면 영웅지상의 형상이다.
- 흉포한 편관을 재성이 생하면 편관의 흉포함은 더욱 강렬해진다. 그러나 신강하면 관살이 권신으로 화하므로 호명이 되고, 신약하면 평생 살얼음판 위를 걷는 것과 같다.
- 여명에서 편관이 많고 다시 정관이 있으면 반드시 재가할 팔자이다.
- 여명에서 편관이 많으면 남편복이 없어서 결혼을 해도 별거하거나, 아니면 정신적·육체적으로 고통을 당한다.
- 여명에서 편관이 많고 정재와 편재가 있으면 남편 외에 정부를 둔다.
- 여명에서 편관·정관이 혼잡되어 있으면 남편 이외의 다른 남자와 사통을 한다.
- 여명에서 정관이 없고 편관이 있는데, 식신이 왕성하여 극함이 심하면 상부할 운명이다.
- 여명에서 관성은 남편을 의미하므로 정관이든 편관이든 하나만 있는 것이 양호하며, 관살 혼잡이 되면 실절할 염려가 있고, 특히 관살이 혼잡되고 다시 삼합이 있으면 음란하여 그 정부는 셀 수 없을 정도라고 한다.
- 여명에서 관성이 극·충되고 식신을 파하면 남편과 자식을 버리고 남의 남자를 따라간다.

- 여명에서 편관이 암합하고, 다시 대운이나 연운에서 암합하면 사통한다. 암합이란 지지 장간의 합을 말한다. 이 경우, 지지에 卯와 申이 있다면 묘의 정기인 乙과 辰의 정기인 庚이 乙庚 암합이 되어 있는데, 다시 대운이나 연운에서 卯운 또는 申운이 와서 재차 을경 암합이 되는 것을 말한다.

- 여명에서 편관이 있고 형·충이 겹쳐 있으면 남편도 자식도 모두 온전치 못하고, 자신도 불구자가 되기 쉽다.

- 여명에서 정관은 없고 편관이 한 개 있는데, 식신과 양인이 있으면 명은 길명이나, 그 성질이 강강하여 남편을 곰살갑게 대하지 못한다.

- 여명에서 정관·편관이 혼잡하여 왕하고, 다시 비견과 겁재도 성하면 그 남편이 염문을 퍼트린다.

- 여명에서 관살이 태과하면 혼자 사는 것이 가장 현명한 방법이다.

- 편관은 일반적으로 성질이 급하고, 남을 우습게 보고 무시하는 경향이 있으며, 권모 술수도 능하여 목적 달성을 위해서는 수단과 방법을 가리지 않는다. 그러나 식신과 양인이 있어 극제가 적의하면 인격과 덕망을 갖추고 영준하며, 문장이 뛰어나 사회적으로 명망을 얻는다.

- 신약 사주에 관성이 태과하여 칠살로 변해 나를 극한다면 식신 제살, 또는 살인 상생·살인 상정으로 위기를 넘겨야 한다. 식신 제살이란 태과한 관성을 식신으로 극제하여 흉의를 제거하는 방법이고, 살인 상생이란 태과한 관성을 관생인 인생 일주하여 통관시키는 방법이며, 일면 살인 상생·관인 상생이라고도 한다. 가령 甲목 일주이면 칠살은 庚금인데, 이 때 甲목의 양인에 해당하는 乙목이 있다면 乙庚 합하여 칠살의 흉의를 완화시키는 것이다.

예) 여명

<table>
<tr><td>편관</td><td>정인</td><td>편인</td><td>겁재</td><td>비견</td><td>상관</td><td></td><td>편관</td><td></td><td>식신</td><td>겁재</td></tr>
<tr><td>癸</td><td>甲</td><td>乙</td><td>丙</td><td>丁</td><td>戊</td><td></td><td>癸</td><td>丁</td><td>己</td><td>丙</td></tr>
<tr><td>巳</td><td>午</td><td>未</td><td>申</td><td>酉</td><td>戌</td><td></td><td>卯</td><td>丑</td><td>亥</td><td>申</td></tr>
<tr><td>비견</td><td>겁재</td><td>식신</td><td>정재</td><td>편재</td><td>상관</td><td></td><td>편인</td><td>식신</td><td>정관</td><td>정재</td></tr>
</table>

丁 일주가 亥월 수왕절에 생하고, 일지의 습토가 회화 생금하여 재·관이 성하므로 신약 사주이나, 연간에 丙화가 있고, 시지의 편인이 생하므로 극신약은 면하였다. 월간의 己토가 丙화의 생을 받고 丑토에 유근하여 용신이며, 격국은 식신 제살격이다.

戊戌·丁酉 대운에 유복한 가정에서 태어나 학업 성적도 우수하였고, 丙운에 용신 己토를 생하여 촉망받는 사법 고시 출신자와 결혼하였으며, 乙운에 용신 己토가 극이 되어 신병으로 고생하였다. 未운은 일지와 丑未형이 되어 흉하나, 월·시지와 亥·卯·未 삼합하여 무난하였고, 甲운에 식신 己토를 합거하니 조기 유학 가는 아들과 이별하였다. 午운 乙酉년에 신왕 재왕하여 투자했던 주식이 상승하는 바람에 큰돈을 벌었으며, 癸운은 불길하고 巳운은 다사 다난하리라.


(4) 종합 판단

편관격은 월지가 편관이거나 월지의 지장간의 편관이 천간에 투출되었을 때, 또는 편관 용신도 편관격이 성립된다.


- 일주도 강하고 관살도 왕하면 법조계·군인·정치인·별정직 공무원으로 크게 출세하고, 장관·차관 등 일국의 권신으로 군림하여 명진 사해한다.
- 여명도 신왕 관왕이 되면 고관의 부인으로 부러울 것 없으며, 현처 귀자로 가문을 빛내고, 건강하게 일생을 행복하게 살게 된다.

- 편관격이 양인을 만나면 살인격이 구성된다. 편관과 양인이 균형 있게 왕하고 제화가 적의하면 군인·경찰 등의 무관으로 최고위직까지 진급한다.
- 편관격이 인성을 만나면 살인화격이 구성된다. 편관을 힘으로, 인성을 덕으로 볼 수 있는데, 편관과 인성의 조화가 적절하면 지덕을 겸비한 권위를 띤 무사와도 같다.
- 일주도 강하고 편관도 강하면 신살 균형이 되어 호명이 된다.
- 편관격이 재성을 만나면 재살격이 구성된다.
- 신강하고 편관이 약할 경우 재성이 있어 편관을 생하든지, 아니면 편관이 투간되어 강하게 되어야 호명이 된다.
- 편관이 왕성할 경우, 편관의 흉의를 제거하는 식신이 필요하다. 그러므로 편관격은 식신의 만남이 매우 소중하다.
- 편관격이 양인을 만나 살인격을 구성하면 위엄과 권위가 있다.
- 신강하고 편관격의 구성이 적의하면 인격이 높고 권위가 있다.
- 편관격이 신강하면 편관의 흉포함을 다스리는 식신이 용신이고, 신약하면 편관의 왕한 기운을 설기하여 일주를 생하는 인성이 용신이다.
- 편관이 너무 태과하면 비겁과 인성이 있어 일간을 도우면서 편관을 극하여 흉의를 제거하는 식신이 동시에 필요하다. 즉, 편관이 극왕하면 극하는 식신과 설하는 인성이 같이 있어야 호명이 되어 부귀한다.
- 신약한 편관격에 제화가 적절하지 못하면 평생 어려움이 많고 단명하다.
- 관살 혼잡이 된 경우에는 정관이 합이 되어 타오행으로 화하든지, 정관을 극하여 제거하면 귀명이 된다.
- 편관격은 일주가 강해야 흉포한 편관을 제압하여 다스리므로 신강함을 요한다.
- 명에서 편관을 극제하는 식신이 없으면 상관이라도 편관의 흉의를 다스리는 데 많은 도움이 된다.
- 편관격이 양인을 만나지 못하면 크게 입신 성공하지 못한다.
- 편관이 왕하여 정인에 화할 경우, 식신이 함께 있으면 길하고, 편인에 화

할 경우에는 상관이 함께 있으면 길하다.

- 편관이 왕성하고 신약하면 고독하고 빈한하며, 편관이 약하고 신강하면 우매하고 빈천하다.
- 여명에 편관과 목욕이 동주하면 남편이 호색가이고, 장생·건록·제왕과 동주하면 귀부와 인연이 있고, 절·사·묘와 동주하면 이·사별한다.
- 여명의 편관격에 식신과 편인이 함께 있으면 산액을 당한다. 그러나 편인을 극하는 재성이 있으면 면할 수 있다.
- 여명에 편관과 정관이 동주하고 비견·겁재가 많으면 자매가 한 남자를 놓고 다투는 형상이므로 남편이 염문을 풍긴다. 관살이 왕하면 본인이 부정하고, 비겁이 왕하면 남편이 부정하다.
- 여명에 관살이 많은데 정재와 편재가 있으면 외간 남자가 있고, 사주에 관살이 네 개 이상 있으면 화류계의 꽃이다.
- 관살과 인성은 공동 생활을 하는 관계로 볼 수 있다. 살인화격은 성격이 다소 급하지만, 신망이 두텁고 총명 영리하여 부귀와 공명을 누린다.
- 여명이 戊午·丙午·壬子일생으로 사주에 편관이 왕하면 남편과 이별수가 있는데, 후처나 간호사·조산원이 되면 면할 수 있다.
- 신강하고 관성이 약할 때 재성이 있으면 약한 관성을 생하여 호명이 되지만, 신약하고 관살이 강할 때 재성이 있으면 왕한 관살을 더욱 생하여 불측의 재액을 당한다.
- 관살 혼잡될 경우 합이나 극으로 정관을 제거하면 사주가 맑아져서 호명이 된다. 그러나 행운에서 다시 정관운이 오면 위태롭다.
- 관살 혼잡의 경우, 강한 쪽보다 약한 쪽을 제거하기가 더 쉽고, 지지보다 천간에 있는 관살을 제거하기가 더욱 용이하다.
- 편관은 제화가 적의하고 격이 양호하면 급진적으로 빠르게 발복하여 대귀 대부한다.
- 신약한 편관격에 식상이 많으면 인성운이 길운이고, 비겁운도 호운이다.
- 신약한 편관격에 재성이 많으면 비겁운이 길운이고, 인성운도 호운이다.

- 신약한 편관격에 관성이 많으면 인성운이 길운이고, 비겁운도 호운이다.
- 신강한 편관격에 비겁이 많으면 재·관운이 길운이고, 비겁과 인성운은 흉운이다.
- 신강한 편관격에 인성이 많으면 식상·재성운이 길운이고, 인성과 비겁운은 흉운이다.
- 신강한 편관격에 관성이 많으면 식상·비겁운이 길운이고, 재성과 관성운은 흉운이다.
- 일주도 왕하고 관성도 왕하여 신살 균형이 된 명은 일주를 생조하는 인성과 비겁운이 길운이다.
- 관살 혼잡격은 편관·정관 가운데 어느 하나가 제거되는 운이 길운이고, 또 신강해지는 운도 호운이다.
- 종살격은 재·관운이 길운이고, 일주가 강해지는 인성과 비겁운이 흉운이다.
- 살인화격은 인성과 비겁운이 길운이고, 식상과 재성운은 흉운이다.
- 일주가 왕하고 식상도 성한데, 재성이 없으면 관성이 용신이다.
- 일주가 왕하고 관살이 성한데, 식상도 없고 재성도 없으면 관성이 용신이다.
- 일주가 왕하고 인성이 성한데, 재성이 없으면 관살이 용신이다.
- 일주가 왕하고 비겁이 성하면 관살이 용신이다.
- 일주가 약하고 인성이 성한데, 재성도 없고 비겁도 없으면 관성이 용신이다.
- 관살이 왕성해도 제복이 되면 오히려 길명이 된다. 부귀한 명에는 제복된 관살이 있는 자가 의외로 많다. 제복이라 함은 깡패 같은 관살을 제극하여 다스리는 것을 말한다.
- 왕한 관살이 합이 되어 타오행으로 화하면 흉조는 사라진다.
- 왕성한 관살을 형·충하면 온갖 패해가 발생한다. 특히 살왕 신약 사주가 형충이 되면 관재 구설·병고 등으로 인해 목숨도 부지하기 어렵다.

사주에서 관살 같은 흉신이 합이 되어 희신의 오행으로 화하거나 공망이 되면 흉조가 길성으로 변화한다. 특히 상대방과 담판 지을 일이나, 재판을 할 때, 상대방의 공망일을 선택하면 필승이다.

예1)

비견 겁재 식신 상관 편재 정재
甲 乙 丙 丁 戊 己
辰 巳 午 未 申 酉
편재 식신 상관 정재 편관 정관

겁재　　　편관　정인
乙 甲 庚 癸
亥 子 戌 卯
편인 정인 편재 겁재

甲목이 戌월에 생하여 쇠약할 듯하나, 월주의 庚戌을 제외하고는 모두가 일주를 생조하는 수목이므로 신강이다. 용신 庚금도 戌토가 생하여 왕하나, 정·신·기 삼자 중 기가 약한 것이 흠이다. 己酉 대운은 어려서부터 신동 소리를 들을 만큼 총명하였고, 戊申 대운에 학업에 전념하여 사법 고시에 합격하였으며, 丁未 대운은 특수부 검사로 승승장구하였다. 丙午 대운은 월지와 午戌 반합하여 희신인 戌토가 약화되고, 왕성한 화가 화극금하여 관을 극하므로 본의 아니게 명예 퇴직을 하고 변호사 개업을 하였다. 사주에 관살이 비록 약하나, 재성이 생조하여 귀격인데 불행하게도 丙午 대운에 왕성한 화가 극하므로 현직에서 물러났으며, 乙巳 대운에는 정계에 진출할 것이다.

예2)

식신 겁재 비견 정인 편인 정관
戊 丁 丙 乙 甲 癸
午 巳 辰 卯 寅 丑
겁재 비견 식신 정인 편인 상관

식신　　　편관　비견
戊 丙 壬 丙
子 寅 子 申
정관 편인 정관 편재

丙화가 壬子월 戊子시에 생하고, 재·관이 왕성하여 신약이다. 그러나 일지의 인성이 왕한 수기를 목으로 화하게 하여 일주 丙화를 생조하고 있다. 즉,

寅목이 일간을 극하는 관살을 동화시켜 일간을 부조하도록 이룬 것이다. 연지의 申금이 충하려 하나, 월지의 子수가 금생수·수생목으로 통관신 역할을 하고 있다. 더욱 길한 것은 행운이 동남방간 목화 대운을 만난 것이다. 그러므로 일찍 고시에 합격하여 관계에 이름을 떨쳤다.

예3)

<table>
<tr><td>식신</td><td>겁재</td><td>비견</td><td>정인</td><td>편인</td><td>정관</td><td></td><td>정재</td><td></td><td>편관</td><td>편관</td></tr>
<tr><td>壬</td><td>辛</td><td>庚</td><td>己</td><td>戊</td><td>丁</td><td></td><td>乙</td><td>庚</td><td>丙</td><td>丙</td></tr>
<tr><td>子</td><td>亥</td><td>戌</td><td>酉</td><td>申</td><td>未</td><td></td><td>酉</td><td>午</td><td>午</td><td>申</td></tr>
<tr><td>상관</td><td>식신</td><td>편인</td><td>겁재</td><td>비견</td><td>정인</td><td></td><td>겁재</td><td>정관</td><td>정관</td><td>비견</td></tr>
</table>

庚금이 午월 화왕절에 생하고 일지 또한 午화이므로 관살이 극왕하다. 그러나 연·시지의 비견이 조신하고, 시간의 정재는 乙庚 합금하여 왕화를 생하지 못하므로 화기는 더 이상 성하지 않는다. 申운에 토금이 성하여 경찰에 입문하여 己酉·庚戌 대운에 진급을 거듭하였으며, 辛亥 대운에 경찰서장이 되었다. 壬子 대운은 왕수·왕화가 상충하니, 은퇴하고 건강 관리에 유념하는 것이 좋다. 만약 이 사주 내에 습토가 있어 살인 상생하거나, 수기가 있어 식상 제살이 되었다면 고관 대작은 분명하다.

## (5) 직업

편관의 직업은 의리와 인정의 우두머리 기질이 있어 토목·건축업·청부업·조선업 등의 사장이나 현장 감독이 적합하고, 일반적으로 건달·날품·잡부·소매치기·흥신소·군인·집달관·경찰·교도관·세관원 등에 종사하며, 사주의 격이 양호하면 검사·법관·국방부·감사원·안기부·국회의원·선출직 공무원·별정직 공무원 등에 종사한다. 또 직감력과 재능을 살려 작가·문인·예술가 계통에도 맞고, 사업은 해외와 관련이 있는 수출·수입·부동산·식품이 양호하고, 봉급 생활자로는 출판사·외근·회의 업무·증권회사·보험회사 등이 적합하다.

- 살인 상생하고 격이 양호하면 검찰·법관·국회의원으로 진출한다.
- 식상 제살하고 격이 양호하면 군인·검찰·안기부·수사 기관의 최고위직까지 승진한다.
- 편관격에 제화가 적절하면 경찰·군인·검찰 등의 무관 계통에 진출한다.
- 편관격에 제화가 불량하면 사기꾼·소매치기·건달 정도의 수준이다.
- 편관격이 신약하면 문인·작가·학자 등이 적합하다.
- 편관격에 제화가 적절하면 기업체의 중견 간부급 이상이다.
- 종살격이 양호하면 군인·검찰·법관·정계의 최고위직으로 활동한다.

## (6) 행운

① 편관이 용신이나 희신에 해당하는 경우

- 사업자는 사업이 빠르게 성장 발전한다.
- 직장자는 직장에서 영전·승진 등의 즐거움이 있다.
- 무직자는 직장을 얻는 기쁨이 있다.
- 관공서와 관련된 각종 업무·송사·소송 사건 등이 수월하게 해결된다.
- 신왕 사주에 관성이 약한 명은, 사법 고시·행정 고시·자격 고시·입학 시험·취직 시험 등의 각종 시험에 합격한다.
- 기혼 남성은 자식은 얻거나 자식으로 인한 경사가 있다.
- 미혼 여성은 좋은 애인을 만나 결혼을 하게 된다.
- 기혼 여성은 남편으로 인하여 경사가 있고, 또는 외간 남자의 도움을 받는다.
- 인기와 명예가 상승하여 각종 표창장·훈장 등을 수여받는다.
- 전반적으로 의식주가 풍부하고, 가내가 두루 평안하다.

② 편관이 기신이나 원신에 해당하는 경우

- 사업자는 사업 부진·자금 사정 악화 등의 각종 재난으로 고전한다.
- 직장자는 좌천·정직·감봉·실직 등의 흉운이 따른다.
- 무직자는 계속 직장을 구하지 못한다.
- 시비·손재·배신·모략·투고·모함·구설 등으로 인하여 관재 송사가 생긴다.
- 기혼 남성은 자식 문제로 어려움이 생긴다.
- 기혼 여성은 남편과 불화하고, 외간 남자의 유혹에 놀아나 파재한다.
- 미혼 여성은 애인과 불화하고, 남자 문제로 시비 구설에 휘말린다.
- 사기·강탈·소매치기·절도·강도·상해·폭력·강간 등의 화를 입을 수 있다.
- 교통 사고·화재 사고·선박 조난 사고 등의 각종 재난을 당하기도 한다.
- 사법·행정·자격·입학·취직 등의 각종 시험에서 낙방한다.
- 전반적으로 의식주가 피폐해지고, 안팎으로 하는 일마다 막혀 고심이 많다.

## 8) 정관正官

일간을 극하는 오행으로 음양이 서로 다르면 정관이다. 즉, 일간이 甲목이라면 금극목하여 辛금이 정관이고, 일간이 乙목이라면 庚금이 정관이다.

### (1) 육친

남자의 경우, 딸·조카딸·형님·선배·선생님·관청·직업·일을 상징한다.

여자의 경우, 남편·남편 형제·남자·오빠·선배·선생님·관청·직업·일을 상징한다.

### (2) 성격

특성은 품행이 단정하고 재주와 슬기가 있으며, 웃어른을 공경한다.

정관은 문관이고 선비라, 정당하고 명예와 신용이 있으며, 자비심이 많고 인품이 수려하다. 그러나 정관은 길조이나, 사주에 너무 많으면 오히려 해가 되고, 곤궁을 면치 못하며, 여자는 일부 종사하지 못한다. 근면하고 성실하여 항상 타의 모범을 추구한다. 만인 앞에서 추앙받고 칭송받는 것을 부끄러워하지 않으니, 그에 맞는 언행을 골고루 갖추고 있다.

교만하지 않고, 공정·공평하게 일을 추진하고, 정직한 기질로 인정을 받는다. 근면하고 정직한 행정 관료의 표상이며, 명예와 발전을 기약한다.

정관은 권위·명예·신용·자비·덕성·품위·단정·재치·발전을 의미한다. 사주에 재성이 있을 때는 길조가 더욱 증가하나, 상관이 있을 때는 길조는 사라지고, 오히려 권위와 명예가 손상된다.


## (3) 판단

사주에 관성이 없으면 자신을 극하는 능력이 부족하여 자제력이 없는 편이다. 관성은 법의 역할을 하는데, 관성이 없는 사람은 무법자와 같이 약간 피곤한 사람이다. 그러나 관성이 너무 많은 것도 해롭다. 자신을 극하는 관성이 많으면 그 때는 관성이 아니라 살이 되어 자신을 해친다. 관성이 많아서 관살이 된 사람들은 대체로 몸이 허약하고, 일도 제대로 풀리지 않는다.


- 연주에 정관이 있으면 장남이든 차남이든 조상의 업을 승계하고 가문이 훌륭하다.
- 월지에만 정관이 있으면 스스로 왕하여 평생 빈곤하지 않다.
- 정관이 인수를 만나 관인 쌍전이 되면 극귀할 명으로 부귀와 공명을 누린다. 그러나 관성은 있으나 인성이 없으면 공과 명예를 얻기 어렵다.
- 정관이 한 개만 있고 편관 및 상관이 없으면 독후 강직한 군자가 된다.
- 정관이 많으면3개 이상 가계가 풍족치 못하고, 매사 막힘이 많다.
- 정관이 태과하면4개 이상 대체로 우둔하고, 고지식하고, 무계획적이고, 산만하고, 반성할 줄 모르는 상식 이하의 인격자이다.
- 정관이 두 개 정도 있고 사주의 구성이 양호하면 이상적인 인품을 가진

군자형이다.

- 월지에 정관이 있으면 총명 영리하고 조직적이며, 치밀한 계획성과 임기 응변이 능하다.
- 일지에 정관이 있으면 영민하고 임기 응변이 능하며, 현처와 인연이 있다.
- 시주에 정관이 있으면 자식이 현량하며, 말년에 크게 성공한다.
- 정관의 구성이 적절하면 정직·성실하고, 온후하고 영리하며, 그 용모가 아름답고 음성이 낭랑하다.
- 정관이 인수를 만나고 사주의 구성이 적절하면 정치가나 대학자로서의 명성을 얻는다. 이 때 관성이 왕하면 정치가로서, 인성이 왕하면 대학자로서 대중적인 인기를 얻는다.
- 정관이 양인을 만나거나 형살이 있으면서 구성이 적절하면 법조인으로서 명성을 얻는다.
- 정관이 식상을 만나고 구성이 적절하면 군인·경찰 계통에 진출하여 두각을 나타낸다.
- 정관이 천간에 투출되고 구성이 적절하면 국록을 먹는 공무원이나 행정직에 진출하여 대성한다.
- 정관이 식신과 인수를 만나 상호 길작용을 하면 정계와 학계에서 두루 명성을 얻는다.
- 정관이 태다하여 관살로 화하면 각종 흉액이 많고, 관살이 합화하여 정관이 되면 흉이 길명으로 바뀐다.
- 남명에서 정관이 없고 편관도 없으면 아들 자식이 없다고 본다.
- 명에서 약한 정관이 상관의 극을 심하게 받으면 자식이 일찍 죽거나 무능하다.
- 남명에서 정관이 형·충, 또는 공망이 되면 자식복이 없다.
- 정관이 천을귀인과 월주에 동주하고 상관의 극이 없으면 자식이 극귀한다.
- 정관이 장생지에 임하고 상함이 없으면 똑똑하고 영리한 자식을 둔다.
- 남명에서 비견·양인이 많아서 극신강하면 자식과 인연이 없고, 설령 있

더라도 한 명 정도의 자식을 둔다.

- 남명에서 관살과 식신이 서로 극하고 통관신의 구함이 없으면 자식을 얻기 어렵고, 있더라도 자식에게 불행한 일이 생긴다.
- 여명에서 상관·편관과 형충파가 없고, 재성과 정관만 있으면 남편덕이 있으며, 천을귀인이나 천덕·월덕과 함께 하면 더욱 길하다.
- 남명에서 신왕하고 관왕하며 형·충이 없으면 현명하고 똑똑한 자식을 둔다.
- 여명에서 신왕 관왕하면 좋은 남편과 인연이 있다. 그러나 정·편관이 혼잡되든지, 관성이 태과하든지, 제극이 과다하면 남편복이 없다.
- 일주가 강하고 관성이 약한데, 재성의 구함이 없으면 남편을 극한다.
- 비견·겁재·양인이 많아서 신강하고 관성이 없으면 남편을 극한다.
- 여명에서 상관이 왕하여 정관을 심하게 극하는데, 재성이나 인성의 구함이 없으면 남편을 극한다.
- 정관과 장생·건록이 동주하면 유능한 남편과 인연이 있고, 목욕과 동주하면 남편이 호색이며, 사·묘·절과 동주하면 남편덕이 없다.
- 정관이 공망이나 형·충·파의 상함이 있으면 남편덕이 없다.
- 신왕하고 일지에 정관이 있어 왕하면 훌륭한 남편과 인연이 있다.
- 신강하고 정관이 없거나, 있어도 재성의 생조가 없어 약하면 남편을 극한다.
- 여명에서 일지의 정관이 형·충이 되거나 기신이 되면 서로 뜻이 맞지 않아 해로하기 어렵다.
- 여명에서 신왕하고 정관이 약할 경우 재성이 있어 정관을 생하면 남편이 성공한다.
- 여명에서 정관이 태과할 경우 상관과 인성이 있어 정관을 적절하게 다스리면 남편이 성공한다.
- 여명에 정관이 너무 많으면 남편복이 없고, 노류 장화의 신세이다.
- 정관이 태과해도 상관이 있어 제화가 적의하고 일주 또한 왕하면 부귀의

명이다.

- 여명이 관성도 많고 합도 많으면 천격으로 화류계에 종사한다.
- 여명이 관살이 왕한데 재성 또한 왕하면 재혼을 할 팔자이고, 후처·화류계·종교인의 명이다.
- 여명이 관성이 태과하고 합이 없으면 종교인으로 가던지, 아니면 전문 기술을 습득하여 봉급 생활을 하면서 독신 생활을 하는 것이 길하다.
- 여명이 관성이 태과하면 성격이 극단적이고 공격적이어서 혼자 사는 것이 좋다.
- 관성과 재성이 만나 재관 쌍미가 형성이 되면 재성이 관성을 극하는 식상을 설하여 관성을 돕고, 관성이 재성을 극하는 비겁을 억제하여 서로 도와주고 보호하는 역할을 하므로 부와 귀를 겸전한다. 이 때 재성이 약하면 재물이 부족하고, 관성이 약하면 귀가 부족하다.
- 정관이 합이 되면 애교가 있고 다정하나 귀격은 못 되고, 또 인수가 많으면 부부의 침실이 적적하다.
- 정관이 역마와 동주하면 직업 이동이 잦아 일생 동안 분주하고, 도화와 동주하면 남편이 호색가이다.

사주에서 관성은 대단히 중요하다. 여자에게는 남편복이 결정되며, 남자에게도 자식복·직업·사업 등 인생의 가장 중요한 문제와 관련되어 있기 때문이다. 그러나 관성은 근본적으로 나를 극하는 기질이 있기 때문에 어느 정도의 힘으로 어느 위치에 어떻게 자리잡느냐가 관건이다. 관성이 너무 많으면 관살이 되어 나를 괴롭히고, 너무 약해도 제 역할을 다 하지 못하기 때문에 또 다른 결점을 낳는다. 그래서 사주에서 관성이 어떻게 작용하는가를 살피는 일이 무엇보다 중요하다.

예) 여명

<table>
<tr><td>겁재 편인 정인 편관 정관 편재</td><td>편인</td><td></td><td>정재</td><td>식신</td></tr>
<tr><td>庚 己 戊 丁 丙 乙</td><td>己</td><td>辛</td><td>甲</td><td>癸</td></tr>
<tr><td>申 未 午 巳 辰 卯</td><td>丑</td><td>酉</td><td>寅</td><td>酉</td></tr>
<tr><td>겁재 편인 편관 정관 정인 편재</td><td>편인</td><td>비견</td><td>정재</td><td>비견</td></tr>
</table>

이 사주는 월지 암장 정관격이다.

일간 辛금이 寅월 동방운을 만났으나, 일지에 酉금이 있고, 사주에 토금이 왕성하여 신강이다. 명주가 여성이므로 寅의 장간 중 丙화 관성이 조후되고, 비겁을 제하므로 용신이며 목이 희신이다. 어려서 부귀한 가정에서 성장하여 유능한 신랑 만나서 결혼을 하였고, 丁巳·戊午·己未 남방 화운에 남편이 발복하여 명망을 얻으니, 자신도 따라서 귀하게 되었으며, 가내가 두루 번창하였다. 庚운은 연간의 癸수가 있어 무난하고 申운은 월지와 寅申 상충하여 목화가 상하면 불길하다.


## (4) 종합 판단

정관격은 월지가 정관이거나, 월지 지장간의 정관이 천간에 투출되었을 때, 또는 정관 용신도 정관격이 성립된다.


- 정관격은 정관의 기운을 간직한 지지가 합이라면 상관없지만, 형충파나 공망을 당하지 않는 정관격이야만이 귀격이다.
- 일주가 신왕하고 정관이 쇠할 경우, 재관운이 들어와 관성을 도우면 입신 양명한다.
- 월지 정관격은 인덕이 있고, 명문의 가정에서 출생하였으며, 거취가 분명하고 인품이 준수하며 행동이 정확한데다 성정 또한 유순하여 주위에서 칭찬이 자자하니 출세길은 자연히 열려 있다.

- 여성도 부영 자귀로 더 이상 바랄 게 없는데, 만약 극강하거나 허약하면 외부 내빈의 삶이 된다.
- 월지와 연결되어 정관으로 삼합 회국이 되면 정관국으로 간명한다.
- 정관격이 재성을 만나면 재관 쌍미격이 형성되어 재와 귀를 겸전한다.
- 정관격이 타주에 편관을 만나면 관살 혼잡격이 형성된다.
- 일주가 신강하면 관살이 혼잡되어도 지장이 없다.
- 일주가 신약한데, 관살이 혼잡되면 흉하다.
- 정관격이 근접한 주에서 인수를 만나면 관인 화격이 형성된다. 이 때의 인수는 정관을 극하는 식상을 극하여 정관을 보호하는 수호신 역할을 한다.
- 정관이 태과하면 상관이 있어 극하던지, 인수가 있어 설기하여야 양호한 정관격이 형성된다. 상관은 신강할 때, 인수는 신약할 때 적용된다.
- 정관은 길신이므로 간합하면 흉이 된다. 그러나 정관과 간합하는 육신이 명에서 정관보다 강하면 정관은 그 육신을 따르므로 흉이 되고, 반대로 정관이 간합하는 육신보다 더 강할 때는 그 육신이 정관을 따르므로 오히려 길명이 된다. 그리고 정관이 일간과 간합하는 것은 오히려 길명으로 본다.
- 정관격이 생기가 없어 파격이 되면 아둔하고, 모나고, 인정이 없고, 융통성이 없어서 사람이 답답하다.
- 정관이 형·충·파·공망이 되면 파격이 된다. 정관이 형·충·파가 되면 길성이 손상되고, 공망이 되면 능력이 약화되어 제 기능을 발휘하지 못한다.
- 정관격이 신강하면 재성이 있는 것이 좋고, 신약하면 인성과 비겁이 있는 것이 좋다.
- 정관격이 탁하지 않고 청하면서 체와 용이 왕하면 대부 대귀의 명이다.
- 정관격에 식상이 많이 있으면 흉하다. 양일생보다 음일생이 더 심하다.
- 정관격은 대체로 총명 영리하나, 형·충이나 극제를 당하면 아둔하다.
- 정관격이 신약하면 비겁하고, 게으르고, 우유 부단하고, 인격이 낮아서

아무 일도 처리하지 못하고 그르치기 쉽다. 그러나 본인이 이런 점을 알고 각고의 노력을 기울이면 어느 정도는 나아질 수 있다.

- 신약하고 관살이 왕한데, 인성의 구함이 없으면 목숨을 부지하기 힘들 만큼 어려움이 많다.
- 정관격은 지혜가 있고 성실 근면하나, 신약하면 불안하고 쓸데없는 걱정이 많아서 결단력이 없다.
- 여명에 관성이 태과하면 불길하고, 또한 재성이 태과하여도 모욕을 당한다.
- 여명에 관성이 태과한데, 다시 관왕운을 만나면 남편과 이별·사별의 극부지사가 생긴다.
- 여명에서 관성이 공망이 되면 남편이, 식상이 공망이 되면 자식이 부실하든지, 또는 단명한다.
- 정관이 월간에 있고, 형·충·파가 없으면 귀한 명이니, 중년에 행운에서 생조하면 입신 양명한다.
- 정관이 왕성하면 식상의 극제가 필요하고, 관이 약할 때는 재성의 도움이 필요하다.
- 정관이 재성을 만나면 재관 쌍미가 되어 부귀의 명이다.
- 정관격에 식신·상관이 중첩되어 있는데, 인성의 구함이 없으면 귀명이 천명으로 바뀐다.
- 정관이 인수를 만나는 것은 매우 중요한 것이나, 인수가 너무 많으면 설이 과다하여 정관은 무기력해져 쓸모가 없게 된다.
- 사주에 관살이 혼잡되어 왕하면 손버릇이 나쁘고 떠돌이 생활을 하게 된다. 그러나 제화가 적의하면 선빈 후길이 된다.
- 여명에서 관성이 천간에 투출되고, 지지의 사왕지에 임하면 남편이 명망을 얻는다.
- 정관격은 일간을 극하는 기운이므로 일간이 이에 맞설 수 있을 정도로 강해야 한다.
- 정관격이 신왕하고 재성과 인성의 도움이 있으면서 십이운성의 사왕지에

임하면 부귀의 명이다.

- 신약 사주에 인성이 희신이면 관살이 함께 있어도 흉이 아니다.
- 관살이 많으면 명식은 병이 들게 된다. 이 때 식상이 극도하고 인성이 설도하면 흉명이 길명으로 변한다.
- 여명이 관살이 형·충·파, 또는 공망이 되면 개가한다.
- 정관이 천을귀인과 동주하고 지지에 형이 있으면 법관이나 군인으로서 크게 출세한다.
- 정관이 천을귀인과 동주하고 인수를 만나면 행정 관료·대학자로서 명성을 얻는다.
- 정관이 시간에 있고 사주의 구성이 양호하면 반드시 일찍부터 입신 양명하여 영화를 누린다.
- 사주에 정관·편관이 많으면 제복이 있거나, 행운이 제복하는 운으로 행하면 대귀의 명이 된다.
- 정관격이 재성의 도움이 태과하면 파격이 된다. 이 때 비겁이나 인성이 있어서 재성을 제화하거나, 재성과 합이 되는 오행이 있어 재성이 타오행으로 화하면 재성의 흉조는 사라진다. 또한 정관격에 상관이 있어 파격이 되어도 상관을 극하는 인수가 있던지, 상관이 합이 되어 타오행으로 화하면 성격으로 변한다. 이렇듯 어떤 격이든 파격이 되어도 사주나 운에서 구함이 있으면 흉명이 길명으로 바뀐다.
- 정관격이 간합이 되면 파격이 된다. 그러나 충 등에 의해 해소되면 길명으로 변한다.
- 정관이 형·충·파가 되면 흉명이 되나, 합 등에 의해 해소되면 길명으로 바뀐다.
- 신약한 정관격에 식상이 많으면 인성·재성이 용신이고, 식상은 기신이다.
- 신약한 정관격에 재성이 많으면 비겁·인성이 용신이고, 식상·재성은 기신이다.
- 신약한 정관격에 관살이 왕하면 인성·비겁이 용신이고, 관성·재성은 기

신이다.

- 신강한 정관격에 비겁이 많으면 재성·관성이 용신이고, 인성·비겁은 기신이다.
- 신강한 정관격에 식상이 많으면 재성·관성이 용신이고, 비겁·식상·인성은 기신이다.
- 신상한 정관격에 재성이 많으면 비겁·인성·관성이 용신이고, 식상·재성은 기신이다.
- 신강한 정관격에 관살이 왕하면 비겁·인성이 용신이고, 재성·관성은 기신이다.
- 신강한 정관격에 인성이 많으면 재성·관성이 용신이고, 비겁·인성은 기신이다.
- 신약한 정관격에 재성이나 관살운을 만나면 건강 문제 및 각종 시비 구설이 생긴다.
- 신약한 정관격이 식상이나 재성운은 만나면 각종 재화가 일어난다.
- 신약한 정관격이 신약해지는 운을 만나면 건강상의 어려움이 있고, 거기에 형·충이 겹치면 목숨도 부지하기 어렵다.
- 신약한 정관격이 상관운을 만나면 남명은 직장 실직 등의 어려움이 있고, 여명은 남편을 극한다.
- 관살 혼잡격이 행운에서 형·충·양인·관살운을 만나면 각종 재난이 일어난다.
- 관살 혼잡격이 살과 합이 되는 운이나, 살을 제극하는 식신운이 와서 살을 다스리면 길명이 된다.
- 정관이 천간에 투출되어 있을 때, 행운에서 십이운성의 묘지에 해당하는 운을 만나면 실직이나 건강상의 문제가 발생한다.
- 여명 정관격에 편관운이 오면 외간 남자와 애정 문제가 발생하여 최악의 경우 부부 이별한다.
- 명중의 정관을 행운에서 형·충·파하면 관재 구설 등의 우환이 생긴다.

여성의 사주에서는 용신보다는 관살의 향방이 더 중요하고, 다음으로 용신이며, 세 번째가 식신·상관이다. 만약 사주에 관성이 없을 경우에는 용신을 관성으로 취해서 남편운을 간명하기도 한다.

예1) 사주가 극신약이 아니고 관살이 왕성할 때는 식신 또는 상관으로 관살을 억제해야 사주가 길명이 된다. 이런 유형의 사주를 식상 제살격이라고 한다.

<table>
<tr><td>식신 겁재 비견 정인 편인 정관</td><td>정관　　편관 편관</td></tr>
<tr><td>庚 己 戊 丁 丙 乙</td><td>乙 戊 甲 甲</td></tr>
<tr><td>辰 卯 寅 丑 子 亥</td><td>卯 申 戌 寅</td></tr>
<tr><td>비견 정관 편관 겁재 정재 편재</td><td>정관 식신 비견 편관</td></tr>
</table>

일간 戊土가 戌월 토왕지절에 생하고, 양일간이므로 극신약은 면했다. 그러나 사주에 관살이 왕하여 일간 戊土가 맥을 못출 지경이나, 일지의 申금이 월지 戌土의 생을 받고, 시지의 卯와 乙庚 암합이 되어 용신으로 삼아 왕한 관살을 제살할 만하다.

丁丑 대운에 목 기운을 목생화로 설기하여 화생토·토생금으로 용신 申금을 생하고, 일주도 생조되어 보통 고시에 합격하였다. 戊寅·己卯 대운은 한직에서 머물렀으나, 庚辰 대운에 토금이 성하여 지금의 군수 자리에까지 올랐다.

예2) 사주가 신약하고 관살이 성할 때, 인성을 용신으로 삼아 관살생인 인생 일주하여 일주를 생조하도록 하는 것이 중요하다. 이런 유형의 사주를 살중 용인격이라고 한다.

<table>
<tr><td>식신</td><td>상관</td><td>비견</td><td>겁재</td><td>편인</td><td>정인</td><td></td><td>비견</td><td>편관</td><td>정재</td></tr>
<tr><td>丁</td><td>丙</td><td>乙</td><td>甲</td><td>癸</td><td>壬</td><td></td><td>乙</td><td>乙</td><td>辛</td><td>戊</td></tr>
<tr><td>卯</td><td>寅</td><td>丑</td><td>子</td><td>亥</td><td>戌</td><td></td><td>酉</td><td>亥</td><td>酉</td><td>申</td></tr>
<tr><td>겁재</td><td>비견</td><td>편재</td><td>편인</td><td>정인</td><td>정재</td><td></td><td>편관</td><td>정인</td><td>편관</td><td>정관</td></tr>
</table>

乙목이 丙월 절지에 생하고, 관살이 태과하여 일주가 심히 미약하다. 그러나 일지에 정인이 있어 왕성한 금 기운을 수로 화하게 하여 乙목을 생조하고 있다. 즉, 亥수가 일주를 극하는 관살을 동화시켜 일주를 부조하도록 만든 것이다. 더욱 길한 것은 대운에서 수목운을 만났기 때문이다. 丙寅·丁卯 대운은 일지 정인이 대운의 지지와 연·월지의 충을 통관신 역활을 하여 해소시키고, 한습한 시주를 대운의 천간 丙·丁화가 조후하면서, 한편으로 화극금하여 왕성한 금 기운을 극도 하고 설도 하니, 丙寅·丁卯 대운 기간은 사주가 중화되어 운세가 대길하다. 그러므로 일찍이 고시에 합격하여 관계에 명성을 얻었다.

예3) 사주에 관성이 약하면 재성으로 관성을 생조하여야 사주가 호명이 된다. 이런 유형의 사주를 재자 약살격이라 한다.

<table>
<tr><td>편관</td><td>편재</td><td>정재</td><td>식신</td><td>상관</td><td>비견</td><td></td><td>편관</td><td>겁재</td><td>정관</td></tr>
<tr><td>丙</td><td>乙</td><td>甲</td><td>癸</td><td>壬</td><td>辛</td><td></td><td>丁</td><td>辛</td><td>庚</td><td>丙</td></tr>
<tr><td>申</td><td>未</td><td>午</td><td>巳</td><td>辰</td><td>卯</td><td></td><td>酉</td><td>酉</td><td>寅</td><td>申</td></tr>
<tr><td>겁재</td><td>편인</td><td>편관</td><td>정관</td><td>정인</td><td>편재</td><td></td><td>비견</td><td>비견</td><td>정재</td><td>겁재</td></tr>
</table>

辛금이 寅월 목왕절에 생하였으나, 사주에 비견·겁재가 태과하여 신왕 사주이다.

월지의 寅목을 왕금이 극하려 하나, 천간의 丙·丁화가 보호하여 파극을 가로막고 있다. 丙·丁화 또한 寅목이 생조하지 않았더라면 극히 무력했을 것이다. 즉, 약한 관살이 재성에 의해 생조되고 있다. 辰운은 토금이 왕하여 부모님과 사별하고, 독학으로 학업에 전념하였다.

巳운은 용신인 丙·丁화가 왕성하므로 고시에 합격하였으며, 甲午·乙未 대운에는 목화가 성하므로 진급을 거듭하여 고위 공무원으로 발돋움할 수 있었다.


예4) 사주 내의 관성을 식상이 지나치게 억제하여 병이 된 것인데, 이런 경우 식상을 제거하는 인성운이나 설하는 재성운을 만나야 길명이 된다. 이런 유형의 사주를 제살 태과격이라 한다.

<table>
<tr><td>편관</td><td>정관</td><td>편인</td><td>정인</td><td>비견</td><td>겁재</td><td></td><td>식신</td><td></td><td>식신</td><td>정인</td></tr>
<tr><td>壬</td><td>癸</td><td>甲</td><td>乙</td><td>丙</td><td>丁</td><td></td><td>戊</td><td>丙</td><td>戊</td><td>乙</td></tr>
<tr><td>戌</td><td>癸</td><td>子</td><td>丑</td><td>寅</td><td>卯</td><td></td><td>子</td><td>戌</td><td>辰</td><td>巳</td></tr>
<tr><td>식신</td><td>편관</td><td>정관</td><td>상관</td><td>편인</td><td>정인</td><td></td><td>정관</td><td>식신</td><td>식신</td><td>비견</td></tr>
</table>

시지의 정관 子수가 왕성한 식신에 둘러싸여 억제되고 있다. 식신을 견제할 인성이 연간에 있으나, 지지에 무근하고 정관 子수와 멀리 있어 상호 보호할 수 없으며, 식신이 극왕하므로 중과 부적이다. 초년 丁卯·丙寅 대운은 희신운이므로 어려서부터 영민하고 글재주가 뛰어나 과거에 소년 급제하였으나, 丑운에 시지의 子수와 子丑 합토하여 토기가 더욱 극성하고, 己未년에 극성한 토가 대운 일지와 丑戌未 삼형이 되어 졸망하였다. 이 명은 원래 신약하고 지지에 辰戌충이 있어 사주의 구성이 불량하므로 이 고비를 넘길 수 없었다.

예5) 사주에 정관과 편관이 혼잡되어 있는 사주를 관살 혼잡격이라 한다.
일반적으로 관살 혼잡격은 정관 또는 편관만 있는 사주보다 격이 낮은 사주
로 인식되고 있으나, 이것은 신약 사주에 관살이 왕성할 때의 경우이고, 신
강하거나 관살이 약할 때에는 혼잡되어 있어도 무방하다.

<table>
<tr><td>상관</td><td>식신</td><td>겁재</td><td>비견</td><td>정인</td><td>편인</td><td></td><td>정인</td><td></td><td>정관</td><td>편관</td></tr>
<tr><td>癸</td><td>壬</td><td>辛</td><td>庚</td><td>己</td><td>戊</td><td></td><td>己</td><td>庚</td><td>丁</td><td>丙</td></tr>
<tr><td>未</td><td>午</td><td>巳</td><td>辰</td><td>卯</td><td>寅</td><td></td><td>卯</td><td>申</td><td>丑</td><td>寅</td></tr>
<tr><td>정인</td><td>정관</td><td>편관</td><td>편인</td><td>정재</td><td>편재</td><td></td><td>정재</td><td>비견</td><td>정인</td><td>편재</td></tr>
</table>

이 명은 연간의 편관이 寅목에 장생이 되고, 월간의 정관 丁화가 조신하여
관살이 왕하다. 일간 庚금도 토왕절에 생하고, 일지 건록지에 임해 왕한 관
살과 중화되어 사주가 대길하다. 그러므로 庚辰 대운에 관살을 억제하여 고
시에 합격하고 명진 사해하였으며, 辛巳 대운 이후는 관계의 영걸이 되어 부
귀 공명하였다.
이 사주는 관살 혼잡격이지만, 일주가 신왕하여 부귀 공명하였으나, 신약
할 경우에는 관살이 혼잡되면 빈천한 명이다.

예6) 관살 혼잡격이 신약이면 정관과 편관 가운데 어느 하나를 제거해야
사주가 맑아진다. 정관 또는 편관의 제거는 합이나 공망에 의하여 이루어지
는데, 정관을 제거하고 편관을 남기는 것을 합관류살이라 하고, 편관을 제거
하고 정관을 남기는 것을 합살류관이라 한다.

<table>
<tr><td>비견</td><td>겁재</td><td>식신</td><td>상관</td><td>편재</td><td>정재</td><td></td><td>정관</td><td></td><td>편관</td><td>겁재</td></tr>
<tr><td>庚</td><td>辛</td><td>壬</td><td>癸</td><td>甲</td><td>乙</td><td></td><td>丁</td><td>庚</td><td>丙</td><td>辛</td></tr>
<tr><td>子</td><td>丑</td><td>寅</td><td>卯</td><td>辰</td><td>巳</td><td></td><td>亥</td><td>申</td><td>午</td><td>卯</td></tr>
<tr><td>상관</td><td>정인</td><td>편재</td><td>정재</td><td>편인</td><td>편관</td><td></td><td>식신</td><td>비견</td><td>정관</td><td>정재</td></tr>
</table>

이 명은 월간에 편관이 월지와 시간에 정관이 있어 관살 혼잡이 되었다. 월령이 수월 화왕지절이며, 卯목이 생화하여 관살이 왕성하다. 사주에 인성, 즉 토가 없으므로 사주가 중화되지 못하고 관살이 혼잡되어 있다. 그러나 연간 辛금이 丙화와 간합하여 수로 화하므로 합살류관이 되어 사주가 맑아 졌다. 壬寅 대운까지는 한직에서 머물렀으나, 辛丑 대운에 왕성한 화기를 丑 습토가 누화 생금하여 일주를 생조하므로, 통치권자의 부름을 받아 최측근 으로서의 영화를 누렸다. 공망에 의한 관살의 제거는 앞장 기초 부분의 〈공 망〉편을 참고하라.


### (5) 직업

정관은 문관·품격·지위·명예·법률·규율·충고·질서·도덕 등을 상징하므 로 이것을 중심으로 해서 주위의 환경과 비교하여 헤아리면 된다.


- 성실성과 정직함을 요하는 모든 직업에서 성공할 수 있다.
- 정관이 너무 많으면 학계, 또는 기술 계통에 종사한다.
- 정관이 희신이면 정치·법관·검찰·경찰·기자 등 법률과 관련 있는 직업 이 길하다.
- 정관격의 구성이 양호하면 행정직·정계·실업계에서 최고위직까지 진출 한다.
- 정관격의 구성이 불량하면 직장 생활, 또는 하위직 공무원에 종사한다.
- 사주의 구성이 양호하고 재·관의 제화가 적의하면 재무 관리로서 고위직 에 오르거나, 또는 기업체의 경영자가 된다.
- 재·관이 적의하면 기획조정실·참모 분야를 거쳐 최고위직으로 진출하는 것이 좋다.

## (6) 행운

### ① 정관이 용신이나 희신에 해당하는 경우

- 사업자는 사업이 날로 번창하여 권익과 명예가 따른다.
- 직장인은 승진·영전 등의 즐거움이 있다.
- 실직자·무직자는 직장을 얻는 기쁨이 있다.
- 정부에서 발주하는 관급 공사를 수주하는 등의 관공서와 연관된 사업이 날로 번창한다.
- 학생은 학업 성적이 향상되고, 입학 시험·자격 시험·취직 시험 등의 각종 시험에 합격한다.
- 수험생은 사법 고시·행정 고시·취직 시험·자격 고시 등에 무난히 합격한다.
- 인기와 명예가 상승하여 표창장·훈포장 등을 수여받는다.
- 관공서와 관련된 각종 민원이나 송사, 인허가 등을 받는다.
- 기혼 남성은 자식을 얻거나, 자식에게 기쁜 일이 있다.
- 기혼 여성은 남편에게 경사가 생기고, 미혼 여성은 좋은 인연을 만나 결혼을 하게 된다.
- 전반적으로 의식이 풍부해지고 생활이 윤택해진다.

### ② 정관이 기신이나 원신에 해당하는 경우

- 사업자는 각종 구설에 휘말려 재산상의 손해를 입는다.
- 직장인은 실직·좌천·강등·정직 등의 애고가 있다.
- 실직자·무직자는 계속 직장을 구하지 못한다.
- 학생은 학업 성적이 저하되고, 각종 시험에 부진하며, 수험생은 각종 시험에서 낙방하여 좌절하게 된다.
- 기혼 남성은 사고를 당하거나, 자신이 탈선하여 법적인 소송 문제로까지 비화될 수 있다.
- 기혼 여성은 남편에게 흉액한 일이 따르고, 미혼 여성은 남자 문제로 명

예를 훼손당한다.
- 여명이 편관격이면 관살 혼잡이 되어 외간 남자의 유혹에 빠져 자신을 망치고, 윤간이나 강간 등의 육체적 학대를 당한다.
- 신약 사주의 경우, 관재 구설·중상 모략·강도·강탈·교통 사고·병질환·사기 등의 사고를 당할 수 있고, 최악의 경우 사망한다.
- 전반적으로 의식주가 황폐해지고, 가내가 뒤숭숭하며 불안하다.

### 9) 편인偏印

일간을 생하는 오행으로 음양이 서로 같으면 편인이다. 즉, 일간이 甲목이라면 수생목하여 壬수가 편인이고, 일간이 壬수라면 금생수하여 庚금이 편인이다.

#### (1) 육친

남자의 경우, 어머니어머니의 남자 형제 포함·계모·할아버지·외손자·이모·유모·문서도장·부동산·공부를 의미한다.

여자의 경우, 어머니어머니의 남자 형제 포함·계모·이모·유모·할아버지·사위·문서도장·부동산·공부를 의미한다.

#### (2) 성격

편인의 특성은 수복을 해치고 식신을 파극한다. 그래서 편인을 도식이라고 부른다. 편인은 고독·박명·이별·파재·실권·병고·색난 등을 의미하므로 사주에 편인이 많으면 어떤 형태로든 불행은 찾아오기 마련이다.

편인은 말의 처음과 끝이 다르고, 행동의 통일성이 없으므로 일관성을 결여하기 쉽고, 반면 내부적으로는 생각이 깊어서 다양한 취미 활동을 한다.

신속하게 모든 일을 처리하고, 무엇이든 할 수 있는 능력이 있으므로 운동에서 학문까지 만능이다. 그러나 매사 용두 사미로 끝나기 쉽다.

눈치가 비상하고 재치가 있으며, 다재 다능하고 임기 응변이 뛰어나지만, 유종의 미를 거두지는 못한다.

무슨 일이든 처음은 태산을 움직일 것처럼 시작하나, 끝맺음이 흐지부지하다.

순발력이 좋아서 어떠한 경우에도 순간적으로 변신하여 적응하고, 비록 도량은 넓으나 번덕이 많은 단점이 있다. 편인이 관살을 만나면 이와 같은 특성이 증가하나, 편재를 만나면 편인의 흉의는 억제된다.


## (3) 판단

편인은 지혜·창조·투지를 나타내는 성이므로, 순간의 재치와 발상은 따를 자가 없으며, 임기 응변이 뛰어나서 위기 상황을 잘 극복해 나간다.


- 편인은 두뇌 회전이 빠르고 재치와 순간의 발상이 뛰어난 육신이다.
- 편인이 연주에 있으면 조업을 계승하기 어렵고, 타주에서 다시 편인이 있으면 양부·양모를 모시고, 혹 양자살이를 할 팔자이며, 편인이 중첩되면 조상덕이 없다.
- 사주에 편인이 많으면 일찍 부모와 이별하고, 목욕과 동주하면 계모에 의하여 양육된다.
- 편인이 식신을 만나면 재물복이 한결같지 아니하고, 처자와도 인연이 박하다.
- 월지에 편인이 있고 사주에 재성과 관살이 있으면 부귀한다.
- 편인이 편재를 만나면 편인의 흉조는 사라지고 길조가 나타난다.
- 편인이 월주에 하나 있으면 편안하지만, 타주에 두 개 이상 있으면 부모가 온전치 않으며, 양자살이할 명이고, 말년에 자식을 극하며 고독하다.
- 편인이 일지에 있으면 좋은 배우자를 만나기 어렵고, 다시 타주에 편인이 중첩되어 있으면 복록이 약하고, 여명은 중년에 남편과 생이별한다.
- 편인이 시주에 있고 재성을 만나면 말년에 자식복이 있고 장수한다.

• 인성이 많으면 계모·양모가 있으며, 이복 형제가 있다.

• 편인이 정인과 혼잡되거나, 형·충이 되어 탁하면 시중의 잡배와도 같다.

• 편인이 식신을 만나면 도식이라고 하는데, 이것은 식신의 인덕 길경을 허무하게 만들어 버리는 흉신이라는 뜻이다. 그러나 재성이 왕하면 편인의 흉포함을 충분히 다스릴 수 있으므로 신왕하고 재왕하면 복력이 크다.

• 신왕한 편인격이 천덕·월덕귀인과 함께 하면 귀명이 된다.

• 명에서 식상이 많아 신약일 경우에는 편인이 가장 명약이 된다. 이것은 약한 일주를 생하면서 왕성한 식상을 극하기 때문이다.

• 명에서 정관이 많아 신약일 경우에는 정인이 가장 좋으나, 편인만 있어도 정인의 역할을 훌륭히 수행하여 호명이 된다.

• 편인이 태과하면 재화가 있어 명예를 해치고, 가족을 모두 극하게 되므로 생이 사별하게 된다.

• 편인은 총명 영리하며 밝고 말끔하나, 정인과 혼잡되어 너무 왕하면 사람이 인색하고 애고가 많다.

• 인성이 많은 사주가 재성을 만나면 대발복한다.

• 신약 사주에 인성이 약할 때는 관살이 있어야 길하다. 그러나 재성이 있던지 행운에서 재성운을 만나면 재대파인이 되어 악사한다.

• 여명에 편인이 많고 식신이 있으면 자식으로 인해 정신적 고통이 따른다.

• 여명에서는 식상이 자식에 해당하므로 편인이 왕하면 자식 문제로 걱정·근심이 떠날 날이 없으나, 명에 재성이 같이 있으면 면할 수 있다.

• 여명에서 편인이 많고 식신이 약하게 있으면 자식을 두기 어렵고, 자식을 두더라도 한 자식을 잃거나, 양육하는 데 어려움이 따른다.

• 여명에서 편인이 왕하고 식신은 극함이 심하면 최악의 경우, 자식이 없거나 유산 등의 산액이 있다.

• 여명의 시주에 편인이 있어 왕하고, 식신이 약하다면 노후에 자식복이 없다.

• 여명에서 편인과 식상이 좌우에 가까이 있으면 재성운에 자식을 두거나 자식으로 인하여 경사가 있다.

• 여명에서 편인이 태과한데 남편성인 관성이 약하면 편인이 약한 관성을 더욱 설기하므로 남편복이 없다.

• 여명에서 관살이 왕성한데 인성이 있어 관생인 인생 일주로 통관신 역할을 하면 사주가 중화되어 자신과 남편 모두 극귀한다.

• 신왕하고 편인의 제화가 적절하면 부귀의 명이다. 그러나 신약한데 편인이 태왕하던지, 편인이 형·충·파가 되면 빈한하지 않으면 요절한다.

• 일주가 신약한 경우에 편인이 있으면 매우 길하다. 이 때 천간에 있는 것보다 지지에 있는 것이 더 양호하다.

• 남명에서 일지에 식신이 있고, 월주나 시주에 편인이 있어 식신이 상하면 처를 극하고 생이 사별하게 된다.

• 남명에서 일주와 시주에 편인이 있고, 편관과 양인이 중첩되면 중년에 처자식과 이별한다.

• 편인이 천을귀인이나 천덕·월덕귀인과 동주하면 복력이 왕성하다.

• 일주가 신약하면 편인은 매우 귀중하다. 즉, 일주를 극하는 관살의 흉포함을 설기하기도 하고, 상관과 간합하여 흉의를 완화시켜 일주를 돕는다. 이 때 편인의 흉함을 적절하게 제어할 수 있는 재성이 있으면 부귀 쌍전한다.

• 편인이 태과하면 배우자와 자식을 상하게 하고, 남녀 모두 자식성이 불량하므로 노후가 적막하다.


고서에서 이르기를, 목이 수의 생을 받으나 수가 많으면 목이 물에 뜨고, 화가 목의 생을 받으나 목이 많으면 화가 꺼지고, 토가 화의 생을 받으나 화가 많으면 토가 메마르고, 금이 토의 생을 받으나 토가 많으면 금이 묻히고, 수가 금의 생을 받으나 금이 많으면 수가 탁해진다고 하였다. 이것은 지나치게 많거나 부족하면 해롭다는 뜻이다.

사주를 간명할 시에는 목·화·토·금·수 오행의 기운이 고르게 분포되어 중화가 잘 되어 있음을 최고의 덕목으로 삼는 것이 가장 좋다고 생각한다.

따라서 사주의 기운이 어느 한쪽으로 편중된 것은 좋지 않다. 가령 사주에서 인성이 편중되거나 너무 강하면 자연히 식신·상관·편재·정재·편관·정관의 기운이 약해지고, 인성의 특성인 순수와 청렴 결백만이 강하게 나타난다. 좋게 표현하면 선비 기질이 강해서 명예와 체면을 중시하고, 용모는 단정하고 느긋하며 자비심이 많고, 결코 악하지가 않다. 그리고 이론에 밝으며 다재 다능한데, 나쁘게 말하면 무사 안일에 빠지기 쉽고, 게으르고, 이론만을 앞세우며, 매사를 본인 위주로 처리하므로, 아는 것은 많아도 그게 오히려 병이 되고, 현실적으로는 본인에게 결국 이롭지 않은 결과를 도출하기 마련이다.

그렇다면 오행이 편중되거나 불량한 사주는 회생의 길이 없는 것인가? 전혀 그렇지 않다. 모름지기 명리학을 공부하는 사람이라면 음양 오행의 이치를 깨달아 자신이 스스로를 바꿔나가면 오히려 대성공의 길이 열릴 것이다.

예)

| 정관 | 편관 | 정인 | 편인 | 겁재 | 비견 |
|------|------|------|------|------|------|
| 壬 | 癸 | 甲 | 乙 | 丙 | 丁 |
| 戌 | 亥 | 子 | 丑 | 寅 | 卯 |
| 상관 | 정관 | 편관 | 식신 | 정인 | 편인 |

| 정인 | | 상관 | 식신 |
|------|------|------|------|
| 甲 | 丁 | 戊 | 己 |
| 辰 | 卯 | 辰 | 丑 |
| 상관 | 편인 | 상관 | 식신 |

일간 丁화가 辰월 토왕절에 생하고, 명에 토가 과다하여 丁화의 기운을 극설하므로 신약 사주이다. 일지에 卯목이 있고, 甲목이 시간에 투간되어 약한 일주를 생하고 왕토를 극제하므로 인성이 용신이다. 초년 丁卯·丙寅 대운은 모든 것이 평안했고, 丑운은 기신운이라서 풍파가 다단했다. 甲子·癸亥·壬 대운은 관생인 인생 일주하여 일간 정화를 생하므로 지방 유지로 명망을 얻었고 자손도 번창하였으나, 戌 대운 壬辰년에 토가 극왕하여 목과 화의 정기를 손상하므로 졸하였다.

## (4) 종합 판단

편인격은 편인이 월지에 있거나, 월지 장간의 편인이 천간에 투출되었을 때, 또는 편인 용신도 편인격이 성립된다.

- 정인과 편인을 인성이라 한다. 정인은 나의 어머니요, 편인도 편모양모·계모·서모로서 나를 낳고 길러준 어머니이다. 인성은 나를 생하여 주고 가르쳐 주며, 생존 방식을 알려주는 기운이라 지식이 되고, 경험이 된다. 따라서 인성은 지혜이고 지식이며, 교육·교양·수양이 된다. 또는 인성은 인장으로 문서의 매매나 부동산을 상징하기도 한다. 인성이 용신이면 윗사람의 사랑을 받으며, 선비로서의 자태를 지니고, 교육자의 풍모를 지니게 된다.
- 인성이 많은 신강 사주에 다시 인성운을 만나면 생조자가 중첩되는 형상이므로 손재·파재가 일어나고, 부모와 사별한다. 이 때는 마땅히 재성을 만나서 인성을 극하는 것이 최선의 방법이다. 그러나 신약하고 인성도 약하면 재성운이 가장 불길하다.
- 편인격에 편인이 중첩되어 과다하면 그 해가 매우 심하므로 재왕운을 만나 제어하지 않으면 대흉이 된다.
- 편인격은 흉신이므로 재성으로 극하던지, 합이 되면 성격이 되어 오히려 좋은 역량을 발휘한다.
- 신약한 편인격에 관살의 도움이 있으면 더욱 흉해져서 파격이 된다. 그러므로 신약한 편인격은 관살을 보는 것을 싫어한다.
- 편인격에 관살이 중중하면 일생 동안 성패가 다사 다난하다.
- 월지 편인격이 월간에 식신이 있고 편인을 다스리는 것이 없으면 빈곤하고 단명한다. 식신격 위에 편인이 있고, 이 편인을 제어하지 못해도 동일하다.
- 편인격은 명에 재성이 있음을 기뻐한다. 그러나 신왕하면 귀명이 되겠으나, 신약하면 약한 일주를 생하는 편인을 재성이 극하므로 오히려 흉명

이 된다. 그러므로 신왕하고 편인이 재성을 만나면 부귀한다.

- 일지가 편인에 해당하고 천간에 편인이 중중하면 행운에서 식신을 만났을 경우 명주가 빈한하다. 그것은 편인과 극이 되는 재성을 생하고, 식신 또한 편인과 극이 되기 때문이며, 다시 형충을 대동하면 재앙이 크다.
- 일간도 약하고 편인도 약하면 격이 상당히 불량하다. 그러므로 편인격은 일간도 어느 정도 강하고 편인도 생하는 관살이 있으면 길하다.
- 편인은 흉신이므로 간합이 되면 성격이 되어 오히려 길하다.
- 신강한 재성격에 편인이 왕하여 일간을 생함이 강하면 재성격은 더욱 파격이 되어 어느 한 가지 일도 성공하기 어렵다.
- 편인격이 재성을 만나면 자수 성가하여 부를 축적한다.
- 편인격이 신왕하면 길하고, 더불어 재성과 관성이 왕하면 복력이 크다.
- 편인격이 양인과 겁재가 겹쳐 있으면 겉으로는 예의가 바른 것 같으나, 내면은 인색하고 각박하다.
- 편인이 편재를 만나 제화가 적절하면 정인의 성품과 다를 바 없으며, 명랑하면서도 차분하다.
- 편인격이 왕하면 모사와 계략이 교묘하여 겉으로는 친선을 도모하나 속으로는 불측의 기회를 노린다.
- 편인과 정인은 비슷한 면이 많지만, 질적으로는 편인을 정인보다 한 단계 낮게 본다. 그러나 편인이라 할지라도 제화가 적절하면 정인을 능가할 수도 있다.
- 편인격이 정관을 만나면 관인화격이 구성되고, 편관을 만나면 살인화격이 구성된다.
- 월지가 삼합 회국하여 편인으로 화하면 편인국으로 간명한다.
- 관인화격이나 살인화격은 편인만 왕하게 되므로 재성의 다스림이 없으면 파격이 된다.
- 일주가 약하고 식상이 성하면 인성이 용신이다.
- 일주가 약하고 관살이 성하면 인성이 용신이다.

- 편인격에 편인이 중첩되어 왕한데 식신운이 오면 목숨도 부지하기 힘들다.
- 남녀를 불문하고 관인 상생이 재관 상생만 못 하다. 더구나 여명은 식상이 자식이라서 인성이 왕하면 자식을 극하기 때문이다.
- 월간에 편인·상관·편관이 있으면 대부분 가정 환경이 어렵고, 발복하기가 쉽지 않으며, 게다가 기신에 해당하면 흉 작용이 더 심하다.
- 사주에 편인이 한 개 정도 있는데 식신이 많으면 음식을 절제하지 못하여 질병을 부른다. 따라서 식신이 많은 사람은 비만형의 경우가 많고, 반대로 마른 사람은 편인이 왕성하여 식신을 심하게 극하기 때문이다.
- 편인격인 사람은 용모도 당당하고 활인의 덕이 있어 부귀하며, 인품도 있으므로 공직에 나아가도 크게 출세하고, 예술 방면으로 가면 청고한 기예인이 된다. 그러나 주색을 좋아하면 깊게 빠져들어 방탕하게 되고 패가 망신한다.
- 편인격은 명에서 편인과 편재가 합이 되거나, 합이 되는 행운이 가장 대길하다.
- 편인격에 식상이 명에 있을 때는 재성운이 와야 발복한다. 반면, 관살운이 오면 편인이 더욱 강해져서 식상을 극하므로 빈한하고 단명한다.
- 편인격이 행운에서 식상을 만나면 각종 우환이 들끓는다. 그러므로 이 시기에는 음식을 조심해야 하고, 재물 성취욕을 버려야 한다.
- 편인격에 편인이 과다하고 관살이 있는데, 다시 행운에서 편인을 만나면 생명을 위협하는 불측의 재난이 불어닥친다.
- 편인격에 식상이 많아 신약하면 인성운은 길운이고, 식상운은 흉운이다.
- 편인격에 재성이 많아 신약하면 비겁운은 길운이고, 식상운·재성운은 흉운이다.
- 편인격에 관살이 많아 신약하면 인성운·비겁운은 길운이고, 재성운·관성운은 흉운이다.
- 편인격이 신약하고 편인만 왕성하면 비겁운은 길운이고, 관살운·인성운은 흉운이다.

- 편인격에 비겁이 많아 신강하면 식상운·관살운은 길운이고, 비겁운·인성운은 흉운이다.
- 편인격이 신강하고 재성이 왕하면 인성운·관살운은 길운이고, 식상운·재성운은 흉운이다.
- 편인격이 신강하고 인성이 왕하면 재성운은 길운이고, 인성운·관성운은 흉운이다.
- 일주는 신강한데 편인격이 약하면 인성운·관살운은 길운이고, 재성운·비겁운을 흉운이다.

일주가 신약일 경우에는 편인은 매우 귀중한 것이다. 십신 중 식신·정재·정관·정인을 길신으로, 상관·편재·편관·편인을 흉신으로 분류한다. 그러나 오행이 순수하고 제화가 적절하며, 주변의 상황과 위배되지 않으면 흉신이라도 길신의 역할을 수행하고, 길신이라도 주변의 상황과 조화를 이루지 못하면 흉신의 역할을 할 수밖에 없다. 이와 같이 주위의 환경을 배제하고서는 길신 또는 흉신으로 단정 지을 수 없다는 것을 분명히 이해하기 바란다.

예1) 일간이 약할 경우에는 인성이 일간을 생해야 길명이 된다. 그러나 반대로 일간이 강할 경우에는 인성이 있으면 더 신강하게 되어 사주가 불길하다.

| 비견 | 정인 | 편인 | 정관 | 편관 | 정재 | | 편인 | | 편재 | 식신 |
|---|---|---|---|---|---|---|---|---|---|---|
| 甲 | 癸 | 壬 | 辛 | 庚 | 己 | | 壬 | 甲 | 戊 | 丙 |
| 辰 | 卯 | 寅 | 丑 | 子 | 亥 | | 申 | 子 | 戌 | 申 |
| 편재 | 겁재 | 비견 | 정재 | 정인 | 편인 | | 편관 | 정인 | 편재 | 편관 |

甲목이 戌월 토왕지절에 생하고, 사주에 재성·관성이 왕성하여 신약 사주이다. 그러나 일지와 시지가 申子 반합하여 수국을 이루고, 일지와 시간의 인성이 일간 甲목을 생하므로 길명이 되었으며, 더욱 좋은 것은 대운이 북동

방간 수목운으로 흐르기 때문이다.

예2) 일간이 약하고 식상이 왕성할 때, 인성이 명에 있거나 행운에서 인성을 만나야 사주가 길해진다. 그것은 인성이 왕성한 식상을 억제하고 동시에 약한 일주를 생하기 때문이다.

| 식신 | 상관 | 편재 | 정재 | 편관 | 정관 | | 편인 | | 편인 | 정인 |
|---|---|---|---|---|---|---|---|---|---|---|
| 庚 | 辛 | 壬 | 癸 | 甲 | 乙 | | 丙 | 戊 | 丙 | 丁 |
| 寅 | 卯 | 辰 | 巳 | 午 | 未 | | 辰 | 申 | 申 | 酉 |
| 편관 | 정관 | 비견 | 편인 | 정인 | 겁재 | | 비견 | 식신 | 식신 | 상관 |

지지에 식신·상관이 왕성한 데 반하여, 일주 戊토는 시지 辰토에 미근할 뿐이다. 그러므로 신약이나 연간·월간·시간에 인성이 있어 일주를 생하고, 식신·상관을 억제하여 극신약은 면했다. 巳운에 정계에 진출하여 辰운에는 정계의 거물이 되었으나, 辛卯 대운 이후는 용신 丙화가 대운의 천간 辛금과 丙辛 합수하고, 왕금이 대운의 卯목 정관을 극하므로 정계에서 은퇴하고 낙향하였다.

예3) 일간이 약하고 관살이 성할 때는 인성이 있어야만 부귀할 수 있다. 반면, 신강하고 관살이 약할 때는 인성이 있으면 관살이 더욱 약해져서 사주가 불길해진다.

| 상관 | 식신 | 겁재 | 비견 | 정인 | 편인 | | 정인 | | 정관 | 비견 |
|---|---|---|---|---|---|---|---|---|---|---|
| 乙 | 甲 | 癸 | 壬 | 辛 | 庚 | | 辛 | 壬 | 己 | 壬 |
| 丑 | 子 | 亥 | 戌 | 酉 | 申 | | 亥 | 申 | 未 | 申 |
| 정관 | 겁재 | 비견 | 편관 | 정인 | 편인 | | 비견 | 편인 | 정관 | 편인 |

壬수가 未월 화토왕절에 생하여 신약일 듯하나, 연·일·시주에 금수가 태왕하여 신강이다. 일주가 신강하므로 월주의 己未 정관이 용신이며, 용신 정관은 월령을 득하여 성하므로 사주는 귀격이다. 그러나 불행하게도 대운이 기신운인 인성·비겁운으로 나아가므로 일생을 무의도식하며 한가롭게 보냈다. 만약 대운이 재·관운으로 흘러갔다면 어느 정도의 관록은 성취했을 것이다. 이렇듯 일주가 신강하면 인성은 무용지물이며, 온갖 재난만 불러온다.

### (5) 직업

편인의 직업은 의학 계통·예술 계통·언론 계통·스포츠 계통·기술 계통의 분야에 적합하며, 종교·문학·학문·역학·무속인·침술사구류술업 등의 계통에 취미와 소질이 있다.

- 교육·의약업·종교·육영 사업·예술·활인업 등 남들로부터 존경받을 수 있는 직업을 선택하면 좋다.
- 편인이 식신·상관을 만나면 예술·언론 계통으로 진출하면 대성한다.
- 편인이 재성을 만나면 의학·기술 계통의 사업을 하면 크게 성공한다.
- 편인이 관성을 만나면 법학·군사학·종교학 등의 학문에서 명성을 얻는다.
- 편인격이 불량하면 기사·역학·침술·무속인 등의 비생산적인 업무에 종사한다.

### (6) 행운

① 편인이 용신이나 희신에 해당하는 경우

- 사업자는 새로운 사업으로 도약하는 계기가 마련된다.
- 직장인은 진급·영전·승진 등의 기쁨이 있다.
- 실직자·무직자는 손윗사람의 도움으로 직장을 잡게 된다.
- 학생은 학업 성적이 향상되고, 수험생은 각종 시험에 합격한다.
- 부동산의 신축·증축·매매사 등이 수월하게 이루어진다.

- 신규 분야의 학술·예술·기술 계통에 진출하여 큰 성과를 얻고, 사진·꽃 꽂이·서예·각종 스포츠·문학 등의 사회적 취미 활동에도 적극 참여하 여 좋은 결과를 얻는다.
- 예능이나 체육을 전공하는 사람들은 예상 이외의 성적을 거둔다.
- 일반적으로 부모·형·직장 상사·선배 등 손윗사람의 도움을 받는다.
- 전반적으로 생활이 윤택해지고, 일상사에 마음의 여유가 생긴다.

② 편인이 기신이나 원신에 해당하는 경우

- 사업자는 신규 사업이나 사업 확장 등의 업무에서 애로가 많고, 성사가 되지 않는다.
- 직장자는 파면·해임·좌천·정직 등의 불이익이 발생한다.
- 실직자·무직자는 계속 직장을 구하지 못한다.
- 학생은 학업 성적이 불량하고, 수험생은 각종 시험에서 낙방한다.
- 문서와 관련된 모든 업무는 불길하다. 즉, 각종 인허가·부동산 매매사· 계약 체결·송사·소송, 각종 보증, 법적인 등기 이전 등의 문서사에서 손 해가 발생하고, 성사가 잘 되지 않는다.
- 기혼 여성은 자식으로 인하여 근심·걱정이 생기고, 임산부는 본의 아니 게 자연 유산이나, 인공 유산 등의 아픔을 겪는다.
- 미혼 여성은 사기 결혼이나 연예에 휘말려 정신적 고통을 당한다.
- 자금을 투자하는 사업은 예상하지 못한 일이 발생하여 금전적인 손해를 보고, 사기·도난·천재지변·배반·배신, 억울한 누명 등의 각종 재액이 발 생한다.
- 건강상의 어려움으로 수술·입원 등의 불상사가 일어난다.
- 손윗사람으로 인해 금전적·재정적인 손해를 입고, 육체적·정신적인 학대 를 당한다.
- 전반적으로 모든 일상사에 어려움에 봉착하므로 매사 신중하게 행동하 고 현상 유지에 힘을 쓰는 것이 현명한 방법이다.

## 10) 정인正印

　일간을 생하는 오행으로 음양이 서로 다르면 정인이다. 즉, 일간이 甲목이라면 수생목하여 癸수가 정인이고, 일간이 乙목이라면 수생목하여 壬수가 정인이다.

### (1) 육친

　남자의 경우, 어머니·이모·장인·외손녀·유모·문서도장·부동산·공부 등을 상징한다.
　여자의 경우, 어머니·이모·사위·유모·문서도장·부동산·공부 등을 상징한다.

### (2) 성격

　정인은 지혜·슬기·총명·예지·학문의 특성이 있으므로 인수라고도 칭한다. 인수는 인의를 알고 자비심이 있으며, 종교를 경신하고 군자의 품격이 있다. 지혜가 많고 인격이 방정하며, 친절하고 의식이 넉넉하며, 종교에 열중한다.
　마음이 어질어서 인색하지 않다. 생각이 깊고, 인색하지 않으니 넓은 아량으로 주변을 잘 포용해 나간다.
　고결한 품격을 갖추고 자신의 주변을 항상 깨끗하게 유지한다.
　대체로 인자하고 너그러운 편이며, 대쪽 같은 선비 기질이 강하고, 낙천적이며 미래 지향적이다.
　사람에 따라서 재물에 대해 인색하기가 쉽고 이기적인 면이 강하면서 자존심이 있고, 게으른 점도 있다 하겠다.
　온화하면서도 강직한 면을 갖고 있어서, 한번 결심하고 마음먹은 일을 끝까지 밀고 나간다. 순수하고 고고하며 박애주의자이다.

　정인은 온후 단정·자산 풍부·복수 쌍전·가도 번영·생애 안락 등의 경향이 있다. 사주에 정재가 있으면 이와 같은 길성은 감소하나, 정관이 있으면 길조가 더욱 증가한다.

### (3) 판단

정인은 지혜요 지식이며, 교육·교양·수양이 된다. 그러나 사주에 정인이 많으면 부모의 과보호를 받는 형국이라 의타심이 많고 게으른 편이다.

- 정인이 연주에 있고, 형·충·파·공망이 되지 않으면 양가의 자손이다.
- 연간에 정인이 있고 월간에 겁재가 있으며, 정인이 십이운성의 쇠·병·사· 절과 동주하면 상속인의 자격은 있으나 동생이 대신 상속받게 된다.
- 정인이 월주에 있으면서 충·극·파·공망이 되지 않으면 성정이 총명하고 지조가 굳으며, 실천력과 견식이 뛰어나다.
- 월간에 정인이 있고 십이운성의 사왕지에 해당하면 외가에 영화로움이 있다.
- 월주에 정인이 있고 파극되지 않으면 문장으로 명성을 얻을 수 있으며, 월간보다 월지에 있는 것이 그 영향력이 더욱 강하고 성품은 총명하며, 용모와 인격이 고상하다.
- 정인이 시주에 있으면 복력이 약하고, 정인이 왕성한데 식신 또한 성하면 단명, 아니면 빈곤하며, 말년에 고독하게 지낸다.
- 정인은 명예이고, 식신은 귀함이 되지만, 정인이 생왕하면 식신이 파극되므로 자식을 두기 어렵다.
- 인성<sup>편인·정인</sup>과 재성과 관성이 모두 시주에 있으면 반드시 부귀한 집안 태생이며, 여명은 귀녀이고 미인이며, 현숙한 귀부인이 된다.
- 인성은 약한데 정재가 왕성하면 어머니와 이별하고, 다시 재운을 만나면 매사에 막힘이 많고 되는 일이 없다.
- 정인이 십이운성의 사왕지에 임하면 어머니가 현명하고 자애가 깊은 분이며, 사쇠지에 임하면 어머니가 현명치 못하고, 잔병에 시달린다.
- 정인이 간합하면 모가 부정하고, 재성이 간합하면 처가 부정하며, 관성이

간합하면 여식이 부정하고, 편재가 간합하면 첩이 부정하고, 상관이 간합하면 조모가 부정하고, 식신이 간합하면 손녀가 부정할 수 있다.

- 정인과 관살이 동주하면 명리가 많고, 여자는 남편과 자식복이 있다.
- 정인을 극하는 살은 정재인데, 정인이 정재의 지지에 있는 것을 살지에 임했다고 한다.
- 정인이 살지에 임하고, 쇠·병·사·절지에 해당하며, 고신·과숙살을 만나면 모친이 현숙하지 못하고, 잔병 치레가 많으며, 모자간에 불목한다.
- 인성이 장생지에 임하면 모친이 정숙하고 인자하며, 모자간에 화목하고 장수한다.
- 정인이 편인과 교집되어 왕하면 결단력이 없고, 양인과 동주하면 심신이 고달프다.
- 정인이 상관과 동주하면 모자간에 의견이 다르고, 정재와 동주하면 처와 어머니 사이가 나쁘다.
- 정인이 태과하면 남녀 모두 자식과 인연이 없고, 있다면 불효 자식이다. 이유는 여명에서 인성이 많으면 자식성인 식상을 극하게 되고, 남명에서 인성이 많으면 자식성인 관성을 설기하여 자식성이 무력해지기 때문이다.
- 명중에 정재가 많으면 어머니와 인연이 없고, 있다면 어머니에게 불효하고, 아니면 어머니가 재가한다.
- 정인이 건록과 동주하면 명문가의 자손이고, 관대와 동주하면 양가의 자손이며, 제왕과 동주하면 부친이 데릴사위인 경우가 있고, 쇠·병·사·절과 동주하면 부모덕이 박하다.
- 정인이 왕성하고 신강하면 호색가이다.
- 정인이 편재와 동주하면 사업상 이익이 많고 가정이 원만하다.
- 정인이 비견과 동주하면 형제 또는 친구로 인하여 손해가 많고, 겁재와 동주하면 형제·친구와 일을 도모해도 항상 결말이 좋지 않다.
- 정인이 3개 이상이면 편인의 특성이 나타난다.
- 여명에 정인·상관·양인이 왕성하면 남편·자식과 인연이 없고 출가한다.

- 여명에 정인이 많으면 남편과 일찍 이별하고 자식과도 인연이 없으며, 시집 식구와도 불목한다.
- 여명에 정인이 약하고, 정재가 과다하면 음란하고 천부가 된다.
- 여명에 관성이 약하고 정인이 왕성하면 남편 대신 생활 전선에 뛰어들어 애고가 많고, 노년에는 쓸쓸하게 여생을 보낸다.
- 정인이 편관과 동주하면 대담성은 있으나 과격하다. 군인에게는 적합한 성격이나 끝말이 좋지 않으므로 자신을 어떻게 다스리느냐가 관건이다.
- 신약일 경우에는 정인도 있고 편관도 있으면 관생인 인생 일주하여 일간을 생하는 기쁨이 있다. 그러나 신강의 경우에는 더욱 신강해져서 고독하거나 빈천한 명이 된다.
- 정인이 가장 두려워하는 것은 정재이다. 그러므로 명이나 행운에 정재를 만나는 것은 크게 흉이 된다. 그러나 명에 비겁이 있으면 무방하다.
- 편관과 정인이 동주하면 총명 영리하나 폭력적인 일면이 있는 반면, 정관과 정인이 동주하면 인품이 있고 영명하다.
- 신약한 명식에서의 정인은 최고의 길신이다. 그러나 재성의 극이 심하면 복력이 한결같지 않다.
- 십신 중에서 정인·정재·정관을 삼귀성이라 하고 최고의 길성으로 여긴다. 삼귀성 중에서도 정인을 첫 번째로 여긴다. 그러나 정재가 너무 많으면 정인을 심히 극하여 흉이 되고, 정관이 너무 많아도 정인을 심히 생하여 역시 흉이 된다.
- 명에서 정인과 편인이 혼잡되어 왕성하면 재성이 있어야 길하다. 그러나 정인이 약할 경우에 재성을 만나면 정인이 더욱 파손되어 우둔하고, 거기에 충·파까지 겹쳐 있으면 노력은 해도 결과가 시원치 않다.
- 정인이 왕하고 일주도 신강할 때는 정재와 식상이 함께 있으면 양호한 명이 된다. 이것은 정재로 왕한 정인을 극하고, 식상으로 일주를 누설시켜 왕성한 일간을 설기함으로써 체와 용의 균형이 맞아 사주가 길하게 된다.
- 일간이 약한 경우는 정인이 왕한 것이 좋고, 반대로 일간이 강한 경우에

는 정인이 약함이 좋다. 이것은 체일간와 용용신의 균형을 맞추는 것이 가장 중요한 문제이기 때문이다.

- 정인이 정관의 도움을 받으면 길조가 더욱 증가한다. 이것은 정인이 정관의 길성을 극하는 상관을 제압함으로써 서로 보완 관계에 있기 때문이다.
- 정인은 총명하고 지혜롭고 자애로우나, 자신의 이익에도 밝아 재물에 인색할 수도 있으므로 정신적 가치의 중요성도 일깨우면 좋다.

사람은 누구나 자신만의 그릇을 갖추고 있다. 큰 물항아리만한 그릇의 크기를 갖고 있는 사람이 있는가 하면, 작은 종지만한 그릇의 크기를 갖고 있는 사람도 있다. 모두 자신의 그릇이 채워지면 만족하는 것이다. 그릇의 재량법은 일간이 신강하면 큰 그릇이고, 신약이면 작은 그릇이다. 또 일간을 기준으로 월지와 일지가 십이운성의 장생·관대·건록·제왕지에 해당하면 큰 그릇이고, 목욕·쇠·태·양지에 해당하면 보통 그릇이며, 병·사·묘·절지에 해당하면 작은 그릇으로 보면 된다. 그러나 신강하고 제화가 적절하지 못하면 유아독존적이며, 헛욕심이 많아 큰 것만을 추구하다가 실패하기 쉽고, 실속이 없으며, 신약해도 생조가 적절하면 생활이 안정되고 의외의 복력이 크다.

예) 여명

<table>
<tr><td>정인</td><td>편인</td><td>정관</td><td>편재</td><td>정재</td><td>편재</td><td>편재</td><td></td><td>상관</td><td>상관</td></tr>
<tr><td>丁</td><td>丙</td><td>乙</td><td>甲</td><td>癸</td><td>壬</td><td>壬</td><td>戊</td><td>辛</td><td>辛</td></tr>
<tr><td>酉</td><td>申</td><td>未</td><td>午</td><td>巳</td><td>辰</td><td>子</td><td>寅</td><td>卯</td><td>巳</td></tr>
<tr><td>상관</td><td>식신</td><td>겁재</td><td>정인</td><td>편인</td><td>비견</td><td>정재</td><td>편관</td><td>정관</td><td>편인</td></tr>
</table>

일간 戊토를 일지의 寅중 丙화와 연지 巳화가 생하고 있으나, 卯월 목왕절에 생하고, 명중에 재·관이 성하여 신약 사주이므로 인성이 용신이다. 癸운에 결혼하였으나 남편이 출장이 잦아 공방이 많았고, 巳운은 명실공히 용신

운이므로 남편이 발전하여 甲午 대운에는 문호가 창궐하였다.

乙未 대운은 평길하였으며, 다음 申운에 申중 壬수가 寅 중 丙화를 극하고, 연지 巳화와 寅巳申 삼형이 형성되어 용신이 모두 파극되므로 졸망하였다.


### (4) 종합 판단

정인격은 월지에 정인이 있거나, 월시 상산의 정인이 천간에 투출되었을 때, 또는 정인이 용신이면 정인격이 성립된다.


- 정인격은 신왕하여야 하며, 극신강이나 극신약은 꺼리고, 형·충을 피해야 한다.
- 정인격은 재성을 가장 싫어한다. 그것은 재극인하여 인수를 억누르기 때문이며, 정인격의 사주가 재성을 탐하면, 즉 재물과 여자를 탐하면 명예가 무너지는 탐재 파인을 당하게 된다. 가끔 사회적으로 명망이 있는 학자나 지도자급 인사가 뇌물이나 독직 사건으로 언론에 오르내리며 망신을 당하는 경우가 있는데, 바로 이런 경우가 학문과 명예를 추구해야 할 정인격의 사주가 돈과 여자를 탐하다가 한 순간에 명예가 무너지는 탐재 파인에 처하게 되는 것이다.
- 정인격은 대체로 부모의 덕이 있고, 타고난 본성이 순박한 사람으로 신앙심이 강하고 베풀기를 좋아하며, 덕이 있는 사람이다.
- 정인이 과다하면 부선망의 팔자이며, 친어머니 외에 다른 어머니가 있거나 편모 슬하가 될 염려가 있고, 인수와 재성은 상극이라 처궁은 좋지 못한 편이다.
- 월지를 포함한 삼합이 정인이 되면 정인국이 형성된다.
- 정인격이 명에서 정관을 만나면 관인화격이 형성된다.
- 정인격이 명에서 편관을 만나면 살인화격이 형성된다.
- 정인격은 관성의 생을 받아야 귀격이 된다. 그러나 관살 혼잡이 되어 정인을 생함이 심하면 정인이 탁해져서 좋은 격이 될 수 없다.

- 정인격에 재성이 왕성하여 정인을 극함이 심하면 정인의 좋은 길조가 사라져서 파격이 된다. 그러나 정인이 태다한 정인격은 재성이 있어 정인을 극해 주어야 양호한 정인격이 된다.
- 정인격이 형·충·공망이 되면 파격이 된다. 정인은 길신이므로 형충이 되면 파극이 되어 길조가 사라지고, 공망이 되면 무력해져서 역시 좋지 않다.
- 정인은 길신이므로 합이 되면 길조가 손상되어 파격이 된다.
- 정인격에 관살이 왕성하여 정인을 생함이 심하면 정인의 역량이 감소하여 흉명이 된다. 그러나 명에 식상이 있어 관살을 제극하면 사주가 다시 맑아져서 양호한 정인격이 된다.
- 정인격이 천을귀인·월덕귀인·천덕귀인과 동주하면 일생 특별한 흉액이 없는 귀한 명이며, 재난이 있을 때는 귀인의 도움을 받는다.
- 정인격이 정관을 만나는 것을 관인 겸전이라 하여 부모덕이 많고, 정계에 진출하면 정치가로서 명망을 얻을 수 있는 극귀한 명이다.
- 네 길신인 식신·정재·정관·정인은 태과하거나 불급하지 않아야 하고, 형·충·파·해·공망을 당하지 않아야 제 능력인 길성을 발휘할 수 있다.
- 재성이 정인을 파극하고 있는데, 다시 형·충이 겹쳐 있으면 평생 힘든 노동을 해야 하는 고초가 있다.
- 신약 사주에 정인만 왕하고 다시 재성을 만나면 속이 빤히 들여다보이는 얕은 꾀에 능하고, 신왕하고 정인도 왕하면 인품도 있고 복력이 두터운 명이다.
- 정인은 월주에 있는 것이 최고의 지위이며, 다음으로 시간에 있는 것이 길하다. 월지 정인이 왕하면 부모의 덕이 많고 장수한다.
- 정인격의 여명은 시어머니와 화합이 잘 되지 않고, 친정 일로 고심이 많다.
- 여명에 정인과 식상이 겹쳐 있으면 부부궁이 불미하여 남편에 대한 불만이 많고, 백년 해로가 쉽지 않다. 팔방 미인에다 미모도 수려하나 남자복은 박복하다.
- 정인격의 여명이 편인을 만나면 매우 불길하다. 특히 부부 사이에 풍파가

일어난다.

- 명에 인성도 없고 관성도 없으나, 삼합이 되어 국을 이루었다면 위엄과 권위가 있는 귀명이다.
- 정인이 천간에 투출되어 있으면 공명이 크고 대부하나, 사·절·지에 임하면 불길하다.
- 천간의 정인이 합이 되고, 지지에 도화가 있으면 풍류만 좋아하고 방탕하여 가산을 탕진한다.
- 인성이 장생지에 임하면 어머니가 인자하고 정숙하며, 모자간에 화목하고 장수한다.
- 정인이 양인 또는 살지에 임하거나, 쇠·병·절·묘지에 임하고, 고신·과숙살을 만나면 모친이 현숙하지 못하고, 자식과도 불목하며, 잔병 치레가 많다.
- 정인의 살은 정재인데, 정인이 정재의 지지에 있는 것을 살지에 임했다고 한다.
- 신약한 정인격이 행운에서 재성운을 만나면 업을 퇴직하고, 화액이나 크나큰 재앙이 들어온다.
- 신강한 인수격은 체격은 건장하나, 외롭고 쓸쓸하고 고독하게 처신하여 속세를 떠날 가능성이 많다.
- 정인이 편관을 만나면 학문·기술·예능 분야에서 명성을 날린다.
- 정인이 문창성이나 화개와 동주하면 학술·문학·종교적인 계통에서 명성을 얻는다.
- 정인격이 행운에서 편인을 만나면 매사 막힘이 많고, 정신적으로도 혼란스럽지만, 신약일 경우에는 무방하다.
- 정인격인 사람이 재물을 탐하면 반드시 화를 당한다.
- 정인격이 신약한데 식상이 많으면 인성·비겁운은 길운이고, 식상·재성운은 흉운이다.
- 정인격이 신약한데 재성이 많으면 비겁운은 길운이고, 식상·재성운은 흉운이다.

- 정인격이 신약한데 관살이 많으면 인성·비겁운은 길운이고, 재성·관성 운은 흉운이다.
- 정인격이 신강한데 비겁이 많으면 식상·관살운은 길운이고, 인성·비겁운 은 흉운이다.
- 정인격이 신강한데 인성이 많으면 재성운은 길운이고, 인성·비겁·관살 운은 흉운이다.
- 정인격이 신강한데 재성이 많으면 관살운이 길운이고, 식상·재성운은 흉 운이다.
- 정인격에 식신·상관·편관이 명에 있으면 인성운·비겁운·식상운은 길운 이고, 재성운·관살운은 흉운이다.
- 정인격에 정관·편관이 함께 있으면 비겁·인성·식상운은 길운이고, 관살· 재성운은 흉운이다.
- 정인격에 식상이 있으면 재성운은 길운이고, 관살운은 흉운이다.
- 정인격에 정관의 뿌리가 있고 다시 식상이 있으면 정인운·관성운은 길운 이고, 식상운은 흉운이다.
- 정인격에 정인이 과다한데 행운에서 인성운·관살운이 오면 건강에 이상 이 생기고, 최악의 경우 사망한다. 그러나 재성의 구함이 있으면 모면할 수 있다.
- 신약한 정인격이 재성을 만나 파격이 된 경우에 비겁운이 오면 그 행운 기간 중에는 개운 발달한다.
- 정인격의 지지가 공망·형·충·파·해가 되거나, 십이운성의 사·묘·절지에 해당하면 길신의 능력을 제대로 발휘할 수 없다.
- 신약한 정인격에 재성운이 오면 명예 손상·권고 퇴직·파재·구설 등의 각종 재난이 일어난다.
- 신강한 정인격은 재성운이 와야 개운 발복한다.
- 정인이 대운 지지의 십이운성 가운에 사·묘·절·병지에 해당하고, 연운에 서 재성운을 만나면 모든 일이 뜬구름과도 같다.

• 정인이 정관과 동주하면 조직적이며 치밀하고, 정확한 계획성과 판단력
이 능하면서도 인품을 갖춘 명이며, 정인이 편관과 동주하면 모험심과 의
협심이 많고 호탕하며 과단성이 있다.


오행의 왕쇠는 주로 월지를 기준으로 산출하나, 더 자세히 관찰하려면 사
주 팔자 전체의 기세를 살펴야 한다. 가령 子午가 상충할 때 사주에 甲乙丙
丁과 寅卯巳午未戌이 많으면 午화가 왕이 되고, 子수가 쇠가 되며, 庚辛壬癸
와 申酉亥子辰丑이 많으면 子수가 왕이 되고, 午화가 쇠가 된다. 그러므로 쇠
한 희신을 기신이 충을 하면 발복하여 길이 되고, 왕한 기신을 희신이 충을
하면 발흉하여 흉하게 된다. 이와 같이 육신의 왕과 쇠를 구분하여 희신·기
신을 판단하면 명의 길흉이 확연히 드러난다.


사람들의 친분 관계를 살펴보면 서로의 기운이 거의 같은 사람들끼리 잘
어울리는 모습을 볼 수 있다. 그러다 보니 운이 좋을 때는 엇비슷하게 다 잘
나가는데, 운이 나쁠 때는 함께 나빠지는 경향이 있다. 그러나 사람을 사귈
때는 서로의 기운이 잘 통하거나, 운이 좋은 사람과 가까이하면 자신의 기도
영향을 받아서 좋아지는 이점이 있다. 용장 밑에 약졸 없다는 이치와 서로
통하는 것이며, 사람을 잘 골라 사귀라는 선인들의 가르침도 이 때문이다.


예1)

<table>
<tr><td colspan="6">편관 정인 편인 겁재 비견 상관</td><td>정재</td><td>식신</td><td>편관</td></tr>
<tr><td>乙</td><td>丙</td><td>丁</td><td>戊</td><td>己</td><td>庚</td><td>壬</td><td>己</td><td>辛</td><td>乙</td></tr>
<tr><td>亥</td><td>子</td><td>丑</td><td>寅</td><td>卯</td><td>辰</td><td>申</td><td>巳</td><td>巳</td><td>酉</td></tr>
<tr><td colspan="6">정재 편재 비견 정관 편관 겁재</td><td>상관</td><td>정인</td><td>정인</td><td>식신</td></tr>
</table>


己 일주가 巳월 화왕절에 생하여 신왕할 듯하나, 지지가 巳申형이 되고, 巳
酉 반합하여 금이 성하므로 일주의 설기가 극심하다. 그러므로 己卯·戊寅

대운에 정인이 생기되어 대발복하였으나, 子운에 申子합이 되어 왕성한 수기가 인성을 극파하므로 돈과 여자 문제로 화액을 당하였다.

예2)

<table>
<tr><td>편재</td><td>정관</td><td>편관</td><td>정인</td><td>편인</td><td>겁재</td><td></td><td>상관</td><td></td><td>비견</td><td>편재</td></tr>
<tr><td>己</td><td>庚</td><td>辛</td><td>壬</td><td>癸</td><td>甲</td><td></td><td>丁</td><td>乙</td><td>乙</td><td>己</td></tr>
<tr><td>巳</td><td>午</td><td>未</td><td>申</td><td>酉</td><td>戌</td><td></td><td>亥</td><td>酉</td><td>亥</td><td>亥</td></tr>
<tr><td>상관</td><td>식신</td><td>편재</td><td>정관</td><td>편관</td><td>정재</td><td></td><td>정인</td><td>편관</td><td>정인</td><td>정인</td></tr>
</table>

일간 乙목이 亥월 수왕절에 생하고, 지지에 금수가 성하여 수기가 왕성하다. 한습한 수기를 천간의 己토·乙목·丁화가 구할 수 없어 癸酉·壬申 대운에는 빈곤하게 명맥을 이어갔으나, 辛未 대운부터 개운 발달하여 庚午·己巳 대운에 화토가 성왕하므로 한습한 수기를 제거하여 부귀를 겸전하였다. 辰운에는 왕수가 입묘하므로 불길하다.

예3)

<table>
<tr><td>비견</td><td>겁재</td><td>편인</td><td>정인</td><td>편관</td><td>정관</td><td></td><td>정재</td><td></td><td>편재</td><td>정관</td></tr>
<tr><td>丁</td><td>丙</td><td>乙</td><td>甲</td><td>癸</td><td>壬</td><td></td><td>庚</td><td>丁</td><td>辛</td><td>壬</td></tr>
<tr><td>巳</td><td>辰</td><td>卯</td><td>寅</td><td>丑</td><td>子</td><td></td><td>戌</td><td>巳</td><td>亥</td><td>寅</td></tr>
<tr><td>겁재</td><td>상관</td><td>편인</td><td>정인</td><td>식신</td><td>편관</td><td></td><td>식신</td><td>겁재</td><td>정관</td><td>정인</td></tr>
</table>

일간 丁화가 亥월 수왕절에 생하고 사주에 재관이 왕하여 신약이므로, 寅亥합이 되어 성한 寅목이 용신이고, 재성인 금은 병신이다. 壬子·癸丑 대운은 곤고한 와중에도 학업에 열중하였으며, 甲寅·乙卯 대운에는 용신 寅목이 동방 목운을 만나 생을 받으니 고관으로 입신 양명하여 丙辰·丁 대운까지 홍왕하였다. 巳운은 병신인 금의 장생지이고, 용신 寅목과 寅巳형이 되므로 퇴직하였다.

충중 봉합이란, 충을 합이 있어 구하는 것을 말하며, 그 합한 오행이 용신인지 기신인지에 따라서 길흉의 작용이 달라진다. 충중 봉합이 되었다 해서 충이 완전히 해소되는 것은 아니지만, 충중 봉합하여 용신이 된다면 전화위복이 되어 길하고, 만약 기신이 된다면 불행이 엎친 데 덮친 격이다.

위 명의 예를 들면 월지·일지의 巳亥충을 연지·월지의 寅亥 합목이 되어 용신으로 화해 길명이 되었으나, 巳운에 재차 사해충을 하므로 중중 봉합이 깨어져 더욱 불길하게 되었다.


## (5) 직업

정인은 학문적 재능을 타고났으므로 사업이나 상업 경영보다는 공무원·정계·교육계·종교계·예술계 등에서 자질을 발휘할 수 있는 학자·연구가·작가·종교인으로 자신의 능력을 펼치는 것이 좋다.


- 정인격이 정관을 만나면 교육 계통의 관료·대학자, 학구적인 정치인, 학문과 기술을 바탕으로 하는 지도자 등이 좋다.
- 정인격이 편관을 만나면 법관·검찰·군인·기술을 앞세운 고위 관료·경영자 등이 좋다.
- 정인격에 관살이 없으면 정통적인 학문·예술·기술·종교 분야로 나가는 것이 양호하다.
- 정인격이 불량하면 교육·문화·예술·기술 등의 분야에서 직장 생활을 하는 것이 길하다.
- 정인격에 편인이 있으면 두 가지의 직업을 갖는 경향이 있다.
- 정인격이 양인을 만나고 관성이 명에 있으면 고위 관료직에 진출한다.
- 정인이 십이운성의 묘에 봉하면 종교인으로 투신하는 경향이 있다.


## (6) 행운

① 정인이 용신이나 희신에 해당하는 경우

- 사업자는 각종 계약이 체결되어 이익이 많고, 영업적인 활동이 순조로워 회사가 발전한다.
- 직장자는 진급·영전·승진 등의 즐거움이 있다.
- 무직자·실직자는 귀인의 도움으로 직장을 얻는 기쁨이 있다.
- 학생은 학업 성적이 향상되고, 수험생은 각종 시험에 합격하는 영광을 누린다.
- 부동산의 매매·신축·증축·개축 등의 문서와 관계되는 일을 수월하게 해결한다.
- 각종 민원 해결 사항이나 관청의 허가 사항 등이 이익이 되는 방향으로 유리하게 해결된다.
- 부모·선배·직장 상사 등 손윗사람으로부터 도움을 받거나, 또는 조상으로부터 정신적·물질적인 유산을 물려받는다.
- 인기와 명예가 상승하여 훈장·표창·상장 등을 수여받는다.
- 전반적으로 모든 사회적 활동이 원활해지고, 금전적인 여유가 생겨 재산 증식에도 매진하고, 고질적인 질환이 있는 환자는 쾌차할 수 있다.

② 정인이 기신이나 원신에 해당하는 경우
- 사업자는 영업이 부진하고, 각종 계약이 성사되지 않아 회사 경영에 타격을 입는다.
- 직장자는 해임·좌천·파면·정직·감봉 등의 불이익을 당한다.
- 무직자·실직자는 계속 직업을 잡을 수 없다.
- 학생은 학업 성적이 불량하고, 수험생은 각종 시험에 낙방하는 쓰라린 고배를 맛본다.
- 각종 문서자와 관계되는 모든 일은 불리하므로 소극적 처신이 필요하다.
- 부동산과 연관이 있는 매매·전세·임대·건물 신축·증축·개축 등의 모든 일에서 불이익을 당하므로 반드시 요주의해야 한다.
- 기혼 여성은 자식으로 인해 걱정 근심이 생기고, 임산부는 산액을 당한다.

- 신원 보증·재정 보증 등의 각종 보증을 서게 되면 큰 재액을 당하므로 절대로 피해야 한다.
- 남녀 불문하고 모친이 사고·수술 등의 재난을 당할 수 있어 근심·걱정이 발생한다.
- 전반적으로 활동이 둔해지고, 인기·명예가 추락하며, 재산상의 손해를 당하고, 각종 질환으로 인하여 건강도 나빠진다.

## 11) 남명의 종합 판단

남녀의 명을 중심으로 종합적인 판단을 정리하면 다음과 같다. 다독하여 이해가 되면 통변하는 데 많은 도움이 될 것이다.

- 재는 처이고, 관은 자식이며, 정인은 모친이고, 비견은 형제이다.
- 남명은 먼저 일간의 강약을 판단한 다음 재관의 강약을 살핀다.
- 재성이 쇠하면 상처하고, 관성이 쇠하면 극자하고, 인성이 쇠하면 부모 사망이요, 비겁이 쇠하면 형제가 사망한다.
- 일간이 왕하고 재관이 득기하면 일생 복록이 많다.
- 일간이 약하고 재관이 실기하면 일생 빈한하다.
- 일간이 왕하고 재관이 쇠하면 재관운에 발복한다.
- 일간이 약하고 재관이 왕하면 신왕운에 발복한다.
- 관성이 약해도 재성이 왕하면 관성이 약하다고 볼 수 없다.
- 재성이 입묘하면 충·파운을 만날 때 부가 장성할 것이며, 관성의 정기가 충·파되면 귀하지만 오래 가지 못한다.
- 관성이 충·파가 되고 다시 합이 되었다면 충중 봉합이 되어 뛰어난 학식과 재능을 나타낸다.
- 재·관이 극파되면 평생 고독하고 빈한하다.

- 사묘辰戌丑未가 명에서 충이 되어 개고되었는데, 다시 행운에서 충을 만나면 가산이 위태롭다.
- 재·관이 공망이 되면 상처하고 자식도 상하며, 관계에 진출해도 얻는 것은 미미하다.
- 관성이 건록지에 임하고 재성이 월령에 있으면 좋은 가문의 규수를 처로 맞이하고, 재성과 관성이 동주하면 권세가의 사위가 된다.
- 인성이 왕하고 관살도 왕하면 무관 장성이며, 관살과 괴강이 있어 충이 되면 성품은 고강하고 생살지권을 장악한다.
- 양인과 칠살이 중중하면 국가에 전공을 세우고 국민의 영웅이 된다.
- 칠살偏官이 제화가 적의하면 군권을 장악하고, 훌륭한 자식을 둔다.
- 신약하고 관살이 성하면 자식을 두기 어렵고, 건강을 조심해야 한다.
- 상관 사주에 자식이 있다면 키우기가 어렵지만, 대운이 재성운으로 흐르면 오히려 귀한 자식을 둘 수 있다.
- 상관격이 신왕하고 재성을 만나면 고관 재상이 된다.
- 상관격이 신약한데 다시 상관운을 만나면 평지 풍파가 일어나고, 왕한 상관이 형·충을 당하면 사망한다.
- 양인이 칠살을 제어하면 고시에 수석 합격한다.
- 상관이 관살과 합이 되어도 고시에 수석 합격한다.
- 상관이 실기하면 자식이 있어도 덕이 없으며, 상관격 사주의 일·시에 양인이 있으면 처와 생이 사별生離死別하는 수가 있다.
- 재성을 간명할 때 먼저 재성이 극해되는 심천을 살필 것이며, 재성이 월령을 득하였으나 사·절지에 해당하면 처의 내조가 없다.
- 신약 사주에 재성의 합이 2개 이상이면 겉으로는 선량하게 보이나, 내심은 간교하고 행실이 바르지 못하다.
- 신약에 재성이 많으면 똑똑한 척하나 언행이 일치하지 않고, 신약에 관성이 많으면 침묵과 과격의 이중적인 성격을 주의해야 하고, 재관이 모두 절패되면 천하고 가난한 처지를 벗어날 수 없다.

- 재·관이 양호하면 부귀 영화롭고, 재성과 인성이 서로 극파하면 귀명은 되어도 빈한하다.
- 신약 사주에 인성이 왕한데 인성을 다스리는 재성이 경하면 학문이 있어도 포부를 펼칠 수 없다.
- 인성이 왕하면 재성운을 만나야 부귀 영화롭고, 인성이 약한데 재성운으로 나아가면 한때의 헛된 욕망을 꿈꾸는 듯하다.
- 인성이 중중한데 연·월주에 양인·재성·관살이 있으면 양친이 여럿이다.
- 양인이 있고 재성이 중첩되면 중혼할 팔자이며, 신왕 사주에 살인 상생하면 공명 현달할 사람이다.
- 신왕하고 관살의 제화가 적의하면 입신 양명하고 이름을 드높인다.
- 정재는 처이고 편재는 첩이다. 명 중에서 정재가 약하고 타주에서 편재가 상생되어 왕하면 첩을 정처로 삼는다.
- 명 중에서 정재가 길신이 되면 처덕이 있고, 정재가 흉신이 되거나 정재가 되는 오행이 용신과 상극되면 처덕이 없다.
- 명 중에서 정재와 편재가 대등하면 반드시 첩을 얻거나 재혼한다. 그러나 정재를 용신이 생하면 첩이 오래 가지 못하고, 반대로 정재가 약하고 편재가 왕하면 본처보다 첩이 득세하여 정처가 된다.
- 신약 사주에 편재·정재가 많으면 반드시 첩을 얻는다.
- 명 중에 비겁이 왕성하여 재성이 극파되고, 관성이 약한데 월령이 신왕지이면 젊어서 상처한다.
- 명 중에 양인이 왕성하여 재성을 형극하고, 다시 행운에서 재성의 쇠·병·사·절지로 행하면 처궁이 자주 상하고, 자신도 장수하기 어렵다.
- 배우자를 극하는 명은 상처할 우려가 많고, 재성이 파극되면 반드시 처의 화액이 있다.
- 양 일주가 양시이면 남아를 많이 두고, 양 일주가 음시이면 선남 후녀이며, 음 일주가 음시이면 여아를 거듭 낳고, 음 일주가 양시이면 선녀 후남을 둔다.

• 명에서 비견과 재성이 상극하고 재성이 도화에 임하면 처·첩이 사통하고, 신왕하며 월지나 시지에 재성이 있으면 처의 내조가 많다.
• 명 중에 비겁이 태과하여 재성을 극함이 심하면 처와 이·사별하고, 때로는 재물로 인하여 생명에 지장을 받기도 하며, 집이 커도 안이 텅 비어 있어 돈으로 인해 어려움이 많다.
• 대운이 겁재이고 연운이 정재운이면 반드시 결혼에 시비 구설이 따르고, 부부간에 고달픈 일이 발생한다.
• 신강 사주에 대운·연운이 겁재운이면 부부 불화, 또는 파경의 운이다.


## 12) 여명의 종합 판단

• 관성이 남편이고 식상이 자식이며, 정인이 모친이고 비견이 자매이므로, 관성이 쇠하면 남편을 극하고, 식상이 쇠하면 자식을 극하며, 정인이 쇠하면 모친을 극하고, 비견이 쇠하면 형제를 상한다.
• 관성과 식상이 있으면 남편과 자식이 있고, 거기에 재성도 있으면 남편과 자식이 영화롭다. 그러나 관성과 식상이 쇠하면 하빈 천고격이요, 관성과 식상이 왕하면 부귀 영화할 명이다.
• 관성과 식상이 있는데 빈한함은 일주가 십이운성의 사쇠지에 있기 때문이고, 창성한 것은 일주가 사왕지에 거하기 때문이다.
• 재성이 있고 관살이 혼잡되지 않으면 현량한 남편을 두고 부귀한다.
• 재성이 왕하여 관성을 생하면 부귀격이고, 식신이 건록지에 앉고 재성이 있으면 자식이 영달하고 부귀한다.
• 부귀 영달하는 것은 재·관이 득기하고 식상이 왕한 때문이며, 불우하고 의탁할 곳이 없는 것은 재·관·식상이 파극되었기 때문이다.
• 오행을 모두 갖춘 丙子일 출생자는 재상 부인의 칭호를 받는다.
• 귀인이 적의하면, 귀하지 않으면 창달하고, 식신이 많으면 승려·수녀 또

는 기녀이다.

- 관성이 입묘하면 부선망이요, 천간의 관성과 식상이 공망되면 병고에 흉이 된다.

- 식신이 입묘하면 자식이 상하고, 식신격에 신왕하면 부모는 상하지만 자손은 번창하고, 부부간에 금슬은 좋다.

- 신약한 명에 辰戌충은 불가한다. 만약 충이 되면 독수 공방에, 설령 자식이 있더라도 출세하기 어렵고, 장수하지 못한다.

- 금수 상관격은 똑같은 미인인데, 재성과 인성이 있으면 부귀하고 정숙한 여성이다. 그러나 상관이 태왕하고 재성이 없으면 부부운이 불길하다.

- 여명이 중화함은 귀명이고, 신강하면 천명이며, 사주가 맑아서 청하면 귀격이고, 수기 유행이 되지 않아 탁하면 천격이다.

- 삼기재성·관성·인성가 있으면 남편이 극귀하고 만 리의 봉작을 받으며, 천덕귀인·월덕귀인이 있으면 그 자식이 대귀한다.

- 신왕하고 관성이 하나 있어 왕하면 남편이 금관 옥대에 발복하고, 겨울철에 출생하여 한랭 태과하고, 구함이 없으면 통탄할 운명이다.

- 관살이 왕한 여명이 다시 관살운을 만나면 사별·이별 등 극부지사의 명이다.

- 신왕에 재성이 득기하고, 대운이 재성운으로 향하면 남편과 자식이 발복하고, 더불어 관성이 유기하면 의식이 창성하며, 재물이 재고에 차 있음은 辰·戌·丑·未의 재고가 상극되지 않음이다.

- 관살이 태과하면 영화롭지 못한 징조이고, 재성이 태다하여서 부귀할 수 없으며, 정인이 용신인데 행운에서 편인을 만나면 상스러운 징조이다.

- 효인편인을 도식 또는 효인이라 칭한다이 용신인데 정인을 만나면 나무가 춘풍 지절에 꽃이 피는 형국이며, 금수 상관격이 금수 한랭하면 골육이 무정하고, 조토가 중중한데 다시 화기를 만나면 고단한 명이다.

- 사주 팔자가 양팔통이거나 음팔통이고 제화가 적절하지 못하면 독수 공방의 설움이 있을 것이고, 관살이 왕성하고 인성이 미약하면 극부한다.

- 식신·상관이 관성을 만나지 않으면 오히려 청결한 여명이며, 인성을 많이 만나면 극자하므로 자식이 상하고, 편인이 식신을 극함이 심하면 유산·사산 등의 산액을 당한다.
- 재성이 약하고 식신이 파가 되면 출신이 미천하며, 함지·홍염·겁살이 도화와 동주하면예:庚申·己丑·丁亥·壬寅 주색을 즐기는 여명이다.
- 관살이 혼잡되면 젊어서부터 혼자이고, 삼합·육합이 있는 중에 도화가 있으면 외정이 있고, 관성을 충극하고 식신을 극파하면 자식을 버리고 타인을 따라나선다.
- 관살이 삼형이 되면 일생 극자 극부하고, 관성이 도화살과 합이 되면 양귀비같이 아름다운 여성이다.
- 관성과 화개가 동주하면 출가한다.
- 고신·과숙이 인성에 임하면 승려가 되고, 혼인하면 과부가 된다.
- 신약 사주에 식신이 태왕하면 낙태할 위험이 있고, 비겁이 태왕한데 관성이 미약하면 남편과 이별한다.
- 겁재가 태다하여 극신강하면 동방 화촉이 어려웁고, 세 번 이상 결혼한다.
- 관성이 재성의 지지에 임하면 반드시 남편이 영달한다. 그러나 십이운성의 목욕지에 해당하면 남편이 염문을 풍기고 자식이 상한다.
- 남녀 모두 정인을 용신으로 취하는 데 관살을 만나면 부귀 영달한다.
- 신약하고 인성과 식상이 있거나, 신왕 재왕하거나 명에 정재·정관·정인이 있는 사주는 정결하고 총명하면서도 미인이다.
- 일지에 도화가 있으면 미인이면서 청수하고, 녹방 도화는 절세의 미모인데, 녹방 도화란 도화와 건록이 동주함을 말한다.
- 금수 식상격, 즉 금일생으로 사주에 수기가 왕성하면 백옥 같은 미인이다.
- 수화 기제, 즉 사주에 수기와 화기가 동등하거나, 화기가 왕성한 명도 미인이다.
- 재성과 인성이 극이 되면 비록 성가하더라도 복이 두텁지 않고, 재성이 지지장간에 암장되어 있으면 관살이 왕해도 상해될 일은 없다.

- 인성이 중첩되면 재성운이 길하고, 재성이 중중하면 빈천한 명이나 겁재가 있으면 양호하다. 여명의 지지가 목욕지에 해당하거나, 형·충·파가 되어도 길명이 아니다.
- 수 일주가 신강하고 수왕운으로 행하면 화류계의 꽃이고, 금 일주가 금왕절에 생하고 수왕운으로 행하면 도동의 선녀이다.
- 여명에서 관살을 합하면 기묘한 명이나, 삼합이 있으면 승인의 처이므로 흉하고, 삼형이 있으면 상부하고 파재한다.
- 암살이 형·충을 만나면 상부하고 악명이다. 암살이란 지지에 암장된 간지가 관살에 해당되는 것을 말한다.
- 관성이 투간되고 건록과 역마와 동주하면 남편이 영달한다.
- 하나의 재성이 득지하면甲일에 己가 있고, 辰·戌·丑·未월에 출생 황금이 만개하고, 젊어서 극부 상배함은 천을귀인이 겹쳐 있기 때문이다.
- 명 중에 비견이 있고 후에 대운이 재성운으로 나아가면 먼저는 빈곤하나 후에 부자가 된다.
- 관성이 충하고 식신과 합이 되면 자식에게 의지한다.
- 신약 사주가 병·사·절에 생하면 일생이 고고하고, 장생월에 생한 여명은 고상하고 기품이 있으며, 자식이 번영 발복한다.
- 일간과 재성이 합이 되고 관살을 합한 여명은 금은 보화가 창성하며, 재성을 극파하고 식신을 충하면 처량하고 고독한 여인이다.
- 여명이 신강하면 남편의 부권을 빼앗아 자신의 뜻대로 행동한다.
- 수 일간이 가을철에 생하고, 申·子·辰 수국을 만나면 눈을 깎아도 정조를 지키며, 금 일간이 겨울철에 생하고, 巳·酉·丑 금국을 이루면 금백 수청이니, 정절이 굳세고 흔들림이 없다.
- 신왕하고 재왕하면 평생 근심할 것이 없다.
- 비겁이 동주하면甲寅·乙卯 등등 질투하는 마음이 강하므로 한이 되는 느낌이 있다.
- 여명이 칠살이 없고 천덕귀인·월덕귀인이 있으면 양대에 걸쳐 봉작을 받

는다.

- 재성이 왕한데 관성이 임하면 남편이 귀한 사람이고, 정인과 식신은 명예요 식록이 되지만, 인성이 강왕하면 식신이 파극되므로 자식을 두기 어렵다.
- 명에서 인성이 태과하여 식신·상관을 극상하면 자식을 얻기 힘들다.
- 겁재와 정관이 동주하고 다시 겁재와 정재가 중복되면 부귀를 논할 수 없다.
- 상관격이 신강하면 빈천 하명이다.
- 신약 사주에 상관과 편관이 있고, 식신과 재성이 왕성하면 위인의 용모는 아름다우나 호색하고 음란하여 수치심을 모를 정도이다.
- 식상이 왕하고 관성을 만나면 극부 재가이며, 심신이 고단하다. 비록 생이별·사별은 하지 않는다 할지라도 질환으로 노고가 많다.
- 여명은 연간에 상관이 있는 것을 크게 꺼리는바, 그것은 산액이 있거나 그로 인한 질병이 있을 것이며, 수명에도 손상이 있기 때문이다.
- 여명은 관성을 취하여 귀를 정하고 복을 가늠한다.
- 여명의 비견은 남편의 여자로 간주하고, 득실은 십이운성의 왕·쇠로 구분한다.
- 명에서 재성이 태다하거나, 관성이 태과하여도 다음하여 애정 관계가 복잡하다.
- 여명은 재성은 약하고 관성은 왕하며, 식상이 유익해야 청순한 명조이다.
- 관살이 혼잡되어 있을 경우, 식신이 있어 편관을 제극하면 식신과 일간이 유기한 것으로서 길하고, 더불어 정인과 천·월덕이 있으면 남편이 영화롭고, 자식이 극귀한다.
- 정인·재성·관성이 명에 함께 있으면 부귀한 가문의 귀녀이며, 재능과 미모도 뛰어나서 현숙한 귀부인이 될 것이다.


여자의 명식에 팔법이 있으니 청순함·온화함·부귀함·혼잡함·혼탁함·빈천함·음탕함의 팔종을 말한다. 그러나 자신의 명조를 바르게 인지하고, 지혜롭게 다스리면 흉명을 길명으로 바꾸어 살아갈 수 있다.


## 13) 고서의 간명 비법

고시에서 이르기를 사주의 순청 혼탁을 중요시하는네, 순청이라 함은 사주의 여덟 글자가 체<sup>일간</sup>와 용<sup>용신</sup>이 균등하여 상호 유정을 형성하면 사주의 기세가 단결하고 유정 화합하는 것을 말함이고, 이와 반대이면 혼탁으로 본다. 격국의 길흉과 부귀 빈천의 핵심은 여기에 있다.

체와 용의 균등함을 알려면 〈생화극제회합형충〉을 참고하여 왕쇠 한난을 분별하고, 격국을 배성하면 유력 유정과 무력 무정을 구분하게 된다. 유력 유정은 청하여 무형 중에 순청한 정신이 있고, 무력 무정은 혼탁하여 사주가 산만하고 편고됨을 말한다.

동일한 귀격에도 상하가 있고, 동일한 부격에도 대소가 있으며, 동일한 빈천에도 차등이 있으니, 그 원인은 사주의 순청 혼탁에 있다. 순청 혼탁이라 함은 간지의 왕쇠와 통근을 말하는 것도 아니고, 격국을 말하는 것도 아니며, 오로지 사주의 배합이 중화되어 충할 자는 충해 주고, 합할 자는 합해 주며, 극할 자는 극해 주고, 생할 자는 생해 주는 것을 말한다. 이와 반대로 배합이 상극하면 이를 혼탁이라 한다.


(1) 사주에서 간지가 상합하면 유정하고 화기 단합하여 귀명이 된다. 그러나 합이 너무 과다하면 진취성이 부족하고 유유낙락하여 오히려 기묘한 명이 아니다. 합의 길흉은 길신을 합하면 불길하고, 흉신을 합하면 반길하다. 예를 들면, 목이 겨울철에 생하여 丙화가 투간됨을 기뻐하는데, 辛금이 있어 丙辛 합수하면 그 기능을 상실하는 결과가 되고, 겨울철의 금수 상관격은 丁화나 午화가 있어 조열하여야 길한데, 壬수가 있어 丁壬 합목하면 그 역시 작용을 잃게 된다. 이에 반해, 일간 甲목이 근토로 재성을 삼는데, 근토가

와서 甲을 합하면 재성이 와서 나를 합한 경우이니 길이 된다. 그러나 亥 중 壬수를 용신으로 취하는 와중에 寅목이 와서 寅亥 합목이 되면 합화가 되어 불리하게 된다.

(2) 삼합·육합 외에 암합이 있는데, 지지에 巳와 丑이 있을 경우 巳의 장간 戊丙과 丑의 장간 癸辛이 戊癸 합화·丙辛 합수하는 것을 말한다. 암합의 종류는 巳丑 암합戊癸화·丙辛수·午亥 암합甲己토·丁壬목·子巳 암합戊癸화·寅丑未 암합甲己토·卯申 암합乙庚금·辰戌子 암합戊癸화이 있으며, 암합이 되어 희신으로 화하면 길하고, 기신으로 화하면 흉이 된다.

(3) 천간의 상극은 甲庚·庚丙·丙壬·戊壬·戊甲·乙辛·辛丁·丁癸·己癸·己乙이 있으나, 甲庚이 상극하는 사이를 壬이 있어 금생수·수생목으로 통관하면 화해가 되고, 통관이 되지 않더라도 타오행과 합이 되거나 극이 되면 해소가 된다.

지지의 상충은 子午卯酉·寅申巳亥·辰戌丑未가 있는데, 설령 천간이 상극하더라도 지지가 안정되면 장애가 없으나, 지지가 상충하면 천간이 구하지 못한다. 왜냐 하면 천간은 卯목과 같고, 지지는 뿌리와 같기 때문이다. 가령 싹은 말라도 뿌리가 상하지 않으면 가용할 수 있으나, 뿌리가 상하고 약하면 싹은 상하지 아니했더라도 자연히 마르게 된다. '서왈, 천극은 위경이나, 지충은 위중이다'라고 하였으니 지충의 진리를 고찰하라.

(4) 지지가 천간을 생하는 것은 丙寅·戊寅·壬申의 삼일생을 말하는데, 일간이 장생에 해당하는 지지 위에 앉아 타오행의 생조가 없을 때에는 지지 장생이 용신이 됨을 말하고, 원명에서 형충을 꺼리며, 행운에서도 형충을 만나면 불길하다. 원명에 형충이 없으면 행운에서 형충을 만나도 불길하기는 하나 큰 흉은 없다. 천간이 지지를 합하는 것은 戊子·辛巳·壬午·丁亥·甲午·己亥·癸巳의 7일이며, 천간이 지지 장간과 합이 되는 것을 말한다. 간지가 상

합하면 정신이 유정하고, 합이 없으면 기세가 산만하다. 가령 戊子일은 천간 戊가 子의 지장간 癸와 戊癸 상합하여 재성이 지지에 유정하니 타인이 분쟁할 수 없고, 辛巳일은 천간 辛이 巳의 지장간 丙과 丙辛 상합하여 관성이 태합하니 그 정이 친절하고 기세가 탄탄하다. 그러나 원명이나 행운에 충동함을 꺼린다.

(5) 甲申·庚寅·戊寅·癸丑·庚午를 살인 상생·양신 흥왕하여 귀명으로 여긴다. 육십갑자 중에서 간지의 생과 극됨이 많은데, 이 5일 만을 들어 말하는 데는 이유가 있다. 甲申·庚寅일은 절지에 있으나 申 중 壬水가 甲木을 생하고, 寅 중 戊토가 庚금을 생하여 절처 봉생이 되므로 기신이 희신으로 화한 것이다. 戊寅일은 寅 중 甲목과 丙화가 상생하여 戊토를 생하고, 癸丑일은 丑 중 辛금이 금생수하여 근원이 되어 있고, 庚午일도 午 중에 己토가 있어 화생토·토생금·庚금을 생하므로 이 5일 중에 태어난 사람은 귀격이 많다.

(6) 상하는 정화하고 좌우는 기협이라 함은 간지가 상생·상합하여 상하 유정함을 말하고, 좌의 기협은 甲子일 乙丑시나 丁亥일 壬寅시와 같이 좌우로 간지가 상합함을 말하며, 이것을 천지 덕합이라 한다. 또한 辛亥가 丁巳를 만나면 간지가 상충이지만, 巳의 장간 丙火와 천간 辛금이 丙辛 합수하고, 亥의 장간 壬수가 천간 丁화와 丁壬 합목으로 천간과 암합하면 간지가 유정하여 상충의 흉조를 삭감한다. 천간과 지지의 상호 교합은 월·일·시에서 이루어지는 것이 귀명이고, 월·일이나 일·시의 교합도 귀명이 되는데, 이것은 성격은 아니지만 길조의 일부분이 되는 것이다.

(7) 천간에 투출된 육신이 지지에 통근하면 고목나무에 꽃이 핀 형국이라 길하고, 지지 중에 암장된 장간은 천간에 투출되어야 효력이 발생한다. 가령 寅의 지장간에 戊丙甲이 있는데, 천간에 戊土가 투출하면 戊土가 유력하고, 丙화가 투출하면 丙화가 유력하며, 甲목이 투출하면 甲목이 유력하다.

(8) 병이 중하고 약도 중하면 대부 대귀의 명이고, 병이 경하고 약도 경하면 소부 소귀의 명이며, 병도 없고 약도 없으면 평범한 사람에 불과하다. 병이 있는 사주가 행운에서 약을 만나면 마른 나무가 비를 만난 것처럼 자연히 흥하고, 길운이 지나면 다시 불길해진다. 중화 사주는 길운을 만나면 대귀하고, 흉운을 만나도 과오가 미미하며, 명 중에 한신이 있다가 행운에서 오는 기신을 합하거나 충하면 흉운이 흉하지 않고, 희신을 합하거나 충하면 길운이 길한 것이 아니다.

(9) 음간은 여자의 성품과 같아서 재왕하면 종재하고, 관왕하면 종관하게 된다. 그래서 월령에 통근하고 일지가 장생지라 할지라도, 다른 왕신이 방합이나 삼합 회국하여 강왕하면 인정과 의기를 버리고 종하게 된다. 양간은 남자의 성품과 같아서 비록 사주가 쇠약하더라도 일점의 생조가 있으면 독립하는 근성이 있어서 종하지 않다가 생조하는 운을 만나면 자연히 흥왕하나, 극쇠한 운을 만나면 평생이 고단하다.

(10) 천간은 양성이므로 단순하여 생과 극이 빠르게 결정되며, 지지는 음성으로서 지장간 중에 여러 기운이 상호 암장하여 길신과 흉신이 공유하므로 일시적으로는 화와 복을 보지 못하나, 행운의 움직임에 따라서 길흉이 나타난다.

이상으로 〈종합 판단〉편을 상세히 설명하였으니 여러 번 읽고 많은 임상을 통하여 이치를 깨우치면 사주를 감정하는 데 통달할 수 있다. 사주의 감정은 명 중의 상황을 판단하여 격국과 용신을 분별하여 가름하고, 주변의 환경과 대조하여 분석하면 행운의 명식에 의하여 희신도 기신의 역할을 할 수 있고, 상황에 따라서는 기신도 희신의 역할을 할 수 있다는 문리를 터득함으로써 수월하게 판단할 수가 있다.

# 9 외격外格

내격십정격을 제외한 모든 격을 외격이라 부르는데, 외격에는 종격·종화격· 일행득기격·양기성상격·삼기성강격 등의 변격과 다수의 특수 격국이 있는데, 앞에서 설명한 내격의 일반 원칙에 의하지 않고 특정한 법칙에 의하여 격국을 조성하므로 이것을 사주 추명학상의 용어로 외격이라 한다.

## 1) 종격從格

종격이란 사주 팔자의 여덟 글자 대부분을 비겁·식상·재성·관성·인성의 어느 한 가지로만 이루어져 있어 내격과 같이 일간을 중심으로 신강·신약을 가리지 않고 육신의 기세에 의하여 격국을 정하는 사주를 말한다. 같은 종격이라도 사주의 대부분을 차지하고 있는 육신의 성정에 따라서 다음과 같이 구분한다.

### (1) 종강격從强格

종이란 복종의 의미이다. 그 어떤 세력이 강해서 중과 부적으로 대항이 불가능하다면 그 세력에 복종하여 순리대로 살아가는 게 세상 만사의 이치가 아닌가 싶다. 누군들 세력에 굴복하여 그들의 뜻에 따르고 싶겠냐마는 고집부리고 저항하다가 크게 다치기보다는 차라리 항복하여 지조 없는 간신 잡배들과 같이 그들의 세력에 따르면 아무런 탈이 없을 뿐 아니라, 오히려 세력에 편승하여 부귀 영화를 누릴 수도 있을 것이다. 종격의 정의는 이와 같다.

종강격은 사주의 대부분을 비겁 또는 인성이 차지하고 있는 것을 말한다. 그런데 본디 인성이 비겁보다 많으면 종강격이라 칭하고, 비겁이 인성보다 많으면 종왕격이라 칭하는데, 이 둘은 사주를 간명하는 방법이 거의 비슷하므로 종강격에서 같이 설명하기로 한다.

사주의 대부분이 비겁과 인성으로 구성되어 있는 사주는 비겁과 인성의 대세에 따라야 하며, 이를 거역해서는 안 된다. 그러므로 종강격은 비겁과 인성의 행운을 만나면 대길하고, 비겁·인성과 상극되는 재성과 관성운을 만나면 대흉하다. 식상운은 명의 대부분이 비겁으로 구성되어 있을 때는 길하나, 인성으로 구성되어 있을 때는 흉하다.

예1)

辛 壬 癸 甲 乙 丙      甲 丙 丁 乙<br>
亥 子 丑 寅 卯 辰      午 午 巳 巳

이 명의 대부분은 비견과 겁재로 구성되어 있고, 연간과 시간에 인성이 있을 뿐이므로 비겁이 많은 종강격이다. 초년 丙辰 대운에 진사가 되고 비겁이 많은 종강격이므로 식상 辰운도 길한 것이다, 乙卯 대운에 과거에 급제하여 벼슬길에 올라 甲寅·癸丑 대운에는 벼슬이 연등하였는데, 癸운은 화기와 상극되나 오생상 수생목하여 수가 목으로 화하여 무사하였고, 丑운은 비겁이 많은 종강격이므로 길하였다. 그러나 壬子 대운 중 壬운은 시간·연간에 인성이 있고, 월간 丁화와 丁壬 합목하여 기신이 희신으로 화해 무난하였으나, 子운에는 왕수·왕화가 상충하여 파직되고 졸망하였다.

예2)

戊 丁 丙 乙 甲 癸      乙 甲 壬 壬<br>
申 未 午 巳 辰 卯      亥 子 寅 子

이 명은 인성이 많은 종강격이므로 앞에서 말한 바와 같이 인성과 비겁운은 길하나 식상운은 흉하다. 그러므로 초년 癸卯·甲辰 대운은 평안한 집안에서 태어나 귀하게 자랐으나, 乙巳 대운 중 巳운은 식상운이므로, 왕한 인성과 상충이 되어 병환으로 시름시름 앓다가 丙午 대운에 수화 상전하여 가업은 파탄되고 부인마저 졸하였다.

예3)

乙 甲 癸 壬 辛 庚　　庚 庚 己 庚
卯 寅 丑 子 亥 戌　　辰 申 酉 子

이 명의 대부분은 금과 토로 구성되어 있다. 그리고 연지의 子수는 앞에서 설명한 대로 명 중에 인성이 많으면 해로우나, 이와 같이 비겁이 많을 때는 수기 유행이 되어 오히려 길하다. 그리하여 초년 亥운에 소과에 합격하고, 壬子 대운에는 대과에 장원 급제하여, 癸丑 대운까지 승승장구하였으나, 甲寅 대운은 재성운이므로 패망하였다.

### (2) 종아격從兒格

종아격은 사주의 대부분을 식상이 차지하고 있는 것을 말한다. 식상은 사주 추명학상 내가 낳은 나의 자식에 해당하므로 종아격이라 명칭한 것이다.

종아격은 명에 인성이 있거나 인성운을 만나는 것을 첫 번째로 기피하며, 다음은 관성을 꺼려한다. 이유는 식상이 인성 및 관성하고 상충이 되기 때문이다. 종아격은 명 중에 재성이 있거나 재성운을 만나면 개척 정신이 뛰어나고, 전략과 전술에 능해 부귀하지 않는 사람이 없다. 식상운은 대길하고 비겁운은 재성이 명에 두 개 이상 있어 성하면 흉하고, 재성이 미약하면 비겁도 종국에는 식상을 생하므로 소길하다.

예1)

乙 甲 癸 壬 辛 庚　　　庚 戊 己 庚
卯 寅 丑 子 亥 戌　　　申 申 酉 申

이 명은 사주의 대부분을 식상이 차지하고 있으므로 종아격이다. 초반 행운이 비견·식상·재성운으로 향하여 어려서부터 천재 소리를 들을 만큼 학습에 능하였다. 亥운에 벼슬길에 올라 壬子·癸丑 대운까지 환로가 탄탄하였으나, 甲寅 대운에 왕성한 식상과 관살운이 상충이 되어 졸하였다.


예2)

癸 壬 辛 庚 己 戊　　　乙 癸 丁 甲
酉 申 未 午 巳 辰　　　卯 卯 卯 寅

일간 癸수 이외에는 목이 태다하고 하나의 丁화가 있으니, 癸수가 의탁할 곳이 없어 종아격이 되었다. 비겁·식상운은 길하고, 식상을 설기하는 재성운은 대길하며, 식상을 극하는 인성운은 불길하고, 식상이 극하는 관성운은 불리하다.


### (3) 종재격從財格

종재격은 사주의 대부분을 재성이 차지하고 있는 것을 말한다. 종재격은 식상이나 재성운을 만나면 대길하고, 관성운은 왕한 재성을 설기하므로 역시 길하다. 종재격이 인성이나 비겁이 명에 있거나 행운에서 만나면 크게 흉하고, 명에 식상이 있거나 행운에서 만나면 부귀와 공명이 클 뿐 아니라, 평생을 통해 크게 흉한 일을 당하지 않는다. 이유는 종재격이 가장 꺼려하는 비겁운을 만나도 명 중의 식상이 비겁생식상·식상생재하여 비겁을 재성으로 화하기 때문이며, 만일 종재격이 명 중에 식상이 없는데 비겁운을 만나면 크게 흉한 일을 당한다. 일반적으로 종재격의 사주는 편모 슬하에서 자라나는 경향이 있다.

예1)

丙 乙 甲 癸 壬 辛 　 己 丁 庚 戊
寅 丑 子 亥 戌 酉 　 酉 酉 申 申

이 명은 사주의 대부분을 재성이 차지하고 있으므로 종재격이다. 일간 丁화가 申월 금왕절에 생하여 일점의 생기도 없고, 戊己토가 설기하니 혼자 힘으로 어떻게 많은 재성을 감당할 것인가. 하여 나를 버리고 금인 재성으로 종하는 것이니, 행운은 금토운이 길하고 수운도 왕한 금기운을 설기하므로 길하나, 인성운이나 비겁운을 만나면 상극하여 크게 흉하다. 乙丑 대운까지는 토·금·수운으로 향하므로 길하였으나, 丙寅 대운에 왕성한 금과 극충하여 거세되었다.

예2) 여명

壬 癸 甲 乙 丙 丁 　 丙 壬 戊 甲
子 丑 寅 卯 辰 巳 　 午 寅 午 午

이 여명은 壬 일주가 午월 화왕절에 생하고, 전혀 생조가 없으니 양간이지만 할 수 없이 화로 종재하였으며, 명에 식상이 성한 종재격이므로 사주가 대길하다. 丁巳·丙辰·乙卯·甲寅 대운은 공히 용신운이므로 크게 흥왕하였고, 癸丑 대운은 월간과 戊癸 합화하여 무사하였으나, 壬子 대운에는 왕화의 역극으로 패망하였다.

### (4) 종관살격從官煞格
종관살격은 사주의 대부분을 관살이 차지하고 있는 것을 말한다.
종관살격은 사주의 일반적인 법칙과는 다르게 명이나 행운에서 비겁운을 만나면 왕성한 관살과 상극함으로 대흉하고, 재성이나 관성운을 만나면 대길하다. 인성운은 왕한 관살을 누설시켜 수기 유행하므로 길하고, 식상운은 관살과 상충이 되므로 흉하다.

예1)

乙 甲 癸 壬 辛 庚　　　丁 壬 己 戊
丑 子 亥 戌 酉 申　　　未 午 未 戌

일간 壬수가 未월 토왕절에 생하고, 명에 화토가 극왕하여 양간일지언정 일점 의지할 곳이 없어 종살이 되었다. 庚申·辛酉 대운은 길신인 인성운이므로 부호가에서 성장하였으며, 壬운에는 흉신인 비겁운이라서 가내가 두루 횡행하였다. 戌운은 화토가 성하여 재물과 명예가 대발하였다. 만일 화가 성국이 되어 戌토에 입묘하면 불리할 터인데, 토기도 성하여 화생토로 화기를 토의 기운으로 화함으로써 길하게 되었다. 癸亥 대운은 왕성한 토와 상극이므로 옥사하였다.

예2)

辛 壬 癸 甲 乙 丙　　　甲 辛 丁 丁
丑 寅 卯 辰 巳 午　　　午 巳 未 巳

辛 일주가 未월 화토왕절에 생하고, 명에 화기가 성한데 지지가 巳午未 남방 화국이 되었으니 辛금이 화로 쫓아가서 종살격이 되었으며, 시상 정재 甲목이 화에 뿌리가 되어 더욱 길하게 되었다. 대운은 목화운이 길하고, 금수운은 대흉하다.

### (5) 종세격從勢格

종세격은 식상·재성·관성의 삼 자가 균등하게 왕하여 그 강약을 구분할 수 없는 경우를 말한다. 식상·재성·관성 중 어느 하나가 특히 왕성할 때는 앞에서 설명한 종아격·종재격·종관살격 등의 법칙에 의해 감정하면 되는데, 종세격은 식상·재성·관성이 똑같이 왕하며, 어느 한 종격에 중점을 두고 설명할 수 없으므로 다음과 같은 법칙에 의한다. 즉, 오행 상생의 법칙에 의하여 식상과 관성을 화해시키는 재성운이 가장 길하고, 다음은 재성을 생하는 식상운이 길하며, 그 다음은 관성운이다. 그리고 비겁과 인성운은 흉하다.

예)

庚 己 戊 丁 丙 乙　　丁　壬　甲　戊
申 未 午 巳 辰 卯　　未　午　寅　辰

이 명은 壬수가 寅월에 목왕절에 생하고, 사주가 식상·재성·관성으로 이루어져 삼 자가 균등하게 왕하므로 종세격이다. 丙辰 대운에는 과거에 급제하여 출사하였으며, 丁巳·戊午·己未 대운은 부와 명예가 창성하였으나, 庚申 대운은 기신인 인성운이므로 졸망하였다.

### (6) 가종격假從格

가종격은 사주에 한두 개의 비겁이나 인성이 있더라도 나머지의 간지가 식상·재성·관성으로 이루어져 비겁과 인성을 파극할 때 이를 가종격이라 칭하고, 종격과 같은 법칙에 의하여 명에 식상이 많으면 종아격, 재성이 많으면 종재격, 관살이 많으면 종관살격으로 감정한다. 가종격은 일반적으로 양간 일주보다는 음간 일주에서 많이 볼 수 있다. 그것은 양일간은 남성과 같이 독립심이 강해서 웬만해서는 종하지 않기 때문이다. 그리고 지지보다는 천간에 비겁이나 인성이 있는 경우가 더 흔하다. 이유는, 같은 육신이라도 지지에 있는 육신이 천간에 있는 육신보다 약 두 배 반 가량 영향력이 더 강하기 때문이다. 그래서 천간에 비겁이 두 개 있는 것보다 지지에 하나 있는 것이 일주를 더욱 생조할 수가 있다.

예1)

丁 戊 己 庚 辛 壬 癸 甲　　甲 丁 乙 辛
巳 午 未 申 酉 戌 亥 子　　辰 酉 丑 酉

월간과 시간에 甲·乙 인성이 있으나, 辰酉 합금·酉丑 반합하여 금국을 이루므로 지지에 통근하지 못하고 오히려 파극이 되었으며, 丁화 음 일주가 丑월 동절기에 생하여 심히 미약하므로 가종격이며, 사주에 재성이 많아서 길흉은 종재격에 의한다. 더욱이 기묘한 것은 기신인 巳·午운이 와도 巳화는 지지와 巳酉丑 삼합하여 금국으로 화하니 길하고, 午화는 辰丑 습토가 회화 생금하여 길하게 되었다. 이 사주는 일본 유수의 재벌 사주로서 일생 부귀를 겸전한 명이다.

예2)

壬 癸 甲 乙 丙 丁　　癸 壬 戊 丁
子 丑 寅 卯 辰 巳　　卯 戌 午 酉

壬수가 午월에 생하고 화토가 성하여 종관살로 보이지만, 연지의 酉금과 시간에 癸수가 있어 가종격이다. 연지의 酉금은 왕화에 파극되었고, 시간의 癸수는 지지에 뿌리를 내리지 못하여 사주가 길하게 되었다. 가종격인 이상 酉금과 癸수는 극진되어야 사주가 맑아진다. 비록 시지에 卯목 상관이 있으나, 일지와 卯戌 합화하여 재성으로 화하고, 재가 다시 관살로 화하였으므로 종관살격과 같은 법칙에 의하면 된다.

이 명의 주인공은 卯 대운에 사법 고시에 합격하여 지금도 현직에 종사하고 있으나, 子 대운은 불길하리라.

가종격을 내격십정격으로 잘못 판단하고, 내격의 일반 법칙에 의하여 간명하는 예도 많으므로 독자 여러분은 주의하기 바란다.

## 2) 화격化格

사주의 일간을 중심으로 월간과 시간에 있는 오행과 간합이 되어 화한 오행이 명에 많이 있는 것을 화격이라 한다. 그리고 화격 사주는 간합으로 화한 오행이 명에 많을수록 길한데, 만일 부족할 경우에는 생하는 운이 길운이고, 반대로 간합으로 화한 오행이 많을 경우에는 이를 누설시키는 운이 길운이며, 화한 오행과 상극되는 운은 불길하다.

### (1) 갑기토화격甲己土化格

갑기토화격은 일간이 甲목이고, 월간 또는 시간에 己토가 있던지, 일간이 己토이고, 월간 또는 시간에 甲목이 있는 경우를 말한다. 그리고 화격이 성립되려면 월지가 辰戌丑未월이어야 한다. 갑기토화격은 토를 생조하는 화토운은 길하고, 상극하는 수목운은 불길하며, 금운은 대체로 무난하나, 庚금만큼은 합하는 甲목을 극하므로 불길하다.

예1)

壬 癸 甲 乙 丙 丁　　　　己 甲 戊 己
戌 亥 子 丑 寅 卯　　　　巳 戌 辰 丑

이 명은 甲 일주 외에 사주의 대부분이 토이며, 천간에 양 己토가 있으나, 연간 己토는 월간 戊토가 가로막아 무정한 합이고, 시간 己토와 갑합이 되어 화격이 성립되므로 화토운은 길하고, 수목운은 불길하며, 庚운은 합하는 甲목을 충하므로 불리하다.

예2) 여명

己 丙 丁 戊 己 庚　　　　己 甲 辛 戊
卯 辰 巳 午 未 申　　　　巳 戌 酉 申

이 여명은 일간 甲목이 금왕절에 생하여 申酉戌 서방 금국이 형성되고, 辛금이 월간에 투출하여 甲목이 태약하므로 종살격이겠으나, 시간에 己토가 일간 甲목과 甲己 합토하여 종화격이 되었다. 만일 종살격이라면 庚운에 길할 터인데, 庚申년 辛巳월에 사망하니 종화격이 분명하리라.

### (2) 을경금화격乙庚金化格

을경금화격은 일간이 乙목이고, 월간 또는 시간에 庚금이 있던지, 일간이 庚금이고 월간 및 시간에 乙목이 있을 경우에 월령이 申酉丑월생이면 화격이 성립되며, 토금수운은 길하고 화운은 불길하다.


예)

丁 丙 乙 甲 癸 壬　　庚 乙 辛 庚<br>
未 午 巳 辰 卯 寅　　辰 丑 丑 申

乙 일주가 사주에 토금이 왕성하여 종격이겠으나, 일주 乙목과 시간의 庚금이 간합하므로 을경금화격이 되어 토금수운은 길하고 화운은 불길하나, 巳午화운은 지지의 辰丑 습토가 회화 생금하여 무난하겠지만, 丙화운은 간합하는 庚금을 극하므로 크게 흉하다. 丙 대운 丁卯년에 거세되었다.


### (3) 병신수화격丙辛水化格

병신수화격은 일간이 丙화하고, 월간 또는 시간에 辛금이 있던지, 일간이 辛금이고 월간 또는 시간에 丙화가 있을 경우에 월령이 申子亥월생이면 화격이 성립하고, 행운의 금수운은 길하고 화토운은 불길하다. 천간에 丙이나 辛이 두 개가 있어 쟁합이 되면 합의 효력이 분산되어 불리하나, 합을 가로막은 기운이 있으면 무방하다.

예)

| 戊 | 丁 | 丙 | 乙 | 甲 | 癸 | | 丙 | 辛 | 壬 | 甲 |
|---|---|---|---|---|---|---|---|---|---|---|
| 寅 | 丑 | 子 | 亥 | 戌 | 酉 | | 申 | 酉 | 申 | 申 |

辛금이 申월 금왕절에 생하고 지지가 모두 금이므로 전왕격 중에 종혁격 같으나, 丙화가 시간에 있어 일간과 丙辛 합수하므로 병신수화격이 되었다. 초년·중년 대운이 금수운으로 향하여 크게 발달하였으며, 戊寅 대운은 戊 토가 명의 왕금을 생하고 寅목이 왕금과 상충이 되므로 졸하였다.

### (4) 정임목화격丁壬木化格

정임목화격은 일간이 丁화이고, 월간 또는 시간에 壬수가 있던지, 일간이 壬수이고 월간 또는 시간에 丁화가 있을 경우에 월령이 亥卯寅월생이면 화 격이 성립되고, 행운은 금운이 불길하고 수목화운이 길한데, 癸수는 일간 丁 화를 극하므로 불길하다. 종화격은 일반적으로 신왕한 명에 화격이 구성되 면 대길하다.

예)

| 戊 | 丁 | 丙 | 乙 | 甲 | 癸 | | 丁 | 丁 | 壬 | 壬 |
|---|---|---|---|---|---|---|---|---|---|---|
| 申 | 未 | 午 | 巳 | 辰 | 卯 | | 未 | 卯 | 寅 | 辰 |

이 명과 같이 丁壬 간합이 되고, 다시 간합이 될지라도 천간 전체가 합이 되고 지지가 寅卯辰 동방 목국이 되었으니 목으로 종화함이 마땅하다. 따라 서 사주가 대길하며, 행운도 동남방 목화운으로 향하므로 甲辰 대운에 고시 에 합격하여 관계에서 입신 양명하였으며, 부귀를 겸전하였다. 申운은 왕목 과 극충이 되므로 불길하리라.

## (5) 무계화화격 戊癸火化格

무계화화격은 일간이 戊토이고, 월간 또는 시간에 癸수가 있던지, 일간이 癸수이고 월간 또는 시간에 戊토가 있을 경우에 월령이 寅巳午월생이면 화격이 성립하고, 행운은 목화운이 길하고, 수운은 불길하다. 특히 己토는 간합하는 癸수를 극하므로 흉하다.

예)

甲 癸 壬 辛 庚 己     甲 癸 戊 丙<br>
申 未 午 巳 辰 卯     寅 巳 寅 戌

일간 癸수가 목왕절에 생하고, 명에 목화토가 왕성하여 극신약 사주이다. 일간 癸수가 월간 戊토와 간합하고, 천간에 甲丙이 투출하여 화를 조하며, 지지도 巳寅戌화의 기운이 왕성하므로 종화진격이 되었다. 일점의 수기가 없으니 격이 기묘하다. 초년부터 동남방 목화운이므로 길하였으나 申운에 寅巳申 삼형을 형성하고 기신운이므로 졸하였다.

> tip 여명은 종격이든 종화격이든 외격일 경우는 별로 흡족하지가 않다. 그것은 사주가 귀격으로 이루어져 있다면 일신상의 성공은 할 수 있어도 가정사가 좋지 않기 때문이다. 그러나 신강한 사주의 여성은 사회적으로 명성이 있는 권력가나 법원·검찰·군인·경찰 등의 생살지권을 쥐고 있는 사람을 남편으로 만나면 오히려 부귀를 누린다. 그렇지 않고 평범한 사람을 만나서 결혼하면 상부하거나 남편과 헤어져 홀로 사는 신세가 되기 쉽다. 요즘 새태를 보면 혼자 사는 것도 그리 나쁘지 않은 것 같지만……

## 3) 일행득기격 一行得氣格

사주는 오행이 한 가지로 편중되어 구성되는 수도 있고, 두세 가지의 오행이 균등하게 구성되는 경우도 있다. 한 가지의 오행만으로 이루어진 사주를 일행득기격이라 하고, 두 가지의 오행만으로 이루어진 사주를 양기성상격이라 하며, 세 가지의 오행만으로 이루어진 사주를 삼기성상격이라 한다. 이 세 가지 형태의 사주도 일기·양기·삼기의 오행에 종하게 되므로 종격과 같이 판단하면 된다.

일행득기격은 종강격의 일종이다. 사주를 해석하는 방법도 비겁이 많은 종강격과 동일하다. 일행득기격에는 다음과 같은 종류가 있다.

### (1) 곡직격曲直格

甲乙일생으로 지지에 寅卯辰 또는 亥卯未가 모두 있으면 곡직격을 이루고, 용신은 수·목이며, 기신은 금이다. 이 격은 금기의 충극이 없어야 사주가 청순하여 귀하게 된다. 곡직격의 명에 금이 없고, 대운이 인성·비겁운으로 흐르면 부귀할 명조임에 틀림이 없다.

예)

| 丁 | 戊 | 己 | 庚 | 辛 | 壬 | | 丙 | 甲 | 癸 | 丁 |
|---|---|---|---|---|---|---|---|---|---|---|
| 酉 | 戌 | 亥 | 子 | 丑 | 寅 | | 寅 | 辰 | 卯 | 亥 |

지지가 寅卯辰 방합하고 亥卯 합목하여 지지가 목국을 이루므로 곡직격이다. 천간에 丙화가 투간되어 상격이고, 용신은 수목이며, 기신은 토금이다. 辛 대운에 시간의 丙화와 丙辛 합수하여 기신 辛금이 용신으로 화해 일류대학에 진학하였으며, 丑 대운은 기신운이므로 건강상의 우환이 있었고, 庚 대운은 필화 사건으로 관재에 시달렸으나, 子 대운부터 출판업에 진출하여 亥운에는 사업에 대성하였다. 戊戌 대운은 다사 다난하였으며, 酉운은 기신운이므로 불길하리라.

### (2) 염상격炎上格

丙丁일생으로 지지에 巳午未 또는 寅午戌이 모두 있으면 염상격이고, 용신은 목화이다. 영웅 호걸상으로 행운이 양호하면 부귀한 명이다. 단, 성격이 불 같아서 안하 무인이 될 수가 있으므로 인격을 겸하지 않으면 후회할 행동을 많이 한다. 화목할 수 있는 인품을 갖추면 상격이다. 동남방간 목화운이 길하고, 토운은 무난하며, 서북방간 금수운을 꺼린다.

예) 여명

| 己 | 戊 | 丁 | 丙 | 乙 | 甲 | | 丙 | 丁 | 癸 | 辛 |
|---|---|---|---|---|---|---|---|---|---|---|
| 亥 | 戌 | 酉 | 申 | 未 | 午 | | 午 | 巳 | 巳 | 巳 |

이 여명은 염상격이지만, 월간에 금수가 투출되어 하격이다. 특히 비겁이 태과하여 남편이 불에 타는 형상으로 생이 사별의 명이다. 丁酉 대운 庚申년에 남편과 이별하고 많은 고생을 하였으나, 戊戌 대운은 기신인 癸수와 戊癸 합화하고, 戌 또한 午戌 합화하여 용신운이므로 화훼 사업으로 거금을 벌어들였으며, 현재도 활발하게 활동하고 있으나, 亥 대운은 기신운이므로 거세되는지 염려스럽다.

### (3) 가색격稼穡格

戊己일생으로 지지에 辰戌丑未 또는 寅午戌이 모두 있으면 가색격이며, 행운만 길하면 거부의 명이다. 화토금운은 길하고, 수목운은 불길하다.

예)

| 戊 | 丁 | 丙 | 乙 | 甲 | 癸 | | 戊 | 己 | 壬 | 戊 |
|---|---|---|---|---|---|---|---|---|---|---|
| 辰 | 卯 | 寅 | 丑 | 子 | 亥 | | 辰 | 酉 | 戌 | 辰 |

이 명은 己토가 戌월에 생하고, 사주에 토기가 중중하여 가색격이며, 왕토

를 설기하는 酉금 식신이 용신이다. 그러나 대운이 기신운인 재·관운으로 향하므로 운로가 불길하다. 卯 대운에 용신인 酉금과 극충하여 크게 흉흉하리라.

### (4) 종혁격從革格

庚辛일생으로 지지에 申酉戌 또는 巳酉丑이 모두 있으면 종혁격이 되는데, 천간에 丙丁화가 없어야 상격이다. 토금수운은 길하고, 목화운은 불길하다.

예) 여명

壬　辛　庚　己　戊　丁　　　庚　庚　丙　辛
寅　丑　子　亥　戌　酉　　　辰　申　申　酉

이 명은 庚금이 申월에 생하고, 금이 태다하여 종혁격이 되는데, 천간에 丙화가 투간되어 병이 되나, 연간의 辛금과 丙辛 합수하여 기신인 병을 제거하니 사주가 대길하다. 유복한 가정에서 태어나 戊戌己 대운에 해외에 유학하고, 庚子·辛丑 대운까지 부귀가 창성하였다. 寅 대운은 왕금과 상충이 되므로 대흉하였다.

### (5) 윤하격潤下格

壬癸일생으로 지지가 亥子丑 방합이 되든지, 申子辰 수국이 되면 윤하격인데, 금수운이 들어오면 대귀하고, 辰戌丑未 관성운을 꺼려한다. 용신은 금수이다.

예)

丁　丙　乙　甲　癸　壬　　　壬　癸　辛　壬
巳　辰　卯　寅　丑　子　　　子　丑　亥　子

이 명은 일지에 丑토가 있으나 亥子丑 수국이 되므로 윤하진격이다. 壬子·

癸丑 대운은 부호 가문에서 태어나 호화롭게 성장하였으며, 甲寅·乙卯 대운은 왕성한 수기를 설기하므로 대발하여 부귀하였다. 丙辰 대운에 丙화는 기신이나 丙辛 합수하여 무난하고, 辰운은 子辰 합수하여 무사하였다. 丁巳 대운에는 왕수와 극이 되므로 졸망하였다.


## 4) 양기성상격兩氣成象格

양신성상격이라고도 한다. 양기성상격이란 일간을 포함하여 목화·화토·토금·금수·수목 등 서로 상생하는 두 개의 오행이 세력을 서로 균등하게 유지하고 있는 사주를 말한다. 만일 서로 상극되는 두 개의 오행으로 구성된 사주는 양기성상격으로 해결하는 것은 잘못된 경우이고, 내격의 억부법이나 통관법에 의하여 감정하는 것이 옳을 것이다.

양기성상격의 간명법은 종강격의 방법과 동일하다. 즉, 목화의 양기성상격은 목화운이 가장 길하고, 목화와 상충하는 토금운은 불길하다. 양기성상격은 음양의 조화를 이루면 귀격이나, 대운의 흐름에서 보면 일생을 통하여 복록을 누리기는 어려운 듯하다.

예1)

庚 己 戊 丁 丙 乙　　　甲 丙 甲 丙
子 亥 戌 酉 申 未　　　午 寅 午 寅

이 명은 목화가 사주를 반씩 차지하고 있어 목화의 양기성상격이다.

초년 丁未·丙 대운은 목화와 상생이 되므로 부유한 가정에서 태어나 귀여움을 독차지하며 자랐으나, 申 대운에 목화와 상극이 되어 불행하게도 요절하였다.

己 庚 辛 壬 癸 甲　　乙 丁 乙 丁<br>
亥 子 丑 寅 卯 辰　　巳 卯 巳 卯

　목화가 각각 두 개의 간지를 차지하고 있으므로 양기성상격이다. 초년 행운이 용신운인 동방 목운으로 흐르므로, 소년으로서 과거에 등과하여 요직을 두루 역임하다가, 辛丑 대운에 목화와 상극이 되어 졸하였다.


예3)

庚 己 戊 丁 丙 乙　　甲 庚 甲 庚<br>
寅 丑 子 亥 戌 酉　　申 寅 申 寅

　이 명은 금목이 사주를 반씩 차지하고 있어 양기성상격으로 보이나, 금목이 서로 상극하므로 내격의 억부나 통관법에 의하여 판단해야 한다. 용신은 금목을 통관시키는 수이며, 목기를 설기하여 금기를 억제하는 화가 희신이다. 초년 乙酉 대운 甲寅년에 부모를 잃고 고아가 되었으나, 丙戌 대운에 후원인의 도움으로 기반을 닦아, 丁亥 대운에 수만금의 재산을 모아 거부가 되었다. 庚寅 대운에 명의 간지와 천충 지충하여 졸하리라.


### 5) 삼기성상격三氣成象格

　삼상격 또는 삼신성상격으로도 부른다. 격의 구성은 일간을 포함하여 세 가지의 오행으로만 구성되어 있는 사주를 말한다. 삼기성상격의 용신은 인성과 비겁이며, 신강한 경우에는 식상운도 무난하다.

예1)

庚 辛 壬 癸 甲 乙　　甲 丁 丙 乙
辰 巳 午 未 申 酉　　辰 巳 戌 巳

사주 내의 오행이 세 가지로 구성되어 있으므로 삼기성상격이며, 용신이 목화토이고 기신은 금수이다. 초년 乙酉·甲申 대운에 빈곤한 가정에 태어나 고생이 많았으나, 학업에 열중하여 未 대운에 사법 고시에 합격하였으며, 현재도 변호사로 왕성하게 활동하고 있다.

예2)

己 戊 丁 丙 乙 甲　　辛 壬 癸 癸
巳 辰 卯 寅 丑 子　　亥 申 亥 巳

삼기성상격이며, 용신은 인성과 비겁이고 관성을 꺼린다. 이 여명은 비겁이 왕성한 삼기성상격이므로 운로에서 식상을 만나도 무난하다. 乙 대운까지는 공부도 잘 하고 예쁘고 인기도 많았으나, 丑 대운에 해외 교포의 사기 행각에 속아 결혼을 하고 이별하였으며, 그 후 홀로 지내다 丙寅 대운 丙寅년에 왕수·왕화가 상극이 되고, 寅巳申 삼형이 겹쳐 불측지변의 사고를 당하여 졸하였다.

# 10 특수 격국特殊格局

특수 격국이란 내격·외격 이외에 특수하게 격을 이루는 것을 말한다. 특수격국이 쉽게 눈에 띄는 사주가 있는가 하면, 사주 팔자만 보아서는 언뜻 알 수 없는 숨겨진 귀격도 많이 볼 수 있다. 그래서 특수 격국에 해당할지라도 내격에 포함이 되면 내격으로 간명하는 것이 원칙이며, 내격으로 해결할 수 없을 경우에는 특수 격국이 이루어지는가를 살펴야 한다. 때로는 내격과 특수 격국이 동시에 해당하는 경우도 있고, 외격과 특수 격국이 동시에 해당하는 경우도 있는데, 이럴 경우에는 특수 격국이 귀격에 해당될지라도 내격이나 외격의 용신법을 사용하는 것이 추명학상의 원칙이다.

사주를 볼 때 격국이 없는 사주도 부귀하는 수가 있는데, 이는 분명히 특수 격국에 해당할 것이다.

## 1) 잡기재관인격雜氣財官印格

잡기란 辰戌丑未를 말한다. 잡기재관인격이란 辰戌丑未월에 생하고, 재성·관성·인성을 암장하고 있는 것을 말한다.

| 庚 | 辛 | 壬 | 癸 | 甲 | 乙 |  | 辛 | 辛 | 丙 | 乙 |
|---|---|---|---|---|---|---|---|---|---|---|
| 辰 | 巳 | 午 | 未 | 申 | 酉 |  | 卯 | 丑 | 戌 | 酉 |

이 명은 신강 사주이므로 丙화 정관이 월지에 뿌리를 뻗어 용신이 되므로 남방 화운이 길하고, 辰운이 오면 고장이 충개되므로 戌 중의 화를 출원하여 용으로 쓰게 되니, 辰운에 대발복하였다.

잡기재관인격은 재관인이 천간에 투출하여 용신이 작용한다고 하나, 만일 타지에도 戌토가 있어 辰戌 왕충이 되면 오히려 익발하기 때문에 격에 따라서 길흉의 작용이 차이가 있을 것이다.


## 2) 귀록격歸祿格

귀록격은 甲 일주가 寅시, 乙 일주가 卯시에 해당하는 경우를 말한다. 귀록격은 신왕함을 요하고, 관살이 있는 것, 재성이 없는 것, 편인이 있는 것, 시록을 충하는 것, 월일 천간이 같은 것, 연일 천간이 같은 것, 이 여섯 가지를 피해야만이 진격이 된다.

귀록격이 진격이 되고 신왕하면 식상운이 대길하고 귀인격이 된다.

壬 癸 甲 乙 丙 丁      甲 庚 戊 甲
戌 亥 子 丑 寅 卯      申 子 辰 申

이 여명은 庚 일주가 申시에 생하여 귀록격이며, 戊辰 편인이 병이 되나, 申子辰 삼합 수국이 되어 천간의 戊토 편인도 실기하므로 길명이 되었다. 용신운인 子·癸亥 식상 대운에 교수로서 명성도 얻고 재물도 취하였으나, 남편성인 화기를 찾아볼 수가 없으니 일생 홀로 지낼 명이다.

### 3) 비천록마격飛天祿馬格

庚子 일주·壬子 일주가 子시에 출생하고, 辛亥 일주·癸亥 일주가 亥시에
출생하고, 명에 관성이 없고 타격에도 해당되지 않으면 비천록마격이라 하고,
용신은 인성과 비겁이다. 식상운은 무난하고, 관성운은 불길한데, 子 일주는
子를 합하는 丑을 꺼리며, 亥 일주는 합하는 寅을 꺼리며, 명에 충·파가 없
으면 최상격이지만, 행운에서 관성을 만나면 화를 당한다.

반드시 子시·亥시가 아니어도 지지에 子·亥가 많으면 비천록마격이 되고,
행운이 잘 들어오면 현량한 인재로서 부귀는 말로 다 할 수 없을 만큼 많으
므로 반드시 출세한다.

乙　甲　癸　壬　辛　庚　己　　　己　辛　戊　甲<br>
卯　寅　丑　子　亥　戌　酉　　　亥　亥　申　子

辛亥일생이 亥시에 출생하고 지지에 수기가 많으므로 빈천록마격에 해당
한다.

신왕하고 명에 충파가 없으므로 최상격이며, 행운도 호운으로 향하므로
사주가 대길하다. 庚戌 대운에 고시에 합격하여 재무 관리로서 최고위직까
지 역임하였으며, 은퇴 후에는 사업에도 성공하여 수만금을 장중에 넣고 희
롱하였다.

### 4) 도충격倒沖格

丙午 일주에 午가 많거나 丁巳 일주에 巳가 많으며, 명에 관성이 없고 타격
에도 들지 못하면 도충격에 해당한다. 도충격은 명에 관성이 없어야 하고, 행
운에서도 관성을 만나면 허사이다. 午巳를 합하거나 충파하면 불길하며, 용

신은 인성과 비겁이고 식상운도 무난하다. 도충격이 청하면 관직에 나가고,
녹기가 창성하여 영화와 명예가 함께 한다.

$$
\begin{array}{cccccc}
乙 & 甲 & 癸 & 壬 & 辛 & 庚 \\
丑 & 子 & 亥 & 戌 & 酉 & 申
\end{array}
\qquad
\begin{array}{cccc}
乙 & 丁 & 己 & 壬 \\
巳 & 巳 & 未 & 辰
\end{array}
$$

丁 일주가 巳시에 생하고 명에 화기가 왕하여 도충격이나, 천간에 壬수 관
성이 투출되어 하격이며, 대운도 재성·관성운으로 향하므로 불길하다. 좋은
집안에서 태어나 꿈도 크고 배움도 많았지만 평생을 무의도식하였다.
　사주가 아무리 청격이거나 귀격이거나 특수 격국이라도 대운이 나쁘면 일
장 춘몽이라는 사실을 증명해 주는 사주이다.


### 5) 전식합록격專食合祿格


　戊 일주가 庚申시에 생하고 명에 관성과 재성이 없으면 전신합록격이 구성
된다. 申금이 卯 중 乙목을 암합하여 戊토의 관성으로 삼는다.
　명에 甲乙丙이 있어서 庚申과 충극이 되면 길조가 반감된다.
　戊 일주가 庚申시에 생하면 식신이 득기한 것이므로 추·동월에 생함을 기
뻐한다. 寅이 와서 충하면 대길하고, 甲丙卯가 명에 있으면 고난하며, 행운도
동일하다. 인성과 비겁이 용신이고 재성과 관성은 기신이다.

$$
\begin{array}{cccccc}
乙 & 丙 & 丁 & 戊 & 己 & 庚 \\
未 & 申 & 酉 & 戌 & 亥 & 子
\end{array}
\qquad
\begin{array}{cccc}
庚 & 戊 & 辛 & 丁 \\
申 & 申 & 丑 & 丑
\end{array}
$$

戊일생이 庚申시에 생하고, 명에 재·관이 없으며, 충파도 없으니 상격이다.
행운이 용신인 토금운으로 흐르므로 관료직에 진출하여 출세도 하고, 명

예도 얻고 부귀하였다. 무엇보다 합록격은 재관이 없어야 성립하며, 용신은 항상 인성·비겁이다.


## 6) 전인합록격專印合祿格

癸 일주가 庚申시에 생하고 재성과 관성이 없으면 전인합록격이 되며, 인성·비겁운은 길하고, 戊己丙巳午寅운 등은 불길하다.
춘·하월에 생하면 재앙이 들어오고, 추·동월에 생하면 부귀한다.


丙 丁 戊 己 庚 辛　　庚 癸 壬 庚
午 未 申 酉 戌 亥　　申 卯 子 寅

이 여명은 癸 일주가 庚申시에 생하고 명에 재성이 없으므로 전인합록격이며, 용신은 금수이다. 庚戌·己酉·戊申 대운은 관생인 인생 일주하여 중앙 부처에서 여성 고위 관료의 선두 주자로 명성을 얻었고, 丁未 대운은 丁壬 합목하고, 卯未 합목하여 무사하였으나, 丙午 대운은 심히 불길하다.


## 7) 형합격刑合格

癸亥일·癸未일·癸卯 일주가 甲寅시에 생하면 형합격이며, 공망과 酉·丑은 길하고, 戊己庚申午戌亥는 불길하며, 관살을 꺼린다.


庚 辛 壬 癸 甲 乙　　甲 癸 丙 乙
辰 巳 午 未 申 酉　　寅 亥 戌 亥

癸亥 일주가 甲寅시에 생하여 형합격이 되었으며, 용신은 인성과 비겁이다. 초년 乙酉·甲申 대운은 용신인 인성운이므로 길하나, 이후 기신운인 남방 화운으로 흘러 성패가 다단하던 중 巳 대운에 졸하였다.


### 8) 공록격拱祿格

癸亥 일주가 癸丑시에 생하거나, 癸丑 일주가 癸亥시에 생하거나, 丁巳 일주가 丁未시에 생하거나, 己未 일주가 己巳시에 생하거나, 戊辰 일주가 戊午시에 생하고 명에 관성이 없으면 공록격이 성립된다.

공록격이란 가령 癸의 건록이 子에 해당하는데, 子는 없고 亥와 丑이 있어 그 사이에서 子가 자생하는 이치를 말한다. 공록이란 '사이에 끼어 있다'는 뜻이다.

월령에 관성이 없어야 귀명이고, 양인살이 중중하면 파격이며, 일·시의 공위를, 즉 子의 충함을 꺼려한다. 신강하면 식상과 재성으로 용신을 삼고, 신약하면 인성과 비겁으로 용신을 삼는다.

癸 甲 乙 丙 丁 戊     丁 丁 己 己<br>
亥 子 丑 寅 卯 辰     未 巳 巳 卯

丁巳일생이 丁未시에 생하고 巳와 未 사이에는 午화 건록이 끼어 있으며, 명에 관성이 없으므로 공록격이다. 신왕 사주이므로 식상이 용신이다. 戊辰 대운은 용신운이므로 길하고, 丁卯·戊寅 대운은 천간에 화가 투출하여 무사하였다. 乙丑 대운은 길운이고, 甲子 대운은 甲己 합토·子丑 합토하여 대길하였으나, 癸亥 대운에 관성이 일간과 천충 지충이 되므로 파산하였다.

## 9) 육음조양격六陰朝陽格

辛亥일·辛丑일·辛酉일·辛未 일주가 子시에 생하고 명에 관성이 없으면 육음조양격이 성립되며, 동방·서방·북방운은 양호하고, 남방운은 꺼린다.

丁 丙 乙 甲 癸 壬     戊 辛 辛 戊  
卯 寅 丑 子 亥 戌     子 丑 酉 子

辛丑일생이 戊子시에 생하여 육음조양격이 되고, 행운이 북동방간 수목운으로 향하니 대길하다. 丙 대운은 丙辛 합수하여 무방하였고, 丁卯 대운은 관성운이므로 불길하다.


## 10) 일귀격日貴格

丁酉일·丁亥일·癸卯일·癸巳일에 생한 자가 일지에 천을귀인을 대동하고 관성이 없으면 일귀격을 이루며, 명에서 형·충·파·해와 공망이 되지 않아야 한다. 이렇게 되면 진격이고 부귀격이다, 행운에서도 형·충·파·해와 공망·괴강을 꺼려한다. 일귀격의 용신은 식상과 재성이다.

壬 癸 甲 乙 丙 丁     乙 丁 戊 庚  
申 酉 戌 亥 子 丑     巳 酉 寅 寅

이 여명은 丁酉일생이므로 일귀격이고 용신은 식상·재성이다. 신왕 재왕하여 부명이지만, 남자궁이 약한 것이 흠이다. 亥 대운에 결혼하여 癸酉 대운에는 戊癸 합화하므로 남편과 이별하였다. 명심할 것은 남자 일귀격은 양호하나, 여자 일귀격은 일지가 천을귀인이며, 명에 관성이 없는 사주이므로 재물복은 있으나 일부 종사하는 경우는 드물다.

## 11) 정란격井欄格

庚子일·庚申일·庚辰일에 생하고, 지지에 申子辰이 모두 있으면 정란격이 구성된다. 재·관·인을 쓰지 못하고, 寅午戌을 암충하여 관성이 관성으로 됨으로써 귀격이며, 동방운은 길하고, 남방·북방운은 불길하다. 명에 관성인 화가 없어야 귀명이다.

壬 癸 甲 乙 丙 丁　　庚 庚 戊 乙
午 未 申 酉 戌 亥　　辰 申 子 酉

庚申일에 생하고 지지에 申子辰 삼합 수국을 이루므로 정란격이다. 신강 사주에 설기하는 수기가 왕하므로 귀격이다. 戌 대운에 법대에 진학하고, 乙 대운에 사법 고시에 합격하여 판사로 재직하다가, 癸 대운에 戊癸 합화하여 기신운이 되므로 퇴직하고, 변호사 개업을 하였다. 午 대운은 더욱 불리하리라.

## 12) 자요사격子遙巳格

甲子 일주가 甲子시에 생하고 명에 丑·午가 없으면 자요사격이 성립된다. 辰을 만나면 부하고, 寅을 만나면 귀하며, 신왕하면 재성·관성운일 때 발복한다.

辛 壬 癸 甲 乙 丙　　甲 甲 丁 壬
丑 寅 卯 辰 巳 午　　子 子 未 辰

이 여명은 甲子일생이 子시에 생하여 자요사격이며, 신왕하므로 식상·재성
이 용신이고, 명의 간지가 수생목·목생화·화생토하여 주류 무체를 이루니
상격이다.

풍요로운 가정에서 성장하여 일류대 회계학과를 졸업하고, 대기업의 요직
을 두루 거쳐 현재는 중역으로 근무하고 있다. 현 사회에서 여성으로 기업의
중역까지 진출한다는 것은 대단한 일이다. 여명에 관성이 없을 경우 용신 또
는 재성으로 남편운을 관찰하는데, 용신이자 재성인 토기가 성하므로 辰 대
운에 결혼하여 여의롭게 생활하고 있다.


### 13) 축요사격丑遙巳格

辛丑일·癸丑 일주가 丑시에 생하거나, 명에 丑이 많으면 축요사격이 구성
된다. 酉와 申은 길하고, 巳·子와 관성운을 꺼리는데, 신강하면 관살운도 두
려워하지 않고, 오히려 귀격이 된다.

이 격의 여성은 강직하고 총명하여 명예와 재물운은 길하나, 부부 관계가
원만치 못하여 독신으로 지내는 경우가 많다. 격국에 행운이 잘 들어오면 입
신 양명·부귀 공명 등과 급제를 모두 누리는 영화로운 명이고, 용신은 인성
과 비겁이므로 토와 금이다.

| 辛 | 壬 | 癸 | 甲 | 乙 | 丙 | | 癸 | 癸 | 丁 | 辛 |
|---|---|---|---|---|---|---|---|---|---|---|
| 卯 | 辰 | 巳 | 午 | 未 | 申 | | 丑 | 丑 | 酉 | 丑 |

癸丑일생이 丑시에 생하여 축요사격이 성립되고, 신왕 사주이므로 재·관
도 취할 수 있는 명이다. 乙未 대운에 서울대 경영학과에 입학하고, 甲午 대
운에 한국은행에 입사하여 능력도 인정받고, 지금도 성실하게 근무하고 있다.

### 14) 육갑추건격六甲趨乾格

甲子일·甲辰일·甲午일·甲戌 일주가 亥시에 생하거나, 명에 亥가 많이 있고
巳寅이 없으면 육갑추건격이 성립되며, 명에 亥가 많을수록 길하다. 용신은
인성과 비겁인데, 巳寅卯운은 불길하다. 甲일생이 지지에 亥가 많으면 자연히
합록을 겸하여 부귀의 명이다.

壬　辛　庚　己　戊　丁　　　乙　甲　丙　戊
戌　酉　申　未　午　巳　　　亥　子　辰　子

　　용신은 수·목이나 신왕하여 식상·재·관이 들어와도 무난하다. 초년 丁巳·
戊午 대운은 왕수·왕화가 상충하니 어려움이 많았으나, 독학으로 학업에 열
중하여 己未 대운에 행정 고시에 합격하였으며 庚申·辛酉 대운에는 입신 양
명하였다. 戌운에 작은 시련이 있겠으나, 앞으로도 행운은 창창하다.


### 15) 육임추간격六壬趨艮格

壬寅일·壬申일·壬辰 일주가 寅시에 생하면 육임추간격이 구성된다.
　　신왕함을 기뻐하고, 巳·申·戌·午·亥를 싫어한다. 이 격국을 이루면 정신기
가 범인을 초월하고, 덕이 많아 국가의 중신으로 등용되는 청고한 대인의 명
이다.

辛　庚　己　戊　丁　丙　乙　　　壬　壬　甲　戊
未　午　巳　辰　卯　寅　丑　　　寅　寅　子　寅

　　壬寅 일주가 寅시에 생하여 육임추간격이며, 壬수가 子월에 생하였으나, 식

상이 중첩되어 용신은 인성과 비겁이다. 이 사주는 미술학과 교수의 명으로 丙寅·丁卯 대운은 왕목을 설기하니, 학업에 열중하여 戊辰 대운에 미대 교수로 임용되었다.

巳 대운은 寅巳형하여 부인과 이별하고, 午 대운에는 충중 봉합하여 굴곡은 있었으나, 교수직에 전념하였다.


### 16) 금신격金神格


甲·己일생이 酉시·巳시·丑시에 생하면 금신격이 성립된다. 甲 일주가 금기운이 왕성하면 화로써 제함이 길하고, 己 일주가 금 기운이 왕성하면 신약이므로 화가 생함이 길하다. 행운도 남방 화운으로 향하면 길하고, 명에서도 화가 왕하면 신묘함이 있다. 화국을 얻어 금신을 제복하면 귀함이 신묘하여 녹이 풍부하다.


己 戊 丁 丙 乙 甲     乙 甲 癸 甲

卯 寅 丑 子 亥 戌     丑 午 酉 申

甲 일주가 丑시에 생하므로 금신격이며, 용신은 화이다, 특수한 전문 기술인의 명으로 子 대운에 용신 午화를 충하여 학업을 중단하고 방황하였으나, 丁丑 대운에 늦었지만 무사히 학업을 마칠 수 있었고, 寅 대운에 寅申충하여 교통 사고로 인해 건강이 부실하였으며, 己卯 대운 역시 卯酉 충하니 심히 불길하다.

## 17) 괴강격魁罡格

庚辰일·壬辰일·戊戌일·庚戌일·壬戌 일주이면 괴강격이다, 또 월령이 辰·戌월이면 진격이고, 신왕운을 기뻐하며, 재관운은 꺼려한다.

庚 己 戊 丁 丙 乙　　甲 庚 甲 甲<br>
辰 卯 寅 丑 子 亥　　申 戌 戌 申

庚戌 일주가 戌월 토왕절에 생하고, 명에 토금이 성하여 진격이다. 천간의 세 甲목이 申금에 통근했으나 미약하다. 그러나 행운이 동북방 수목운으로 나아가므로 어려서부터 사업에 눈을 돌려 거금을 손에 쥐었고, 대기업을 일구었으나 여자 문제만큼은 상당히 복잡하였다. 庚辰 대운은 근신하는 세월로 삼으면 무난하리라.


## 18) 육을서귀격六乙鼠貴格

乙亥일·乙未 일주가 子시에 생하면 육을서귀격이 형성된다. 명에 관성과 丑·巳·午가 없으면 귀격이며, 용신은 인성·비겁이므로 수·목이다. 子가 巳를 암합하고, 巳를 통하여 申을 합하니 庚금의 녹이 申에 있으므로 庚금을 인출하여 乙의 관성으로 삼는다.

　명에 子가 많으면 귀명이고, 관성이 성하면 길을 반감하며, 행운이 관향으로 향해도 불길하다.

辛 壬 癸 甲 乙 丙　　丙 乙 丁 乙<br>
巳 午 未 申 酉 戌　　子 未 亥 未

乙未일생이 子시에 생하여 육을서귀격이고, 용신은 인성과 비겁이다, 간지가 상극은 되었으나, 명에 재·관이 없으므로 청귀한 격이다. 乙 대운에 서울대에 입학하였으나, 酉 대운은 기신인 관성운이라 학생 운동권으로 구속을 당하였다.

甲申 대운은 甲목이 용신운이고, 申금이 申子 합수하여 용신으로 화하니, 사법고시에 합격하여 판사로 근무하고 있으며, 참한 규수로 만나 결혼도 하였다. 巳·午 대운은 건강에 유념해야 할 것이다.


### 19) 현무당권격玄武當權格

壬寅일·壬午일·壬戌일·癸巳일·癸未일·癸丑 일주가 지지에 寅午戌 화국을 이루고, 辰戌丑未 중 하나만 있으면 무방하다. 신왕운이 길하고, 충하는 운과 식상운은 불길하다. 용신이 재성이면 사업으로 성공하고, 용신이 관성이면 관록으로 출세한다.

庚 己 戊 丁 丙 乙　　壬 壬 甲 丙
子 亥 戌 酉 申 未　　寅 午 午 戌

壬午일생이 지지에 壬午戌 화국이 있으므로 현무당권격이다. 명에 목화가 성하여 종재일 듯하나 시간에 壬수가 있고 양일간이므로 종격은 아니며, 인성과 비겁이 용신이다.

행운이 서북방 금수운으로 향하므로 대운은 길하나, 신약 사주이므로 성패가 다단하였으며, 庚子 대운은 왕화와 극충하여 졸하였다.

## 20) 구진득위격句陳得位格

戊·己일생이 지지에 목국을 이루거나 수국을 이루면 구진득위격이 성립되고, 용신은 수·목이다. 대운도 수·목으로 나아가면 관직에 진출하여 장관 직위까지 승진하고, 부귀 쌍전한다. 구진득위가 진격을 이루면 재·관이 삼합 회국함이니 귀명이 되는 것이다. 용신은 재성·관성이다. 亥子 북방과 寅卯 동방에 관록이 대발하여 장관 직위까지 오른다. 격국이 청고하고 분명하며, 연운에서 극파가 없으면 개운 발달하고 부귀 겸전한다.

己 戊 丁 丙 乙 甲　　乙 己 癸 乙
丑 子 亥 戌 酉 申　　亥 卯 未 未

이 여명은 격국이 청순하여 부잣집 딸로 태어나 공부도 잘 하였으나, 酉운에 연예 결혼하더니 자식을 낳고는 이혼하였다. 그러나 격이 순수하므로 戌운에 재력가와 재혼하여 내조도 잘 하고 행복하게 잘살고 있다. 이후는 북방 亥·子운이므로 양호하나, 항상 건강 관리에 유념해야 한다.


## 21) 양간불잡격兩干不雜格

천간이 己년·甲월·己일·甲시 등으로 이루어지면 양간불잡격이다. 격의 구성이 양호하면 부귀하나, 만일 행운이 반대로 향하면 재물이 파탄나고, 건강이 상하는 고초를 겪는다.

辛 庚 己 戊 丁 丙　　乙 丙 乙 丙
丑 子 亥 戌 酉 申　　未 午 未 戌

戌未형을 午未합이 봉합하고 일주도 신강하므로 귀격이다. 戊운에 고시에 합격하고, 己亥·庚子 대운에 승승장구하였으나, 子운에는 교통 사고를 당해 고생도 많았다. 丑운에 명퇴하고, 현재는 법률 회사의 고문으로 근무하고 있다.


## 22) 천원일기격天元一氣格

연·월·일·시의 천간이 동일한 간으로 이루어지면 천원일기격이다. 일주가 왕하면 식상·재성운이 길하고, 신약하면 불길하다.

己 戊 丁 丙 乙 甲　　癸 癸 癸 癸
巳 辰 卯 寅 丑 子　　亥 酉 亥 未

신강 사주이므로 설기하는 식상이 용신이며, 재·관이 들어오면 흉측한 일이 발생한다. 이 여명은 욕심이 많아서 공부도 잘 하고, 무엇이든지 이룰려고 하는 꿈 많은 청춘이었으나, 丑운에 백수 한량에게 속아서 결혼하여 寅운에 이별하였으며, 丁운에는 천간의 癸무리와 丁癸충이 되어 교통 사고로 졸하였다. 이렇게 특수격이 되면 가장 염려스러운 것이 건강 문제인데, 만일 이에 해당한다면, 몸과 마음을 닦는 정신 수양에 매진하는 것이 흉사를 피해가는 방법이다.


## 23) 지원일기격地元一氣格

연·월·일·시의 지지가 동일한 지로 이루어지면 지원일기격이며, 천간과 지지가 통근하고 유정하여야 길하다.

甲 癸 壬 辛 庚 己　　　　壬　戊　戊　庚
午 巳 辰 卯 寅 丑　　　　子　子　子　子

명에 재성이 태다하여 재다 신약 사주이다. 寅운·卯운은 목이 왕수를 설기하여 양호하고, 남방 巳·午화운은 인성운이므로 약한 일주를 생하고, 한습한 명을 조후도 하여 길하나, 화가 왕수를 충극하니 웃음 속에 칼이 숨겨진 형국이라 횡액사를 주의해야 한다.


### 24) 천상삼귀격天上三貴格

甲·戊·庚일생이 천간에 甲·戊·庚이 모두 있고 지지에 戊·亥가 있거나, 乙·丙·丁일생이 천간에 乙·丙·丁이 모두 있고 지지에 丑·寅·卯·巳·午·未가 있거나, 癸·辛·壬일생이 천간에 癸·辛·壬이 모두 있고 지지에 巳·午·未가 있으면 천상삼귀격이 형성된다. 이 격을 이루면 하늘의 천운으로 부귀하고 영화롭고, 명예와 권세가 함께 하며, 일시에 벼락같이 일어나 재상의 지위까지 오를 수 있는 명이다.

己 戊 丁 丙 乙 甲　　　　庚　甲　癸　戊
巳 辰 卯 寅 丑 子　　　　午　寅　亥　子

신강 사주에 재성·관성이 극이 되어 천상삼귀격이지만 하격이다. 용신은 내격과 같이 취하므로 재·관이 용신이며, 식상도 왕성한 일주를 설기하므로 길하다. 초년·중년은 다사 분주하였으나, 무엇 하나 제대로 일구지 못했고, 戊辰 대운에 부동산 사업으로 불같이 일어나 천만금을 거머쥐었다. 이후의 대운도 희신운인 남방 화운으로 흐르므로 대길하다.

## 25) 사위순전격四位純全格

지지에 子·午·卯·酉가 모두 있으면 사정격이라 하고, 지지에 寅·申·巳·亥가 모두 있으면 사생격이라 하며, 지지에 辰·戌·丑·未가 모두 있으면 사고격이라 한다.

사정격은 남성은 대길하나, 여성은 사도화에 해당하므로 고독하고 유랑함이 많으며, 사생격은 남성은 대길하나, 여성은 주거가 불안하고, 사고격은 남성은 부격이나, 여성은 다사 분주하므로 불길하다.

박정희 전 대통령의 사주가 사위순전격의 사생격에 속한다.

<table>
<tr><td>癸</td><td>甲</td><td>乙</td><td>丙</td><td>丁</td><td>戊</td><td>己</td><td>庚</td><td></td><td>戊</td><td>庚</td><td>辛</td><td>丁</td></tr>
<tr><td>卯</td><td>辰</td><td>巳</td><td>午</td><td>未</td><td>申</td><td>酉</td><td>戌</td><td></td><td>寅</td><td>申</td><td>亥</td><td>巳</td></tr>
</table>

월령은 실기하였으나 명에 토금이 왕하여 신왕 사주이므로 용신은 재성과 관성이다.

초년 戊申 대운까지는 기신운이므로 고생이 많았으나, 丁未 대운은 화토운이니 군대에서도 좋았으며, 6·25동란 중에도 목숨을 건지고 여수반란사건에서도 무사하였다. 丙午 대운은 생애 최고의 대운이므로 장군으로 진급하고, 辛丑년에 5·16혁명을 일으켰다. 만일 대운이 기신운이라면 실패할 수 있었으나, 대운이 좋아서 성공하였다. 그 후 乙巳 대운도 좋았고, 62세 甲운은 일견 좋을 것이나, 왕금과 甲庚 충극하여 나쁜 와중에 63세 己未년은 甲己 합토하여 기신운이 되므로 서거하였다.

영부인이 총상을 당한 것도 寅목 편재는 절지이며 寅申충하고, 본인도 寅申충하여 총상으로 서거하였다고 사료된다.

甲寅일생이 子시에 생하거나, 乙卯일생이 巳시에 생하거나, 甲午일생이 申시에 생하거나, 癸酉일생이 亥시에 생하고 명에 재성이 없으면 공재격이 형성된다. 공재격은 일·시 사이에 재성이 끼어 있는 것을 말한다. 명에 酉가 있어 끼어 있는 재성을 반합하면 불길하다. 명에 재성이나 편관이 없고 신왕하면 상격으로 당대에 청귀한 지도자격 인물이 된다.

壬 辛 庚 己 戊 丁　　甲 甲 丙 辛<br>
寅 丑 子 亥 戌 酉　　子 寅 申 巳

이 여명은 甲寅일생이 子시에 생하여 일지와 시지 사이에 丑토 재성이 끼어 있으므로 공재격이나, 지지에 寅巳申 삼형이 있어 하격이다. 용신은 화금 상쟁을 막아주는 통관 용신인 토이다. 금이 들어오면 왕한 일주를 제어하므로 길하나, 평지 풍파에 어찌해 볼 도리가 없고, 식상을 희신으로 하면 자식을 낳고 이별하는 명이다. 庚 대운에 庚丙충하여 남편과 사별하고, 子 대운에 재혼하여 辛 대운에 丙辛 합수하므로 이혼하였다. 丑운은 용신운이므로 직장에서 인기도 얻고 돈도 벌어 안정을 찾았다. 공재격은 특히 일·시의 형·충·파를 꺼려하는데, 그것은 일·시의 사이에 놓인 재물이 날아가기 때문이다.

위 여명의 예를 보면 특수 격국이 제아무리 길격이라 하나, 육친 관계는 사주의 범위를 벗어날 수 없고, 부와 귀는 행운을 따라가는 것을 알 수 있다.


27) 복덕수기격福德秀氣格

음간乙·丁·己·辛·癸일생이 지지에 巳·酉·丑이 모두 있으면 복덕수기격이 되는데, 상격이면 권위가 있어 극귀하고, 법관·군인·경찰·의사 등의 드센 직업에 종사하나, 직위가 있어 최고위직까지 역임할 수 있다. 그러나 하격이면 고통과 노고가 많고, 매사가 확실치 못해 성패가 다단하며, 주색에 빠져 재물을 모을 수 없다.

편관이 천간에 투간됨을 꺼려하고, 정인과 정관을 기뻐한다.

丁 戊 己 庚 辛 壬　　戊 己 癸 辛
亥 子 丑 寅 卯 辰　　辰 酉 巳 丑

己일생이 지지에 巳·酉·丑이 있어 복덕수격이 성립되고, 신왕 사주에 수기 유행하는 금국이 이루어져 사주가 길하게 되었다. 용신은 관성이며, 인성운인 화가 들어와도 성한 금 기운을 제어하므로 길하다. 어려서부터 총명하여 공부를 잘 했으나, 卯 대운에 왕금과 충이 되어 교통 사고로 고초를 겪었다. 그 후 시련을 극복하고 학습에 열중하여 己운에 대학 교수로 임용되어 현재도 근무하고 있다.

## 28) 세덕부재격歲德扶財格

연주의 천간이 재성에 해당하는 경우를 말한다. 신왕하고 재성이 유기하면 조상의 음덕으로 출세도 하고 많은 유산을 상속받으며, 자연히 권세가 따른다. 신약하면 모든 것이 허망할 뿐이다.

壬 辛 庚 己 戊 丁　　丁 辛 丙 甲
申 未 午 巳 辰 卯　　酉 酉 寅 申

辛 일주가 연간에 재성을 만나 세덕부재격을 이루며, 일주도 지지에 유근하여 왕하고, 재관도 성하므로 길격이다. 용신은 금·목 상생을 해소하는 통

관 용신인 수이고, 화가 들어와도 목기를 설기하여 왕금을 다스리므로 양호하다. 己巳 대운에 공기업에 입사하여 庚午·辛未 대운에는 주요 보직을 두루 역임하였다. 申운에는 퇴임하리라.

## 29) 세덕부살격歲德扶殺格

연주의 천간이 관살에 해당하는 경우를 말하고, 신왕 관왕하면 조상이 영화롭고 일주가 군권을 얻는다. 신약하다면 만사가 허무하리라.

庚 辛 壬 癸 甲 乙　　庚 壬 丙 己
午 未 申 酉 戌 亥　　子 午 子 卯

壬일생이 己년에 생하여 세덕부살격을 이루고, 신왕 재왕하므로 유복한 집안에서 태어나 청년기까지는 남부러울 것이 없이 살아왔으나, 壬申 대운에 申子 합수하여 월주·일주의 왕화와 천충 지충이 되니 교통 사고로 장애인이 된 명이다. 용신은 수·화 상충을 해결하는 통관신인 목이고, 관성이 와도 화기를 설기하여 수기를 제어하므로 양호하다.

## 30) 귀록격貴祿格

甲일생이 寅시, 戊일생이 巳시, 己일생이 午시, 庚일생이 申시, 壬일생이 亥시, 癸일생이 子시에 생하고 명에 관성이 없으면 귀록격이 형성되고, 행운이 식상 대운이나 재성 대운으로 흐르면 소년에 등과 급제하여 중직을 거쳐 고관 재상에까지 오를 수 있는 귀한 명이다.

$$
\begin{array}{cccccc|cccc}
庚 & 辛 & 壬 & 癸 & 甲 & 乙 & 丙 & 甲 & 丙 & 己 \\
申 & 酉 & 戌 & 亥 & 子 & 丑 & 寅 & 午 & 寅 & 丑
\end{array}
$$

甲일생이 寅시에 생하고 명에 관성이 없으므로 귀록격이다. 신왕하고 사주의 간지가 좌우 상생되어 일점의 탁기가 없는 맑고 귀한 명이다. 그러므로 소년 시절부터 스스로 일어나 부귀 공명하였으며, 庚申 대운은 관살이 기신이므로 뒷전으로 물러나서 다음을 기약함이 옳을 것이다.


### 31) 상관대살격傷官帶殺格

지지가 모두 상관이고 관성이 천간에 투출되면 상관대살격을 이룬다. 상관을 제하면 복이 되고, 신왕운으로 향하면 대길하다.

$$
\begin{array}{cccccc|cccc}
乙 & 丙 & 丁 & 戊 & 己 & 庚 & 己 & 辛 & 辛 & 丁 \\
巳 & 午 & 未 & 申 & 酉 & 戌 & 亥 & 亥 & 亥 & 亥
\end{array}
$$

辛일생이 지지가 모두 식상이고 관살이 투출되어 있어 상관대살격을 이룬다. 신왕함을 요하므로 용신은 토·금이고, 화운도 조후 용신이므로 길하나, 수·화 상전이 두렵다. 戊申 대운에 교육대학원을 졸업하고 교사로서 국가에 일조하고 있으나, 巳운은 지지의 亥수와 상충이 되어 불길하므로 수신 제가에 힘을 기울여야 한다.


### 32) 간지동체격干支同體格

간지동체격은 사주의 간지가 동일하게 구성되어 있는 것을 말하고, 격국이 양호하면 대권을 장악할 대명으로 권세가 사해 명진한다.

丙 乙 甲 癸 壬 辛　　庚 庚 庚 庚
戌 酉 申 未 午 巳　　辰 辰 辰 辰

초년 巳午未 남방 화운은 다난하였고, 甲 대운에 甲庚충극이 되어 부인과 사별하였다. 申酉 서방 금운에는 어려움 속에서 근근히 생활을 이어나갔으며, 戌운에 辰戌 왕충이 되므로 졸하였다. 용신은 수이다.


## 33) 일덕수기격日德秀氣格

丙子일·丁酉일·辛酉일·壬子일생이 천간에 두 개의 乙이 있고, 지지에 巳·酉·丑이 모두있으면 일덕수기격이 형성된다.

辛 庚 己 戊 丁 丙　　乙 丁 乙 丁
亥 戌 酉 申 未 午　　巳 酉 巳 丑

이 여명은 丁酉일생이 천간에 두 개의 乙이 있고 지지에 巳·酉·丑이 모두 있어 일덕수기격이 구성되었으며, 신강 사주이므로 용신은 금·수이다. 삼십오 세 戊申 대운·辛亥년에 재력이 있는 사람과 결혼하여 재산도 모으고 여유롭게 생활하였으나, 亥운은 巳亥 상충하므로 불길하다.


## 34) 기명종재격棄命從財格

명에 인성이나 비겁은 있으나 뿌리가 없어 일간을 생할 힘이 없으므로 인성이나 비겁을 버리고 하는 수 없이 종재하는 경우이며, 네 가지의 규칙이 있다. 즉, 첫째 일간이 무근해야 하며, 둘째 재성이 지지에 재국을 이루어야 하고, 셋째 재성이 천간에 투간되면 더욱 양호하며, 넷째 일간이 의지할 곳이 없어야 한다. 기명종재와 기명종살은 의미도 같고 행운도 동일하며, 연월일시에 재성이 성하여 종재하면 더욱 부격이다. 일간이 명에 의지할 곳이 없으면 평생 내실을 두려워하고, 데릴사위가 되거나 처가에 의지한다. 기명종재·기명종살은 인성운을 꺼려하고, 재·관살운을 기뻐한다.

己 戊 丁 丙 乙 甲　　壬 戊 癸 戊<br>
巳 辰 卯 寅 丑 子　　子 申 亥 子

戊토가 亥월에 생하고, 연간에 戊토가 투출되었으나 지지에 수기가 왕성하고, 천간에 壬癸수가 투출하여 성하므로 戊토는 비겁이지만, 할 수 없이 戊토를 버리고 수에 종하여 기명종재격을 이루었다. 초년·중년은 재·관운이므로 양호하나, 戊 대운은 戊癸 합화하여 가까운 친우·동료·형제로 인하여 문서상의 피해를 입는다. 辰운은 申子辰 합수하여 길하나, 己巳 대운부터는 기신운이므로 시골로 내려가 특작물 재배 등의 농업에 종사하는 것이 옳을 듯하다.

## 35) 기명종살격棄命從殺格

명에 인성이나 비겁은 있으나, 무근하여 일간을 생할 힘이 없으므로 할 수 없이 인성이나 비겁을 버리고 종살하는 경우를 말하는데, 네 가지의 규칙이 있다. 첫째 일간이 무근해야 하고, 둘째 관성이 지지에 관국을 이루어야 하고, 셋째 관성이 천간에 투간되면 더욱 길하고, 넷째 일간이 의지할 곳이 없어야 한다. 기명종살격이 되면 일간의 유근함을 두려워하고, 인성과 비겁운을 만나면 생명을 잃는다.

甲 癸 壬 辛 庚 己　　癸 癸 戊 戊
子 亥 戌 酉 申 未　　丑 未 午 寅

癸일생이 午월에 생하고 천간에 戊토가 투출하여 관살이 중중하다. 시간의 비견이 시지에 유근하여 일간을 생조한다고 하나, 관살이 왕성하므로 시간의 비견을 버리고 토에 종하여 기명종살격이 되었다. 그러나 행운이 기신운인 인성·비겁운으로 나아가므로 원명은 길하나 앞날이 불길하다. 己未 대운에는 소년 영재란 소리를 들을 만큼 영특하였으며, 후에 서울대를 졸업하고 기업에 근무하다 그만두고 개인 사업을 시작하였으나, 대운이 불량하므로 망하고, 지금까지 세월을 유야무야로 보내고 있다. 甲子 대운부터는 자식덕을 볼 것이다.

### 36) 오행구족격五行俱足格

명에 오행이 두루 구비되어 있어 총명 영리하고 건강 장수하며, 성격도 원만하여 모든 사람들의 칭송을 받을 만한 인품도 갖추었고, 재물도 여유가 있어 일생 큰 풍파가 없는 사주이다.

戊 丁 丙 乙 甲 癸　　庚 丁 壬 甲
寅 丑 子 亥 戌 酉　　戌 卯 申 午

명에 목·화·토·금·수가 요소에 알맞게 구비되어 있어 사주가 매우 아름답다. 丁화가 申월에 생하여 약할 듯하나, 천간에 丁壬 합목이 있고, 지지에 卯戌 합화가 있어 일주를 생조하며, 甲목의 생을 받은 연지의 午화가 申금을 적절히 제어하므로 사주가 대길하게 되었다. 甲戌 대운에 의대에 진학하여 훗운에 전문의 시험에 합격하고, 같은 의사와 결혼하여 아들딸 낳고 행복하게 잘 살고 있다. 이와 같이 사주가 아무리 좋아도 어딘가는 흠이 있게 마련이고, 행운은 절기와 같아서 반드시 흉한 운도 들어오지만, 이렇듯 사주의 오행이 적절하게 생극과 합으로 형성되어 있으면 대운이 흉하거나, 형충파를 당해도 큰 우환이 없이 무난하게 넘어간다.

> tip 예전의 동양에서는 사회적 행복의 척도가 오직 출세와 재물뿐이므로 특수 격국을 선호하는 경향이 있었으나, 요즈음 사회에서의 행복의 기준은 부부 해로하고, 행복한 가정 속에서 건강하게 장수하는 것이므로, 오행이 편고된 특수 격국보다는 오행의 기운을 모두 내포하고 있는 십정격내격의 사주가 좋은 명이라고 저자는 생각한다.
>
> 이상으로 외격 및 특수 격국에 대해서 설명하였다. 명리학은 격국과 용신을 정확하게 파악하면 사주 팔자 그대로 살 수밖에 없는 것이므로 글자 그대로 풀이해 나가면 수월하게 추명할 수 있다. 더욱이 태어난 시간이 정확하면 더 세밀한 감정을 할 수 있을 것이다.
>
> 사주를 간명할 때 내격으로 감정하여 판단이 서지 않을 경우에는, 외격 또는 특수 격국이 겹쳐서 격국을 구성하고 있는 경우가 대부분이므로, 먼저 내격으로 판단한 다음에 외격 및 특수 격국으로 간명하는 것이 사주 감정의 순서이다.

# 11 간명看命의 요점要點

사주를 간명하는 데는 반드시 인지해야 할 기술적인 부분이 있는데, 그 비법을 본장에서 다루고자 하니, 이를 충분히 히해하고 숙지하면 사주 감정시에 유용하게 활용할 수 있다.

### 1) 정신기|精神氣

부귀한 명은 정·신·기 삼자가 균등하게 구비되어 있다. 정이란 일간을 생하는 육신을 말하고, 신이란 일간을 극하는 육신을 말하며, 기란 일간과 동기인 비겁을 말한다.

사주가 길하려면 정이나 기만 왕성해도 안 되고, 신기만 충만해서도 안 되며, 정·신·기 삼자가 고르게 힘의 균형을 이루어야 한다. 정만 왕하면 사주가 비대해지고, 신만 왕하면 사주가 유약해지며, 기만 왕하면 유통이 되지 않아 사주가 답답해진다. 반대로 정이 부족하면 사주가 신약이 되고, 기가 부족하면 부귀가 오래 가지 못하며, 신이 부족하면 평범한 사주에 불과하다. 그러므로 정·신·기 삼자를 고루 갖추면 사주도 자연스럽게 중화가 이루어진다.

예1)

癸 壬 辛 庚 己 戊　　　丙 甲 丁 庚<br>
卯 寅 丑 子 亥 戌　　　寅 子 酉 辰

이 명은 중국 청대 중엽의 황제 사주이다. 일간 甲목을 생하는 子수가 정이며, 子수는 酉·庚금의 생을 받아 왕하다. 그러므로 정이 왕성하다. 일간 甲목을 극하는 酉·庚금이 신인데, 월령을 점하고 辰토가 생하여 신도 왕성하다. 甲목의 동기인 寅목도 子수의 생으로 왕하므로 기 또한 충만하다. 더욱이 사주가 묘한 것은 천간의 丙·丁화가 왕성한 酉·庚금을 제어하고 있는 것이다. 따라서 이 명은 정·신·기 삼자를 모두 충족하여 일생 동안 극귀하고 장수할 명이다.

예2)

甲 乙 丙 丁 戊 己　　　壬 癸 庚 己<br>
申 酉 戌 亥 子 丑　　　戌 酉 寅 卯

이 사주는 차관급 정도의 공직을 지낸 명이다. 癸수가 酉금에 통근하고 庚금이 투출되어 정은 왕성하다. 壬수가 戌토에 관대가 되고 酉·庚금이 생하므로 기 또한 왕하다. 월지·연지에 寅·卯목이 있어 유통은 되었으나, 연간의 己토 관성이 시지의 戌토와는 거리가 너무 멀어 서로 힘이 되지 못하고 있으며, 명에 재성이 없어 지지의 식상이 천간의 관성을 직접 극하고 있다. 그러므로 이 명은 신이 부족한 사주이므로 대발할 명은 아니다. 일반적으로 팔자에 기복이 많은 사주가 이런 유형으로 구성되어 있다.

## 2) 중화中和

　사주 가운데 가장 좋은 사주는 중화된 사주이다. 중화된 사주란 오행의 유통이 원활하여 모자람이 없고, 일간을 극루하는 육신과 생조하는 육신이 서로 중화가 되어 형평을 이루고 있는 것을 말한다. 이 중화된 사주는 부귀영화를 누릴 뿐만 아니라, 인간 오복을 모두 갖추게 된다. 대부분의 사주는 중화되지 아니하고, 신강하거나 신약하고, 또는 용신이 파손됐거나 부족한데, 이러한 사주는 용신과 화합되는 운을 만나면 평안하지만, 용신과 상반되는 운을 만나면 역경에 처하게 된다.

　그러나 중화된 사주는 호운에는 대발복하고, 역운에도 무난하게 지낼 수 있다. 앞에서 설명한 용신법도 기신을 억제하고 희신을 생부하여 종국에는 사주상의 오행을 중화시키기 위한 것이다.

예1)

甲 癸 壬 辛 庚 己　　壬 辛 戊 丙

子 亥 戌 酉 申 未　　辰 酉 午 寅

　이 사주는 명대의 재상 사주이다. 관살이 왕성하나 월간의 戊토 역시 누월에 장성하고, 시지의 辰토가 辰酉 합금하여 일주를 생조하므로 신왕하고 관왕하여 사주가 대길하다. 더욱이 壬수가 천간에 투출하여 누월 화왕절의 월령을 중화시키므로 사주 팔자가 어느 한 군데도 결함이 없다. 그러므로 소년 시절에 과거에 급제하여 일평생 관도가 그치지 않았고, 구십 세까지 장수하였다. 이 명은 오행을 모두 구비하고, 그것이 생생 불식하여 간지가 상생 유통이 되어 있으며, 일간을 극하는 육신과 생하는 육신이 서로 균형이 맞기 때문에 중화된 사주가 되었다.

庚 己 戊 丁 丙 乙　　辛 癸 甲 甲
午 巳 辰 卯 寅 丑　　酉 亥 子 寅

癸수가 子월에 생하고 명에 비겁과 인성이 태다하여 지나치게 신강인 듯하나, 목 또한 셋이나 되고 양간지이므로 왕성한 일간의 기운을 설기하여 서로 중화되어 있으며, 더욱 길한 것은 화토의 기운이 일점도 섞이지 않아 사주가 순청하게 된 것이다. 그러므로 재산이 수백만 금에 달하고, 자손의 경사도 그치지 아니하였으며, 삼십여 년 동안 태평 재상을 지내다 팔십여 세 申 대운에 졸하였다.


## 3) 조후調候


기후가 덥고 건조하면 만물이 생장할 수 없고, 반대로 너무 춥고 습해도 만물이 존재할 수 없듯이, 하늘과 땅 사이의 만물은 음양의 조화에 의하여 이루어졌으며, 이와 같은 자연의 원리는 사주 추명학에도 적용되었다. 사주학적으로 음양의 조화를 조후라고 하며, 음양 오행상에서 한란 조습으로 분류한다. 오행상 한란 조습의 구분은 다음과 같다.

목화는 난조하고, 금수는 한습하며, 천간의 甲乙丙丁은 난하고, 庚辛壬癸는 한하며, 戊己토는 한란의 중간에 위치한다.

지지의 寅卯巳午는 조하고, 申酉亥子는 한하며, 戌未토는 조하고, 辰丑토는 습하다. 삼월의 辰토는 따뜻한 봄에 속하지만, 辰 중에 癸수가 있어 습토라 하고, 구월의 戌토는 서늘한 가을에 속하지만, 戌 중에 丁화가 있어 조토라 한다.

사주가 지나치게 한습하면 난조지기가 필요하고, 지나치게 난조하면 한습지기가 필요하다. 이 원리에 부합된 명은 길하고, 반대되는 명은 불길하며,

복력이 약하다. 따라서 사주가 지나치게 한습 또는 난조할 때는 내격의 용신법에 의하지 않고, 조후에 의하여 용신을 정해야 한다.

그러나 조후 용신을 정하는 데는 신중을 기해야 한다. 사주의 대부분이 목화로 되어 있어 뜨거운 불 속 같아도 무조건 금수의 조후 용신을 쓸 수 없고, 과하게 한습하여 꽁꽁 얼어붙은 사주도 함부로 목화의 조후 용신을 쓸 수 없다. 그것은 사주가 너무 뜨거우면 한 바가지의 물로 불을 끌 수가 없어 도리어 불길을 건드려 화를 자초한 꼴이 되고, 꽁꽁 얼어붙은 사주는 미약한 불로는 언 땅을 녹일 수 없는 이치와 같으므로, 이런 경우에는 외격의 원리에 의하여 목화 또는 금수에 종해야 한다.

사주가 과하게 한습 또는 난조하거나, 난조 또는 한습의 기운이 무근한 명도 난조지기가 한습지기를 만나서 부귀 공명을 얻을 수는 있으나, 외면만 화려할 뿐 육친 관계 등의 내면은 부실하며, 복력은 있더라도 음사가 끊이지 않는 경향이 있다.

예1)

<table>
<tr><td>癸</td><td>壬</td><td>辛</td><td>庚</td><td>己</td><td>戊</td><td></td><td>甲</td><td>壬</td><td>丁</td><td>庚</td></tr>
<tr><td>丑</td><td>子</td><td>亥</td><td>戌</td><td>酉</td><td>申</td><td></td><td>辰</td><td>午</td><td>未</td><td>寅</td></tr>
</table>

이 사주는 청대 초엽의 재상 사주이다. 壬수가 未월 토왕절에 생하고, 목·화·토가 왕성하여 사주가 매우 건조하므로 조후가 시급하다. 그러나 초년 대운부터 서북방 금수운으로 향하니 일찍이 입신 양명하여 공명이 천하를 진동했다.

예2)

<table>
<tr><td>己</td><td>戊</td><td>丁</td><td>丙</td><td>乙</td><td>甲</td><td></td><td>癸</td><td>癸</td><td>癸</td><td>乙</td></tr>
<tr><td>未</td><td>午</td><td>巳</td><td>辰</td><td>卯</td><td>寅</td><td></td><td>丑</td><td>卯</td><td>丑</td><td>亥</td></tr>
</table>

이 여명은 癸수가 丑월에 생하고, 연·월·시주가 癸亥수와 丑습토로 이루어졌으며, 음팔통이므로 사주가 매우 한습하다. 그러나 다행히도 대운이 일로 동남방 목화지지로 나아가므로, 친정과 시댁이 모두 발전하고, 남편도 고귀하였다.


## 4) 통관通關

통관이란 막힌 것을 소통시킨다는 의미이다. 사주에서 왕성한 두 오행이 서로 대립하여 어느 하나를 억제하기 곤란한 경우, 이를 소통시키는 육신을 용신으로 삼는다. 예를 들면, 식상과 관성이 서로 비등하게 대치하고 있을 때, 그 세력 중 어느 하나를 제압하기 곤란한 경우에 재성으로 용신을 삼아서 식상생재·재생관하여 양자를 서로 소통시켜 오행의 중화를 꾀한다.

이와 같은 경우를 하늘의 울타리 안에 있는 직녀와 밖에 있는 우랑이 서로 소통하여 동방에 함께 들어가는 것에 빗대어 통관지신이라 한다.

또 사주의 대부분이 두 개의 오행으로 구성되어 있고, 두 오행의 세력이 서로 균등하게 상극되어 있을 때 용신은 이를 소통시키는 오행이다. 이것도 통관의 일종이다. 즉, 금과 목이 맞설 때는 수가 용신이며, 수와 화가 맞설 때는 목이 용신이다. 그러나 이것은 두 오행이 서로 균등하게 대치하고 있을 때의 경우이고, 어느 한 오행의 세력이 약할 때에는 내격의 용신법에 의한다.

예1)

乙 甲 癸 壬 辛 庚　　庚 癸 己 甲
酉 申 未 午 巳 辰　　申 亥 卯 辰

이 명은 일주가 왕성하나, 연·월주의 식상과 관성이 상하 좌우로 극이 되어 복록이 한결같지가 않다. 그러므로 식상과 관성을 통관시키는 재성이 용신이다.

巳·午·未 남방 화운은 용신인 재성운이므로 관계에 진출하여 직위가 처장급에 이르고 금전운도 왕성하였으나, 乙酉 대운에 乙목이 己토를 극하고, 辰酉 합금하여 약한 관성이 더욱 극진되므로 관직을 떠나 낙향하였다.

예2)

癸 壬 辛 庚 己 戊　　　丙 癸 丁 壬
卯 寅 丑 子 亥 戌　　　辰 亥 酉 午

이 명은 청대 말엽의 부자 사주이다. 癸수가 酉월에 생하고, 비겁이 성하여 신강 사주이며, 연간의 壬수는 월간의 丁화와 丁壬 합목하여 희신으로 화하고, 재성 또한 셋이나 되어 성하므로 수화가 서로 대립하고 있다. 그러므로 용신은 수화를 소통시키는 목이다. 辛丑 대운까지는 기복이 많았으나, 壬寅 대운에 丁壬 합목하여, 寅목이 상호 대립하고 있는 수·화의 사이를 소통시켜 대길하므로, 사업이 벼락같이 번창하여 거금을 벌어들였다.

### 5) 병약病藥

명에서 해가 되는 육신을 병이라고 하며, 그 병을 극제하거나 화해시키는 육신을 약이라고 한다. 사주에는 희신과 기신이 있다. 희신은 사주가 길격을 형성하는 데 도움이 되는 육신이고, 기신은 길격을 형성하는 데 방해가 되는 육신이다. 그러나 귀한 명은 사주에 먼저 기신인 병이 있고, 그것을 억제하는 희신인 약이 있어야 귀명이 된다. 그러므로 병이 있어도 그 병에 해당하는 육신을 제거하는 약신이 있다면 두려울 게 없고, 사주가 오히려 길하게 된다.

예를 들면, 甲乙 목일생이 명에 물이 너무 많으면 나무가 뿌리를 내리지 못하고 거센 물결에 떠내려가는 형상이므로 수가 병이고, 사주가 금수로만 되어 있어 너무 한습하면 금수가 병이며, 목화로만 되어 있어 너무 난조하면 목화가 병이다. 또 신강 사주에 인성·비겁이 많으면 더욱 신강하므로 인성·비겁이 병이고, 신약 사주에 식상·재성·관성 중 어느 육신이 왕해서 일주를 약화시키면 그 왕한 육신이 병이 된다.

어떠한 길격을 형성하는 데 그것을 방해하는 육신이 있으면 그 육신이 바로 병이다. 일주가 심히 왕하여 종강격을 형성할 때, 재나 관살이 미약하나마 명에 있으면 재관이 병이고, 일주가 심히 쇠약하여 타의 세력에 기명종세하려는데 도움도 못 되는 인성이나 비겁이 있으면 바로 인성이나 비겁이 병이다.

용신의 병은 두 가지가 있는데, 첫째는 용신을 극하는 육신이고, 둘째는 용신이 되는 육신을 간합 또는 지합<sub>육합·삼합</sub>하여 용신이 자신의 직분에 전념하지 못하도록 만드는 육신이다. 가령 甲목이 용신일 경우 己토가 있어 甲己 합토하면 甲목의 본질이 절반 정도가 상실되어 용신 구실을 다 못 하게 되니 己토가 병이고, 亥수가 용신일 경우 寅목이 있어 寅亥 합목하면 亥수의 작용을 다 하지 못하므로 寅목이 병이다. 비겁이 용신이면 관성이 병이고, 식상이 용신이면 인성이 병이며, 재성이 용신이면 비겁이 병이고, 관성이 용신이면 식상이 병이며, 인성이 용신이면 재성이 병이다. 약은 반대로 그 병이 되는 육신을 극하거나, 합하여 타오행으로 화하는 육신을 말한다. 비겁이 병이면 관성이 약이고, 식상이 병이면 인성이 약이며, 재성이 병이면 비겁이 약이고, 관성이 병이면 식상이 약이고, 인성이 병이면 재성이 약이다.

예1)

<table>
<tr><td>壬</td><td>辛</td><td>庚</td><td>己</td><td>戊</td><td>丁</td><td></td><td>乙</td><td>己</td><td>丙</td><td>甲</td></tr>
<tr><td>子</td><td>亥</td><td>戌</td><td>酉</td><td>申</td><td>未</td><td></td><td>丑</td><td>亥</td><td>午</td><td>午</td></tr>
</table>

명에 화토가 왕성하여 신강이므로 연·시간의 甲乙목 관성이 용신일 듯하
나, 화가 성해 목기를 설기하여 다시 일주를 생하므로 용신으로 쓰기에는 미
약하다. 이 명은 화가 너무 왕하여 일주를 태왕하게 하고, 사주를 난조하게
만드므로, 이 사주의 병은 곧 화이다. 시지의 丑토를 써서 왕성한 화기를 설
기할 수 있으나, 종국에는 일주를 더욱 왕하게 하므로 마땅치 않으며, 화가
병이므로 일주 亥수를 약용신으로 취하여 午화를 억제함이 가장 길하고, 대
운 또한 금수운으로 향하므로 약용신인 亥수가 생조되어 크게 발복하였다.

예2)

丁 丙 乙 甲 癸 壬　　辛 壬 辛 丙
未 午 巳 辰 卯 寅　　丑 戌 丑 辰

사주의 지지에 네 개의 토가 있어 극왕하니 토가 병이다. 신약이므로 辛금
인수를 용으로 취하여 살인 상생하는 수밖에 없는데, 辛금이 丑토에 입묘하
고, 토가 극성하여 용신 辛금이 토에 묻히는 꼴이 되었다. 당연히 목이 약인
데, 명에 목이 없으므로 행운에서라도 만나야 사주가 길하게 된다. 초년 壬
寅·癸卯 대운에는 용신운이므로 길하였으나, 乙巳 대운에 왕토가 더욱 극왕
하므로 졸하였다.

사주에 병이 중하고 행운에서 약을 얻으면 무더운 여름에 소나기를 만난
격이므로 대발복하고, 병도 가볍고 약도 가벼우면 소길하며, 병도 없고 약도
없으면 평범한 사람에 불과하다. 그런데 사주에서 병이 중하고 행운에서 약
이 중한 운을 만났을 경우, 그 운 중에는 대발복하지만, 그 운이 지나면 다시
불길해진다.

한신이란 아무런 작용도 하지 않고 한가롭게 지내고 있는 육신을 말한다. 즉, 생하든 극하든, 사주를 좋게도 나쁘게도 하지 않는 육신이 있으면 이를 한신이라고 한다. 용신은 사주를 이롭게 하는 육신이고, 희신은 용신을 생조하는 육신이며, 기신은 용신을 파극하여 해롭게 하는 육신이고, 병신은 사주를 병들게 하는 육신이며, 약신은 병신을 제거하는 육신으로 제각기 길흉 간의 작용을 하지만, 한신은 할 일이 없어서 한가하게 있는 육신이므로 사주의 길흉에 아무런 영향을 주지 않는다. 그러나 다음과 같은 위기에 한신이 중요한 역할을 할 때가 있다.

예를 들면, 행운에서 기신을 만나 용신이 파극당할 때, 희신이 용신을 보호하지 못하는 경우, 한신이 행운에서 들어온 기신을 억제하거나, 합하여 타 오행으로 전환시켜 기신을 무력하게 만든다. 이 때의 한신은 희신의 역할을 톡톡히 하게 된다.

예1)

甲 癸 壬 辛 庚 己　　　丙 甲 戊 丙
申 未 午 巳 辰 卯　　　寅 子 寅 寅

甲목이 목왕지절에 생하고 지지에 인성과 비겁이 태왕하여 신강 사주이다. 그러므로 왕성한 목기를 유행시키는 丙화가 용신이며, 丙화를 생하는 寅목이 희신이고, 丙화를 극하는 子수가 기신이며, 월간의 戊토는 한신이다. 사주 내 오행의 구성을 보면 용신인 丙화가 희신인 寅목의 생조가 왕성하므로 정·신·기 삼자가 청하여 대귀격의 명이다. 巳 대운에 이르러 과거에 급제하였으며, 壬午 대운에 壬수가 용신인 丙화를 극하므로 흉하나, 월지의 한신인 戊토가 壬수를 억제하여 관도가 무사하였고, 癸巳 대운은 戊토가 癸수와 戊癸 합화하여 기신인 癸수가 용신으로 변하여 요직에 머무를 수 있었다.

예2)

己 戊 丁 丙 乙 甲　　壬 乙 癸 庚<br>
未 午 巳 辰 卯 寅　　午 丑 丑 子

乙목이 丑월 한습절에 생하고 금수 한랭하므로, 조후나 제살을 하기 위해서도 용신은 시지의 午화이다. 이 명은 눈이 오고 몹시 추운 겨울이 물러가고, 봄이 오는 형상이며, 대운 역시 목화 동남방 양화지운으로 흐르므로 부귀 쌍전하였는데, 戊운은 토생금하여 기신을 생하므로 흉운이나, 한신인 癸수가 戊癸 합화하여 사업이 성장 일로에 있었으며, 己운은 토생금·금생수로 기신을 생하는 불길한 운이지만, 이를 구하는 한신이 없어 큰 손실을 보았다.

이상은 한신이 용신을 돕는 예이고, 한신이 용신을 해롭게 하는 경우도 있다. 예를 들어, 행운에서 용신을 생조하면 길한데, 용신을 생조하는 육신을 극하거나 합거해 버리면 길한 효력을 상실해 버린다. 이런 경우에는 한신이 해로운 작용을 하게 된다.

### 7) 청탁淸濁

청탁은 사주 내에서 육신의 위치와 생화극제에 의하여 정해진다. 가령 신약 사주에 인성이 용신인데, 이를 극하는 재성이 있으면 사주가 탁해진다. 그러나 재성이 있다고 해서 반드시 탁한 것만은 아니다. 그것은 재성이 사주의 어느 위치에 있는가에 따라서 청탁을 구분하기 때문이다. 사주에 재성이 있더라도 관성과 근접해 있고, 그 관성이 인성과 근접해 있으며, 인성이 다시 일간과 근접해 있다면 재생관·관생인·인생 일주하여 일간을 생조하고, 나아가 행운까지 일주를 도우면 자연히 사주는 부귀해진다. 또 인성이 용신일 경우에 재성이 없다고 해서 반드시 사주가 청한 것만은 아니다. 그것은 사주에 인성이 있더라도 미약하거나, 너무 많거나 할 경우, 또는 관성이 일간과 근접

해 있고 인성이 멀리 있으면, 일간이 먼저 관성의 극해를 입어 사주가 탁해
지므로 재성이 없어도 비천한 명이 된다.

　신강 사주에 관성이 용신인데, 관성을 극하는 식상이 있다고 해서 반드시
사주가 탁한 것은 아니다. 그것은 타 육신의 유무와 그 위치에 의하여 청탁
이 결정되기 때문이다. 즉, 식상이 사주에 있더라도 재성과 근접해 있고 재성
이 관성과 근접해 있다면 식상생재·재생관하여 관성을 생조하므로 무해하며,
다시 재관운을 만나면 부귀가 겸전한다. 그러나 식상이 재성과 멀리 떨어져
있고 관성에 근접해 있다면 재성이 식상과 관성 사이를 소통시키지 못하고
식상이 직접 관성을 극해하므로 사주가 탁해져서 빈천한 명이 된다. 용신과
희신이 왕성하여 일간과 근접해 있고, 기신은 쇠약하고 일간과 멀리 떨어져
있으면 사주가 청하여 맑아진다. 사주가 청하면 정·신·기가 충만하여 명리
가 양전하고, 청기가 없으면 정·신·기가 부족하여 탁기가 들어온다. 탁한 기
운이 들어오면 빈천하거나, 요사할 운명이다.


예1)

|  |  |  |  |  |  | | | | | |
|---|---|---|---|---|---|---|---|---|---|---|
| 甲 | 癸 | 壬 | 辛 | 庚 | 己 | | 甲 | 庚 | 戊 | 丙 |
| 子 | 亥 | 戌 | 酉 | 申 | 未 | | 申 | 辰 | 午 | 寅 |


　午월생 庚금이지만, 인성과 비겁이 왕하므로 신왕이며, 득령한 관성을 寅
목 재성이 생하고, 천간에 재성·관성이 투출되어 신왕 관왕하므로 사주가
청하여 정·신·기 삼자가 모두 왕성하다. 더욱 길한 것은 대운이 서북방 금
수운으로 나아가므로 초년 금운에 과거에 급제하여 세간에 그 명성을 떨쳤다.


예2)

|  |  |  |  |  |  | | | | | |
|---|---|---|---|---|---|---|---|---|---|---|
| 庚 | 辛 | 壬 | 癸 | 甲 | 乙 | | 癸 | 戊 | 丙 | 乙 |
| 申 | 酉 | 戌 | 亥 | 子 | 丑 | | 丑 | 午 | 寅 | 酉 |

앞의 丙寅생 사주는 관성이 재성 위에 앉아 신이 왕성하나, 이 명은 관성이 상관 위에 앉아 있어 파극이 되어 있고, 시간의 癸수가 있으나 일간과 戊癸 합화하여 희신의 작용을 못하고 있다. 따라서 상관생재·재생관의 소통이 되지 않아 사주가 탁하게 되었다. 甲子·癸亥 대운과 같이 희신이 왕성한 운에는 과거에 급제하고 가업도 번창하였으나, 戌운에는 寅午戌 삼합 회국하여 미약한 관성이 더 훼손됨으로써 가정사에 흉사도 많았고, 관직에서 파직당하였다.

탁한 사주는 오행이 혼잡되어 조화가 이루어지지 않는 것을 말한다. 용신과 희신이 극해되면 정·신·기 삼자가 탁한 것이고, 월령이 극해되어 타간지에서 격국을 구하는 것은 격이 탁한 것이며, 신약 사주에 인성이 용신인데, 인성을 극해하는 재성이 있으면 재가 탁한 것이다. 사주가 탁하면 사기가 들어와서 자연히 빈천해지며, 행운이 탁기를 제거하면 그 시기는 안정된 생활을 할 수 있으나, 그 운이 지나면 다시 빈천해진다.


## 8) 유정무정有情無情

사주는 용신이 왕성하면서 일간과 근접해 있을수록 길하고, 멀리 떨어져 있으면 불길하다. 일간과 용신이 가까이 있는 것을 유정이라 하고, 멀리 있는 것을 무정이라 한다. 그런데 일간이 용신과 가까이 있지 않더라도 서로 유정인 경우는 두 가지가 있다. 첫째는 용신이 일간과 떨어져 있더라도 타 육신과 합이 되어 그 육신도 용신으로 화한 경우이고, 둘째는 기신이나 한신이 합이 되어 희신으로 화한 경우이다.

예를 들어, 용신이 己토인데 이것이 연간에 있어 일간과 떨어져 있을 경우, 월간에 甲목이 있으면 甲己 간합하여 토로 화해 용신 己토의 기운이 일간에 가까이 오게 된다. 또 일간의 희신이 화인데, 이것이 사주에 없고 戊와 癸가 있을 경우, 戊癸 합화하여 희신의 역할을 하는 경우이다. 또 일간이 甲목이고,

용신이 수일 경우, 연지에 子수가 있어 일간과 멀리 있을 때, 월지에 申금이 있으면 申子 삼합하여 기신인 申금을 수로 변하게 할 뿐 아니라, 연지의 子수를 일간에 근접하게 하여 일주 甲목을 도우면 유정한 사주가 된다. 그러나 이런 경우와는 반대로 용신·희신이 타육신과 합이 되어 기신으로 화할 경우 사주가 무정으로 변할 수 있다. 사주가 유정하면 일간의 정신이 맑아져서 귀격이 되고, 무정하면 일간의 기운이 탁해져서 빈천한 명이 된다.

예1)

辛 壬 癸 甲 乙 丙　　甲 己 丁 己
亥 子 丑 寅 卯 辰　　戌 丑 巳 酉

명에 화토가 왕성하여 신강 사주이다. 시간의 甲목은 일간과 甲己 합토하여 기신으로 화하고, 신강이므로 甲목으로 용신을 삼기에는 너무 미약하다. 그러므로 용신은 왕성한 토기를 누출시키는 금이다. 따라서 일간 己토와 연지 酉금은 서로 통하고 싶지만, 거리가 너무 멀다. 그러나 월·일지와 巳酉丑 삼합하여 금으로 화하므로 월지를 넘어서 일지까지도 酉금의 기운이 미치고 있어 사주가 유정이 되었다. 초년 乙卯·甲寅 대운은 기복이 다단하였으나, 癸丑·壬子·辛亥 대운은 용신인 식상과 시간의 甲목 사이를 소통시켜 식상·재·관이 모두 성하므로 벼슬이 상서에 이르고 부귀가 쌍전하였다.

예2)

辛 庚 己 戊 丁 丙　　丁 丁 乙 庚
亥 戌 酉 申 未 午　　未 酉 巳 辰

생월이 巳월 화왕지절이고 천간에 편인·비견이 있어 일견 신왕 재왕하여 부격일 듯하나, 천간의 乙목은 乙庚 간합하여 금으로 화하고, 지지의 巳화도 巳酉 반합하여 금으로 화하므로 일간의 정기가 부족하게 되었다. 더욱 불길한 것은 연지의 辰토가 화기를 흡수하여 辰酉 합금하므로 금 기운만 상생되어 사주가 무정으로 변한 것이다. 초년 丙午·丁未 대운은 부잣집 외동아들로 태어나 호의 호식하였으나, 申운에 불의의 사고로 부모를 잃고 가업도 파하였으며, 酉운에는 자신마저 졸하였다.


## 9) 기반羈絆

사주 내의 오행이 간합·육합·삼합하여 희신으로 화하면 길하고, 기신으로 화하면 불길하다. 이렇듯 용신 또는 희신이 합이 되어 타오행으로 화하면 길신의 효력을 상실하여 본연의 역할을 다 하지 못하기 때문에 예고된 숙명의 복력을 잊어버리고 일생을 헛되이 보내게 된다. 이와 같이 용신 또는 희신이 합하여 타오행으로 변하는 것을 기반이라고 한다. 기반이 된 희신은 맡겨진 임무를 망각하고 합을 탐한 것으로 해소되지 않으면 사주가 탁해져서 빈천한 명이 된다.

기반이 된 오행의 해소법은 합이 되어 기반이 된 육신을 형·충·파하면 잊어버렸던 본래의 기능을 되찾아 용신 또는 희신의 역할을 다 할 수 있게 된다.

예1)

<table>
<tr><td>丁</td><td>丙</td><td>乙</td><td>甲</td><td>癸</td><td>壬</td><td></td><td>乙</td><td>丙</td><td>辛</td><td>甲</td></tr>
<tr><td>巳</td><td>辰</td><td>卯</td><td>寅</td><td>丑</td><td>子</td><td></td><td>未</td><td>午</td><td>亥</td><td>寅</td></tr>
</table>

丙화가 비록 수왕지절에 생하였으나, 인성과 비겁이 중중하여 신왕이므로 월지의 편관이 용신이며, 월간의 辛금은 희신이다. 그러나 辛금은 용신을 돕는 사명을 잊어버리고 일간 丙화와 간합하여 기반되었다. 더욱이 불행한 것은 용신 亥수도 寅亥 육합하여 인성으로 화한 것이다. 그러므로 유년 시절에는 재주와 슬기가 뛰어난 아이라고 소문이 자자했으나, 甲寅 대운부터는 책

을 멀리하고 주색 잡기에 빠져 세월을 보내더니, 종내는 일사 무성으로 졸하였다.

예2)

庚 辛 壬 癸 甲 乙 　　辛 壬 丙 癸<br>
寅 卯 辰 巳 午 未 　　亥 寅 申 巳

壬수가 申월에 생하여 추수 통원한 격이며, 인성과 비겁이 왕하여 신왕이므로 재성이 용신이고, 寅목 식상이 희신이다. 천간이 丙辛 간합하고 지지가 巳申 육합하여 수로 화하면 불리하겠으나, 일간이 직접 丙화를 극하여 간합할 틈을 주지 않고, 일지의 寅목이 申금을 충하여 申금이 巳화와의 합을 못하게 만류하고 있어 寅목 자체가 극귀하게 되었다. 따라서 용신인 재성과 희신인 寅목은 일주를 위하여 진력하게 되었다. 어려서부터 사업 수완이 뛰어나 중년 卯 대운에 거부가 되었다.

## 10) 천복지재天覆地載

천복이란 천간이 지지의 희신을 생조하거나, 천간이 지지의 기신을 극제하는 것을 말하고, 지재란 지지가 천간의 희신을 생조하거나, 지지가 천간의 기신을 극제하는 것을 말한다. 동주의 천간과 지지는 서로 상생해야 사주가 맑아진다. 그러나 이것은 용신 또는 희신과 같이 왕성해질수록 사주가 길해지는 경우이고, 사주 내의 흉신은 반대로 억제해야만이 사주가 길해진다. 즉, 희신은 간지가 상생해야 길하고, 기신은 간지가 극제됨으로써 사주가 맑아져 길해진다. 이를 천복지재라 한다. 사주가 천복지재를 이루면 일생 재앙이 없고 무탈하다.

(1) 천간이 지지를 생조함으로써 천복에 해당하는 경우이다

  寅卯가 희신일 때 천간에 甲乙壬癸가 있는 경우

  巳午가 희신일 때 천간에 甲乙丙丁이 있는 경우

  辰戌丑未가 희신일 때 천간에 丙丁戊己가 있는 경우

  申酉가 희신일 때 천간에 戊己庚辛이 있는 경우

  亥子가 희신일 때 천간에 庚辛壬癸가 있는 경우


(2) 천간이 지지를 극제함으로써 천복에 해당하는 경우이다

  寅卯가 기신일 때 천간에 庚辛이 있는 경우

  巳午가 기신일 때 천간에 壬癸가 있는 경우

  辰戌丑未가 기신일 때 천간에 甲乙이 있는 경우

  申酉가 기신일 때 천간에 丙丁이 있는 경우

  亥子가 기신일 때 천간에 戊己가 있는 경우


(3) 지지가 천간을 생조함으로써 지재에 해당하는 경우이다

  甲乙이 희신일 때 지지에 寅卯亥子가 있는 경우

  丙丁이 희신일 때 지지에 寅卯巳午가 있는 경우

  戊己가 희신일 때 지지에 巳午辰戌丑未가 있는 경우

  庚辛이 희신일 때 지지에 辰戌丑未申酉가 있는 경우

  壬癸가 희신일 때 지지에 申酉亥子가 있는 경우


(4) 지지가 천간을 극제함으로써 지재에 해당하는 경우이다

  甲乙이 기신일 때 지지에 申酉가 있는 경우

  丙丁이 기신일 때 지지에 亥子가 있는 경우

  戊己이 기신일 때 지지에 寅卯가 있는 경우

  庚辛이 기신일 때 지지에 巳午가 있는 경우

  壬癸이 기신일 때 지지에 辰戌丑未가 있는 경우

이상이 천복지재에 해당하는 예이나, 십이운성의 왕·쇠에 의하여 다소의 차이는 있을 수 있다. 가령 壬수가 기신일 때 戌토가 지재에 해당하는데, 십이운성으로 논하면 戌토는 壬수의 관대에 해당하므로 지재의 영향은 감소하고, 만일 타지지에 수기가 있다면 그 영향은 더 삭감될 것이다.

예1)

庚 辛 壬 癸 甲 乙     庚 庚 丙 己<br>
申 酉 戌 亥 子 丑     辰 子 寅 巳

寅월생 庚금이므로 신약일 듯하나, 일지에 子수가 있어 왕성한 화기를 적시고, 연간의 己토가 화기를 설기하여 회화 생금하므로 신약은 면하게 되었다. 이 명은 오행을 모두 구비하고 그것이 생생 불식하여 시냇물 흐르듯이 유통이 되어 있으며, 일간을 생극하는 육신이 서로 균형이 맞아 천복지재가 되어 사주가 순수 청묘하게 되었다. 그러므로 소년 시절에 등과하여 일생 관도에 있었으며, 庚申 대운에는 그 벼슬이 상서현재의 장관에 이르렀다.

예2)

庚 辛 壬 癸 甲 乙     庚 庚 丙 己<br>
午 未 申 酉 戌 亥     辰 庚 子 巳

이 명은 앞의 사주와 거의 비슷하다. 그러나 월·일주의 간지가 상호 극이 되어 사주가 탁하고, 관성이 子수에 의해 파극되어 뿌리를 내리지 못하고 있으므로 지지가 훼손되는 운에는 파모가 심할 것이다. 酉운에 일주가 생조되어 소과에 급제하고 환로에 올랐으나, 壬申 대운에 壬수가 丙화를 극하고, 지지에 寅巳申 삼형이 형성되어 관직에서 파출당하고 이상할 정도로 가도가 손상되었다.

## 11) 길신태로吉神太露

    길신이란 용신 및 희신을 말한다. 길신이 천간에 투출되어 있으면 파극당하기 쉬우므로 지지에 암장되어 있는 것을 기뻐한다. 이러한 원리는 모든 길신에 적용된다.

    예를 들어, 천간에 있는 庚금이 용신일 경우, 행운에서 丙·丁화를 만나면 화극금하여 庚금이 훼손당하므로 용신이 손상되어 제 역할을 다 하지 못하게 된다. 그러나 이런 경우에도 한신인 戊己토가 있으면 화기를 토가 누설시켜 재차 庚금을 생하면 용신은 손상되지 아니한다. 지지에 있는 申금이 용신일 경우에는 巳·午화가 들어와서 파극하더라도 申금의 지장간에는 戊토·壬수도 내장되어 있어 모든 것이 손상되는 일은 없다. 이와 같은 이치에 의하여 일반적으로 기신은 파극당하는 것이 유익하므로 천간에 투출되어 있는 것이 양호하고, 용신 및 희신은 지지에 암장되어 있는 것이 양호하다. 대부귀하는 사주를 보면 언뜻 보아서는 길한 데가 없는 것 같지만, 지지에 길신을 암장하고 있어 대부귀의 명이 된 것이다.

예1)

<table>
<tr><td>壬</td><td>辛</td><td>庚</td><td>己</td><td>戊</td><td>丁</td><td></td><td>辛</td><td>壬</td><td>丙</td><td>甲</td></tr>
<tr><td>午</td><td>巳</td><td>辰</td><td>卯</td><td>寅</td><td>丑</td><td></td><td>丑</td><td>申</td><td>子</td><td>戌</td></tr>
</table>

    壬수가 子월에 생하고 인성도 성하여 수기가 왕성하다. 그러므로 왕성한 수기를 유행시키는 甲목이 희신이고, 한랭한 사주를 보온하는 丙화가 용신이다. 왕성한 수기가 甲목을 생하고, 甲목이 다시 丙화를 생하므로, 신강하고 용신 및 희신도 왕한 듯 보이나, 불행히도 용신과 희신이 천간에 투출되어 파손당하기 쉽다. 초년 丁丑·戊寅·己卯 대운에는 토기가 왕성한 수기를 억제하고, 목기가 용신과 희신을 생조하여 대길하였으나, 庚辰 대운을 만나자 庚금이 甲목을 극해하고, 지지가 申子辰 삼합하여 극왕한 수기가 丙화를

극하므로 재업이 순식간에 사라지고 파가 망탄하였다.

### 예2)

癸 壬 辛 庚 己 戊　　辛 丙 丁 壬
亥 戌 酉 申 未 午　　卯 辰 巳 寅

丙화가 巳월 화왕절에 생하고, 목화가 성하여 화기가 맹렬하다. 연간의 壬
수는 무근하고, 시간의 辛금은 辰토의 생을 받아 용신으로 취할 만하나, 丙
辛 간합하여 실기하였으며, 목화에 싸여 있어 용신으로 삼을 수 없고, 일지
의 辰토가 용신이 된다. 辰토는 일지에 있어 길신이 암장되었다. 그러므로 초
년 戊午·己未 대운에는 가세가 빈곤하여 여의치 않았으나, 중년 辛酉 대운
을 만나서는 재록이 왕성하여 부호가 되었다.

## 12) 개두蓋頭

개두란 천간에 투출되는 것을 말한다. 간지를 인간에 비유하면, 천간은 상
체에 해당하고, 지지는 하체에 해당하며, 인원은 오장 육부에 해당한다. 가령
甲子가 있으면 甲은 상체이고, 子는 하체이며, 子의 지장간인 壬癸는 오장 육
부와 같은 것이다.

사주에서 甲乙목이 희신이면 庚辛금은 병신에 해당하는데, 행운에서 甲乙
목이 개두가 되고 지지도 동방 목운으로 흘러가면 대길하지만, 만일 庚辛금
이 개두가 되면 지지가 비록 동방 목운으로 흘러도 천간의 庚辛이 지지의
목을 극하므로 희신의 역할을 다 할 수 없게 된다. 반대로 행운이 甲申이라
면 申의 지장간에 壬수가 내장되어 있으나, 甲목이 申금의 극을 받으므로 甲
목의 작용이 반감되는 것이며, 행운이 乙酉이면 乙목이 지지의 酉금에 무근하
므로 극해를 당하여 생기가 전혀 없기 때문에 乙목의 작용은 미미할 뿐이다.

사주에서 壬癸수가 태다하여 기신일 경우, 戊子 대운을 만나면 子수가 壬癸의 건록·제왕지에 해당하므로 불길하나, 천간에 戊토가 개두되어 지지의 子수를 극하므로 대흉은 면하게 된다. 반대로 대운이 癸未이면 천간 癸수가 태다한 壬癸수를 생조하여 불길하지만, 지지의 未토가 천간의 癸수를 극하므로 불길한 운명은 면하게 되는 것이다. 그리고 대운을 감정할 때는 힘의 역량을 지지에 중점을 두고 판단하는 것이 원칙이다. 그것은 지지가 천간보다 힘의 세기가 약 2.5배 가량 강하기 때문이다.

예)

戊 己 庚 辛 壬 癸　　　庚 壬 甲 癸
子 丑 寅 卯 辰 巳　　　子 申 午 亥

맹하절의 壬수이나, 명에 금수가 태다하여 甲목이 희신이고, 午화가 용신이다. 辛卯·庚寅 대운은 천간의 辛·庚금이 지지의 卯·寅목을 극하므로 희신의 길조가 감소되어 크게 부흥하지는 못하였고, 戊子 대운은 천간의 戊토가 지지의 子수를 극하므로 기신의 흉조 또한 삭감되어 큰 액운은 모면하였다.


## 13) 동정動靜

동은 양에 속하고 발전과 번영을 의미하며, 움직임을 나타내므로 주위의 환경이 빠르게 변화한다. 정은 음에 속하고 안정과 평안함을 의미하며, 정지 상태를 나타내므로 성질이 부드럽고 온순하다. 사주의 천간에 투출된 오행을 동으로 보고, 지지에 있는 오행을 정으로 보는데, 특히 지지에 암장된 지장간의 오행이 정이 된다. 그리고 천간과 지지의 상극 관계도 동과 정의 놓여 있는 상태에 의하여 강약의 차이를 가름한다. 가령 천간에 있는 甲목은 천간에 있는 戊토나 운상의 戊토는 쉽게 극제할 수 있으나, 운상의 戊토나 지장간에 있는 戊토는 쉽사리 극제할 수 없다.

　반대로 지지에 암장되어 있는 庚금은 지지에 암장되어 있는 甲목은 극할 수 있지만, 천간에 투출되어 있는 甲목이나 운상의 甲목은 극제할 수 없다. 이를 가상하면 남자는 상대편의 남자와 투쟁함이 옳고, 여자는 여자끼리 투쟁하는 것이 십상이다. 그러나 남자가 여자를 상하게 할 수는 없지만, 놀라게 할 수는 있는 것이며, 여자는 남자를 이길 수는 없지만, 영향은 줄 수는 있는 것이다.

　辰戌丑未는 고장이 되어 견고하니 寅 중의 甲목이 辰 중의 戊토는 극할 수 없고, 酉 중 庚금이 辰 중의 乙목을 극하거나 합할 수 없으며, 오로지 고장은 충으로써만 생과 극을 할 수 있다. 따라서 辰·戌이 충하면 戌 중 丁화와 辛금이 辰 중 癸수와 乙목을 생극할 뿐, 다른 지지의 장간을 생극할 수 없다. 丑未 또한 마찬가지이니, 丑未 상충하면 未 중 丁乙과 丑 중 癸辛이 생극할 뿐이다.


## 14) 통근通根

　지지와 같은 성향의 오행이 천간에 있으면 투출 또는 투간이라 하고, 천간의 오행이 지지에 소통하면 통근이라고 한다. 지지가 동종의 천간을 만나고, 천간이 지지에 뿌리를 내리고 있으면 그 간지는 득령과 같은 힘을 발휘한다. 특히 천간은 지지에 통근해야만이 그 힘이 강력해진다. 지지에 인성이 있어도 통근이라 할 수 있다. 통근은 천간의 甲목이 지지에 寅목이나 亥수를 만나는 경우이며, 통근의 강약은 다음과 같다.

甲乙목 : 寅卯·亥子에 통근하고, 다음으로 未辰에 통근한다.
丙丁화 : 巳午·寅卯에 통근하고, 다음으로 未戌에 통근한다.
戊己토 : 辰戌丑未·巳午에 통근한다.

庚辛금 : 申酉·辰戌丑未에 통근하고, 다음으로 巳에 통근한다.
壬癸수 : 亥子·申酉에 통근하고, 다음으로 丑辰戌에 통근한다.

이와 같이 간지가 서로 통근하면 왕성한 생조를 얻는다. 일주나 용신이 통근이 되어 있으면 귀격을 형성하는 요건이 될 수 있으며, 반대로 흉신이 지지에 통근하면 불길함의 요인이 된다. 그리고 간지의 통근을 유추할 때 십이운성의 사왕·사평·사쇠의 역량도 함께 고려해야 한다.


## 15) 진가眞假

사주에서 월령월지을 차지하고 있는 육신을 진신이라고 한다. 예를 들어, 甲乙일생이 寅卯월에 생하면 비겁이 진신이고, 巳午월에 생하면 식상이 진신이다. 申酉월에 생하면 관성이 진신이고, 亥子월에 생하면 인성이 진신이며, 辰戌丑未월에 생하면 재성이 진신이다.

그러므로 월지에 득령한 육신으로 용신을 삼으면 용이 진신이고, 실령한 육신으로 용신을 삼으면 용이 가신이 된다. 그러나 월지에 득령한 육신이 타오행에 의해 파극되거나 합이 되어·타오행의 기운으로 변하면 진신이 가신으로 바뀐다. 용신이 진신이면 작용력이 강하여 양호하나, 반드시 월지에서만 용신을 정하는 것은 아니다. 가령 甲乙일생이 申酉월생이면 진관성인데, 타간지에도 관성이 있어 왕하면 오히려 관성이 가신이 되므로 식상으로 관성을 억제하거나, 인성이 있어 관생인 인생 일주하여 일간을 생해야만이 길명이 되기 때문에, 월지에 얽매이기보다는 사주의 전체적인 상황을 판단하여 진가를 결정해야 한다.

월령을 얻은 이외의 모든 육신은 가신이 된다. 예를 들어, 甲乙일생이 寅卯월생이면 식상이 진신이고, 재성·관성·인성은 모두 가신에 속한다. 용신이 가신이면 작용력이 약한데, 타오행이 생하거나 합을 이루거나, 또는 간지가 상호 통근하여 왕성하면 가신이 진신으로 변하여 용신으로서의 역할을 충분히 수행할 수 있다.

### 16) 거류서배去留舒配

남녀를 불문하고 사주 내에 관살이 혼잡되어 있으면 불길하다. 그러나 관살 혼잡이 되어도 해가 되지 않는 경우가 있다. 그것은 합관유살·합살유관·거관유살·거살유관을 이루면 오히려 귀하게 여긴다.

(1) 합관유살 : 관살 혼잡에 정관은 타오행과 합이 되고 편관만 온전한 경우를 말한다. 예를 들면, 甲 일주에 庚·辛금이 있는데, 丙화가 있으면 丙辛 합수하므로 庚금만 작용하는 경우이다.

(2) 합살유관 : 관살 혼잡에 편관은 타오행과 합이 되고 정관이 온전한 경우를 말한다. 예를 들면, 甲 일주에 庚·辛금이 있는데, 乙목이 있으면 乙庚 합금하므로 辛금 정관만 작용하는 경우이다.

(3) 거관유살 : 관살 혼잡에 정관은 타오행의 극을 받아 제어되고 편관만 온전한 경우이다. 예를 들면, 甲 일주에 庚辛금이 있을 경우, 辛금은 巳화에 의해 제어되고, 庚금 편관만 작용하는 경우이다.

(4) 거살유관 : 관살 혼잡에 편관은 타오행의 극을 받아 제어되고 정관만 온전한 경우이다. 예를 들면, 甲 일주에 庚辛금이 있을 경우, 庚금은 午화에 의해 제어되고 辛금 정관만 작용하는 경우이다.

이와 같이 어떤 오행은 합하고, 어떤 오행은 극하여, 정·편관 가운데 하나만 남게 되는 것을 거류서배라 한다.


## 17) 부성입묘夫星入墓

여자의 사주에서 관성이 묘궁에 든 것으로, 여명은 관성을 남편으로 보기 때문에 부성이라고 한다. 부성입묘가 이루어지면 남편이 무덤 속에 들어 있는 형상이므로 남편과 이·사별하지 않으면 남편이 무능하거나, 활동의 제한을 받게 되어 세상과 동떨어진 삶을 살게 된다는 것이다.

甲乙 일주에 辛丑이 있거나 지지에 丑이 있을 경우
丙丁 일주에 壬辰이 있거나 지지에 辰이 있을 경우
戊己 일주에 乙未가 있거나 지지에 未가 있을 경우
庚辛 일주에 丙戌이 있거나 지지에 戌이 있을 경우
壬癸 일주에 戊辰·戊戌이 있거나 지지에 辰·戌이 있을 경우

남자의 경우는 辛丑·壬辰·乙未·丙戌이 재성입묘에 해당하면 부성입묘의 경우와 같이 처궁이 불길하다.

지금까지 설명한 간명의 요점은 사주를 감정하는 데 반드시 적용해야 하는 핵심적인 내용이므로 충분히 이해하고 상황에 따라서 맞추어 쓰기 바란다.

　육친이란 부모·형제·처첩·부정·자식·손자 등의 직계 혈족을 의미하는 언어이며, 사주 추명학에서는 육친을 육신으로 표현한다. 사주 팔자 가운데 일간을 나 자신으로 보고, 일간과의 생화극제에 의하여 표출된 육신에게 육친을 덧붙여 길흉을 헤아린다.

　즉, 인수는 일간을 생하므로 어머니가 되고, 남편은 아내를 극한다는 원리에 의하여 편재를 아버지로 본다. 그리고 비겁은 일간과 동일하게 인수가 생하므로 형제 자매에 해당하고, 일간이 극하는 것은 재성이므로 재성을 처첩으로 본다. 또 재성이 생하는 것은 관성이므로 처첩이 낳은 자식은 내 자식이 된다. 여자는 일간이 생하는 것은 식상이므로 내 자식이 되고, 일간을 극하는 것은 관성이므로 정관을 남편으로 보고, 편관을 애인으로 본다. 이와 같이 육신으로 표시하는 방법 외에도 사주상의 위치적으로도 육친 관계를 판단한다.

　즉, 연주는 조부모 등 조상을 의미하고, 월주는 부모 혹은 형제를 의미하며, 일간은 자신이고, 일지는 아내 곧 배우자를 의미하며, 시주는 자손을 의미한다. 육친의 길흉을 판단하는 방법은 육친을 표현하는 육신이 희신인지 아니면 기신인지에 따라서 판단하는 방법이 있고, 또 육친에 해당하는 오행의 왕쇠에 의하여 판단하는 방법과 사주상 육친이 해당하는 위치에 어떤 육신이 있는가를 종합적으로 헤아려서 결정한다.

　설에 의하면 사주학으로 육대조 및 육대손의 길흉까지 알 수 있다고 하나,

실제로 정확하게 판단할 수 있는 범위는 조부모·부모·형제·처첩·부정남편과
애인·자식·손자 정도이다.


## 1) 조상祖上


조상이란 조부모로부터 그 이상의 선대조를 의미하는 말이다. 조상의 길흉
은 연주에 의하여 판단하는데, 연월주에 있는 관성으로도 판단한다. 그것은
인성이 어머니를 의미하나, 처한 상황에 따라서는 부모도 의미한다. 부모를 생
하는 분은 조부모이므로 인성을 생하는 관성이 조부모를 의미하게 되고, 일
주는 자신과 배우자궁이므로 상태를 파악하여 조부모의 유무를 판단한다.


- 연주에 재성·관성·인수·천을귀인이 임하고, 형·충이 되지 않으면 조상
  이 부귀하였고, 연간의 재·관·인이 연지에 제왕·건록을 만나면 명문 집
  안의 자손이다.
- 연주의 천을귀인이 일주의 장생지에 해당하면 조상들이 영화를 누렸다.
- 연주에 편관·겁재·편인·양인이 있거나, 십이운성의 사·절·묘지, 또는
  형·충·공망이 되면 조상이 미미하였고, 조상덕 또한 없다.
- 연주의 정관이 희신에 해당하고 왕하면 조부모가 부귀하였고, 연주가 상
  관이면 조부모 및 조상이 궁핍하였다.
- 사주에 식상이 많으면 조모님이 두 분일 수 있다. 그것은 상관이 친조모
  님이고, 식신이 조부님의 전처나 후처에 해당하기 때문이다.


예)

辛 庚 己 戊 丁 丙 　　丁 戊 乙 甲
丑 子 亥 戌 酉 申 　　巳 申 未 子

이 명은 신왕하고 연간의 편관도 지지 정재의 생을 받아 왕하므로 조상이 부귀하였음을 의미한다. 일지의 申금이 연지 子수를 생하고, 子수가 甲乙목을 생하고, 甲乙목이 다시 관생인 일생 일주하여 상생 유통하므로 주류 무체를 이루어 사주가 대길하다. 연주의 재성·관성도 일주에 이로우므로 그의 조부가 극귀하였다.


## 2) 부모父母

부모운은 연주·월주를 참고하고 인성과 재성의 상태를 확인하여 판단한다. 사주학상 친모는 정인이고 친부는 편재이므로, 먼저 정인·편재의 유무를 확인하고, 정인·편재가 없으면 편인을 모친으로, 정재를 부친으로 봐도 무방하다. 또 재성이 없을 경우에는 인성을 부모로 보는 경우도 있다. 그러므로 연·월주에 있는 인성 및 재성이 길신인 경우 부모덕이 있는 것으로 보고, 기신이면 부모덕이 없는 것으로 간주한다.

- 편재가 천월이덕 또는 천을귀인을 만나면 부친이 사리에 밝고 어진 분이며, 사회적 명망도 있는 분이다.
- 연·월지가 공망이면 조상의 유업을 잊지 못하고, 혹 유산이 있더라도 부모가 다 없애어 자신은 상속받을 재산이 없으므로 자수 성가해야 한다.
- 편재가 십이운성의 사왕지<sub>장생·관대·건록·제왕</sub>에 임하면 부친이 부귀하고, 사패지<sub>쇠·병·사·절</sub>에 임하면 부친이 빈천하다.
- 연주에 상관, 시주에 관살, 월주에 인성이 있고, 인성이 희신에 해당하면 부모가 자수 성가한 분이고, 또 어머니가 현모 양처이다.
- 월주에 정관이 있고 파극이 되지 않으면 부모가 인정이 두터운 분이고, 장성과 동주하면 사회적 명망이 높은 분이다.
- 부친의 성쇠를 알려면 편재의 상태를 유추하면 알 수 있는데, 편재가 왕

하면 부친이 이롭고, 비겁이 왕성하여 편재가 파극되면 해롭다.

- 일지와 월지가 형·충되면 부모와 인연이 없고, 연주와 월주에 용신 및 희신이 있어 왕하면 부모덕이 있다.
- 재성이 용신 또는 희신에 해당하면 부친의 덕이 있고, 인성이 어디에 있던지 용신 및 희신이 되면 모친의 덕이 있으며, 신약 사주가 월주에 인성이 있으면 틀림이 없다.
- 사주에 인성과 재성이 있고 관성이 없으면 부모가 불목하고, 관성이 있어 통관신 역할을 하면 그렇지 않다.
- 월지에 재성 또는 인성이 있고, 천을귀인과 동주하거나 천월이덕이 있으면 부모가 부귀하고, 유산을 물려준다.
- 월주의 정관을 상관이 극하거나 식신을 편인이 극하면 부모가 다병하고 공덕이 없다.
- 월간에 인수가 투출하고 지지에 통근하면 부모덕이 있고, 부모가 장수한다. 그러나 투출한 인수의 지지가 공망·사·절·형·충 등의 풍파가 있으면 부모가 병약하고 단명하다.
- 연·월주에 기신이 왕성하면 부모덕은 없고, 오히려 자식에게 힘들고 어려움만 가중시킨다.
- 모친의 성쇠를 알려면 인수의 동태를 파악하면 알 수 있는데, 즉 인수가 왕하면 모친이 이롭고, 재성이 왕성하여 인수가 파극되면 해롭다.
- 월주에 고독을 상징하는 양인과 편관이 함께 하면 부모와 인연이 없고, 또 월주가 형·충이 되어도 부모와 일찍 이별한다.
- 천간에 투출한 인수가 간합이 되면 모친이 부정하거나 개가한다.
- 인수가 도화·목욕과 동주하면 모친이 정숙하지 못하고, 망신살에 해당하면 후취로 들어온 모친이고, 귀문관살에 해당하면 모친이 신들린 무당일 수 있다.
- 인수가 편재와 간합이 많으면 모친에게 남편이 둘이고, 인수가 사·절·묘·공망·형충이 되면 모친이 외롭고, 허약하고 단명하다.

• 부모 선망을 아는 방법은, 재성은 부친이고 인성은 모친이므로 재성보다 인성이 왕하면 부선망하고, 인성보다 재성이 왕하면 모선망한다. 또 일지를 제외한 연·월·시지의 음양을 구분하여 양지가 둘 이상이면 부선망하고, 음지가 둘 이상이면 모선망한다. 또 다른 방법은 시지가 子寅辰午申戌의 양 지지이면 부선망하고, 丑亥酉未巳卯의 음 지지이면 모선망한다고 하나, 그 중 첫 번째 방법인 사주에서의 재성과 인성의 왕쇠, 그리고 행운과의 생극을 종합하여 판단하는 것이 가장 정확한 방법이다.

예1)

壬 癸 甲 乙 丙 丁　　辛 壬 戊 癸
子 丑 寅 卯 辰 巳　　丑 申 午 亥

연·일·시주에 비겁 및 인성이 왕성하여 신강이므로 월지의 정재가 희신이고, 월간의 편관이 용신이다. 편관 戊토는 戊癸 합화하였으나 희신이 화로 화하여 무난하며, 또 초년·중년 대운이 동남방 목화운으로 나아가므로 부모로부터 가업을 이어받고, 많은 유산을 물려받았다.

예2)

甲 癸 壬 辛 庚 己　　甲 壬 戊 丙
子 亥 戌 酉 申 未　　辰 申 午 戌

壬수가 화토왕절에 생하고, 연·월·시주에 화토가 성하여 신약이다. 초년 己未 대운에 화토가 극성하여 일간을 극하므로 부친과 이별하였으나, 후에 금수 대운을 맞이하여 자수 성가로 거부가 되었다.

### (1) 부모덕 있는 명

• 희신인 인성이 형·충·공망되지 아니하고, 재성에 의해 파극당하지 않으

면 부모덕이 크다.

- 연·월주에 인수와 관성이 있고 희신에 해당하면 반드시 부모덕이 크다.
- 연주에 재성, 월주에 인성, 시주에 관성 또는 식상이 있을 때, 월주의 인성이 희신에 해당하면 부모덕이 양호하다.
- 연주·월주에 관성과 인성이 있고, 시주에 재성이 있을 때, 관성이 희신에 해당하면 그 부모가 부귀한다.
- 초년 대운이 길하면 부모덕이 양호하다.

예)

<table>
<tr><td>壬</td><td>辛</td><td>庚</td><td>己</td><td>戊</td><td>丁</td><td></td><td>丙</td><td>丁</td><td>丙</td><td>壬</td></tr>
<tr><td>寅</td><td>丑</td><td>子</td><td>亥</td><td>戌</td><td>酉</td><td></td><td>午</td><td>卯</td><td>申</td><td>子</td></tr>
</table>

신강 사주이므로 용신은 연주의 정관이고, 희신은 월지의 정재이다. 이렇듯 용신·희신이 연·월주에 있고 왕하므로 명문 출신이며, 초·중년의 대운이 희신운인 금수운으로 향하므로 亥 대운에 과거에 급제하여 관직에 올라 이름을 떨쳤다.

## (2) 부모덕 없는 명

- 연주 및 월주에 기신이 있거나, 초년 대운에 기신운을 만나면 부모덕이 없다.
- 월주의 재성 또는 관성이 기신에 해당하거나, 월주의 재·관이 비겁 또는 식상에 의해 파극되어도 부모와 인연이 없다.
- 신약 사주에 재성이 왕하고 인성이 약하거나, 용신과 인성이 상극되면 부모덕이 없다.
- 신약 사주에 인성이 왕하거나, 관살이 왕한 명에 인성이 약해도 부모덕이 없다.
- 사주 자체가 편고되거나, 월지에 있는 인수가 형충·공망이 되어도 부모

덕이 없다.

- 초년 대운이 나빠도 부모덕이 있으면 어려서 병으로 고생하거나, 학업 성적이 불량하여 좋은 학교에 진학하지 못하는 등의 부모 속을 썩인다.

예)

癸 壬 辛 庚 己 戊　　甲 癸 丁 庚
亥 戌 酉 申 未 午　　寅 亥 巳 辰

신약이므로 월주의 재성은 기신이고, 연간의 인수는 용신에 해당한다. 월지의 재성은 일지와 상충하므로 午 대운에 부친이 일찍 돌아가시고, 홀어머니 밑에서 성장하였으며, 庚申 대운에 寅巳申 삼형이 되어 건강상의 부침이 있었으나 생활은 여유로웠고, 辛酉 대운에 일주가 생부하니 크게 성공하였다. 이 명은 편재가 기신에 해당하므로 아버지와 인연이 없었고, 연간의 인수는 연지의 통근하여 왕하므로 어머니는 건강하고 장수하였다.


## 3) 형제兄弟

형제란 남녀 동기간을 말하고, 육신으로는 비견·겁재가 형제에 해당한다.

명리 고서에 의하면 형제덕의 유무는 비겁 및 월주의 동태를 살펴야 한다고 하였는데, 본래 월주는 부모궁이므로 참고만 하고, 비겁이 희신인지 아니면 기신인지에 따라서 결정하는 것이 옳을 것이다. 즉, 신약에 비겁·인성이 용신이거나, 식상 제살하는 사주는 비겁이 희신이므로 형제덕이 있는 것으로 판단하고, 재·관이 용신이거나 종재·종살격 등은 비겁이 기신이므로 형제덕이 없는 것으로 판단한다.

## (1) 형제덕 있는 명

- 비견·겁재가 용신 및 희신에 해당하면 형제덕이 있다.
- 신약 사주의 월주에 인성이 있으면 크게 성공하는 형제가 많다.
- 재성이 왕한 신약 사주일 때 비겁이 있어 길신에 해당하면 형제가 모두 평안하고 괴로움이 없다.
- 비겁이 왕성하고 재성이 약할 때, 식상이 있어 재성을 생하면 형제덕이 크다.
- 비겁이 왕성하고 재성이 약할 때, 관살이 있어 비겁을 제어하면 형제덕이 양호하다.
- 관살이 왕성할 경우, 이를 억제할 식상이나 설기시키는 인성이 없을 때, 비겁이 있어 관살을 제어하면 형제덕이 크다.
- 관살이 왕성하고 식상이 약할 때, 비겁이 있어 식상을 생조하면 형제의 도움이 많다.
- 재성이 왕성하고 인성이 약할 때, 비겁이 있어 재성을 억제하면 형제덕이 있다.
- 비겁이 천을귀인·천덕귀인·월덕귀인·장성·암록 등의 길신과 동주하면 형제가 부귀하고 자애심이 있다.
- 비겁이 십이운성의 장생·관대·건록·제왕과 동주하면 형제가 신체 건강하고 무병 장수한다.

예)

<table>
<tr><td>庚</td><td>己</td><td>戊</td><td>丁</td><td>丙</td><td>乙</td><td></td><td>戊</td><td>戊</td><td>甲</td><td>壬</td></tr>
<tr><td>午</td><td>巳</td><td>辰</td><td>卯</td><td>寅</td><td>丑</td><td></td><td>午</td><td>寅</td><td>子</td><td>申</td></tr>
</table>

명에 재성·관성이 왕성하여 신약이므로 시간의 비겁이 용신이고, 시지의 인성이 희신이다. 초년 乙丑·丙寅·丁卯 대운에는 다단하였으나, 중년 戊辰 대운 이후는 화토가 성하여 형제가 모두 출세하고 우애도 두터웠다. 형제가 모

두 성공한 이유는 시간의 비견이 午火 제왕지에 앉아 왕성하기 때문이다.


## (2) 형제덕 없는 명

- 비견·겁재가 기신 및 병신에 해당하면 형제덕이 없다.
- 비겁이 왕성하고 재성이 약하면 형제덕 없다. 재성은 하나이고 비겁이 중 중한 군비쟁재의 명은 형제가 재산 싸움으로 원수가 될 우려가 있으며, 자신의 상속분을 동기간이 다 차지할 가능성이 많다.
- 신강 사주에 설기시키는 식상을 인성이 파극하면 형제덕이 불량하다.
- 식상이 왕성한 신약 사주에 비겁이 재차 식상을 생하면 형제로 인해 큰 손실을 입는다.
- 관살이 태다하고 인성이 약하면 형제덕이 없다.
- 비겁만 왕성하고 관살이 약하면 형제가 없다. 혹 있더라도 형제의 덕을 보지 못한다.
- 신강 사주가 다시 비겁 또는 인성을 만나면 형제로 인하여 크나큰 손해 를 보고, 구설이 따른다.
- 비겁이 공망되거나, 사·절·묘·목욕과 동주하면 형제간의 인연이 없고, 혹여 있더라도 불목하여 서로 갈라진다.
- 비겁이 도화와 동주하면 형제가 풍류를 좋아하고, 화개와 동주하면 형제 가 고독하며, 역마와 동주하면 형제가 멀리 떨어져 생활한다.
- 비겁과 관살이 충극하면 형제간에 불구자가 있고, 비겁과 일주가 충극하 면 형제가 불화한다.
- 월주의 간지가 모두 겁재에 해당하면 이복 형제가 있다.


형제덕의 유무를 간단히 요약하면 비겁이 용신·희신이면 형제덕이 있고, 기신·병신에 해당하면 형제덕이 없다. 비겁이 희신일지라도 공망이나 사절지 등의 흉의에 임하면 형제덕을 보지 못한다.

$$\begin{array}{cccccc} 辛 & 壬 & 癸 & 甲 & 乙 & 丙 \\ 酉 & 戌 & 亥 & 子 & 丑 & 寅 \end{array} \qquad \begin{array}{cccc} 癸 & 丙 & 丁 & 辛 \\ 巳 & 午 & 卯 & 巳 \end{array}$$

명에 비겁이 태다하여 극신강하고, 천간의 재성과 관성은 너무 미약하다. 그러므로 오형제가 있었으나 서로 불화하여 왕래조차 하지 않았다.


## 4) 자식子息

육신에 의한 자식 관계는 남녀가 서로 다르다. 남자는 관성이 자식을 의미하고, 여자는 식상이 자식을 의미한다. 그것은, 여자는 직접 자식을 낳으므로 내가 생하는 식산·상관이 자식이 되고, 남자는 아내를 통하여 자식을 얻게 되므로 일간이 생하는 식신·상관으로 자식을 취하는 게 아니고, 나의 아내인 재성이 생하는 관성을 내 자식으로 삼는다. 자식덕의 유무와 다소는 관성과 식상의 동태와 자식궁인 시주가 처한 상황에 따라서 결정된다.

남자의 경우 관성이 자식에 해당하나, 없을 경우에는 식상도 오행상으론 내가 생하는 소생이므로 식상이 처한 상황에 의하여 자식운을 유추한다. 여자의 경우는 식상이 자식에 해당하나, 없을 경우에는 행운에서 오는 식상운에 자식을 두게 된다.

또 부부는 일심 동체이므로 부부 중에 어느 한 쪽만 자식궁이 좋아도 자식을 두게 된다. 물론 자식덕의 유무는 관성·식상·시주와 관련이 있는 오행의 생화극제를 고찰하여 판단해야 할 것이다.

## 5) 남명의 자식

육신상으로 정관을 친자식으로 보고, 편관을 서자·양자로 보지만, 이것은 의미만 그러하므로 정관·편관을 구분할 필요 없이 관살을 자식으로 보고, 정관·편관이 혼잡되어 있을 경우에만 정관을 친자식으로 보고, 편관을 서자 또는 양자로 구분한다.

아들과 딸의 구분은, 정관이 많으면 아들이 많고, 편관이 많으면 딸이 많으며, 정·편관이 혼잡되어 그 세력이 비슷하면 아들과 딸을 고루 둔 것으로 판단한다.

자식을 두게 되는 시기는 관성·식상운을 만날 때, 용신운을 만나거나 또는 용신·희신이 왕성해지는 대운·연운에 자식을 갖는다.

자식덕의 판단은 관성에 임한 길·흉신의 희기를 헤아려서 가름하고, 관살의 성쇠와 시주의 동태를 파악하여 자식의 영욕과 건강의 선악을 유추한다.

### (1) 자식덕 있는 명

- 관성이 용신·희신에 해당하면 그 자식이 현량하고 크게 발전한다.
- 신왕하고 관성도 왕하여 식상에 의해 파극되지 않고 형충되지 않으면 자식이 발달하여 영귀할 뿐 아니라, 자손이 크게 번영한다.
- 신왕 사주에 인성이 왕성해도 재성의 다스림을 받으면 자식덕이 크다.
- 신왕 사주에 인성이 미약하고 식상이 왕성하면 자식덕이 크다.
- 신왕 사주에 식상이 미약해도 관성이 왕성하면 자식덕이 많다.
- 신약 사주의 시주에 비겁이 있으면 자식덕이 양호하다.
- 시주에 용신·희신의 길신이 있으면 선량한 자식을 두어 효도를 받는다.
- 신왕 사주의 월주에 재성이 있고, 시주에 관성이 있으면 자식덕이 대단하다.
- 신약 사주에 관살이 없고 식상이 있으면 반드시 아들이 있다.
- 신약 사주에 식상이 왕성해도 인성이 있고 재성이 없으면 아들을 둔다.

- 신왕하고 관살이 득령하여 천간에 투출하면 훌륭한 자식을 둔다. 그러나 월령이 묘에 해당하면 자식의 발전이 늦다.
- 시주에 식신이 있고 편인이 없으면 자식이 신체 건강하고 온화하며, 천을귀인 및 천·월덕귀인과 동주하면 유순하고 효성스럽다.
- 신왕 사주의 시주에 재성이 있으면 그 자녀가 부귀하고, 정관이 있으면 권귀한다.
- 관성이 공망이 되거나, 병·사·묘·절지에 해당하면 자식을 실패하거나, 자식을 두지 못하는 경우가 있다.

예)

丙 乙 甲 癸 壬 辛 　　己 壬 庚 丙
午 巳 辰 卯 寅 丑 　　酉 寅 子 戌

壬수가 子월 수왕지절에 생하고, 월간의 庚금과 시지의 酉금이 생조하여 신왕 사주이다. 따라서 용신은 관성이고, 희신은 토를 생하는 丙화이다. 한신은 일지의 寅목이다.

寅목 식신은 왕성한 일간을 설기하여 금전적으로는 이로우나, 용신인 관성을 극하니 많은 자식은 둘 수 없다. 그러므로 아들 자식 둘을 두었으며, 丙午 대운에는 왕성한 화가 용신인 토를 생하므로 두 아들이 모두 과거에 급제하는 영광을 지켜보았다. 만일 이 명의 시지에 재성이 있었다면 식신생재·재생관으로 식신과 시간의 정관을 소통시켜 자식도 많이 두었을 것이다.

### (2) 자식덕 없는 명

- 관성이 기신 또는 병신에 해당하면 자식덕이 없다.
- 시주에 기신·병신의 흉신이 있으면 자식덕이 없으므로 자식 때문에 근심 걱정이 많다.
- 명에 관성이 없을 때, 식상이 기신·병신에 해당하거나 인성에 의해 파극

되면 자식덕이 없다.

- 신약 사주에 재성 또는 관성이 태왕하고, 인성이 있어도 재성과 근접해 있으면 자식이 없거나, 있더라도 불효자이다.
- 신약 사주에 식상이 왕성하여 인성이 용신인데 재성이 있어 인성을 파극 하면 자식이 있더라도 없는 것만 못 하다.
- 신약 사주에 식상과 관살만 태왕하고 인성이 미약하면 아들이 없다.
- 신약 사주에 관살이 태왕하고, 식상은 약한데 비겁이 있으면 아들이 적 고 딸이 많다.
- 신약 사주에 관살이 태왕하고, 재성은 약한데 인성이 있으면 딸이 많고 아들이 적다.
- 신왕하고 식상은 미약한데 인성과 재성이 있어 상극하면 자식은 적고 손 자는 많다.
- 신약 사주에 관살이 공망·형·충에 해당하면 자식이 없고, 평생 고독하다.
- 신약 사주에 편관이 시주에 있고 미약하면 자식운이 늦어 손자 같은 자 식을 둔다.
- 사주가 극신약하면 자식을 두기 어렵다.
- 신약 사주에 관살이 혼잡되어 왕하면 자식이 불효·허약·요사하는 수가 있다.
- 시지가 형·충·파·해가 되고 구함이 없으면 자식과 이별수가 있다.
- 시주에 병·사·묘·절 등의 십이운성이 임하거나, 식신이 편인에 의하여 파극되면 자식이 왜소하고 병약하다.
- 인성이 태왕하면 딸이 과부가 되고, 지지에 있는 관살이 겹쳐서 합이 들 면 여식의 품행이 방종스럽다.
- 시주에 양인·편인·편관이 있고 기신에 해당하면 자식의 성질이 불량하 여 자식으로 인해 패가하는 수가 있다.
- 시주에 도화가 식상이 동주하면 자녀가 음주 가무를 즐기고, 고진 과숙 이 있거나, 식상과 동주하면 자식이 고독하고 외롭다.

- 식상이 태다하면 딸이 두 번 이상 재가하고, 관살이 태다하면 딸이 첩 꼴을 본다.
- 미약한 관성이 형·충 또는 공망을 당하면 소아마비가 되는 등의 사지에 이상이 있는 자식을 두기 쉽다.

예)

辛 庚 己 戊 丁 丙      丙 戊 乙 甲<br>
亥 戌 酉 申 未 午      辰 戌 巳 申

戊토가 하절에 생하고 화토가 성하여 신강 사주이며, 천간의 甲·乙 관성은 지지에 뿌리를 얻지 못해 미약하다. 申 중에 壬수가 있으나 巳申형이 되어 목을 생조할 겨를이 없고, 일지와 시지가 辰戌충이 되어 처자식복이 없는 팔자이다. 그러므로 두 번 상처하고, 자식과도 인연이 없었으나, 辛亥 대운에 가서야 겨우 한 자식을 두었다.

자식의 다소를 아는 방법은 포태법이 많이 이용되는데, 그것은 시지의 육신인 관살이 일간 위주로 산출된 십이운의 어느 지에 해당하느냐에 따라서 자식의 다소를 판단하는 방법이다. 가령 장생·관대·건록·제왕이 임하면 자식이 많고, 목욕·태·양·쇠가 임하면 보통의 자식을 두고, 병·사·묘·절이 임하면 자식을 적게 둔다고 판단한다. 그러나 이 방법은 참고만 하는 것이 옳을 것이다. 그것은 관살이 시지에만 있으라는 법이 없고, 또 자식은 혼자서 낳는 게 아니고 아내와 같이 낳기 때문이다. 그러므로 자식의 다소는 일간의 강약과 관살의 성쇠, 그리고 시주의 동태에 의하여 판단하는 것이 옳은 방법이다.

## 6) 여명의 자식

여자는 식상이 자식이다. 나의 몸인 일간이 생하는 육신이 식상이므로 식신·상관은 곧 내가 낳은 자식이 된다.

자식의 유무와 다소는 식상과 관성의 성쇠와 시주의 동태에 의하여 판단한다. 여자는 식상이 약해도 관성이 좋으면 자식을 둘 수 있고, 식상이 왕해도 관성이 파극되어 있으면 자식을 두기가 어렵거나, 자식을 둔 뒤에 이별한다. 그것은 아무리 자식을 많이 둔 운명이라도 남편에게 자식을 두지 못할 결점이 있다면 소용이 없고, 남편이 건강하더라도 자신이 결점이 있으면 자식을 두지 못하는 이치와 같다. 그러므로 여명의 자식을 알려면 식상과 관성의 성쇠와 시주가 처한 상황에 의하여 유추한다.

아들·딸의 구분은 의견이 분분하나, 식신을 딸로 보고 상관을 아들로 보는 것이 옳다.


### (1) 자식덕 있는 명
• 신왕하고 식상·재성·관성이 왕하면 자식덕·남편덕이 창성하다.
• 신왕하고 식상도 왕성한데 인성과 재성이 없으면 자식을 많이 둔다.
• 신왕하고 식상·재성이 왕하며, 인성이 없으면 자식이 많고 부귀한다.
• 신왕하고 재성이 왕하며, 식상과 관성이 없으면 자식이 많고 재주가 있다.
• 신왕하고 관살도 왕하면 자식이 많고 권위가 있다.
• 신왕하고 식상이 약한데, 인성이 있으나 재성이 왕하면 자식이 많고 부귀한다.
• 신약하고 관살이 왕성해도 인성이 있어 관인 상생하면 자식덕이 있다.
• 신약하고 재성이 왕성해도 비겁이 있어 재성을 제어하면 자식덕이 있다.
• 시주에 용신·희신이 있어 일간을 생하면 효도하는 자식을 둔다.
• 신왕하고 식상이 천간에 투출하여 왕성하면 자식이 관도에 진출한다.

예)

戊　己　庚　辛　壬　癸　　　丙　癸　甲　丙
午　未　申　酉　戌　亥　　　辰　酉　子　寅

癸수가 子월에 생하고 일지의 인성이 생조하여 신왕이며, 연지·월간의 목이 수기 유행하여 丙화를 생하고, 丙화는 추운 겨울을 조후하므로 자식덕이 많은 부자의 명이다. 그러나 시지의 정관은 천간의 丙화가 생하고 있으나, 일지와 辰酉 합금하여 미약하다.

戌 대운에 결혼하여 아들 둘을 두었으나, 辛酉 대운에 시간과 丙辛 합수하고, 재차 辰酉 합금하여, 토기는 약해지고 수기가 더욱 왕성하므로 상부하였다. 그 후 수절하고 사업에 전념하여 큰돈을 벌었으며, 자식 교육에도 매진하여 己未 대운에 아들이 고시에 합격하여 관직에 오르는 영예를 향유하였으며, 아들도 모친을 극진히 모셨다.


### (2) 자식덕 없는 명

• 신왕하고 인성·비겁이 있으면서 관살이 없으면 자식이 적다.

• 신왕하고 인성도 왕성한데 재성이 없으면 자식이 드물다.

• 신왕하고 재성도 왕성한데 비겁이 없으면 자식이 적다.

• 신약하고 관살이 왕성한데 인성이 없으면 자식이 없다.

• 신약하고 재성이 왕성하면 인성이 있어도 자식을 두기 어렵다.

• 신약하고 식상이 왕성한데 인성이 없으면 자식이 없다.

• 신약하고 식상이 태왕하면 임신 중에 유산을 하거나 난산한다.

• 일간이 태왕하거나 태약하여도 자식을 두는 데 애로가 많다.

• 명에 관살과 식상이 모두 혼잡되어 있으면 성이 각각인 자식을 둘 수 있다.

• 시의 간지가 기신·병신에 해당하면 자식이 불효한다.

• 사주가 너무 건조하거나 습하여도 자식이 드물다.

• 명에 인성이 태왕하거나, 재관이 태왕하거나, 식상이 태왕하거나, 어느 한

오행으로 편고되면 자식이 없다.

- 일지와 시지가 형충이 되면 자식을 키우기 어렵다.
- 식상을 왕성한 인성이 형충을 하면 친정에서 해산하면 안 된다.
- 식상이 미약하고 인성이 태왕한 여명의 자식궁이 가장 불길하다.

예)

丁 丙 乙 甲 癸 壬　　　庚 己 辛 丁<br>
亥 戌 酉 申 未 午　　　午 巳 巳 卯

己토가 巳월 화왕절에 생하고 명에 인성이 많으며, 庚·辛 식상이 천간에 투출되어 있다. 그러나 명에 습토가 없어 금이 생조되지 못하며, 庚辛금은 지지에 통근도 하지 못하고, 왕성한 화기에 의해 파극이 되었으며, 또한 사주가 너무 난조하여 자식궁이 너무 불량하다. 그것은 땅이 물기가 많아서 질퍽거리거나 추위에 얼고, 반대로 물기가 없어 땅이 메마르거나 굳어 있어 푸석거리면 초목이 생장할 수 없는 이치와 같다. 그러므로 이 여명은 자식덕은 물론 남편덕도 없다. 평생 자식이 없었으며, 酉 대운에 남편과도 이별하고, 홀로 여생을 쓸쓸히 보냈다.


### 7) 처·첩妻·妾

남자는 재성을 처첩으로 취하고, 일지를 처궁으로 삼는다. 원칙적으로 정재는 아내이고 편재는 첩 또는 애인으로 보지만, 정재가 없고 편재만 있을 경우에는 편재를 아내로 간주한다. 재성도 다른 육신과 마찬가지로 용신 및 희신이 되면 처덕이 없고, 기신 및 병신에 해당하면 처덕이 없다.

길신이 재와 상극되지 않으면 처궁이 좋고, 재성이 왕성한 비겁에 의하여 파극되면 처덕이 없다. 또 처궁인 일지의 육신이 길신 또는 흉신인지의 여부도 참고해야 한다.


### (1) 처덕이 있는 명

- 재성이 길신에 해당하면 처덕이 있다.
- 신강 사주에 관성이 약하고, 식상이 왕성한데 재성이 있어 식상과 관성 사이를 소통시키면 처덕이 있다.
- 신강 사주에 관성이 약한데 재성이 있어 관성을 생조할 때, 처덕이 있다.
- 신강 사주에 인성이 태다할 때, 재성이 있어 인성을 억제하면 처덕이 양호하다.
- 신강 사주에 비겁이 왕하고, 재성이 약한데 식상이 있으면 현처를 얻는다.
- 신약 사주에 재성이 왕성할 때, 비겁을 만나면 처덕이 있다.
- 일지에 재성이 임하고, 그 재성이 길신에 해당하면 처덕에 재산이 늘어난다.
- 신왕 사주에 재성이 약한데 식상이 있어 재성을 생하면 처덕이 많다.
- 재성이 천을귀인에 해당하면 미인의 처를 얻고, 재성이 천·월덕귀인에 임해도 처가 미모이다.


예)

| 癸 | 壬 | 辛 | 庚 | 己 | 戊 |  | 癸 | 丙 | 丁 | 丙 |
|---|---|---|---|---|---|---|---|---|---|---|
| 卯 | 寅 | 丑 | 子 | 亥 | 戌 |  | 巳 | 寅 | 酉 | 辰 |

丙화가 酉월에 생하여 실기하였으나, 명에 비겁·인성이 중중하여 신왕 사주이다. 시간의 癸수는 뿌리를 얻지 못해 용신으로 취할 수 없고, 월지의 酉금 정재가 용신이며, 연간의 辰토 식신이 희신이다. 용신 酉금은 희신인 辰토와 합금하여 왕하므로 사주가 대길하게 되었다. 비록 출신은 구차하나 己亥운에 넉넉한 가정의 여식과 혼인하고, 그 도움으로 공부에 열중하여 庚子운에 고시에 합격하였으며, 辛丑운에는 공명을 얻었다.

(2) 처덕이 없는 명

- 재성이 기신 및 병신에 해당하면 처덕이 없고, 재성이 왕성한 비겁에 의하여 파극되어도 처덕이 없다.
- 신약 사주에 관살이 왕한데 재성이 다시 관살을 생하면 처덕이 없다.
- 신약 사주에 관살이 왕한데 인성이 있으나 재성에 파극이 되면 처가 우둔하다.
- 신약 사주에 식상이 왕한데 인성이 있으나 재성이 파극하면 처로 인해 손재수가 있다.
- 신약 사주에 재성이 왕성하면 명에 비겁이 없어도 극처한다.
- 신왕 사주에 재성이 약한데 관성이 없고 비겁이 왕하면 극처한다.
- 양인 및 비겁이 태다하면 명에 재성이 없더라도 생이 사별한다.
- 정재보다 편재가 왕성하면 첩이 아내의 권리를 빼앗는다.
- 정재가 비견과 암합을 이루면 처의 행실이 바르지 못하다.
- 신강 사주의 일지에 양인 및 비겁이 임하면 처로 인하여 손재·구설수가 있고, 정도가 지나치면 생이 사별한다.
- 인성이 용신일 때, 재성이 있어 인성을 파극하면 처로 인하여 패가 망신한다.
- 양인 및 비겁이 중첩하여 희신인 일점의 재성을 극하면 처연이 반드시 변한다.
- 신강 사주에 식상이 용신일 경우, 재성이 미약하고 인성이 왕하면 그 처가 다병하다.
- 일지의 재성이 형·충·파가 되면 처가 용모도 추하고 병약하다.
- 재다 신약 및 종재격의 명은 공처가이다.
- 신강 사주의 시주에 편재가 있어 왕하면 다른 여자에게 마음이 있어 처를 구박한다.
- 재성이 삼합 또는 육합되고, 목욕 및 도화와 동주하면 그 처가 외정이 있다.
- 양인·비겁이 태다하여 신강이면 처녀와 인연이 없고, 남의 아내를 탐한다.

- 재성이 간합·삽합·육합하여 타육신으로 화하면 처가 부정하거나 생이 사별한다.
- 명에 정·편재가 혼잡되어 성하고, 목욕 및 도화와 동주하면 처첩이 다정하여 음동한다.
- 재성이 왕하고 비겁 또한 왕성하면 처첩에게 사욕이 있고, 정재와 편재가 합다하면 처첩이 부정하다.
- 일지가 공망·형·충·파·해가 되면 처가 부정하거나, 이별한다.
- 재성이 천간에 투출하고 지지가 사·절·묘에 해당하면 처의 몸이 쇠약하거나 생이 사별한다.

예)

癸 壬 辛 庚 己 戊　　丁　壬　丁　庚
卯 寅 丑 子 亥 戌　　未　子　酉　子

壬수가 酉월에 생하고, 인성·비겁이 왕성하여 신강 사주이므로, 未토 정관이 용신이고 재성은 희신이 된다. 시간의 丁화가 未토에 유근할 듯하나, 일주의 수기가 왕성하여 뿌리를 내리지 못하고, 일간과 丁壬 간합이 되었으며, 월간 丁화도 일간과 간합이 되어 재성이 극히 미약하다. 사주에 간합이 많으면 반드시 처연이 변한다는 원리가 있듯이, 庚子·辛丑 대운 동안에 한 번 사별하고, 네 번 이별하였다.


## 8) 부·정夫·情

부는 남편을 뜻하고 정관에 해당하며, 정은 정부 즉 애인을 뜻하고 편관에 해당한다. 그러나 이것은 원론적인 것이며, 실제로는 정관이 없고 편관만 있을 수도 있으므로, 정관이든 편관이든 하나만 있을 경우에는 그 육신을 남편으로 본다.

남자의 명은 재성이 처·첩을 의미하고, 여자의 명은 관성이 남편을 의미한다. 그러나 명에 관성이 없을 경우에는 용신을 남편으로 취하여 판단한다. 즉, 용신이 희신의 생을 받아 왕하면 남편덕이 있고, 반대로 기신의 극을 받아 쇠하면 남편덕이 없다고 판단한다.

그것은 일간 다음으로는 용신이 사주의 주체가 되기 때문이며, 저자의 실제 경험상으로도 여명에서 관성이 없을 경우에 용신의 성쇠가 남편의 길흉과 일치하는 것을 수많은 임상을 통하여 목격했기 때문이다.

여명은 정관·편관을 막론하고 관성이 하나만 있으면서 재성의 생을 받아 왕하든지, 사주 가운데 한주의 간지가 모두 관성으로 이루어져 있어 왕하면 가장 이상적이다, 물론 일주가 신강하거나 신약하지 않고 적당히 왕한 가운데 타주에 관성이 없으면 그 남편이 대성한다.


## (1) 남편덕 있는 명

- 관성이 용신 및 희신에 해당하고 행운에서 이를 생조하면 남편덕이 있다.
- 관살이 왕한데 식상이 있어 관살을 억제하면 남편덕이 있다.
- 관살이 왕성한 명에 비겁이 없어도 인성이 성하면 남편덕이 있다.
- 관살이 미약한 명에 재성이 있어 관살을 생하면 남편덕이 크다.
- 관살이 약하고 인성이 왕성한 명에 재성이 있으면 남편덕이 있다.
- 관살이 없는 명에 비겁이 왕성하면 식상이 용신이므로 식상이 성하면 남편덕이 있다.
- 재성과 관성이 없는 명에 식상이 태왕하면 인성이 용신이므로 용신인 인성이 성하면 남편덕이 있다.
- 일지가 배우자궁이므로 일지의 육신이 희신에 해당하면 남편덕이 있고, 기신에 해당하면 남편덕이 없다.
- 관성이 희신에 해당하고 천을귀인과 동주하면 남편덕이 크다.

예1)

丁 丙 乙 甲 癸 壬　　丙 甲 辛 己
卯 寅 丑 子 亥 戌　　寅 子 酉 未

甲목이 酉월에 생하였으나, 일지와 시지에 인성과 비견이 있어 신왕하고, 연주의 재성이 관성을, 관성이 다시 인성을 생조하여 사주가 생생 불식하므로 오행이 고르게 중화되어 명이 청순하다. 그러므로 남편이 재상의 지위에까지 오르고 자식들도 대귀하였다.

예2)

己 庚 辛 壬 癸 甲　　辛 辛 乙 丙
巳 午 未 申 酉 戌　　卯 丑 亥 寅

신약일 듯하나 일지에 丑토, 시간에 辛금이 있어 신약은 면하였다. 연간의 丙화와 정관은 연지 寅목에 통근하여 왕하고, 월간의 乙목이 일주와 乙辛극이 되어 丙辛의 간합을 가로막아 사주가 청진되어 길하게 되었다. 그러므로 庚午 대운에 남편이 판서의 자리에 올라 자신도 수봉되었으며, 아들 삼 형제도 모두 성공하였다.

## (2) 남편덕 없는 명

남편과 생이·사별하거나, 내연의 처로 살거나, 또는 일생 동안 가정을 이루지 못하고 홀로 사는 여명은 대체적으로 용신으로 취할 수 없는 미약한 일점의 관성이 사주에 나타나 있거나, 용신이 파극된 경우가 대부분이다. 이러한 숙명을 가지고 태어난 여자의 사주를 정리하면 다음과 같다.

- 신강하고 관성이 미약한데 재성의 생조가 없으면 남편과 이별한다.
- 신강하고 관성이 미약한데 재성이 없고 식상이 왕성하면 남편과 사별한다.

• 신강하고 관성이 미약한데 재성이 없고 비겁만 왕성하면 남편과 이별한다.
• 신강하고 관성이 미약한데 재성이 없고 인성만 왕성하면 남편과 사별한다.
• 신강하고 관성이 없는데 식상이 미약하고 인성만 왕성하면 남편과 이·사별한다.
• 신강하고 관성이 없는데 식상이 미약하고 비겁만 왕성하면 남편과 이·사별한다.
• 신약하고 관성이 미약한데 재성만 왕성하면 남편과 이별한다.
• 신약하고 관성이 왕성한데 인성이 미약하면 남편과 이별한다.
• 신약하고 관성이 왕성한데 비겁이 미약하면 남편과 이별한다.
• 관성이 기신 및 병신에 해당하고 이를 구함이 없으면 남편과 이·사별한다.
• 극신강하고 관성이 약하든지, 극신약하고 관성이 왕성하면 남편과 이별한다.
• 명에 관성이 없고, 다시 합이 많으면 후처의 명이다.
• 연주의 간지와 일주의 간지가 동일하면 부부 해로하기 힘들다.
• 신약하고 관살이 혼잡되어 왕성하면 후처가 되기 쉽고, 식상이 태왕하여도 첩지명이다.
• 비견이 관살과 합이 되거나, 관살 혼잡이 되고 이를 구함이 없으면 후처의 명이다.
• 관성이 미약하고 식상이 왕성한데, 인성이 있어도 재성에 의해 파극되면 부부가 해로하기 어렵다.
• 일지에 관성이 있고 형·충이 되면 부부가 함께 하기 어렵다.
• 지지에 형충이 많거나 관성이 공망이 되면 부부가 해로하기 쉽지 않다.
• 사주에 간합·육합·삼합이 많거나, 비겁 및 양인이 많아도 부부 사이가 불길하다. 관성이 목욕·도화 등이 흉신과 동주하거나, 사·절·묘에 임하여도 부부 사이가 불량하다.

예1)

丙 丁 戊 己 庚 辛　　丁 癸 壬 壬
申 酉 戌 亥 子 丑　　巳 未 寅 寅

癸수가 寅월에 생하고, 천간의 壬수는 지지에 뿌리를 내리지 못하니 신약하고 건조한 명이 되었다. 천간에 丁壬 합목이 있고, 지지에 寅巳형이 있어 겉은 조용하지만 속으로는 시끄럽고 박복한 명이다. 子운에 건조한 지지가 대해수를 만나 길하므로 혼인하였으나, 戊戌 대운에 戊癸 합화하여 더욱 건조해지고 戌未형이 되므로 戌운 癸未년에 남편과 사별하였다.

예2)

甲 癸 壬 辛 庚 己　　戊 癸 戊 己
寅 丑 子 亥 戌 酉　　午 丑 申 亥

癸수가 申월에 생하고, 연지에 癸수, 일지에 丑습토가 있어 어떻게든 사주는 중화되었다. 그러나 남자를 표시하는 관성이 네 개가 있고, 천간 두 개의 戊토는 간합이 되었다. 그러므로 戌 대운에 결혼하여 이별하고, 癸丑 대운에는 일간과 재차 간합이 되므로 재혼한 남편과 사별하고 여러 명의 남자를 사귀는 등의 방황을 하였으나, 甲寅 대운에 와서는 왕성한 목기가 관성을 제압하고, 재성을 생하므로 자식과도 결합하고 안정된 생활을 할 수 있었다.
　이와 같이 행운에서 길운이 오면 흉함을 면할 수 있다.

예3)

辛 壬 癸 甲 乙 丙　　己 戊 丁 甲
酉 戌 亥 子 丑 寅　　未 子 卯 午

신왕하고 관왕하여 얼건 남편덕이 있을 것 같지만, 월주 정관이 목욕지에 앉아 있고 도화에 子卯형이다. 목욕·도화·子卯형은 음탕한 기질이 농후한 살성인데, 이 세 가지 모두 남편성인 월지 정관이 포함하고 있다. 그러므로 戌 대운에 卯戌 합화하므로 남편이 사업차 중국에 갔다가 중국 처녀를 만나 자식을 낳고 아직껏 돌아오지 않고 있다.


## 9) 음천한 명남

음천한 명이란 본처 외에 데리고 사는 여자가 있는 명을 말하고, 또 방탕하여 아내 몰래 애인을 두거나, 음란하고 음탕한 사주를 말한다.

- 신약하고 재성이 많으면 첩을 둔다.
- 사주에 식상이 왕성하면 호색 다음하는 경향이 있다.
- 지지에 子·午·卯·酉 사도화가 모두 있으면 주색으로 인해 몸이 망가진다.
- 천간에 간합이 두 개 이상 있으면 음란하고, 지지에 육합 및 삼합이 많으면 음천하다.
- 명에 정재와 편재가 혼잡되어 있고 식상이 왕하면 첩을 두거나 재혼한다.
- 명에 편재만 있으면 축첩을 하는 경우가 있고, 편재가 식상에 의해 생조되거나, 편재가 중첩되어 있으면 본처는 멀리하고 첩을 편애한다.
- 일지 또는 시지가 재성이고, 도화에 해당하면 호색하고 음탕하다.
- 사주의 대부분이 수기로 되어 있으면 음란하고 방탕하다.
- 정재가 천간에 투출하고 비겁이 왕성하면 상처할까 두렵고, 정재가 투출한 가운데 비겁이 삼합을 이루어 왕성하면 처가 단명한다.
- 관살이 태왕하고 재성이 미약하며 식상이 없으면 처가 다병하고, 신약 사주에 재성과 관성이 성하면 처가 병약하다.

예)

辛 庚 己 戊 丁 丙　　戊 丁 乙 丙
卯 寅 丑 子 亥 戌　　申 酉 酉 子

지지에 재성이 왕성하고, 일간을 생조하는 편인과 겁재는 천간에 있어 미약하며, 지지에 뿌리를 내리지 못해 신약이다. 연지의 子수 위에 목이 있으면 재생관·관생인·인생 일주하여 흉명은 면하는데, 乙목이 酉금 위에 앉아 힘을 잃어 인성의 역할을 못 하고, 酉酉 자형이 있어 사주가 심히 불길하다. 그러므로 상관과 재성은 기신이 되므로 처자가 불량하고 독살스러워, 결국에는 처와 별거하고 첩을 두었으나, 역시 마찬가지였다.


## 10) 음천한 명여

음천한 명이란 첩이 되거나, 화류계에 있거나, 부정하여 음란하고 방탕한 사주를 말한다.

- 신강하고 관성이 미약한데, 재성이 없고 식상만 왕성하면 음천하다.
- 신강하고 관성이 없는데, 재성이 없고 식상이 왕성하면 음천하다.
- 신강하고 관성이 미약한데, 일간과 합이 되어 타오행으로 화하면 미천하다.
- 신강하고 관성이 미약한데, 일간과 합이 되어 일간의 오행으로 화하면 미천하다.
- 신강하고 관성이 미약한데, 재성은 있으나 관성과 멀리 있어 생하지 못하면 음천하다.
- 신약하고 식상이 왕성한데, 인성이 미약하면 음란하다.
- 신약하고 식상이 왕성한데, 재성은 있으나 인성이 없으면 음란하다.
- 사주에 관살이 태다하고 인성이 없으면 음천하다.

- 사주에 식상이 태다하고 재성이 없으면 음천하다.
- 사주에 비겁이 태다하고 식성이 없을 경우, 또는 인성이 태다하고 재성이 없을 경우에도 음천한 명이다.
- 사주 팔자의 대부분이 식상이나 관살 등의 어느 한 가지로만 편고되어 있는 명이나, 수기 또는 화기가 극왕하거나 간합·육합·삼합 또는 형·충이 많고, 도화·함지 등의 흉살이 있어 사주가 혼탁하면 전형적인 음천한 명의 여성이다.

예1)

壬 辛 庚 己 戊 丁　　戊 庚 丙 己
申 未 午 巳 辰 卯　　寅 午 寅 亥

戊·己토 인성은 천간에 있어 맥을 못 추고 있고, 재성의 생조를 받은 관살은 왕성하여, 지지가 모두 육합·삼합으로 이루어져 다정하기 이를 데 없다. 그러므로 유부남한테 속아서 딸을 출산한 뒤 이별하고, 유흥가에 투신하여 생업을 이어가고 있다.

예2)

己 戊 丁 丙 乙 甲　　癸 戊 癸 辛
亥 戌 酉 申 未 午　　丑 戌 巳 亥

亥 중 申목이 남편이지만, 巳亥충이 되어 그도 쓸모가 없다. 천간에 戊癸간합이 있고, 지지에 丑戌형·巳亥충이 있어 겉으로는 고요하나 내면적으로는 풍파가 많은 명이다. 따라서 乙 대운에 결혼하여 未 대운에 일지와 丑戌未 삼형이 되어 사별한 뒤, 노류 장화의 몸이 되었다.

예3)

辛 壬 癸 甲 乙 丙　　乙　庚　丁　庚
巳 午 未 申 酉 戌　　酉　戌　亥　申

신강 사주이며, 월간의 정관은 월지 식신에 의해 파극이 되었고, 시간의 乙
목은 乙庚 합금하여 丁화를 생하지 못하고 있으므로, 丁화 정관은 고립 무
원의 상태에 있다. 그러므로 비록 미모이나 초혼에 실패한 뒤 황음하여 수치
심을 모를 정도로 남성 편력이 심했다.

tip 사실 회류계나 유흥업에 종사한다고 해서 모두 음천한 명은 아니다. 그리 나
쁘지 않은 사주를 타고 났으나, 어려운 가정 형편 때문에 할 수 없이 가족을
부양하기 위하여 희생하는 경우가 더 많을 것이다. 그러나 결코 좌절해서는
안 된다. 나의 운명은 남이 지배하는 것이 아니라, 내가 지배하는 것이므로,
고난과 역경을 두려워하지 말고 처한 현실에 당당하면서도 지혜롭게 대처하
면서 미래를 설계해 나간다면, 인간은 누구나 한두 번의 행운은 찾아오는 법
이므로 반드시 기회는 올 것이니, 그 때를 놓치지 말고 행복과 성공만을 생
각하면서 손을 힘차게 뻗어 움켜잡아라. 그러면 그 소망을 성취할 것이다.

# 13 여성(女性)의 운명(運命)

　예전의 여성들은 사회적인 활동을 할 수 없었고, 안팎의 모든 일에 자신의 의사를 피력하지 못하고 남편의 뜻에 순종할 수밖에 없었던 시절에는 일간이 약해야 현숙한 부인으로 생각했다. 그러나 현재의 21세기 여성들은 남녀 평등을 주창하고 있으며, 실제로도 사회적 활동이나 가정에서의 내조도 적극적이므로, 오늘날 여성의 사주를 판단하는 데는 남성의 사주를 판단하는 방법과 별 차이가 없다. 여명의 일간이 신약하면 남편은 곤고히 받들 수는 있겠으나 활동력이 부족하고, 반대로 일간이 신강하면 활동력은 왕성하나 관성이 역극을 당하여 남편성이 불길함으로 여성의 사주는 남성의 사주보다 더욱 중화됨을 요구한다.

　일반적으로 여명은 신강하지도 신약하지도 않으면서 식상·재성·관성이 있고, 사주의 배열이 식상와 관성 사이를 재성이 소통시키는 구조로 형성이 되면 극귀인으로 간주한다. 이와 같이 중화된 사주는 길운을 만나면 대길하고, 흉운을 만나도 큰 풍파가 없이 무난하다.

　남녀를 불문하고 사주 격국의 판단은 동일하며, 일주의 왕쇠를 가름하여 길흉을 유추하나, 여명은 특히 관성을 중요하게 여기므로, 정관이 있으면 당연히 정관이 남편이 되고, 정관·편관이 함께 있어도 정관이 남편이다. 그러나 정관이 없고 편관만 있으면 편관이 남편이 되고, 정관·편관이 모두 없으면 용신을 남편으로 취한다.

　사주에 정관·편관이 모두 있는 것을 관살혼잡이라고 한다. 여명은 특히 관살혼잡이 되면 천격으로 보지만, 합관유살이나 거살유관 등을 통하여 하나를 버리면 다시 귀명이 된다.

거살유관격에 편관운을 만나면 대흉하고, 거관유살격에 정관운을 만나면 불길하다. 원국에서 관살이 약한 경우에는 관살운을 만나면 무방하나, 관살이 왕성한 경우에 관살운을 만나면 불길하다. 전반적으로 여명은 원명에 관살이 있는데, 다시 관살운을 만나면 흉은 크고 길함은 적다. 그것은 남편이 있는데 또 남편을 만나는 것과 같으므로 길함이 적은 것이다.

천간에 투출된 정관을 남편으로 취하는 게 우선이고, 투출이 없으면 지지의 관성이 남편이다. 그리고 지지의 정기에도 관성이 없을 경우, 지지의 여기 또는 중기에 있는 관성을 남편으로 삼고, 지지에도 관성이 암장되지 않았을 경우에는 재성으로 남편을 삼는다. 그것은 재성이 관성을 생하기 때문이다. 그러나 저자의 경우는 재성을 남편으로 삼기보다는 용신을 관찰하여 남편운을 판단하므로, 독자 여러분도 많은 임상을 통하여 어떤 경우가 옳은가를 분별하기 바란다.


## 1) 남편의 성쇠

오늘날 사회에서 그렇지 않은 경우도 많지만, 여성의 부귀 빈천은 남편에게 매었다 해도 지나친 말은 아닌 듯싶다. 남편의 부귀와 신분은 곧 자신의 부귀와 신분으로 이어지므로 여자의 사주에 배치된 오행의 생화극제에 의하여 남편의 부귀 빈천을 간명하고, 또 관성이 처한 상황에 따라서 남편덕의 유무를 판단한다.

- 비겁이 없고 관성이 태왕하면 인성으로 소통시켜야 길한데, 이 경우 인성이 유력하면 남편이 성하고, 인성이 무력하면 남편이 쇠한다.
- 관성이 태왕하면 식상으로 제어해야 길한데, 이 경우 식상이 유력하면 남

편이 성하고, 식상이 무력하면 남편이 쇠락한다.

- 식상이 왕하고 관성이 미약하면 재성이 소통시켜야 길한데, 이 경우 재성이 유력하면 남편이 성하고, 재성이 무력하면 남편이 쇠한다.
- 관성이 미약하면 재성이 생해야 길한데, 이 경우 재성이 유력하면 남편이 성하고, 재성이 무력하면 남편이 쇠한다.
- 재성과 관성이 없고 식상이 왕하면 인성이 제어해야 길한데, 이 경우 인성이 유력하면 남편이 성하고, 인성이 무력하면 남편이 쇠한다.
- 인성이 왕하고 관성이 약하면 재성이 생해야 길한데, 이 경우 인성이 유력하면 남편이 성하고, 인성이 무력하면 남편이 쇠한다.
- 재성과 관성이 없고 비겁이 태왕하면 식상으로 설기해야 길한데, 이 경우 식상이 유력하면 남편이 성하고, 식상이 무력하면 남편이 쇠한다.
- 식상과 관성이 없고 인성이 태왕하면 재성으로 제어해야 길한데, 이 경우 재성이 유력하면 남편이 성하고, 재성이 무력하면 남편이 쇠한다.
- 일주가 왕성하고 식상도 왕하면 재성이 식상을 설기해야 길한데, 이 경우 재성이 유력하면 남편이 성하고, 재성이 무력하면 남편이 쇠한다.
- 일주가 미약하고 식상이 태왕하면 인성으로 제어해야 길한데, 이 경우 인성이 유력하면 남편이 성하고, 인성이 무력하면 남편이 쇠한다.
- 관살이 혼잡하면 식상으로 관살 중 하나를 제어하면 길한데, 이 경우 식상이 유력하면 남편이 성하고, 식상이 무력하면 남편이 쇠한다.
- 신강 사주에 상관이 왕성하면 극부한다.
- 신약 사주에 관성이 왕성한데 인성이 없으면 극부한다.
- 신강 사주에 관성이 미약한데 재성이 없으면 극부한다.
- 신약 사주에 관성이 왕성한데 식상이 없으면 극부한다.

예1)

| 辛 | 壬 | 癸 | 甲 | 乙 | 丙 | | 庚 | 乙 | 丁 | 戊 |
|---|---|---|---|---|---|---|---|---|---|---|
| 酉 | 戌 | 亥 | 子 | 丑 | 寅 | | 辰 | 亥 | 卯 | 寅 |

乙목이 卯월에 생하고, 지지에 비겁과 인성이 있어 신왕이므로 용신은 시간의 庚금 정관이 용신이고, 희신은 재성이다. 庚금 용신을 辰토 재성이 생하고, 일간과 乙庚 합금하여 용신이 강력하고, 사주가 청진되어 대길하다. 그러므로 남편의 관록이 왕성하여 자신도 영위를 얻었다.

예2)

壬 辛 庚 己 戊 丁 　　戊 乙 丙 己
申 未 午 巳 辰 卯 　　寅 亥 寅 未

이 사주는 상관생재격이며, 신강이므로 용신은 재성이고, 희신은 상관이다. 관성이 없는 사주에서는 용신이 남편을 의미하므로, 용신재성은 丙화가 생조하고 지지에 착근하여 유력하다. 따라서 비록 농가 출신이나 능력 있는 남편을 만나 부귀를 누렸다.

예3)

丙 丁 戊 己 庚 辛 　　丁 辛 壬 戊
辰 巳 午 未 申 酉 　　酉 巳 戌 子

앞의 사주와는 달리 巳酉 합금하여 천간의 丁화도 뿌리를 내리지 못해 용신인 관성이 미약하고, 명의 간지가 모두 극이 되어 사주가 천격이 되었다. 그러므로 丁巳 대운 丙子년에 관성과 식상이 왕성하여 수화 상극이 되므로 남편과 사별하였다. 만일 사주에 목의 기운이 있었다면 극부지명은 면할 수 있었다.

## 2) 시부모와의 관계

제아무리 현 사회의 사상과 풍속이 진보하였다 해도 여성은 시부모와의 관계를 중요시하지 않을 수 없으므로 여명을 중심으로 시부모와의 관계를 정리하면 다음과 같다.

- 재성이 시어머니를 의미하고 비겁이 시아버지를 의미하므로, 재성이 태왕하면 시어머니와의 사이가 원만치 못하고, 관살이 태왕하면 시아버지와 인연이 없다.
- 사주에 재성이 태왕하고 관성이 미약하면 시어머니의 시집살이를 겪으며 살아간다.
- 비겁이 왕성하여 재성의 파극이 극심하면 시부모 중 어느 한 분이 없거나, 또는 시부모가 모두가 없는 가정으로 혼인한다.
- 사주에 인성이 태왕하고 재성이 없으면 시부모와의 관계가 불편하여 시부모를 편히 모실 수 없다.
- 일지와 재성이 형충되고 구함이 없으면 시부모와의 사이가 불량하다.
- 사주에 재성이 태왕하면 홀아버지만 있는 가정으로 혼인하고, 재성이 기신 또는 병신에 해당하면 시부모의 성미가 너그럽지 못하다.
- 극신강하고, 식상이 없는데 외격에도 속하지 아니하면 시부모와의 관계가 불량하다.

## 3) 결혼운

결혼은 반드시 언제 한다고 딱 잘라 말할 수는 없으나, 상대방과의 마음과 영혼이 일치하고 육체적으로 합이 되는 시기가 결혼에 알맞은 시기라고 생각한다. 그 시기는 다음과 같다.

(1) 여명의 경우

• 재성이나 관성이 왕성해지는 시기에 혼인이 성사된다.
• 명에 관성이 없을 경우, 용신이 왕성해지는 대운이나 연운에 혼인이 성사
  된다.
• 관성에 해당하는 대운 또는 연에 혼인이 성사된다.
• 일간이 관성과 간합하는 연이나 일주와 천지 덕합이 되는 연에 혼인이
  성사된다.
• 일지가 삼합·육합이 되는 연이나 월에 혼인이 성사된다.
• 일지와 대운·연운이 삼합되는 연이나, 일지와 연운·월운이 삼합되는 연,
  또는 월에 혼인이 성사된다.

결혼 시기를 판단함에 있어서 꼭 헤아려야 할 것은 사주학상 일찍 결혼해
도 될 것인지, 아니면 늦게 결혼해야 행복하게 잘 살 수 있을 것인지를 판단
하는 것이다. 그것은 일찍 결혼하여 실패하거나, 불행한 결혼을 하여 눈물로
세월을 보내기보다는 사주학상으로 배우자궁이 불길하면 조금 늦게 결혼하
는 것이 현명한 방법이기 때문이다. 늦게 결혼할 여명의 사주는 명에 비겁이
태왕한 경우, 관살이 전혀 없는 경우, 관살이 혼잡되어 있는 경우, 간합·육합·
삼합이 많을 경우, 대운이 불길한 경우 등이며, 명에 관살이 전혀 없어도 외
격에 해당하거나, 용신이 강력한 사주는 예외이다.

(2) 남명의 경우

남자의 결혼도 여명과 동일하게 언제 한다고 분명하게 언급할 수 없지만,
결혼이란 상대방과의 정신적·육채적인 결합이므로 사주학상으로 언제 결혼
하면 배우자와의 몸과 마음이 하나가 될 수 있는 시기인가를 추명하는 방법
이라고 생각한다. 그 시기는 다음과 같다.

• 식상이나 재성이 왕성해지는 시기에 혼인이 성사된다.

- 명에 재성이 없을 경우 용신이 왕성해지는 대운, 또는 연운에 혼인이 성사된다.
- 재성에 해당하는 대운이나 연운에 혼인이 성사된다.
- 일간이 재성과 간합하는 연이나, 일주가 천지덕합이 되는 해에 혼인이 성사된다.
- 일지가 육합 또는 삼합이 되거나, 희신에 해당하는 연운에 혼인이 성사된다.
- 일지와 대운·연운이 삼합이 되거나, 일지와 연운·월운이 삼합이 되는 년, 또는 월에 혼인이 성사된다.

결혼 시기를 정함에 있어 조금 늦게 결혼해야 잘 살 수 있는 남자의 사주는 명에 비겁이 태왕한 경우, 재성이 전혀 없는 경우, 재성은 있으나 형·충·공망이 되어 훼손이 된 경우, 일시가 상충이 되어 있는 경우, 대운이 기신에 해당하는 경우이다. 단, 외격이나 용신이 왕성한 사주는 예외이다.

### (3) 어떤 배우자와 결혼할 것인가?

배우자가 어떤 사람일 것인가는 자신의 사주에 의하여 판단할 수 있다. 가령 남명의 사주가 순청하면 처의 성품이 고상하고 온유 현숙하며, 재성이 아름다우면 처가 현숙하고 미모이며 내조가 크다. 사주가 혼탁하면 처의 성격이 횡포하고 다병하며, 재성이 불통이면 처가 불현 호투하고 낭비를 잘 한다. 여명의 사주가 순청하면 남편의 성품이 너그럽고 다재 다능하며, 재성이 좋으면 현명하고 부귀하며, 관성이 양호하면 남편은 학식이 풍부하고 관록이 있음을 알 수 있다.

이와 같이 자신의 사주에 의하여 배우자의 성품·직업·수요·부귀 등을 판단할 수 있는데, 자세한 사항은 앞장 종합 판단의 〈재성·관성〉편과 남명의 〈종합 판단〉, 여명의 〈종합 판단〉, 그리고 육친의 〈처·첩·부·정〉편을 참고하여 종합적으로 판단하면 어렵지 않게 알 수 있을 것이다.

## 4) 궁합론

　궁합은 결혼 당사자가 결합하여 화합·애정·성공 등의 모든 면에서 원만하게 살아갈 수 있을 것인지의 여부에 대한 판단이며, 궁합에 대한 여부는 결혼 당사자 간의 관계에만 국한되는 것이 아니고, 사업·동업·주종 관계 등 대인 관계의 길흉을 판단하는 데도 적용된다. 궁합을 보는 방법은 여러 가지이지만, 저자가 주로 이용하고 있는 방식을 논하고자 한다. 이것은 자기 사주에 필요한 오행을 많이 보유하고 있는 사주를 가진 배우자와 결합하는 것이다. 예를 들면, 사주에 목의 기운이 부족한 사람은 甲·乙·寅·卯의 목의 기운이 많은 사주를 가진 배우자와 결혼하면 길하고, 금의 기운이 부족한 사람은 庚·辛·申·酉의 금의 기운이 왕성한 사주를 가진 배우자와 결혼하면 길하다. 즉, 어느 오행이 부족하여 사주가 편고되고, 그럼으로써 처복이 없을 경우에는 그 부족되는 오행을 많이 가지고 있는 사주를 가진 배우자와 결합하면 처궁의 불길함을 면할 수 있다. 물론 이와 같은 이치는 관록·부귀·수요 등의 모든 원리에도 부합된다.

　저자가 실제로 경험한 사례를 봐도 남편의 사주를 보면 궁핍하고 빈천한 명인데도 먹고 쓰고 사는 데는 전혀 지장이 없이 여유롭게 생활하고 있는 부부가 있어서, 그 부인의 사주를 보니 과연 남편에게 필요한 오행이 부인의 사주에 모두 구비되어 있고, 대운마저 호운으로 흐르므로 큰 부자는 될 수 없었지만 빈천한 명은 면할 수 있었던 것이다. 그리고 속궁합, 즉 섹스 궁합의 경우에도 일반적으로 오행 가운데 수의 기운이 신장·방광·생식기를 의미하므로 명에 수기가 없다면 정력이 약한 것으로 판단하는데, 어느 부인의 경우 신약한 명식에 재성에 해당하는 토의 기운이 태다하고, 금수의 기운이 전혀 없어, 건조한 명인데도 "나는 남자 없이는 살 수 없다."라는 말을 하길래, 남편의 사주를 들여다보니 금·수의 기운이 왕하고 한습하여 건조한 부인의 사주와 궁합이 잘 맞았던 것이다. 그러므로 궁합이 맞는 남편과 젊어서 결혼하여 오랜 세월 동안 동거 동락하면서 태어날 때는 약하게 타고 났지만, 후천적으로 정력이 왕성한 남편에 의하여 성적인 기능이 향상이 됨으로 써 속궁합도 알맞게 맞추어진 것이다. 이렇듯이 성적인 기능의 차이가 크다 면 해소하기가 쉽지 않겠으나, 다소간의 차이는 궁합이 맞는 배우자를 만남 으로써 타고난 숙명의 단점을 극복할 수 있는 것이다.

궁합 보는 방법을 논하기 전에 먼저 배우자의 양호한 명식에 대하여 알아 보도록 한다.

### (1) 양호한 신랑감의 명

- 일간의 왕쇠가 신왕에서 신강 사이에 해당하면 양호한 명이다.
- 오행이 골고루 구비되어 있으면 양호한 명이다.
- 용신·희신·기신·병신 등이 뚜렷하게 나타나 있으면 양호한 명이다.
- 재성과 관성이 있고 혼잡되지 않으면 양호한 명이다.
- 일간이 양간에 해당하면 양호한 명이다.
- 식신·상관이 태왕하지 않으면 양호한 명이다.

### (2) 양호한 신부감의 명

- 일간의 왕쇠가 신왕에서 다소 약한 신약에 해당하면 양호한 명이다.
- 일간이 음간에 해당하면 양호한 명이다.
- 관성이 있고 태왕하거나 혼잡되지 않으면 양호한 명이다.
- 정재·정관·정인이 모두 있으면 양호한 명이다.
- 합이 하나 정도 있으면 양호한 명이다.

이상으로 배우자감의 양호한 명식에 대하여 설명했으나, 이것은 일반적인 경우이므로 자신의 사주가 여기에 해당하지 않는다고 해서 실망할 것 없다. 설령 사주가 흠이 있다 하더라도 내 팔자는 나 자신이 고쳐서 사는 법이므로, 《명리학 정해》를 통하여 자신을 바로 알고 모자람을 채워나가면 반드시 좋 은 인연을 만나 결혼도 하고 행복하게 잘 살 수 있다.

## (3) 궁합을 보는 방법

어떠한 상대방과 결혼하면 좋을 것인가는, 자기 사주에 필요한 오행을 많이 보유하고 있는 사주를 가진 배우자와 결혼하는 가장 최선의 방법이다.

- 예를 들면, 금·수가 용신 및 희신에 해당하는 사람은 금수를 많이 내포하고 있는 사주를 가진 배우자를 만나면 길하고, 목·화가 용신 및 희신에 해당하면 목화를 많이 가지고 있는 사주를 가진 배우자와 결혼하면 길하다. 더불어 행운도 자신이 필요한 오행으로 진행되면 더욱 양호하다.
- 일주가 배우자 간의 천지 덕합이 되는 경우이다. 예를 들면, 남명의 일주가 甲子이고 여명의 일주가 己丑이면 천간은 甲己 간합이 되고, 지지는 子丑 육합이 된다. 이러한 경우를 천지덕합이라 한다.
- 일간이 배우자 간의 간합이 되는 경우이다. 예를 들면, 남명의 일간이 壬수이고 여명의 일간이 丁화라면 丁壬목으로 간합이 된다. 또 일지가 배우자 간의 육합이 되는 경우인데, 남명의 일지가 寅목이고 여명의 일지가 亥수일 때 寅亥목으로 합이 되는 경우이다. 간합·육합의 경우는 천지덕합의 경우보다는 궁합의 효력이 미약하나, 일단 부분적으로는 인연이 있는 명식이다.
- 배우자 간의 사주를 상호 대조하여 간합·삼합·육합이 되는 경우인데, 일주·월주·시주·연주의 순으로 영향력을 발휘하며, 간합보다는 삼합·육합이 궁합의 효력이 크고, 합이 많을수록 양호한 명식이다. 천지덕합·육합·삼합의 경우는 자신의 부족한 오행을 배우자에 찾는 방법에 덧붙여서 이용하면 좋을 것이다.

지금까지 설명한 궁합 보는 법을 반대로 생각하면 불량한 궁합이 연상되는데, 첫째 배우자 간의 사주 자체가 불량하거나, 둘째 자신의 사주에서 기신·병신에 해당하는 오행을 많이 보유하고 있는 명식이거나, 셋째 일주가 천충 지충이 되거나, 사주 상호간의 형·충·파·해가 많을 경우에는 모두 불량한 궁합에 해당한다.

## 5) 택일론

택일은 결혼식 날짜를 정하는 데만 국한되는 것이 아니고, 이사·개업·출장·여행 등에도 응용할 수 있으며, 방법도 여러 가지가 있으나, 많은 임상을 통하여 검증된 저자의 방식을 소개하기로 한다.

- 궁합을 볼 때와 같이 배우자 상호간의 사주를 대조하여 부족한 오행이 있으면, 그 오행이 생조되는 날이 길일이다. 또 용신 및 희신에 해당하는 날도 길일이다.
- 남녀 배우자의 일주와 대조하여 천지덕합·간합·육합을 이루면 길일이고, 어느 한쪽의 일주와 합을 이루어도 길하다. 또 남녀 사주의 일지와 결혼 기일이 삼합·육합을 이루면 길하다.
- 남녀 배우자의 일간을 기준으로 하여 천을귀인에 해당하는 날도 길하고, 월지를 기준으로 하여 월덕귀인·천덕귀인에 해당하는 날도 길하며, 생기 복덕일도 양호하다. 그러나 일지와 형·충·파가 되면 불길하다. 귀인의 성립은 한쪽 배우자의 사주와 성립이 되어도 무난하다.

불량한 일진은 남녀 배우자의 일주·월주와 천충 지충·간충·지충이 되면 불길하고, 원진·공망 등의 흉신에 해당하는 날은 반드시 피해야 한다.

## 6) 고서 비결론

관성은 남편성이고 식상은 자식성이므로, 명에서 관성과 식상이 대립하는 데 구함이 없으면 상부하고 극자한다. 여명이 신강하면 남편성은 저절로 약해지므로, 처가 남편의 권리를 빼앗아 좌지우지하므로 집안에 분란이 많다. 반대로 신약하면 가정 생활에 충실하고 순종적이므로 집안은 조용하지만, 건강이 약하여 잔병 치레가 많은 것은 어찌 할 수 없다.

- 신왕하고 순청하면 자녀도 건실하고 부귀하나, 일주가 편고되고 용신 및 희신이 득지하지 못하면 자녀도 왜소하고 생계도 어려움이 많다.

- 정관과 편관이 혼잡되면 천격이나, 거관 유살하든지 거살 유관하면 오히려 길하다. 그러나 행운에서 제거된 관 또는 살을 만나면 불길하다. 여명은 관성으로 남편을 삼으니, 행운에 재차 관운을 만나면 남편이 있는데 다시 남편이 들어오는 형국이므로 이별의 아픔이 있던지, 건강상의 어려움이 있겠으나, 직장 생활이나 공부를 하면 면할 수 있다.

- 원명에서 재성이 희신인데 재왕운을 만나면 남편의 영화는 물론이요, 자식까지 귀하게 된다. 여명은 관성이 하나 있고, 재성의 생을 받아 왕하며, 인성이 통관 상생하면 부귀하고, 관성을 형충하면 불길하나 형충하는 오행을 타오행이 극하거나, 합 또는 공망이 되면 불길함은 해소된다.

- 여명에 관성이 태왕하면 불길하고, 재성 또한 왕하면 저절로 신약해지므로 부옥 빈인이나 비겁운 또는 인성운을 만나면 길하다. 여명이 삼합·육합·간합이 많으면 천민으로 행세하는데, 그러나 합하는 오행이 형극이 되면 합다로 인한 흉액은 피할 수 있다.

- 가을·겨울생이 금수가 많고 화토가 없으면 비천하고 무자하며, 봄·여름생이 목화가 많고 금수가 없으면 황량하고 무자한다. 여명은 재성이 쇠지에 임하고 관성이 절지에 임하는 것을 가장 싫어한다. 그것은 관성이 쇠절지에 임하면 어찌 자식을 볼 것인가. 금 일주가 가을에 생하고 지지에 삼합 수국을 이루면 추수 통원한 격이니, 부부의 행락은 없으나 귀명은 이루리라.

- 정인이 용신이 되는데 편인운을 만나면 겉은 화려하나 속은 비어 있고, 편인이 용신인데 정인운을 만나면 겉은 밋밋하나 속은 알차다. 재성이 왕하면 관성은 자연히 왕해지며, 재·관·인이 근접하여 수기 유통이 되면 남편과 자식이 모두 흥왕한다.

- 여명에 일주와 식상·재성이 군림하고 관성이 없으면 청순한 명으로 부귀하는데, 행운에서 관운을 만나면 불길하고, 식상이 있고 재성이 없는데

인성운을 만나면 인성이 비록 나를 생하는 신이라 해도 오히려 형상을 당하며, 일지의 식신을 편인이 파극하면 입신하기가 어렵고, 설령 출산을 해도 자녀를 양육하는 데 어려움이 따른다.

- 여명의 일지가 비겁이거나 명 중에 비겁이 많으면 처첩이 산란하여 측방을 지키는 경우가 많고, 신약 사주에 식상이 많으면 유산이 빈번하여 자식 갖기가 어려운데, 인성을 만나 식상을 제거하고 일주를 생조하면 자식을 생산할 수 있다.

- 오살은 도화살·함지살·겁살·양인살·고신과 숙살이며, 사주 원국에 관성·식상이 득지하고 정·신·기 삼자가 균정하여 사주가 청순하면 오살이 있더라도 취용할 수가 있지만, 반대로 원국에 관성·식상이 실지하고 사주가 혼탁하면 오살 등이 침범하면 고달픈 인생이 된다.

- 여명의 일주가 강왕한데 행운에서 다시 왕성해지는 운을 만나면 남편과 이·사별하게 된다. 여명은 중화를 지향하고, 불왕·불충·불합을 기한다.

- 여명의 지지에 사도화子午卯酉가 모두 있으면, 남명은 처신에 따라 행세할 수 있으나, 여명은 이유 불문하고 불길하며, 사장생寅申巳亥이 모두 있으면 남명은 귀격으로 대권을 장악할 수 있으나 여명은 천격이고, 사고辰戌丑未가 모두 있으면, 남명은 일주와 교감이 있을 때 대부귀하나, 여명은 청등에 불을 밝히지 못하고 쓸쓸하다.

## 1) 귀명

　사람은 일단 귀하게 되면 자연히 부는 들어오기 마련이다. 물론 청렴 결백하여 오는 것을 반려하고, 어려운 곳을 먼저 챙기는 청백리 같은 사람도 있지만은, 좌우간 극진하여 고관 대작이 되면 부귀를 겸할 수 있다. 그러나 부명은 재벌은 될지라도 큰 벼슬을 가질 수 없으므로 귀명과 부명을 구분하는 것이다. 사주 가운데 가장 양호한 명은 부귀 겸전에 건강과 장수를 아우르는 명이다. 부와 귀는 갖출지언정 건강과 수명을 타고나지 못하면 부귀는 헛된 상상에 불과하므로, 건강과 수명을 겸해야 올바른 귀명이 된다. 또 일주가 왕성하고 관성이 맑으면 반드시 귀격을 이룬다.

- 신왕하고 관성도 왕한데, 인수가 있어 관성을 보호하면 귀명이다.
- 신왕하고 관성이 약한데, 재성이 있어 관성을 생하면 귀명이다.
- 신강하여 비겁이 기신에 해당하는데, 관성이 있어 비겁을 제어하면 귀명이다.
- 명에 관성이 없어도 삼합하여 관성국을 이루면 귀명이다.
- 신약하고 관성이 왕성해도 인성이 있어 일간과 관성 사이를 소통시키면 귀명이다.
- 명에 재성·관성·인성이 모두 있는 삼기격은 맑고도 높은 귀명이다.

- 재성이 인성을 파극하는데, 관성이 있어 재성과 인성 사이를 소통시키면 귀명이다.
- 인성이 왕성하고 관성이 약한데, 재성이 있어 인성을 제어하면 귀명이다.
- 재성이 왕성해도 관성이 유통시키면 귀명이다.
- 귀인 등의 신살이 균정하고, 재성·관성이 암장되어 있으면 귀명이다.
- 인성이 용신인데, 관성이 성하여 인성을 생하면 귀명이다.

예1)

丙 乙 甲 癸 壬 辛　　　丁 戊 庚 甲<br>
午 巳 辰 卯 寅 丑　　　巳 戌 子 寅

일간 戊토는 巳화에 건록이 되고, 인성과 비겁이 성하여 신왕이며, 천간 甲·庚의 충극을 월지의 子수가 금생수·수생목으로 해소하고, 사주의 간지가 생생 불식하여 정신기 삼자가 충만하다. 왕성한 월지의 子수는 연주의 甲寅 목이 설기하므로 조후도 완비되어 사주 팔자가 일점의 흠결도 없이 대길하다. 그러므로 명대에 삼십여 년 동안 재상을 지냈으며, 청백리로서 백성들의 추앙을 받았다.

예2)

庚 辛 壬 癸 甲 乙　　　壬 甲 丙 辛<br>
寅 卯 辰 巳 午 未　　　申 寅 申 丑

일견 대격이 아닌 듯하나 사주가 묘하게 구성되어 귀명이 되었다. 월간 丙 화와 연간의 辛금이 丙申 합수하여 합관 유살하고, 월간의 丙화가 억제하고 있으며, 일·시지의 충은 시간의 壬수가 시지의 申금을 금생수·수생목으로 설기하여 충을 해소하고, 나아가 일간 甲목을 생하므로 사주가 중화되어 길 하게 되었다. 따라서 午 대운에 申금 관성을 제극하여 과거에 급제하고, 卯

운에는 그 벼슬이 재상에까지 이르러 환원에 이름을 떨쳤다.

예3)

庚 己 戊 丁 丙 乙　　丙 甲 甲 庚
戌 酉 申 未 午 巳　　寅 子 辰 申

신강이므로 재·관이 용신이나, 申子辰 삼합이 되어 오히려 일주를 생조하고 있다. 그러나 시간의 丙화가 왕성한 일주를 설기하며, 연주의 관살과 멀리 있어 사주가 길하게 되었다. 만일 丙화가 관살과 근접해 있었다면 화금상쟁이 되어 대격은 되지 못했을 것이다. 더욱이 사주가 길한 것은 대운이 戊申·己酉·庚戌의 재관운으로 향하므로 벼슬이 일품 지위에 올라 명진 사해 하는 귀명이 되었다.

귀명의 특징은 정신기 삼자가 충족되어 생화 유정하고, 명중의 관성이 청순한 것이다.


## 2) 부명

사주가 청하면 귀격이고, 청하면서도 탁기가 섞여 있으면 부격으로 보는데, 귀격이라고 해서 반드시 고위 관료직에 오르는 것은 아니다. 귀격이면서도 관직은 얻지 못하고 재부를 얻는 수도 많다. 그것은 재물은 자격이 없는 사람도 어느 한때 기회가 오면 축재를 할 수 있지만, 관직은 그 자리에 오를 만한 인품과 실력을 갖추어야 하기 때문이다. 그러므로 관성은 귀하게 되고 재성은 부한다고 딱히 단정 지어서는 안 된다. 같은 부자라도 어느 정도 축재할 것인가는 앞장 간명의 요점에서 설명한 정신기·중화·조후·청탁·유정 무정 등의 법칙에 얼마나 부합하느냐에 따라서 부자의 등급을 결정한다.

• 신왕하고 재성도 왕할 경우, 식상이 있어 일간과 재성의 사이를 소통시키
  면 부명이다.
• 신왕하고 재성도 왕할 경우, 관성이 있어 재성을 유통시키면 부명이다.
• 신왕하고 인성이 성한데, 재성이 월지에 있거나 왕하면 부명이다.
• 신왕하고 인성이 성한데, 식상이 미약하나 재성이 왕하면 부명이다.
• 신왕하고 비겁이 성한데, 재성 및 인성이 없고 식상이 왕하면 부명이다.
• 신약하고 재성이 왕한데, 관성과 인성이 없을 경우, 비겁이 있어 일주를
  생하면 부명이다.
• 종재격의 구성이 양호하고 행운이 부조하면 부명이다.
• 명에 재성이 없어도 삼합하여 재성국을 이루면 부명이다.
• 재성이 기신인 인성을 파극하면 부명이다.
• 중첩된 식상을 재성이 유통시키면 부명이다.
• 이외에도 재성이 용신 및 희신에 해당하고, 행운이 양호하면 부자가 된다.
이상의 사주는 전형적인 부자의 명으로서 소위 재기통문하였다 한다.


예1)

甲 癸 壬 辛 庚 己　　乙 甲 戊 丙
申 未 午 巳 辰 卯　　亥 午 寅 子

甲목이 寅월에 생하고, 지지의 亥·子수와 乙·寅목이 생조하여 신왕이다.
월간의 일점 재성은 일간과 월주의 甲寅목에 파극되어 부격이 못 될 듯하나,
월지의 寅목이 일지의 午화와 삼합하여 유정이 되었고, 寅목이 戊토의 장생
지이며, 천간에 丙화가 투간되어 식상이 왕성하다. 그러므로 식신생재격으로
재기통문하였다. 이 명은 유수의 재벌 사주이며, 이와 같이 재성은 많이 필
요하지 않고 생조되기만 하면 된다.

예2)

己 戊 丁 丙 乙 甲　　　甲 壬 癸 甲
卯 寅 丑 子 亥 戌　　　辰 子 酉 寅

壬수가 酉월에 생하고, 월주와 일지에 비겁이 왕하여 신강이며, 연주와 시간에 식신이 있고 천복지재가 잘 이루어져 재기통문하였다. 그러나 사주에 화기나 화토가 없어 목의 기운이 유통이 되지 않아 작은 부자 정도의 사주이다. 따라서 중소기업을 운영하고 있는 사장의 명이다.


### (1) 처복과 재복

처복이란 부인이 돈을 많이 벌어들이는 것보다도, 살림 잘 하고 자식들 잘 키우며, 남편의 기를 살려주는 경우라고 저자는 생각한다. 명리학에서는 처복과 재복을 모두 재성에 의하여 판단하므로 구별하기가 쉽지 않지만, 고서에 의하면, 사주가 맑으면 처복이 좋고, 탁하면 재복이 좋다고 기술하고 있다. 자세한 내용은 〈육친의 처·첩〉편과 〈여성의 운명〉, 〈남편의 성쇠〉편을 참고하기 바란다.


예1)

甲 癸 壬 辛 庚 己　　　甲 丙 戊 壬
戌 酉 申 未 午 巳　　　午 午 辰 申

신왕 사주에 戊辰토가 연지의 申금을 생하고, 申금이 연간의 壬수를 생하므로 오행이 상생 유통되어 중화를 이룸으로써 명이 길하게 되었다. 대운 또한 금수운으로 나아가므로 사주가 대길하다. 그러므로 재물복도 왕성하고 처복도 양호하다. 이 명은 왕성한 일주를 식상이 설기하여 재성을 생하고, 재성이 다시 관성을 생하여 생생 불식함으로써 사주가 맑아져 처복과 재복 양자를 겸비하였다.

예2)

甲 癸 壬 辛 庚 己　　　庚 丙 戊 壬<br>
辰 卯 寅 丑 子 亥　　　寅 午 戌 子

丙화가 토왕절에 생하였으나, 寅午戌이 삼합하여 화로 화하므로 신왕이다. 앞의 사주와는 달리 庚금 재성이 시간에 있고 寅목 절지에 임하였으며, 연·월주와 멀리 있어 연주의 관성과 월주의 식신 사이를 통관시킬 수 없으므로 사주가 탁하게 되었다. 그러므로 재물은 있을지언정 처복은 불길한 명이 되었다.

### (2) 평생 부자의 명

현대의 불투명한 사회적 상황과 시대적 변천에 빠르게 적응하여 평생 부자로 사는 사람의 명은 어떠한 사주 팔자인지를 정리하면 다음과 같다.

첫째, 오행의 생화극제가 균형을 이루고, 정신기 삼자가 왕성하여 중화된 사주는 흉운을 만나도 평탄하고, 평운에는 재복이 왕성하며, 길운을 만나면 대재벌이 된다.

둘째, 일주도 왕성하고 재성도 왕성한 명으로, 일주와 재성이 상호 형평을 이루어 신왕 재왕한 사주는 평생 재복이 그치지 않는다. 특히 식상생재격은 기신인 비겁운을 만나도 식상이 생화하여 무탈하게 넘어간다.

셋째, 용신 및 희신이 강왕한 사주도 행운이 너무 흉포하지 않는 이상 대체로 평생을 부유하게 보낼 수 있다.

예1)

癸 壬 辛 庚 己 戊　　　甲 甲 丁 戊<br>
亥 戌 酉 申 未 午　　　子 寅 巳 辰

子수가 甲寅목을 생하고, 목이 丁巳화를 생하며, 화가 다시 戊辰토를 생하여 오행이 상생 유통하므로 사주가 중화되었으며, 특히 연지의 습토인 辰토가 왕성한 화기를 유행시켜 대길한 명이 되었다. 지지에 寅巳형이 있어 순간적인 결단력도 빠르고, 권위적인 면도 있을 것이다. 그러므로 이 명은 일본 굴지의 부동산 재벌 사주로서 평생 대부호를 지냈으며, 현재도 큰 결정은 직접 진두 지휘하고 있다.

예2)

戊 己 庚 辛 壬 癸　　庚 庚 甲 癸
申 酉 戌 亥 子 丑　　辰 午 寅 酉

庚금이 목왕지절에 생하였으나, 시주의 토·금이 생조하고 연간에 겁재가 있어 신약은 아니다. 재성은 월주에 위치하여 왕성하고, 연간의 癸수가 월주의 목을, 목이 일지의 午화를, 화가 시지의 辰토를, 토가 다시 일간을 생함으로써 오행이 주류 무체를 이루고, 천간 금·목의 대립은 연간의 癸수가 소통하고, 화금의 상쟁은 辰토가 소통하며, 행운의 지지에서 비겁을 만나도 午화가 제어하므로 재기 통문하여 사주가 대길하다. 따라서 세계에서도 유명한 일본 대부호의 명으로 일생 재물복이 창성하였다.


## 3) 빈명

빈명은 재물이 없어 궁핍한 사람을 말한다. 예를 들면, 재성이 기신 및 병신에 해당하든지, 재성이 보잘것없든지, 용신이 부실하든지, 사주가 중화되지 않는지, 행운이 기신운으로 흐르면 재성이 부진한 경우로서 대표적인 빈자의 명이다.

- 신강하고 재성이 미약한데, 식상이나 관성이 없으면 빈명이다.
- 신왕하고 식상도 왕한데, 인성이 있어 식상을 파극하면 빈명이다.

• 신약하고 관살이 왕성하여 인성이 용신일 경우 재성이 왕하여 인성을 파극하면 빈명이다.
• 신약하고 재성이 왕성하여 비겁이 희신일 경우, 관성이 비겁을 억제하면 빈명이다.
• 신약하고 인성이 미약한데, 재성만 왕성하면 빈명이다.
• 신약하고 재성도 약한데, 관살만 왕성하면 빈명이다.
• 신약하여 인성이 희신인데, 재성이 왕하여 인생을 파극하면 빈명이다.
• 희신인 재성이 합이 되어 타육신으로 화하면 빈명이다.
• 약한 재성을 식상이 생하는데, 인성이 왕하여 식상을 극하면 빈명이다.
• 왕한 재성을 관성이 설기하는데, 식상이 왕하여 관성을 극하면 빈명이다.

예1)

| 甲 | 癸 | 壬 | 辛 | 庚 | 己 |  | 甲 | 戊 | 戊 | 壬 |
|---|---|---|---|---|---|---|---|---|---|---|
| 寅 | 丑 | 子 | 亥 | 戌 | 酉 |  | 寅 | 子 | 申 | 寅 |

명에 식신·재성·관성이 왕성하여 신약이다. 월간에 戊토가 있어 종격도 이룰 수 없고, 사주에 관성과 일간 사이를 소통시킬 인성이 없으므로 전형적인 재성 부진의 명이다. 연·월지가 寅申 충하고, 재성이 기신이며, 대운도 서북방 금수운으로 흐르므로 머리는 총명하나, 부모덕도 없이 어려서부터 고생하며, 굶기를 밥 먹듯 하였다.

예2)

| 甲 | 癸 | 壬 | 辛 | 庚 | 己 |  | 己 | 乙 | 戊 | 乙 |
|---|---|---|---|---|---|---|---|---|---|---|
| 申 | 未 | 午 | 巳 | 辰 | 卯 |  | 卯 | 巳 | 寅 | 巳 |

이 여명은 乙목이 寅월에 생하고, 연간과 시지에 목이 있어 신왕하며, 戊토가 寅월 장생지에 유근하고, 巳화가 생하며, 일견 신왕 재왕하므로 부격일 듯

하나, 寅巳형이 되어 戊己토를 생조하는데, 진력을 다 하지 못하고, 수기가 없어 사주가 너무 건조하다. 물의 기운이 있어야 나무도 싱싱하게 자라고, 흙도 촉촉하게 적셔 영양이 풍부하게 되는데, 조후가 되지 않아 불길하게 되었다. 연·일의 간지가 동일하며, 명에 관성이 없으므로 남편과도 인연이 없고, 재물복도 없어 현재도 홀로 빈곤하게 생활하고 있다.

예3)

甲 癸 壬 辛 庚 己　　　甲 戊 戊 壬<br>
寅 丑 子 亥 戌 酉　　　寅 子 申 寅

이 명은 월간의 戊토를 제외하고는 금·수·목으로 되어 있으므로 신약 사주이다. 戊토가 있어 종격도 될 수 없고, 화·토가 용신인데 대운이 금·수 서북방 운으로 나아가므로 지금껏 일사 불성으로 세월을 보내고 있다. 앞으로도 헛된 망상을 꿈꾸고 있는 정신 상태를 개조하지 않는 이상 비전은 없다.


## 4) 청빈한 명

돈이 없다고 해서 정신까지 피폐해지는 것은 아니다. 오늘날에도 생활은 어렵지만 사회에 헌신하면서 건실하게 살아가는 사람들이 많이 있지 않은가. 이와 같은 청빈한 명을 정리하면 다음과 같다.

- 재성이 없든지, 재성이 파극되든지, 재성이 기신에 해당하여 재성 부진하더라도 오행의 조화가 맑으면 모두 청빈한 명이다.
- 신약하고 재성이 미약하며, 관성이 태왕할 경우, 인성이 일간과 관성 사이를 소통하면 청빈한 명이다.
- 재성이 희신이 인성을 파극하고 있을 때, 관성이 재성과 인성 사이를 소

통하면 청빈한 명이다.

- 신왕 사주에 재성·관성은 미약하고, 식상이 있으나 인성에 의하여 파극이 되면 청빈한 명이다.
- 청빈한 명은 일반적으로 일간·관성·인성이 균정된 사주가 대부분이다.

예1)

<table>
<tr><td>戊</td><td>丁</td><td>丙</td><td>乙</td><td>甲</td><td>癸</td><td></td><td>丙</td><td>己</td><td>壬</td><td>壬</td></tr>
<tr><td>申</td><td>未</td><td>午</td><td>巳</td><td>辰</td><td>卯</td><td></td><td>寅</td><td>酉</td><td>寅</td><td>辰</td></tr>
</table>

己토가 寅월에 생하고, 사주에 금·수·목이 왕하여 신약이므로 용신은 시간의 丙화이다. 연간의 壬수는 辰토에 입묘하고, 월간의 壬수는 寅목이 설기하여 신약한 일간을 극하므로 전형적인 재성 부진이 되었다. 그것은 용신인 인성과 재성이 상극됨으로써 재성 불통이 된 것이다. 그러나 일지의 酉금이 寅목 관성을 적절히 제어하고, 시간의 丙화가 왕한 寅목의 기운을 설기하여 일간을 생하므로 기사 회생이 되었다. 대운도 남방 화운으로 향하므로 비록 셋방 신세는 면하지 못하였으나, 현재도 1급 공무원으로 청렴하게 근무하고 있다.

예2)

<table>
<tr><td>甲</td><td>乙</td><td>丙</td><td>丁</td><td>戊</td><td>己</td><td>庚</td><td></td><td>己</td><td>癸</td><td>辛</td><td>癸</td></tr>
<tr><td>寅</td><td>卯</td><td>辰</td><td>巳</td><td>午</td><td>未</td><td>申</td><td></td><td>未</td><td>酉</td><td>酉</td><td>未</td></tr>
</table>

癸수가 금왕지절에 생하고, 사주에 금·수가 왕성하므로 신왕이다. 재성은 未토의 여기에 암장되어 있어 미약하고, 관성이 성하여 용신은 시주의 관성이다. 이 명은 신왕이므로 행운에서 재성이 오면 돈이 들어올 것 같으나, 명의 토기가 설기하여 명예뿐이지 재산은 없는 격이다. 그것은 未토는 화토이나, 월주·일지의 왕성한 인성이 설기하고 적시어 재성 부진이 된 것이다.

戊午 대운에 용신운인 화토운이므로 행정 고시에 합격하여 행정부의 주요

보직을 두루 거쳐 장관까지 역임하고, 卯 대운에 왕한 酉금과 상충이 되므로 퇴직하여, 현재는 甲寅 상관 대운이므로 선출직인 국회의원으로 활동하고 있으며, 항상 청렴 결백하게 처신하고 있다.

> tip 자신의 사주가 빈명에 해당한다고 해서 실망할 것 없다. 그것은 큰 부자는 하늘이 내리고, 작은 부자는 노력에 의하여 이루어지는 법이므로 자신의 명을 바로 깨달아 장점은 살리고 단점은 보완해 나간다면 노력하는 만큼의 부를 이루어, 생활하는 데는 전혀 지장이 없을 것이다. 이것이 우리가 사주명리학을 공부하는 이유이다.

### 5) 천명

신분이 낮고, 언행이나 행동이 천박해 보이는 사람을 말한다. 천명은 주로 일주의 성쇠와 관성의 동태에 의하여 구분한다.

- 신강하고 관성이 미약한데, 재성이 없으면 천명이다.
- 신약하고 관성이 왕성한데, 인성이 미약하면 천명이다.
- 신왕하고 관성이 미약한데, 인성이 태다하면 천명이다.
- 신약 사주에 관살이 혼잡되어 왕성하면 천명이다.
- 인성이 용신 및 희신인 사주에 재성이 왕하여 인성을 극하면 천명이다.
- 신약하고 식상이 왕성한데, 인성이 없으면 천명이다.
- 식신이 용신 및 희신인데, 편인이 왕하여 식신을 극하면 천명이다.
- 인수가 용신 및 희신인데, 재성이 왕하여 인수를 파극하면 천명이다.
- 신왕하고 관성이 미약한데, 식상이 왕하여 관성을 극하면 천명이다.
- 신약하고 관살이 왕성한데, 미약한 식상이 있어 상극이 되면 천명이다.

예1)

乙 甲 癸 壬 辛 庚　　甲 乙 己 戊<br>
丑 子 亥 戌 酉 申　　申 巳 未 子

乙목이 토왕절에 생하고 화토가 왕성하여 신약 사주이므로 연지의 子수와 시간의 甲목이 희신인데, 子수는 토에 둘러싸여 극절되었고, 甲목은 일·시지가 巳申형이 되어 무근하므로 乙목이 의지할 곳이 없어 천격이 되었다. 그러므로 癸亥 대운에 戊癸 합화하고, 처궁인 일지와 巳亥충이 되어, 위인이 처자식 밥 먹는 것도 아까워서 집을 뛰쳐나와 벌어서 지금껏 혼자만 잘먹고 있다.

예2)

戊 丁 丙 乙 甲 癸　　戊 癸 壬 壬<br>
申 未 午 巳 辰 卯　　午 巳 寅 辰

癸수가 寅월 목왕절에 생하고, 상관·재성·관성이 왕성하여 신약이다. 명에 목·화·토가 성하여 천간의 두 겁재로는 일간을 생조하는 데 버거워 인성으로 용신을 취해야 하나, 없으므로 천격이 되었다. 그러므로 미술 대학을 나왔으나 전공을 살리지도 못하고 지금까지 잡부일로 생을 이어가고 있다.

예3)

丁 戊 己 庚 辛 壬　　庚 丁 癸 壬<br>
未 申 酉 戌 亥 子　　戌 卯 丑 子

이 여명은 丁화가 丑월에 생하고 관성과 식상이 왕하므로 일지의 인성이 용신이다. 丑토는 습토이므로 왕성한 관살을 제어할 수 없고, 지지에서 子丑합·卯戌합·천간의 丁壬합으로 합다하고, 수의 기운이 성행하여 예쁘고 상냥한 처자였으나, 대운 역시 금수운으로 향하므로 하격이 되었다. 따라서 부모와 일찍 이별하고, 안타깝게도 풍진 창기의 신세를 면할 수 없었다.



## 6) 흉명

흉명은 질병·극부·극처·관재 구설·교통 사고 등의 흉액이 내재되어 있는 명을 말한다.

천명·흉명·악명은 격과 용신이 없는 사주가 대부분이며, 비록 용신이 있더라도 기반이 되거나, 심히 미약해서 제 구실을 못하는 경우가 많다. 이러한 명은 행운에서 용신운을 만나도 발복이 불량하다.

- 신약하고 관살이 왕성한데, 일간과 관살을 소통시키는 인성이나 관살을 제압하는 식상이 미약하면 관재 송사·재앙·질병·시비·쟁투 등의 급변의 암시가 있어 흉하다.
- 신약하고 재성이 왕성한데, 비겁이나 인성이 미약하면 투기·도박·밀수·유흥·사기 등으로 몰락하는 암시가 있어 흉명이다.
- 신약하고 관살이 혼잡한데, 거살·합관의 구함이 없으면 질병·질환으로 인해 건강상의 어려움이 있고, 형액·분쟁 등을 유발함으로 흉명이다.
- 신약하고 식상이 왕한데, 인성의 구함이 없으면 무법·범법·극부·극자·

쟁투·구설 등의 흉성이 나타나므로 흉명이다.

- 사주의 간지가 대부분 형·충의 상극으로 이루어지면 흉명이다.
- 사주가 너무 난조하거나 한습하여 조후를 요하는 데도 이루지 못하면 흉명이다.
- 사주에 비견·겁재·양인이 중중하고 식상의 구함이 없으면 흉명이다.

예1)

癸 甲 乙 丙 丁 戊　　　壬 壬 己 辛<br>
巳 午 未 申 酉 戌　　　寅 戌 亥 巳

壬수가 수왕절에 생하고 금수가 왕하여 신왕이므로, 관살이 용신이고 연지의 편재가 희신인데 연·월지가 巳亥충을 하고, 관성이 임한 월주·일주의 간지가 극이 되었으며, 관성과 희신인 巳화 편재의 사이를 亥수가 가로막아 사주가 탁하게 되었다. 그러므로 甲午 대운 癸亥년에 寅午戌 삼합하여 용신인 관성이 약화되고, 충이 되어 있는 巳화를 연에서 재차 巳亥충을 함으로써 음주 운전으로 어린아이를 치어 사망케 하고 자신도 구속되었다.

예2)

辛 壬 癸 甲 乙 丙　　　戊 辛 丁 癸<br>
亥 子 丑 寅 卯 辰　　　子 巳 巳 未

辛금이 巳월에 생하고 관성이 왕하므로 인성이 용신인데, 연지의 未토는 조토이므로 쓸모가 없고, 시지의 子수가 왕성한 관살을 제어하고, 시간의 戊토를 적시어 일간을 생조하게 함으로써 子수 식신이 희신이다. 그러나 천간의 癸수는 丁亥충이 되고 지지에 화가 왕성하므로 사주가 너무 건조하여 흉명이 되었다. 따라서 癸丑 대운 丙寅년에 천간은 戊癸 합화하고, 丑未충·寅巳형하여 건조한 명이 더욱 건조하게 되었으며, 연운과 寅巳형이 형성되어 밤에 화장실을 가다가 미끄러져서 머리를 화장실 바닥에 부딪혀 대수술을 받았다.

예3)

乙 甲 癸 壬 辛 庚　　壬 辛 己 癸<br>
丑 子 亥 戌 酉 申　　辰 巳 未 卯

이 여명은 辛금이 토왕절에 생하고, 시지의 辰토가 생금하여 신왕할 듯하나, 월지의 未토는 조토이고, 연지와 卯未 반합이 되어 辛금 일간을 생하지 못하므로 인성이 왕한 신약이 되었다. 그러므로 정신기 삼자 중 기가 부족한 명이 되었으며, 용신도 불투명하므로 흉격이 되었다. 그러므로 癸亥 대운 丙子년에 일지의 관성과 巳亥충이 되고, 연운의 천간과 일간이 丙辛 합수하여 관성이 무력화되므로, 남편과 이별운이다. 입하절에 저수지로 물고기를 잡으러 갔다가 남편이 물에 빠진 자식을 구하려다 자신이 사망하였다.

예4)

癸 甲 乙 丙 丁 戊　　丁 癸 己 乙<br>
未 申 酉 戌 亥 子　　巳 未 丑 酉

명에 화토가 왕하여 신약이나 지지에 巳酉丑 삼합이 있으므로 인성이 유정하여 용신이다. 丑未충이 있고, 巳酉丑 삼합이 있어 충중 봉합이 되었으나, 원래 기가 약한 명이므로 완전한 해소가 쉽지 않다. 甲申·乙酉 대운에는 천간의 목이 재성을 생하고, 지지의 금이 일주를 생조하여 길하였으나, 癸未 대운 乙亥년에 천간의 丁·癸충을 재충하고, 연운의 亥수와 시지의 巳화가 충극이 되므로 부인과 이별운이다. 그러므로 망종절에 부인이 암으로 사망하였다.

tip 위의 경우와 다르게 극부·극처의 명이라 하더라도 배우자의 명이 불량하지 않고 사주의 구성이 양호하면 사망은 아니고, 별거나 이혼 정도로 극부·극처의 명이 해소가 된다. 그러므로 기혼자의 명을 감정할 때는 부부의 명을 함께 판단하는 것이 옳은 감정법이다.

예5)

庚 己 戊 丁 丙 乙 　 丙 丙 甲 戊
午 巳 辰 卯 寅 丑 　 申 戌 子 戌

丙화가 子월에 생하고, 식성과 관성이 성하여 신약이므로, 용신은 월간의 甲목이다.

명에 정의 기운이 약하므로 중화가 되지 않고 탁격이 되었다. 己巳 대운 丁亥년에 용신이 甲목을 甲己 합토하고, 시지의 편재와 대운의 지지가 巳申 형을 이루었으며, 대운의 지지와 연운의 지지가 巳亥 충극이 되므로 일시에 큰돈을 잃을 운이며, 동시에 부부가 이별운이다.

그러므로 주식으로 큰돈을 날리고, 처한테 이혼을 당하였다.


## 7) 악명

성격이 흉악하여 악독한 행위를 일삼는 명을 말한다.

- 비겁이 극왕한 극신강이고, 식상이 미약하면 안하 무인의 잔인성이 잠재하고 있다.
- 관살이 극왕하고 지지에 삼형살이 모두 있으면 무엇이든 일단 의심하는 버릇이 있고, 쟁투가 심하다.
- 비겁과 양인이 중중하고, 형·충이 겹쳐 있으며 탄압·실패·허언·도적·사기·살상·주색 잡기 등의 암시를 내포하고 있다.
- 식상이 태왕하고 도화·홍염·목욕살과 동주하면 색정이 발동하여 납치·감금·형광사·횡액사·근친 상간 등의 이미지가 있다.
- 극신약하고 형·충이 심하면 비명 횡사·급성 질환·강탈·살상·교통 사고 등의 감각적인 영상을 내재하고 있다.

• 명이 두세 가지의 오행으로 구성되어 있고 서로 상극하면 탈재·도난·이별·속패·급살·구속 등의 횡액을 품고 있다.

예1)

丁 戊 己 庚 辛 壬　　　乙 丁 癸 辛
亥 子 丑 寅 卯 辰　　　巳 巳 巳 巳

비겁이 왕성하므로 극신강이다. 일간이 음간이고, 巳화가 금의 장생지이므로 종도 되지 않으며, 용신은 연·월간의 재·관이나 뿌리가 없어 무근하고, 사주에 습토가 없어 화기가 유통이 되지 않아 심히 불량하다. 용신이 연·월주에 있고 초년 대운이 壬辰이므로 유복한 가정에서 태어나 호의 호식하였으며, 辛운에 일류대 법대에 합격하여 신동 소리를 들었으나, 본의 아니게 3년 중퇴하고 지금까지 무일관하게 세월을 보내고 있으며, 구속도 서너 번 당하였다.

　亥·子 대운은 수운이므로 호운일 듯하나, 왕성한 화기를 제압하지 못하고, 충극이 되므로 시끄러움만 더 했다. 子운에 간부급으로 진급시켜 준다고 경찰관한테 돈을 받아먹고 도망갔다가 구속당하였다. 이 명은 피도 눈물도 없는 명이므로 만일 고시에 합격하여 법조계에 입문했다면 애매한 사람 여럿 잡았을 것이다.

예2)

己 戊 丁 丙 乙 甲　　　辛 癸 癸 癸
巳 辰 卯 寅 丑 子　　　酉 亥 亥 卯

이 여명은 오행이 금·수·목 세 가지뿐이므로 삼상격이며, 용신은 인성과 비겁이다. 종강격으로 봐도 용신은 인성과 비겁이며, 명에 수기가 왕성하므로 식상인 목도 양호하다.

　丙寅 대운에 기신인 화가 왕하여 불길하며, 庚午년에는 대운과 寅午 합화

하므로 화가 더욱 왕성해져 용신인 금을 극하고, 군비쟁재가 되어 남편과 이별하고 관재수가 들어오는 운세이다. 그러므로 간부와 바람을 피우다 남편한테 발각되어 간통으로 구속되었다.

예3)

辛 壬 癸 甲 乙 丙　　己 丙 丁 乙
巳 午 未 申 酉 戌　　亥 戌 亥 未

丙화가 亥월에 생하고 식상과 관성이 왕하여 신약이므로 인성이 용신이다. 乙목 정인은 입묘하였고, 丁화 겁재는 亥월이므로 무근하고, 일간 丙화도 입묘하였고, 지지의 식상과 관성의 세력이 비슷하게 대립하고 있으며, 戌未형·亥亥자형이 형성되므로 사주가 극히 불량하다. 癸未 대운 丁丑년은 식상이 더욱 왕성하므로 약한 일간을 설기하고, 대운·연운·일지가 丑·戌·未 삼형이 형성되므로 살상·관재수가 들어오는 해이다. 따라서 공장에서 일을 하다가 시비 끝에 동료를 살해하고 자신도 구속당했다.



지금까지 설명한 귀·부·빈·천·흉·악명은 사주의 구성과 행운에 따라서 보다 많은 통변을 추정할 수 있으므로 많은 임상을 통하여 유추하기 바란다.

# 15 직업 경영론職業經營論

　육신에 의한 직업 판단은 복식 판단의 직업편을 참고하고, 이 장에서는 직업의 종류별로 구분하여 논하기로 한다.

　오늘날과 같이 직업도 다양하고 전직이 많은 시대에 자신과 맞는 직업을 선택하기란 어려운 일이다. 그러나 자신의 운명에 부합되는 오행에 의하여 직업을 선택하는 것은 가능하다. 그것은 음양 오행을 활용하여 개개인이 지니고 있는 고유의 기운을 표출할 수 있기 때문이다. 즉, 사람이 타고난 연월일시의 기둥을 세운 여덟 글자가 그 사람이 지닌 고유의 특성이나 적성 등을 풀이하여 문자화한 것이 사주이기 때문이다.

　명문대 인기학과를 졸업하고도 자신의 적성이 맞지 않아서, 또는 취업을 하지 못해 전공을 바꾸어 다시 공부를 하는 경우도 있고, 자신의 전공을 살리지 못하고 다른 직종에 종사하는 사람들도 많다.

　처음부터 자신의 나아갈 길을 바로 깨달아 자신의 적성에 맞는 직업을 선택했다면, 시간·경제적인 문제 등 여러 면에서 피해를 보지 않았을 것이다. 그러나 단순하여 직업도 그리 많지 않던 과거와 달리 오늘날은 꼽을 수 있는 직업만도 약 일만 일천여 가지가 되는 등 세상이 복잡하게 돌아가므로, 자신의 직업을 선택하는 데 음양 오행의 이치에 더욱 치중하여 자신과 합당하는 직업을 선택해야 할 것이다.

## 1) 관록

관록은 국가에서 공무원에게 주는 관직과 봉록을 말하고, 몸에 갖추어진 위엄과 권위를 일컫는다. 같은 관록이라도 위로는 대통령·국무총리·장관으로부터, 밑으로는 주사·서기 등 여러 단계의 직급이 있다. 이러한 직급의 판단은 오행의 생화극제가 원활하게 이루어져 사주가 청순하고, 용신 및 희신이 뚜렷하여 생화유정하며, 정신기가 충족되어 중화함에 모자람이 없는 명인가에 따라서 관료의 직급을 결정한다. 이것은 사주가 청순하고 정신기가 충만할수록 직급이 높고, 혼잡되고 탁기가 많을수록 직급이 낮다. 관록은 공무원의 관직이나 봉록을 판단하는 데만 국한되는 것이 아니고, 국영 기업체나 일반 회사원의 신분을 구분하는 데도 적용한다.

### (1) 관록이 있는 명
- 신왕하고 관성이 왕한 사주에 인성이 일간과 관성 사이를 소통시키면 관록이 왕성하다.
- 신왕하고 관성이 미약한 사주에 재성이 관성을 생조하면 관록이 양호하다.
- 신왕하고 재성이 미약한 사주에 관성이 일간을 억제하면 관록이 있다.
- 신왕하고 관성과 인성이 천간에 투출하면 관록이 좋다.
- 신왕하고 재성과 인성이 상극하고 있는 사이를 관성이 소통하면 관록이 왕하다.
- 신약하고 관성이 왕한데, 인성이 있어 일간과 관성 사이를 소통하고 재성이 미약하면 관록이 양호하다.
- 왕성한 재성을 관성이 유통시키면 관록이 있다.
- 사주에 관성이 없으나, 삼합이나 육합이 되어 관성을 이루면 관록이 있다.
- 비겁이 용신이고 인성이 희신인 사주에 관성이 인성을 생조하면 관록이 있다.
- 왕성한 관살을 식상이 제어하면 관록이 있다.

- 일주도 왕하고 관성도 왕한 사주에 인성이 성하고 재성이 미약하면 관록
  이 있다.

이상의 사주는 관록이 있는 전형적인 사주이다. 이외에도 사주의 구성에
따라서 다소의 차이는 있겠으나, 오행이 중화되어 사주가 많으면 관록이 양
호하다.

## (2) 관록의 직급

예1)

甲 癸 壬 辛 庚 己　　癸 壬 戊 丙
辰 卯 寅 丑 子 亥　　卯 申 戌 寅

사주의 간지가 상생 유통하여 주류 무체를 이루었다. 목이 화를, 화가 토
를, 토가 금을, 금이 수를, 수가 목을 생하여 한 군데도 소홀한 데가 없다. 壬
수가 戌월에 생하여 신약인 듯하나, 일지의 금이 생화 유통하고, 寅·申의 충
은 화·토가 소통시켜 사주가 대길하다. 그러므로 행정부의 요직을 두루 거
쳐 국무총리를 역임하였다.

일반적으로 장관급 이상의 사주는 용신 및 희신이 진신이며, 정기가 충족
되어 사주가 순수하고 청하여 중화를 이루므로 오행의 생화극제가 기묘하게
조화되어 있다.

예2)

庚 己 戊 丁 丙 乙　　乙 甲 甲 庚
寅 丑 子 亥 戌 酉　　亥 午 申 辰

왕성한 편관을 일지의 상관이 제어하므로 길명이 되었다. 만일 시지의 인
성이 편관과 가까이 있어 일간과 편관 사이를 소통시키면 더욱 길명이 되었

을 것이다. 이 사주는 행정부의 국장급 간부를 지낸 사람의 명이다. 이 명은 앞의 사주와 달리 금·목, 화·금의 상쟁이 있어 청하면서도 탁기가 서렸다.

일반적으로 국장급 정도의 관록이 있는 사주는 정기가 충족하면서도 일점의 탁기가 서려 있다. 그것은 오행의 조화가 편고됨이 있던가, 용신 및 희신이 흠결이 있던가의 경우이다. 그러나 사주 전체는 중화를 이루어 균형을 잃지 않고 있다.

예3)

<table>
<tr><td>庚</td><td>辛</td><td>壬</td><td>癸</td><td>甲</td><td>乙</td><td></td><td>癸</td><td>癸</td><td>丙</td><td>乙</td></tr>
<tr><td>辰</td><td>巳</td><td>午</td><td>未</td><td>申</td><td>酉</td><td></td><td>丑</td><td>酉</td><td>戌</td><td>亥</td></tr>
</table>

癸수가 戌월 토왕절에 생하였으나, 인성과 비겁이 왕하여 신왕이다. 일지의 酉금이 관성을 설기하고, 지지가 한습하여 사주가 탁하게 되었으나, 酉丑합금하여 합살 유관이 되었고, 월간의 丙화가 戌토 정관을 생하므로 탁한 중에도 일점의 청기가 남아 있다, 따라서 癸未 대운에 출사하여 巳운에는 사무관까지 승진할 수 있었다.

일반적으로 하위직 공무원의 사주는 탁한 와중에도 일점의 청기가 있으며, 또는 진신이 용신 및 희신에 해당하는 경우이다.

tip 일급 이상의 고위 공무원 사주를 타고나도, 서기관급에 머무르는 사람이 있는가 하면, 서기관급의 사주를 타고 났어도 일급 이상 차관급까지 진급하는 경우를 가끔 보았다. 물론 지연 또는 학연 등의 연고도 중요하겠으나, 저자의 견해로는 개개인의 성품이 좌지우지하는 것으로 사료된다. 그것은 기회가 있으면 적극적으로 추진하여 기회를 내 것으로 만드는 사람이 있는가 하면, 기회가 와도 자신의 능력만 믿고 방심하다가 기회를 놓치는 사람도 있다. 이렇듯이 실력 있고 능력 있는 사람들이 내일로 기회를 미루다 놓치는 경우도 많으므로, 승진을 하고 싶다면 기회가 있을 때 법에 저촉되지 않는 한도 내에서 수단과 방법을 가리지 말고 능동적으로 대처하여 곧바로 기회를 잡아야 할 것이다.

## 2) 행정관의 명

　행정관이라 함은 사법부·행정부·입법부에서 행정을 취급하고 있는 전문 관료를 말한다. 행정관의 명은 먼저 격국이 청순하고, 재성과 관성이 상호 협조하여, 용신 및 희신이 뚜렷하고 진신이어야 한다.

- 신왕하고 관성이 왕성하며 인성이 성하면 행정관의 명이다.
- 신왕하고 재성과 관성이 왕하고 인수가 성하면 행정관의 명이다.
- 신왕하고 인성과 식성이 성하면 행정관의 명이다.
- 신약하고 관성이 왕성한데, 인성이 왕하여 일주와 관성을 소통시키면 행정관의 명이다.
- 식상이 성하여 왕한 관살을 제어하면 행정관의 명이다.

　이상은 전형적인 행정관의 실제의 예이며, 사주 내의 관살·식상·재성·인성 등 육신이 처한 상황과 동태에 의하여 어떤 직책을 맡을 것인가를 판단할 수 있다. 가령 역마가 관성에 해당하거나, 역마가 관성을 생하거나, 역마가 용신에 해당하면 외교관으로 근무하고, 종재격이나 재성이 양호하면 재경직에 근무하며, 사주에 양인·괴강·편관이 함께 하면 국방이나 검찰·경찰직 등에 근무하고, 문창성·귀인 등이 성하면 교육이나 문화 부서에 종사하는 경향이 많다.

예1)

乙　甲　癸　壬　辛　庚　　　庚　庚　己　甲<br>
亥　戌　酉　申　未　午　　　辰　辰　巳　午

　일주도 왕하고 관살도 왕하며, 토기가 성하여 일주와 관살 사이를 소통시켜 사주가 길하게 되었다. 일주·시주가 괴강에 해당하므로 치안 행정의 고위 공무원으로 근무하고 있다.

예2)

乙 甲 癸 壬 辛 庚　　丙 甲 己 壬<br>
卯 寅 丑 子 亥 戌　　寅 子 酉 辰

甲목이 酉월에 생하고 甲己 합토하여 신약일 듯하나, 인성·비겁이 성하여 신약은 면했다. 월지의 정관은 辰酉 합금하고, 인성이 금·목의 사이를 소통하고 있으며, 시간에 丙화 식신이 투간되어 사주가 대길하다. 그러므로 壬 대운에 일주를 생조하여 행정 고시에 합격하여 현재는 외교부 차관급으로 근무하고 있다.

예3)

丙 乙 甲 癸 壬 辛　　甲 甲 庚 庚<br>
戌 酉 申 未 午 巳　　子 午 辰 寅

월지의 辰토가 午화를 설기하고, 시간의 甲목이 子수를 설기하여 약한 일간을 생조하게 함으로써 子午충의 탁기를 어느 정도는 해소하고 있다. 편관과 괴강이 동주하므로 전문 기술직이 양호하다. 그러므로 이 명을 가진 사람은 건설교통부의 고위 기술 관료로 복무하고 있다.

tip 저자의 경험에 의하면 대체적으로 전문 행정관의 명이 청순한 경우가 많았고, 혼탁한 경우는 선출직의 명이 많았다. 그것은 이전 투구하는 선거라는 과정을 거쳐야 하기 때문일 것이다. 그러므로 선거의 당락은 특히 원명보다는 대운·연운 등의 행운에 중점을 두고 판단해야 할 것이다.

## 3) 사법관의 명

사법관이란 생살지권을 행사하는 명을 말한다. 사법관의 명이 청하면 청렴한 법률가의 명이고, 탁하면 정치인·실업인으로 전직하는 경향이 많다. 그러나 청한 명은 정치인 등으로 전직을 하더라도 깨끗하게 처신하여 국민들의 추앙을 받는다.

- 신왕하고 관살이 재성의 생을 받아 왕성하면 사법관의 명이다.
- 신왕하고 식상·재성·관살이 균정이 되어 왕하면 사법관의 명이다.
- 명에 편관과 양인이 있고, 격국의 구성이 양호하면 사법관의 명이다.
- 신왕 관왕하고 인수가 성하여 일간과 관살을 소통시키면 사법관의 명이다.
- 신왕하고, 삼형이나 충이 있으면서 격국이 양호하고 청하면 사법관의 명이다.
- 신약하고 관살이 왕성한데, 식상이 관살을 제어하고 인성이 설기하면 사법관의 명이다.

예1)

<table>
<tr><td>丁</td><td>丙</td><td>乙</td><td>甲</td><td>癸</td><td>壬</td><td></td><td>甲</td><td>戊</td><td>辛</td><td>甲</td></tr>
<tr><td>丑</td><td>子</td><td>亥</td><td>戌</td><td>酉</td><td>申</td><td></td><td>寅</td><td>午</td><td>未</td><td>辰</td></tr>
</table>

편관이 시주의 간지를 차지하고 있어 왕하고, 午화에 의하여 일간과 소통하고 있으며, 왕성한 일간을 월간의 상관이 설기하고 있어 더욱 길하게 되었다. 행운 또한 서북방 금수운으로 향하므로 사주가 대길하다. 그러므로 현직 부장판사의 명이다.

戊 丁 丙 乙 甲 癸　　　甲 丙 壬 壬
午 巳 辰 卯 寅 丑　　　午 申 子 寅

　신약일 듯하나 왕성한 수의 기운을 寅목이 설기하고 있고, 시주에 편인과 양인이 동주하여 신약은 면했다. 寅申의 충은 월지의 子수가 소통하여 해소되었으나, 子午의 충으로 탁기가 서려 있다. 그러나 행운이 동남방 목화운으로 나아가므로 사주가 대길하다. 따라서 현직 부장검사의 명이다.


예3)

甲 乙 丙 丁 戊 己　　　壬 丁 庚 丙
午 未 申 酉 戌 亥　　　寅 巳 子 午

　이 여명은 지지에 寅巳형·子午충이 있으나, 신강하므로 견딜 만하다. 편관은 월령을 차지하고, 월간 庚금의 생을 받아 왕하며, 丁壬합은 되었으나 천간에 관성이 투간되어 관록이 대길하다. 따라서 현직 고법 판사의 명이다.


## 4) 고시 합격자의 명

　관록은 정·신·기 삼자가 구비되어 중화된 명이 대세를 이루는데, 특히 고시 합격자의 명은 오행이 균정되어 사주가 청순하다는 점이다. 균정이라 함은 오행이 편고되지 않는 것을 말한다. 행정관·사법관의 명도 참조하라.

- 신왕 관왕하고 수기 유행하여 사주가 맑게 이루어진 명.
- 사주의 오행이 상생 유통이 되어 주류 무체를 이루는 명.
- 용신 및 희신이 기신에 의하여 파극되지 아니한 명.

- 용신 및 희신이 지지에 있고, 한신이 보호하고 있는 명.
- 사주 내의 기신을 생조하는 원신이 없는 명.
- 오행의 균형이 맞지 않아서 탁해도, 행운에서 부족한 오행을 보충하면 고시에 합격한다.

예1)

癸 甲 乙 丙 丁 戊　　壬 壬 己 癸
丑 寅 卯 辰 巳 午　　寅 申 未 卯

卯未 합목하고 명에 화가 없어 관성이 월령에 있지만 미약하다. 寅 중에 丙화는 寅申충하여 용신으로 취할 수 없고, 화운을 만나야 관록이 유력하다. 그러므로 巳 대운 己巳년에 월지의 관성이 생조되므로 사법 고시에 합격하였다.

예2)

己 庚 辛 壬 癸 甲　　丙 甲 乙 戊
酉 戌 亥 子 丑 寅　　寅 午 卯 申

이 여명은 甲목이 양인월을 만나고 비겁이 성하여 신왕이다. 사주에 수가 없어 정이 부족하나, 연지의 편관은 戊토가 생하고, 양인은 월령을 차지하고 있으므로 일간·양인·편관이 모두 왕하여 귀격이 되었다. 따라서 癸丑 대운 癸酉년에 부족한 수기를 보충하고, 편관이 생조되어 사법 고시에 합격하였다.

예3)

辛 庚 己 戊 丁 丙　　丙 甲 乙 庚
卯 寅 丑 子 亥 戌　　寅 辰 酉 子

甲목이 酉월에 생하고 금기가 왕성하여 신약이다. 그러나 乙庚 합금하고,

子수가 왕성한 금을 설기하여 사주가 길하게 되었다. 그러므로 子 대운 己巳년에 子수가 일간을 생하고 巳酉합이 되어 관살이 무디어지므로 행정 고시에 합격하였다.


## 5) 군인의 명

군인·경찰의 명은 생사 여탈권을 쥔 관원으로서 사주의 구성이 유사하나, 오행의 구성상 경찰직의 명이 순수함을 볼 수 있다.


- 신왕 사주에 편관이 왕성하고 양인이 있으면 장군의 명이다.
- 신왕하고 편관도 왕성한데, 인성이 생하여 일간과 편관을 소통하면 무관의 명이다.
- 신왕 사주에 관살이 없고 상관이 왕성하면 장군의 명이다.
- 사주에 형·충·파·해가 많으면 무관이 되는 경향이 있다.
- 사주에 금과 화가 많으면 무관의 명이고, 특히 금과 화가 성하고 정·신·기 삼자가 왕성하면 군인으로서 대권을 장악한다.
- 관살이 왕성하고 인성도 왕성하여 관살의 기운을 유통시키면 무관으로서 권위가 있고, 인성이 약하면 군인의 명이다.
- 일반적으로 군인의 명은 신강하면서도 설기하는 힘이 약하여 사주가 탁한 경우가 많다.


예1)

| 己 | 庚 | 辛 | 壬 | 癸 | 甲 | | 乙 | 丁 | 乙 | 辛 |
| 丑 | 寅 | 卯 | 辰 | 巳 | 午 | | 巳 | 丑 | 未 | 巳 |

丁화가 화토월에 생하고, 비겁·인성이 성하여 신왕이다. 지지의 巳화 속에

금기가 내재되어 오행이 유통이 되므로 사주가 길하게 되었으며, 성한 화기를 丑습토가 설기하여 양호하나, 丑未충이 되어 무관의 명이다. 따라서 육군 중장을 역임한 장군의 명이다.

예2)

丙 乙 甲 癸 壬 辛　　戊 甲 庚 丙
午 巳 辰 卯 寅 丑　　辰 寅 子 申

편관을 丙화가 극하고 子수가 설기하여 일간을 생조하므로 신왕하며, 시주의 재성이 다시 편관 庚금을 생하여 오행이 상생 유통하므로 사주가 대길하다. 따라서 현역 육군 소장의 명이며, 앞으로도 더 중요한 위치에 오를 것이다.

예3)

壬 癸 甲 乙 丙 丁　　庚 癸 戊 辛
辰 巳 午 未 申 酉　　申 未 戌 丑

왕성한 관살을 인성이 소통하여 일간을 생하고 있으나, 사주에 목기가 없어 답답하고, 수기가 없으므로 기가 부족한 명이다. 그러므로 하사관 출신의 명이다.


## 6) 사업가의 명

재성이 유통이 되어 사주가 맑으면 전문 경영인의 명이고, 재성이 유통이 되지 않아 탁하면 졸부의 명이다.

• 신왕하고 재왕하면 대사업가의 명이다.

•신왕하고 재성이 왕성한 명에 관성이 적의하면, 전문 경영인으로 크게 성공하고, 정치에 입문해도 뜻을 이룬다.

• 신강하고 재성이 약해도 행운에서 재성을 부조하면 사업가로 성공한다.

• 신약하고 재성이 왕성해도 행운에서 일간을 적절하게 제어하면 사업가로 명성을 얻는다.

• 신약하고 재성이 왕성하면 어떤 사업이라도 실패한다. 그러나 신강해지는 사업을 선택하면 부를 이룰 수 있다.

• 신왕하고 재국을 이루어도 사업가로 크게 성공한다.

예1)

<pre>
庚 己 戊 丁 丙 乙    癸 癸 甲 丙
子 亥 戌 酉 申 未    丑 酉 午 戌
</pre>

왕한 재성이 천간에 투출하고 지지의 뿌리도 튼튼하며, 토기가 재성을 설기하므로 생화 유통이 되어 대길하다. 모 재벌 기업의 회장 사주이다.

예2)

<pre>
戊 丁 丙 乙 甲 癸    丙 戊 壬 甲
寅 丑 子 亥 戌 酉    辰 戌 申 申
</pre>

연간의 편관과 연·월지의 식신 사이를 월간의 壬수가 소통하므로 전형적인 전문 경영인의 명이다. 이 사주는 대기업의 사장을 역임하고 있다.

예3)

<pre>
戊 己 庚 辛 壬 癸    癸 乙 甲 丁
戌 亥 子 丑 寅 卯    未 卯 辰 丑
</pre>

어떤 오행이든지 왕성하면 설기하여 유통이 되고, 천간에 투간되어야 귀명인데, 이 명은 재성이 모두 지지에 있고, 유통이 되지 않아 사주가 탁하게 되었다. 그러므로 재산은 많지만 위인이 인색하여 의로운 일에는 전혀 돈을 쓰지 않는 명이다.


## 7) 예술가의 명

예술가의 범위를 크게 문학·미술·음악·무용·영화로 구분할 수 있으며, 오행상으로 수·화의 기운이 왕성할 때 창작의 실마리가 될 만한 생각이나 구상이 명민하다.


- 사주에 식신·상관이 왕성하면 창작 활동이 뛰어난 예술가의 명이다.
- 사주에 관살이 왕성하고 인성이 있으면 예술가의 명이다.
- 사주에 화기 또는 도화가 많고 인성이 성하면 빼어난 예술인이다.
- 식상이 문창성과 동주하면 예술적 재능이 양호하다.
- 일간이 목이고 월지가 화일 경우, 목화 통명이라 하여 예술적 재능이 범상치 않다.
- 일간이 금이고 월지가 수일 경우, 금수 백청이라 하여 예술가로서의 자질이 월등하다.
- 식상과 문창성이 동주하면 예술적 재능이 특별하다.


예1)

丁 戊 己 庚 辛 壬　　戊　庚　癸　己

卯 辰 巳 午 未 申　　寅　子　酉　亥

庚금 일주에 수기가 왕성하고, 연지의 亥수가 문창성에 해당하므로 예술적 재능이 비범하다. 그러므로 미술학의 대가이며, 교수로 재직하고 있다.

예2)

丁 戊 己 庚 辛 壬　　癸 甲 癸 丙<br>
亥 子 丑 寅 卯 辰　　酉 寅 巳 午

이 여명은 甲목이 巳월에 생하여 목화 통명하고, 巳화 식신이 문창성에 해당하며, 일간과 식상이 균형을 이루어 사주가 양호하므로 예술적으로 타고난 재능이 특출하다. 이 사주는 유명한 무용가의 명이다.

예3)

甲 癸 壬 辛 庚 己　　辛 戊 戊 癸<br>
子 亥 戌 酉 申 未　　酉 申 午 卯

이 여명은 월지에 편인이 있고, 지지가 화금 상극이 되어 음악에 소질이 있을 명이다. 따라서 음악을 전공한 유명한 가수의 명이다.

## 8) 교수·교사·대학자의 명

재성 부진이 되어 순순하게 이루어진 명이 교수·학자로 대성공하는 경우가 많다.

- 관살이 태왕하고 인성이 성하며, 사주의 구성이 맑으면 전형적인 대학자의 명이다.
- 식상이 태왕하고 인성이 성하면 교수의 명이다.
- 식상이 왕성하여 관살을 파극할 때 인성이 있으면 학자의 명이다.

- 식상·관상·인성이 균형을 이루면 대학자의 명이다.
- 인성이 왕성하고, 재성이 있으나 비겁에 의하여 파극이 되면 학자의 명이다.
- 인성이 미약하고, 관성이 있으나 식상에 의하여 파극이 되면 학자의 명이다.
- 인성이 월지에 득령하면 교수직에 유망하다.
- 정인·편인격에 인성이 용신이면 학자의 명이다.

예1)

丙 乙 甲 癸 壬 辛　　壬 壬 庚 壬
辰 卯 寅 丑 子 亥　　寅 申 戌 寅

신왕이므로 용신은 월지의 편관이나, 사주에 화기가 미약하여 정·관계로의 진출은 조심스럽고, 반골 기질이 강하므로 시민 사회 단체에서 활동하면 크게 인기를 끌 것이다. 만일 정계에 입문하더라도 시민 사회 단체를 통하면 가능하다. 이 명은 현직 교수의 명이다.

예2)

辛 壬 癸 甲 乙 丙　　庚 辛 丁 戊
亥 子 丑 寅 卯 辰　　寅 酉 巳 戌

이 여명은 辛금이 巳월에 생하였으나 인성이 성하여 신왕 사주이므로 월주의 관성이 용신이다. 용신은 월주를 차지하고 있어 왕성하고, 인성도 왕성하므로 어려서부터 무엇이든지 하려고 하는 근성이 있어 공부도 잘 하고, 미모를 갖춘 재원이다. 현직 교사의 명이다.

# 9) 종교인의 명

종교인이란 승려·신부·목사 등을 위시하여 믿음이 강한 신자들도 포함된다.

- 사주에 재·관이 없거나, 있더라도 공망이 되면 종교인의 명이다.
- 일주가 왕성하고 식상도 왕성하면 식견이 높은 종교인이다.
- 관살이 혼잡된 사주에 식상이 미약하여 제살을 못하면 종교인의 명이다.
- 지지에 戌 또는 亥가 있고, 형·충·공망이 많으면 종교인의 명이다.
- 용신 및 희신이 미약하면 종교인의 명이고, 사주의 구성이 순수하면 종교인으로 덕망이 높다.
- 사주에 토기가 왕하면 신앙심이 강하고, 辰戌丑未 가운데 세 개 이상 있으면 종교인의 명이다.

예1)

| 壬 | 辛 | 庚 | 己 | 戊 | 丁 | | 庚 | 戊 | 丙 | 戊 |
|---|---|---|---|---|---|---|---|---|---|---|
| 戌 | 酉 | 申 | 未 | 午 | 巳 | | 申 | 寅 | 辰 | 戌 |

일·시지의 식신과 편관이 금목 상쟁하고 辰戌충이 있으며, 월주가 일공망에 해당하므로 庚申 대운에 사업에 실패하자 종교에 귀의하였다.

예2)

| 癸 | 壬 | 辛 | 庚 | 己 | 戊 | | 癸 | 壬 | 丁 | 壬 |
|---|---|---|---|---|---|---|---|---|---|---|
| 丑 | 子 | 亥 | 戌 | 酉 | 申 | | 卯 | 戌 | 未 | 辰 |

지지에 토기가 왕하고, 시지의 卯목은 卯戌 합화하여 오히려 토를 생하고 있으며, 戌 대운에 목의 기운이 더욱 약화되고, 戌未형을 재차 형하므로 정신 없이 헤매다가 辛亥 대운에 종교에 귀의하였다.

## 10) 오행의 직업

격국과 육신에 의한 직업 판단은 앞장 복식 판단의 직업편에서 설명하였고, 이 장에서는 용신·희신에 해당하는 오행의 직업에 대하여 논하기로 한다. 용신이나 희신에 해당하는 오행의 직업을 선택하면 길하고, 기신이나 원신에 해당하는 오행의 작업을 선택하면 흉하다.

- 목에 해당하는 직업으로는 목재·가구·서점·출판·목기 제품·종이·꽃·청과물·종묘·한약재·향료·식물 재배 실험 계통·동식물학 계통 등이 있다.
- 화에 해당하는 직업으로는 연료·석탄·석유·유료·광학·조명·조광·증기·전기·전자·발전소·폭발물, 뜨거운 음식·식품 등이 있다.
- 토에 해당하는 직업으로는 토지 계통·농작물·도자기·기와·목축·방수 사업·농사·건축·부동산·양계·양돈·제방 사업·토양 연구원 등이 있다.
- 금에 해당하는 직업으로는 철강·광산업·금속 공구·금은방·채굴·채광·교통·금융·기계업·차량 정비·운수업 등이 있다.
- 수에 해당하는 직업으로는 냉방 기구·빙수계·어류·수산업·냉장업·여행사·선원·세탁업·청결업·탐방 기자·유통과 변화하기 쉬운 업종에 인연이 있다.


## 11) 직업 비결

정관은 문관이며 행정이요, 편관은 법관·무관이며, 정인은 내무요, 편인은 외무이며, 식신·상관은 문학가나 예술인이다. 재성이 있고 순수하면 부격이요, 재성이 없고 탁하면 빈격이다. 사주가 왕하고 청하면 고관 대작이요, 사주가 약하고 편고되고 형충이 많으면 기술자가 된다. 식상이 왕하고 사주가 청하면 큰 사람이 되고, 탁하면 소인배가 많다. 신약하고 관살이 왕하면 기술인이고, 신강하고 관살이 약하면 외판원이 되기 싶다.

　사주의 오행이 정·신·기 삼자가 왕성하여 중화된 명은 평생 모질고, 사나운 흉운이 없고, 부귀가 따르며, 병 없이 건강하게 장수한다. 건강한 명은 사주가 중화되었거나, 중화를 이루지 못하면 용신 및 희신이 건전하거나 명에 병신이 없어야 한다. 만일 병신이 있다면 약신이 있어 제어하면 무탈하다.

## 1) 장수할 명

- 음양 오행을 두루 구비하고 상호 균형이 이루어진 명.
- 사주에 형·충·공망이 없고, 있다면 모두 기신에 해당하는 명.
- 기신 또는 병신이 있어도 합이 되어 희신으로 화한 명.
- 용신 및 희신이 대운과 상극되지 않는 명.
- 일간이 왕성하나 설기하는 오행도 왕한 명.
- 일간이 미약하나 생조하는 오행도 왕한 명.
- 일간이 왕성하고 재·관도 왕성하여 상호 균형을 이루는 명.
- 사주의 오행이 한·난·조·습을 적절하게 이루어 중화된 명.

예1)

庚 己 戊 丁 丙 乙　　庚 壬 甲 辛
子 亥 戌 酉 申 未　　子 寅 午 丑

이 여명은 사주의 간지가 상생 유통하고 충극이 없으며, 월지의 왕화를 연지의 丑습토가 설기하여 소통을 시키므로 사주가 적절하게 중화를 이루고 있다. 그러므로 무병 장수하고, 인간 오복을 모두 구비한 명이다.

예2)

乙 甲 癸 壬 辛 庚 己　　甲 丙 戊 壬
亥 戌 酉 申 未 午 巳　　午 寅 辰 申

왕성한 일간을 월주의 戊辰토가 설기하여 생화 유통함으로써 정·신·기 삼자를 고루 갖추어 식상·재성·관성·일주가 모두 왕성하다. 따라서 백이십 세의 수복을 타고난 명이다.


## 2) 단명할 명


- 사주의 오행이 편고되어 균형이 깨어진 명.
- 일간이 극히 신약한 명
- 용신 및 희신이 합이 되어 타오행으로 화하거나, 용신 및 희신이 미약한 명.
- 기신 및 병신이 왕성하거나, 제어되지 못하거나, 지지에 암장되어 있는 명.
- 사주가 과하게 난조하거나, 과하게 한습한 명.
- 신강이면서 극루가 전혀 없고, 외격에 속하지 아니한 명.
- 신약이면서 식상만 태왕한 명.
- 연·월·일·시에 형·충·파·해가 많고 구제하는 것이 없는 명.

- 신약이면서 인성만 태왕하고 외격에 속하지 아니한 명.
- 초년·중년의 대운이 용신과 심하게 상극되는 명.

예1)

甲 癸 壬 辛 庚 己　　壬 癸 戊 己
戌 酉 申 未 午 巳　　戌 卯 辰 巳

이 여명은 사주에 관성이 왕성하여 신약인데, 戊癸 합화하고 卯戌 합화하여 화토가 극성하므로 더욱 불길하게 되었다. 초년 己巳 대운 壬午년에 화토가 극왕하여 천간의 壬癸수가 극진되므로 불행히도 요절하였다.

예2)

乙 丙 丁 戊 己 庚　　壬 癸 辛 癸
卯 辰 巳 午 未 申　　子 卯 酉 亥

인성과 비겁이 왕성하여 극신강이며, 사주의 대부분이 금수로 이루어져 매우 한습하고, 일지의 卯목은 홀로 있어 아무런 쓸모가 없다. 戊午 대운 丙戌년에 戊癸 합화하고, 대운과 연운이 午戌 삼합하며, 일지와도 卯戌 합화가 되므로 화의 기운이 충천하여 한습한 사주와 충극에 되므로 병고로 인해 절명하였다.

예3)

丙 丁 戊 己 庚 辛　　癸 戊 壬 癸
辰 巳 午 未 申 酉　　丑 子 戌 丑

戊土가 戌월에 생하고, 수의 기운도 성하므로 신왕하고 재왕하여 귀명인 듯하나, 사주의 간지가 상하 좌우로 극이 되고, 토기와 수기로 편고되어 있어 불량한 명이 되었다. 己未 대운 癸未년에 丑戌未 삼형이 겹쳐 병환으로 불귀의 객이 되었다.



> tip 짧은 명을 피해가는 방법은 주위의 생활 환경이 가장 중요시된다. 그것은 단명이나 흉악사할 명의 대부분이 오행이 편고됐거나, 형·충·파·해가 많은 시끄러운 명이다. 그러므로 콘크리트 빌딩숲, 아스팔트 도로, 떠들썩한 소음으로 점철된 도시 생활보다는, 산·나무·물, 맑은 공기가 아우러지는 시골은 자연스럽게 목·화·토·금·수를 구비하여 편고된 사주의 오행을 보충하고, 충파가 많아서 애고가 많은 흉명도 전원의 고요함에 젖어들어 해소가 되므로, 단명이나 흉명은 복잡 다단하고 오염된 도시보다는 한적하고 여유 있는 시골에 내려가 특작물 재배 등의 농업에 종사하면서 유유자적하게 살아가는 것이 명을 이어가는 최선의 방법이다.

## 3) 흉악사할 명

- 사주에 양인이 중첩하여 살의를 품은 명.
- 관살이 태왕하고 제화가 되지 않는 명.
- 양인과 역마가 동주하고 사주의 구성이 불량하면 객사하기 쉽다.
- 양인·도화·목욕·편관이 겹쳐 있으면 색정으로 인하여 흉사한다.
- 양인과 상관이 동주하고 흉의 작용이 되는 명.
- 월지에 관살이 있고 형·충 되거나, 사주에 형충이 많은 명.
- 극신약하고 흉살이 함께 하거나, 사주에 괴강이 많은 명.
- 태왕한 오행을 충극하거나, 충극을 당할 때 흉악사한다.

예1)

<table>
<tr><td>庚</td><td>己</td><td>戊</td><td>丁</td><td>丙</td><td>乙</td><td></td><td>戊</td><td>丙</td><td>甲</td><td>丙</td></tr>
<tr><td>子</td><td>亥</td><td>戌</td><td>酉</td><td>申</td><td>未</td><td></td><td>子</td><td>午</td><td>午</td><td>午</td></tr>
</table>

사주에 양인이 중중하고, 시지의 子수와 상충이 되어 심히 불길하다. 丙申
대운 庚子년에 수·화·금이 충거되어 비명 횡사하였다.

예2)

壬 癸 甲 乙 丙 丁     丙 甲 戊 丁<br>
寅 卯 辰 巳 午 未     寅 寅 申 巳

이 명은 일주도 왕하고, 월지의 편관을 화가 제살하여 사주는 양호하다.
그러나 乙巳 대운을 만나 원명에 있는 형·충이 재차 형·충이 되므로 사주
가 극진되었고, 甲申년에 삼형이 겹쳐 요사하였다.


## 4) 수명 비결

극신강에 관살이 있어 종강격을 이루지 못하는 사주와, 극신약에 미약한
인성·비겁이 있어 종세격을 이루지 못하는 사주는 천격으로 빈곤하고 건강
도 나쁘다. 하지만 극신강에 관살이 없어 순수한 종강격을 이루거나, 극신약
에 인성·비겁이 없어 순수한 종세격을 이루면 양명으로서 부귀와 건강을 지
킬 수 있다.

사주에 병신이 왕하면 중환자이고, 병신이 약하면 가벼운 병에 불과하다.
중환자가 길운을 만나면 병은 가벼워지고, 흉운을 만나면 사망할 우려가 있
다. 가벼운 병에 길운이 오면 병은 완치되고, 흉운이 오면 중병을 앓는 것으
로 판단한다.

## 5) 장수의 비결

오래 살기 위해서는 정·기·신을 보전해야 한다. 사람은 우주의 심오한 기운을 받고 태어나며, 음양에 의해 형체를 이룬다. 몸을 이루고 유지하는 기운은 성정에 따라 정·기·신의 세 가지로 나눌 수 있는데, 정은 몸의 근본이되고, 기는 신을 주관한다. 정·기는 만물을 구성하는 요소의 본체이고, 신은 만물을 낳고 변화시키는 근본이다. 정·기·신은 한정되어 있어 많이 사용하면 말라 없어진다. 《동의보감》에서는 이를 촛불과 제방에 비유한다. 정·기·신이 말라 없어지는 것은 초가 다 타면 불이 꺼지는 것과 같으며, 둑이 무너지면 물이 고이지 못하는 것과 같다. 그러므로 '수양하는 사람이 자기 몸을 수양한다는 것은 곧 정·기·신의 세 가지를 단련하는 데 지나지 않다'고 《동의보감》에서는 말하고 있으며, 이 정·기·신을 보전하는 방법 가운데 첫 번째는 절제된 생활일 것이다.

# 17 질병疾病

본래 우주는 음양 오행의 이치에 의해 이루어졌으며, 지구 역시 우주의 일부분이다. 인간 또한 소우주로서 음양 오행의 한계를 벗어날 수 없다. 음양은 음과 양의 두 개의 개체가 서로 결합하여 떨어질 수 없는 하나의 조직체로서, 시간과 공간 속에서 한없이 변화하는 우주와 만물의 원리를 탐구하는 원천이 음양이며, 오행은 우주 만물의 변화하는 원리를 목·화·토·금·수의 다섯 종류의 상으로 설명한 것이다. 따라서 오행은 하늘에서는 오기<sup>풍·청·담·뇌·우</sup>가 되고, 땅에서는 오행을 이루며, 인간에게는 오장이 된다. 그러므로 인간이 타고난 고유의 기운인 생년·월·일·시를 음양 오행학으로 풀이하여 인간의 질병을 추론할 수가 있다.

먼저 음양 오행이 인체 내부의 오장 육부에 해당하는 소속을 정리하면 다음과 같다.

## 음양 오행과 오장 육부의 소속

| 오행 | 木 | | 火 | | 土 | | 金 | | 水 | |
|---|---|---|---|---|---|---|---|---|---|---|
| 음양 | 음 | 양 | 음 | 양 | 음 | 양 | 음 | 양 | 음 | 양 |
| 십간 | 乙 | 甲 | 丁 | 丙 | 己 | 戊 | 辛 | 庚 | 癸 | 壬 |
| 십이지 | 卯 | 寅 | 巳 | 午 | 丑未 | 辰戌 | 酉 | 申 | 亥 | 子 |
| 오장 육부 | 간 | 담 | 심장 심포 | 소장 삼초 | 비장 | 위장 | 폐장 | 대장 | 신장 | 방광 |

심장心臟·폐장肺臟·비장脾臟·간장肝臟·신장腎臟은 오장에 속한다.
소장小腸·대장大腸·위장胃腸·담장膽腸·방광膀胱·삼초三焦는 육부에 속한다.


## 1) 허·실虛實

오장 육부의 병은 허와 실에 있는데, 오행의 왕쇠로써 구분하면, 허한 것은
어느 오행이 없거나 불급한 경우이고, 실한 것은 어느 오행이 태과한 경우이
다. 그러므로 명에서 어느 오행이 태과하거나 불급하면 그 오행에 해당하는
장부가 허약한 상태로 보면 된다. 가령 목이 태과하면 간·담이 실하거나 내
장·위장이 허해지고목극토, 화가 태과하면 심장·소장이 실하거나 폐장·대장
이 허해지며화극금, 토가 태과하면 비·위가 실하거나 신광·방광이 허해지고
토극수, 금이 태과하면 폐장·대장이 실하거나 간·담이 허해지며금극목, 수가
태과하면 신장·방광이 실하거나 수극화하여 심장이 허해진다.

사주는 또 너무 난조해도 병이고 한습해도 병이 된다. 목화는 난조하고 금
수는 한습하니 명이 목화로만 되어 있으면 열병에 해당하고, 금수로만 되어
있으면 한습한 병이다. 보통 사주가 한습한 사람은 추위를 많이 타고, 난조
한 사람은 더위를 참지 못하는데, 특히 亥子丑월생은 추위를 타는 사람이 많
고, 巳午未월생은 더위를 타는 사람이 많다.


## 2) 오행의 태과·불급에 의한 질병

• 목이 태과하거나 불급하면 간기능 장해·간염·간경화·간암·신경과민·정
  신병·간질·각종 안질약시·색명·백내장·시력 감퇴 등의 질병이 있게 된다.
• 화가 태과하거나 불급하면, 각종 심장에 관한 질병, 저혈압·혈압·동맥경
  화·협심증·야뇨증·빈뇨·난청·이명·호흡 곤란 등의 질병이 있게 된다.

- 토가 태과하거나 불급하면 각종 위장에 관한 질병·소화 불량·위산 과다·위경련·위궤양·다식·다면<sub></sub>잠이 많음·피부병 등의 질병이 있게 된다.
- 금이 태과하거나 불급하면, 폐와 대장에 관한 질병, 폐결핵·기관지염·만성 감기·기관지천식·치질·장염·장폐색증·관절통·뼈 골절 등의 질병이 있게 된다.
- 수가 태과하거나 불급하면 신장·방광·혈액에 관한 질병, 방광염·요도염·고환염·신장염·하혈·자궁냉증·불임증, 생식기의 염증성 질환 등의 질병이 있게 된다.


## 3) 무병 장수할 명

평생 무병 장수할 수 있는 명은 오행이 생식 불식하여 상생 유통하고, 주류 무체를 이룬 명이다.

예1)

甲 癸 壬 辛 庚 己 　　辛 壬 戊 丙
辰 卯 寅 丑 子 亥 　　亥 申 戌 寅

壬수가 戌토왕절에 생하여 수가 약한 듯하나, 일지에 통근하고 시주에 금·수가 있어 신왕이므로 재·관이 용신인데, 용신도 월주를 차지하고 있어 왕성하다. 그러므로 팔순이 넘었는데도 건강하여 오십 대의 장년같이 보였다.

예2)

戊 丁 丙 乙 甲 癸 　　甲 庚 壬 乙
子 亥 戌 酉 申 未 　　申 辰 午 卯

신왕하고, 월주의 수·화 상극을 연주에 목이 수생목·목생화하여 소통하므로 오행의 조화를 이루어 사주가 대길하다. 그러므로 구순이 넘어도 이목이 총명하고 움직임이 활발하였다.


### 4) 다병할 명

평생을 통해 병이 많거나 짧은 명은 사주의 간지가 좌우 상전하고 상하 상극하여 오행의 균형이 잡히지 아니하고, 기신이 지지에 암장된 명이다.

예1)

戊 丁 丙 乙 甲 癸　　乙 甲 壬 乙

子 亥 戌 酉 申 未　　丑 午 午 巳

이 명은 목·화가 왕성하여 너무 난조하므로 사주가 불길하다. 따라서 초년부터 폐질환으로 고생하였으나, 乙酉 대운까지는 금이 있어 큰 해는 없었다. 따라서 丙戌 대운에 사주가 더욱 건조하게 되므로 폐결핵으로 졸하였다.

예2)

癸 甲 乙 丙 丁 戊　　己 辛 己 辛

巳 午 未 申 酉 戌　　丑 丑 亥 亥

辛금이 亥월 동절에 생하고, 사주에 습토와 수기가 왕성하여 너무 한습하다. 그러므로 금수상관격으로 영리하고 공부도 잘 하였으나, 어려서부터 심장이 약해 어렵게 생활하다가, 酉 대운 辛未년에 丑토와 왕충이 되고, 수기가 더욱 생조됨으로써 심장병으로 졸하였다.

## 5) 질병 비결

　목·화·토·금·수의 오행상으로 병의 원인을 유추하는 방법은 오행 가운데 어느 오행이 왕성하고 미약한가에 따라서 인체에 무엇이 부족하고 모자라는가를 추명할 수 있다.

　예를 들면, 토는 피부와 살집에 해당하므로 토가 성하면 살집이 풍부한 사람이고, 미약하면 살집이 없는 사람이며, 토가 난조하면 피부가 거칠어 살결이 윤택하지 못하고, 토가 습하면 피부에 습증이 생길 수 있다. 사주의 대부분이 금·목으로 구성되어 있으며, 근육통·사지 골상 등의 신경통으로 고생하고, 수·화가 상극이 되면 심장 질환·신장염·방광염 등의 장애가 있다. 이와 같은 예로 타오행도 추론이 가능하다.

　이렇듯이 만병의 근원은 오행의 부조화에서 시작되는데, 어느 한 오행이 태강하거나 태약하면 질병에 걸리기 쉽다. 그러나 명에 다소 결점이 있더라도 후천적으로 절제하고 규칙적인 생활을 하면 무병 장수할 수 있고, 제아무리 장수할 명을 타고 났더라도 무절제하고 불규칙적인 생활을 한다면 수명을 단축하는 것은 자명한 일이다.

# 18 성격性格

성격을 판단하는 방법은 음양 오행·육신·일간의 성정을 종합적으로 참착하여 판단해야 한다.


## 1) 음양에 의한 성격

음의 특성 : 어둡고, 약하고, 부드럽고, 매끄럽고, 온순하고, 복잡하고, 의존적이고, 내향적이고, 비활동적이고, 지배욕이 적고, 복종적이다.

양의 특성 : 밝고, 강하고, 억세고, 거칠고, 사납고, 단순하고, 독립적이고, 외향적이고, 활동적이고, 지배욕이 강하고, 남에게 굽히기 싫어한다.

남자가 양일생이면 남아 장부 같은 성격을 지녔다 하겠고, 여자가 음일생이면 여성 같은 성격을 지녔다 할 것이다. 그러나 남자가 음일생이면 남성이면서도 음의 특성이 있고, 여자가 양일생이면 여성이면서도 음의 특성을 지녔다 할 것이다. 그런데 양일생이면서도 음 같은 성격이 있고, 음일생이면서도 양 같은 성격을 지닌 사람이 있다. 그것은 일간의 왕쇠와 오행의 구성에 의하여 변화되는데, 즉 양일생이라도 신약이거나 사주의 대부분이 음간지로 되어 있으면 음의 성격으로 변하고, 음일생이라도 신강이거나 사주의 대부분이 양간지로 되어 있으면 양의 성격으로 변화한다.

### 2) 오행에 의한 성격

오행이 인간의 성정상으로는 오상, 즉 인·의·예·지·신으로 표현된다. 인은 목이고, 의는 금이며, 예는 화이고, 신은 토이고, 지는 수이다. 오행이 중화되어 청순하면 성격도 겸손하고 낙천적이며 이해심이 많은 반면, 태과하거나 불급하면 성격상 흠절이 있다. 사람의 성격을 일주로 오행별로 설명하면 다음과 같다.

#### (1) 甲·寅

천간의 甲목과 지지의 寅목은 각각 천간과 지지에 위치하며, 글자의 모습은 다르나 똑같은 기운을 지니고 있다. 甲과 寅은 양목으로 십간 중의 첫째라는 위치가 상징하듯이 성품이 곧고 직선적이며, 자기 주관이 강하여 굽히는 것을 싫어한다. 따라서 甲목의 사람은 유연성이 부족하고 대체로 뻣세다는 느낌을 받는다. 그러나 甲목은 인의 뜻을 내포하고 있어서 甲목의 사람은 일반적으로 인자하고 너그러운 편이며, 대쪽 같은 선비 기질이 강하여 낙천적이고 미래 지향적이다. 그러나 甲·寅목이 지나치게 많거나 목이 너무 강하면 자기 과시욕이 강해져서 실리적이지 못하고 허황한 일면도 있으며, 무엇보다도 고집이 너무 세서 자칫 일을 그르칠 수가 있다.

#### (2) 乙·卯

乙목과 卯목은 음목이며, 같은 목으로서 기본적인 성질은 甲목과 크게 다르지 않으나, 음목의 특성상 甲목보다는 성품이 부드럽고 우회적이며, 무리하지 않고 대세의 흐름에 잘 순응하는 편이다. 그러나 乙목도 많으면 甲목의 부정적인 기운과 흡사해진다. 乙·卯목은 기본적으로 화초나 묘목의 성품을 지니고 있다. 즉, 원목을 상징하는 거대한 甲목과는 달리 뿌리를 가진 물기가 많은 나무라는 뜻이다. 따라서 乙목의 사람은 대체로 화초와 같이 유연하면서도 화려한 특성을 지니고 있으며, 부해도 허세와 사치로 낭비하지 않고 오로지 자신의 직분·사업·가정을 위하여 충실하고, 처세나 사업에 있어 모험이나 무리수를 두지 않고 안전 위주로 살아가기 때문에 실패할 확률은 적지만 기회를 잃기 쉽고, 횡적인 출세나 발전은 기대하기 어렵다.


### (3) 丙·午

丙화와 午화는 오행상 양화의 기운을 타나낸다. 글자 그대로 태양을 상징하며, 불 같은 성품이나 밝고 명랑하고 쾌활하여 표현력이 좋고, 매사에 적극적이며 부지런하다. 丙화의 사람은 자신의 기질 그대로 마음을 먹으면 속에 담아두지 못하고 직설적으로 내뱉으며, 뒷일을 생각하지 않는 직선적인 성격 때문에 구설수를 자초하는 경우가 많다. 그러나 내심 정열적인 면모를 갖추고 있어. 크게 성공한 사람들 가운데 丙화의 특징을 가진 사람들이 많다. 丙화는 예를 의미하므로 예절에는 각별하지만, 丙화가 지나치게 많거나 강하면 사치 또는 소비성 욕구가 강하고 감정의 기복이 심하며, 표현력이 지나쳐 시비 구설이 많이 따른다.


### (4) 丁·巳

丁화와 巳화는 음화의 기운을 나타낸다. 丁화의 성품은 밝고 명랑하며 활달하다. 丙화가 성격이 급하고 다혈질적인 일면이 있는 반면에, 丁화는 은근하고 끈기 있게 조용히 내면의 열정을 불태우고 분위기에 민감한 일면이 있다. 그러나 생각이 단순하여 권모 술수를 쓰지 못하고 감정을 그대로 표현하기 때문에, 한번 서운한 일을 당하면 쉽게 지우지 못하고 간직하는 집요성이 있고, 복수심도 강한 편이다. 반면에 인정이 많고 의협심이 강해서 자기와 상관 없는 일까지 간섭하다가 손해를 보기도 한다. 그러나 丁화도 너무 많거나 지나치게 강하면 丙화의 부정적인 측면이 나타나게 된다. 丁화는 질기고 차진 기운으로 庚금을 녹여서 그릇을 만드는 탁월한 재주가 있으므로, 丁화의 사람은 인재를 만드는 뛰어난 능력이 있고, 재물을 성취하는 능력도 탁월하다.

⑸ 戊·辰·戌

양토의 기운을 나타낸다. 戊토는 큰 산이란 이미지 그대로 성품은 중후하고 원만하며, 포용력이 있어 너그럽고 신용과 약속을 소중히 여기는 사람이며, 처음부터 끝까지 변함이 없다. 그래서 戊토의 사람은 생활 철학이 뚜렷해서 매사에 자신을 가지고 세상을 산다.

요행이나 기적을 바라지 않고 늘 노력하는 마음 자세로 쉬지 않고 노력하는 타입이다. 콩 심은 데 콩 나고, 팥 심은 데 팥 나듯, 또 흙은 거짓말을 하지 않는 것처럼 戊토의 사람은 신용을 중시하며, 책임감이 강하여 한번 내뱉은 말은 분명히 실천하고, 맡은 일에 충실하다. 그러나 토가 지나치게 많거나 강하면 유아 독존적이거나 욕심이 많아 큰 것만을 추구하다가 실패하기도 쉬우며 실속이 없다.


⑹ 己·丑·未

음토의 기운을 나타낸다. 戊토가 큰 산이라면 己토는 문전 옥답으로 기름진 밭에 비유할 수 있다. 己토의 성품은 온후 독실하여 변함이 없고 순박하며, 실리적이고 변칙적인 것을 싫어하며, 순리를 추구한다. 己토의 사람은 현명하고 욕심도 있으며, 실리적일 뿐만 아니라 단단한 자기 중심 세계를 가지고 있으며, 약고 똑똑한 편이고, 두뇌 회전이 빠르다.

따라서 머리 싸움에는 누구에게도 뒤지지 않는다는 자부신을 가지고 있다. 생김새만 보아도 대체로 깜찍하고 야무져서 허술하거나 만만해 보이지 않는다. 그러나 己·丑·未토가 너무 많거나 강하면 자만하여 안하 무인이 되기 쉽고, 지나친 욕심으로 무리하다가 실패하기도 쉽다.


⑺ 庚·申

양금의 기운을 나타낸다. 庚금은 우직하고 강직하여 명예를 중시하며, 위엄과 결단력이 있고, 개성이 강하며 부지런하고 내유 외강하다. 활동력이 왕성하며, 승부욕이 강해서 투기나 모험도 두려워하지 않는다. 庚금의 사람은 강인성이 겉으로 드러나 남한테 업신여김을 당하지 않으며, 남의 윗자리에 군림하려는 지배 욕구가 다른 사람들에 비해 훨씬 강하다.

庚금은 대기 만성으로 발달이 더딘 편이나, 한 가지 목표를 세우면 어떤 역경이라도 이겨내고 기어코 성공한다. 다만, 입바른 소리를 잘 하여 쓸데없이 적을 만들고, 남의 충고를 받아들이지 않아 독선적이라는 비난을 받는 것이 흠이다. 그리고 금의 기운이 너무 많거나 강하면 살벌하고 잔인하며, 권위적으로 주위를 억압한다.

### (8) 辛·酉

음금의 기운을 나타낸다. 辛금은 원석 덩어리인 庚금과 달리 이미 완성된 보석이므로 화의 기운을 좋아하지 않는다. 辛금의 사람은 부드러우면서도 예리한 면을 동시에 가지고 있다.

庚금이 가식이 없고 우직한 반면, 辛금은 날카롭고 세련된 면이 있으며, 보석이라는 이미지 그대로 풍기는 인상이 좋고, 행동거지가 단정하며, 말이 거칠지 않고 얌전해서 생명 부지의 사람이라도 거부감이 생기지 않는다. 다만, 의지력이 약하고 소극적인 경향이 있으며, 귀가 엷어서 남의 말에 잘 넘어 가거나 유혹에 약하다. 혹은 끈기가 부족하여 일을 추진하다가 중도에 장애가 생기면 금세 회의가 생겨서 포기하는 경향이 있다. 辛·酉금이 지나치게 많거나 강하면 庚금의 부정적인 측면이 노출되어 부드러움과 엄격함이 극과 극으로 나타난다.

### (9) 壬·子

양수의 기운을 나타낸다. 壬수의 사람은 매사에 적극적이며, 총명하여 임기 응변이 뛰어나고 이해심이 많으며, 사교성이 탁월하다. 특히 壬수의 사람은 자부심·승부욕·출세욕이 강하고 말을 잘 하는 사람이 많다. 그 기운이 강하면 심기가 깊고 머리가 좋으며, 배포가 있으나 기운이 약하면 똑똑하지 못하거나, 겉과 달리 속이 차지 않은 사람이 많다. 壬수는 도도히 흐르는 큰 물에 비유한다. 물의 특성은 완급이 없고 모양도 없다. 이런 특성 때문인지 壬수의 사람은 성격이 일정치 않으며, 때로는 급하고 느리며 온순하다. 그러나 한번 성질이 나면 그 누구도 두려워하지 않고, 말릴 수 없는 무서운 성격을 지니고 있다. 그러나 평소에는 이해심이 많고 호탕해서 부담이 없는 사람이다. 그러나 壬수가 너무 많거나 강하면 호색하고 권모 술수에 능하므로 주위로부터 견제나 따돌림을 당한다.

### (10) 癸·亥

음수의 기운을 나타낸다. 癸수는 가볍고 증발되는 수분이어서 변화가 많고, 눈물이 많고, 감정 변화가 많은 특색이 있다. 癸수는 조용하면서도 지혜로워 처신도 신중하며, 자기의 속을 내비치지 않는 성품이고, 두뇌가 명석하며, 신경이 예민하고, 말이 온유하며 행동이 단정하다. 특히 언어나 행동에 조심성이 많아 남이 듣기 싫어하는 말은 좀처럼 하지 않고, 우쭐대는 일이 별로 없어서 매너가 매우 좋다. 대체로 남의 말을 잘 경청하는 편이며, 상식이 풍부하고 팔방 미인이 많다. 때로는 사주의 구성에 따라 이해 타산에 지나치게 밝아 얄미운 생각이 드는 사람도 있고, 너무 약아 이기적인 경향이 농후한 사람도 있다. 癸수가 너무 많으면 비가 많이 내리는 격이어서 폭군의 성향을 갖기도 하고, 모사하는 술책에 능하다.


## 3) 육신에 의한 성격

사주 가운데 가장 세력이 왕성한 육신과 용신이 어떤 육신인가에 의하여 성격을 판단하고, 만일 육신의 세력이 비슷하게 중화된 사주는 월지에 있는 육신의 성정도 참고해야 하며, 앞장 〈복식 판단의 성격〉편도 참조하라.

### (1) 비견

비견의 장점은 독립심·개척 정신·자립 정신이 강해 남에게 의지하거나 굽히지 않고 자기 자신의 신념을 믿으며, 행동하는 스타일로 자수 성가할 수 있다. 그러나 비견이 많으면 자존심이 강하고 독선적이며, 남의 조언을 무시하거나 매사에 의심하는 습관이 있다. 더 심한 경우에는 자기가 최고라는 생각으로 매사를 자기 위주로 처리하여 주위로부터 따돌림을 당하고, 결국에는 고독해진다.

### (2) 겁재

겁재의 장점은 박력과 추진력이 있어 위기 상황이나 비상 시국에는 난국을 돌파하는 힘이 있고, 솔직하며 가식이 없다. 그러나 겁재가 많으면 건방지고 오만 불손한 경향이 있어 안하 무인이란 평을 듣기 쉽고, 남한테 진심을 보여 주지 않으며, 자부심이 강하고, 독선적이고 잘난 체해서 기고 만장할 수 있으며, 겉으로는 웃음을 가장하나 내심은 간사하고 악독하다.

### (3) 식신

식신의 장점은 온후하고 명랑한 성격과 안정되고 여유 있는 자세로서 좋은 운세의 작용을 한다. 그러나 식신이 많으면 거만하여 허세를 부리는 경향이 많아 시시한 사람과는 대인 관계를 기피하고, 남의 일에 간섭하기를 좋아하나 정작 자신의 일은 잘 처리하지 못하는 단점이 있다.

### (4) 상관

상관의 장점은 재주가 많고 행동이 민첩하며, 다재 다능하고 표현력이 뛰어나서 언변이 좋으므로 사회에서나 좌중에서 중심적인 역할을 하는 사람이 많다. 그러나 상관이 너무 많으면 머리가 너무 잘 돌아가다 보니 사기성이 있다거나 간사하다는 소리까지 들을 수 있다. 상관이 왕하면 반항심과 강한 희생 정신 때문에 운동권 학생이나 시민 단체·사회 단체에서 헌신하는 사람이 많다.


### (5) 편재

편재의 장점은 개척 정신이 뛰어나고 전략과 전술에 능하다. 어떠한 환경에 처해도 자기에게 유리하도록 전환시키는 능력도 있고, 어려운 일을 보면 그대로 못 지나가는 정의성도 있다. 그러나 편재가 많으면 부옥 빈인이 되어 여자 문제로 화를 당하고, 무리하게 재물을 탐하다가 돈을 벌기는커녕 파산하여 빈털터리가 되는 경우도 많다.


### (6) 정재

정재의 장점은 야무지고 성실하며 고지식하다. 신용을 중히 여기며, 정당하지 않은 것을 싫어하고, 금전 관리를 잘 해 돈을 벌지만 지나치게 절약하는 경향이 있다. 가식과 꾸밈을 싫어하고 거짓을 모르는 순박한 기질을 지니고 있으니, 그 융통성 없는 천성 때문에 발전이 늦는 수도 있다. 정재가 많으면 천성이 꼼꼼하고 이해 득실은 빠르지만 결단력이 없어 최종 결정을 내리는 적기를 놓치는 경우가 종종 발생하고, 아차하면 수전노가 되기 쉽다.


### (7) 편관

장점은 모험심과 의협심이 많고 과단성이 있다. 정의가 있고 활달하며, 영웅심이 있고 과감하여 용단력이 있다. 기질은 권위 의식이 강하므로 반항적이고 급진적인 면이 많다. 또한 과격한 행동을 서슴지 않는다. 신왕 사주에 편관이 좋으면 국가의 부름을 받는 명이 되지만, 신약 사주가 되면 곤란한 명이 된다. 편관의 특성은 반역과 사악함이며, 압력과 권모 술수로 목적을 이루기도 한다. 그러나 아이디어가 많고 행동을 주동하며 적극적이다. 편관이 많으면 감정의 기복이 심하고, 표현력이 지나쳐 시비 구설이 많이 따르고, 상대방의 감정을 무시하는 도발적인 과감성으로 인하여 상대방에게 피해를 준다.

### (8) 정관

장점은 치밀하고 성실해서 미래에 대한 예견과 계산을 정확히 하고, 모든 문제에 대하여 관찰력이 있고, 문제를 깊숙이 분석하는 능력이 있다. 또한 교만하지 않고 공정·공평하게 일을 추진하고, 정직한 기질로 인정을 받는다. 그러나 정관과 편관이 혼잡되면 편굴하고 호색하며, 정관이 너무 많으면 편관의 기질이 있어 침묵과 과격의 이중적인 성격을 주의해야 한다.

### (9) 편인

장점은 눈치가 비상하고 머리 회전이 빠르며, 직감력이 뛰어나서 상대방의 감정 변화를 빠르게 읽는다. 재치가 있고, 다재 다능하고 임기 응변이 특출하여 무엇이든 할 수 있는 능력이 있으나 끝맺음은 흐지부지하다. 편인이 많으면 말의 처음과 끝이 다르고, 행동의 통일성이 없으므로 일관성을 결여하기 쉽고, 싫증을 빨리 갖는다.

### (10) 정인

장점은 마음이 어질고 생각이 깊어서 인색하지 않으니 넓은 아량으로 주변을 잘 포용해 나간다. 지혜가 많고 인격이 방정하며, 친절하고 의식이 넉넉하여 종교에 열중한다.

그러나 정인이 많으면 이기적인 면이 강하면서 자존심이 있고, 게으르면서 융통성이 없고 답답한 성격이다. 또한 범용하며, 고생은 많으나 이룸이 적다.

## 4) 복합 판단

성격은 지금까지 설명한 음양·오행·육신과 일간과의 관계를 고찰하여 종합적으로 판단해야 하며, 순서는 사주격국의 청탁과 오행의 왕쇠를 가름하여 추론한다. 오행의 기세가 맑으면 군자이고 혼탁하면 소인배이다.

- 신왕하고 사주의 구성이 양호하면 성품은 중후하고 원만하며, 포용력이 있어 너그럽고 신용과 약속을 소중히 여기는 사람이며, 처음부터 끝까지 변함이 없는 사람이다.
- 신강하나 억제되어 중화된 명은 지혜롭고 총명하며, 온후 독실하여 변함이 없고 순박하며, 실리적이고 변칙적인 것을 싫어하며, 순리를 추구한다.
- 신강하고 억제되지 아니한 명은 유아 독존적이고 난폭하여 다투기를 좋아하며, 스스로 단속하지 못하여 변화가 많고, 위태로움을 돌아보지 않으며, 선악을 구별할 줄 모른다.
- 신약하나 일주를 생조하는 육신이 있으면 사치하지 않고 수수하며, 은혜를 잊지 않고 예절이 바르며, 생각이 깊고 언행이 일치하며 행동이 단정하다. 그러나 쓸데없는 허례 허식에 빠지기 쉽다.
- 신약하고 일주를 생조하는 육신이 없으면 힘도 없고 능력도 없으며, 남을 이해하는 마음의 여유도 없으니 생존을 위해 거짓말을 일삼는다. 시기와 질투심이 강하고 게으르며, 결단력이 없어 우물쭈물하며, 남에게 신세 지려는 마음뿐이다.
- 신강하면 사리 분별을 못하고 교만하며, 신약하면 쓸데없는 걱정을 많이 한다.
- 사주에 용신이 많으면 자신밖에 모르는 이기주의자이고, 용신이 미약하면 결단력이 부족하여 기회를 놓치는 경향이 많다.
- 종강격은 일반적으로 강인함이 겉으로 들어나 남한테 업신여김을 당하지 않으며, 남의 윗자리에 군림하려는 지배 욕구가 무척 강하다.
- 화격은 화초같이 유연하면서도 화려한 특성을 지니고 있으며, 세상을 보는 이치나 안목이 색다르고 표현력이 뛰어나다.
- 종세·종아·종재·종관살격은 온순하고 총명하나 호기심이 많고, 이상한 취미가 있어서 색다른 학문이나 종교, 이상한 기술, 이상한 사람한테 잘 속아넘어가는 수가 있다.

## 5) 성격 비결

　흥분과 비관은 마음의 병이다. 우리가 생활하면서 가벼운 일에도 감정이 복받쳐 쉽게 흥분하거나, 처해진 현실을 너무 비관적으로 생각하며 실망하고 있지는 않은지 자각해야 한다. 특히 슬퍼하고 낙담하지는 않은지, 이상하게 초조하고, 불안하고, 오그라들고, 들떠 있는 것은 아닌지 주의 깊게 살펴야 한다.

　이런 사람들은 주의 환경에 지배받기 쉽고, 자신의 주체성을 잃어버려 큰 일을 할 수가 없으므로 자신의 잘못되고 모자라는 점을 헤아려서 마음을 다스리는 힘을 길러야 할 것이다. 그러면 어떠한 어려움도 봄눈 녹듯 사라지리라.

행운이란 대운·연운세운·월운·일운일진·시간운시운을 총칭하여 부르는 말이다.

대운은 십 년을 주기로 변화하고, 매년 변화하는 연운, 매월 변화하는 월운, 매일 바뀌는 일운, 그리고 매 시간마다 바뀌는 운이 시간운이며, 그 가운데 대운의 영향력이 가장 크고, 그 다음은 연운·월운 순으로 영향력을 발휘한다. 그러나 경우에 따라서는 일운이 가장 중요하게 작용하는 경우도 있으나, 일반적으로 보면 위의 설명과 같은 순서대로 영향력이 작용된다.

부귀 빈천의 궁통은 사주 팔자에 있으나, 그 운이 어느 시기에 도래할 것인가는 행운에 있다. 사주가 제아무리 부귀격이라 할지라도 행운이 불길하면 평범한 인생이고, 빈천격이더라도 행운이 양호하면 그 인생은 빛을 볼 수 있다. 행운이 암시하는 요점을 정리하면 다음과 같다.

## 1) 행운의 요점

- 행운이 용신을 생조하거나 병신을 극해하면 길운이다. 그러나 명중의 다른 육신에 의하여 파극이 되거나 합이 되어 타오행으로 화하면 길운은 감소한다.
- 행운이 용신 및 희신을 충극하거나 설기하면 흉운이다. 그러나 명중의

다른 육신에 의하여 파극이 되거나 합이 되어 타오행으로 화하면 흉운을 삭감한다.

- 외격·통관·조후로 보는 사주는 용신 및 희신에 해당하면 길운이고, 기신 및 병신에 해당하면 흉운이다.
- 종아·종재·종관살·종세격 등은 십이운성의 사쇠지에 해당하는 운이 길운이다.
- 행운과 사주의 육신이 관살 혼잡이 되거나, 정인과 편인이 혼잡되면 불리하다. 특히 관살이나 인성이 흉신에 해당하면 더욱 불길하다.
- 신약한데 대운에서 강한 용신운丙午·壬子이 들어오면 급흉을 당한다.
- 남자는 관성 입묘하면 자식이 불길하고, 정재 입묘하면 처가 불길하며, 여자는 식신이 입묘하면 자식이 불길하고, 관성이 입묘하면 남편이 불길하다.
- 행운이 용신운이더라도 대운이 마지막 절기에서 새로운 대운으로 바뀌는 접목운에는 안팎이 흉흉하다.
- 행운이 월지와 충극하면 부모가 해롭고, 일지와 충극하면 부부간이 이롭지 못하며, 시지와 충극하면 자식이 불길하다. 설령 길신이 충극하더라도 다사 다난한 것은 피할 길이 없다.
- 천간이나 지지를 충극할 때, 사주의 육신이 행운을 충하면 우환이 크고, 행운에서 사주의 육신을 충극하면 우환은 있으나 무사하며, 사주의 기신이나 병신을 충극하면 오히려 길사를 보일 때도 있다.
- 신강하면 행운과의 형·충·파·해를 감당할 수 있으나, 신약하면 충극을 감당하기 어렵다.
- 사주가 중화되어 청순한 명은 흉운이 와도 무사하며, 평운에는 만사가 여의롭고, 길운에는 대발복한다. 그러나 보통 사주는 길운에는 부귀하나, 평운에는 그렇지 못하므로 사주의 부귀 빈천을 논할 때에는 사주의 격국과 오행의 청탁, 그리고 행운과의 관계를 세밀히 검토하고 살피어 결정해야 한다.

(1) 대운大運

대운은 사계절과 같다. 대운의 흐름은 춘하추동과 같은 것으로, 지지의 대운을 계절의 흐름으로 보아 寅卯辰은 동방 목운, 巳午未는 남방 화운, 申酉戌은 서방 금운, 亥子丑은 북방 수운이라 하며, 寅에서 辰운까지는 목의 기운이 작용하고, 巳에서 未운까지는 화의 기운이 작용하고, 申에서 戌운까지는 금의 기운이 작용하고, 亥에서 丑운까지는 수운이 작용하며, 辰戌丑未의 사계는 토의 기운도 간직하고 있다. 대운은 보통 육십 년을 보는데, 그 이후도 순서대로 짚어나가면 되고, 언제나 길운만 있는 것이 아니며, 흉운만 있는 것도 아니다. 길운이 지나면 흉운이 오고, 흉운이 지나면 길운이 오는 것이다. 대운 간지의 작용은 간지를 종합하여 판단하되, 천간운 오 년은 간이 칠할, 지가 삼할 정도로 작용하고, 지지운 오 년은 간이 삼할, 지가 칠할 정도로 작용한다. 요는 행운에서 들어오는 운의 세기가 왕한지 미약한지에 의하여 길흉의 경중이 정해지므로 천간보다 지지의 오행에 비중을 더 두어야 한다.

- 일반적으로 신약한 명은 인성 및 비겁 대운을 만나면 길하고, 신강한 명은 사주에 재성 및 관성이 있으면 재성·관성 대운이 길하고, 재성 및 관성이 없으면 식상 대운이 길하다.
- 식상이 왕성하여 신약이 된 명에 비겁 대운이 들어오면 종국에는 식상을 생하므로 불길하다.
- 사주의 대부분이 비겁으로 이루어졌거나, 천간의 전부가 비겁으로 되어 있고, 명에 식상이 약할 경우, 재성운이 들어오면 재성이 희신이더라도 살상·송사·투쟁·파산의 액이 따른다.
- 사주의 대부분, 또는 천간이나 지지의 거의 모두를 차지하고 있는 동일한 오행을 형충하면 목숨을 부지하기도 힘든다.
- 삼형이 있는 사주에 대운과 다시 삼형이 겹치면 관직에 있던지, 어디에 있던지 직장자는 파직하고, 실업가는 크게 실패한다. 또는 상처하거나 질병을 앓는다. 丑·戌·未도 동일하다.

- 일주의 지지와 대운의 지지가 형·충·파·해가 되면 부부 이별하거나, 살명이 암시하는 대로 흉액을 당한다 "살명"이란 형·충·파·해를 말한다.
- 대운의 간지가 서로 상생하면 희신은 더욱 길해지고, 흉신은 더욱 흉해진다.
- 대운의 간지가 서로 상극하면 희신은 희신의 역량이 삭감되고, 흉신은 흉신의 역량이 반감된다. 이와 같은 경우는 모두 오행의 간지에 동일하게 적용된다.
- 이외의 사항은 행운의 요점에서 설명한 내용을 참고하고, 더 자세한 것은 복식 판단법을 이용하라.

### (2) 연운<sup>年運</sup>

연운을 보는 방법도 대운을 보는 방법과 거의 유사하다. 다른 점은 대운은 봄·여름·가을·겨울의 계절별로 구분하여 판단한다면, 연운은 봄이면 그 봄에 해당하는 모든 것들을 속속들이 들여다 보는 것과 같다. 연운 자체의 길흉도 대운과 동일하게 연의 간지가 용신을 생조하면 양호하고, 극루하면 불량하다.

연운의 감정법도 대운과 같이 간지를 종합하여 판단하되, 지지에 중점을 두고 간명해야 한다. 그리고 그 해의 간지가 모두 용신에게 유리하면 대길하고, 모두 불리하면 그 해의 연운은 대흉하며, 만일 그 해의 간지가 어느 한쪽이 유리하거나 불리하면 그 해의 연운은 길조와 흉조가 겹쳐서 일어난다. 이외는 평범한 운이다.

- 당년의 지지가 사주의 월지 또는 일지를 형·충하면 구설·이별·쟁투·변동의 운이 발생한다. 특히 일지와 형·충이 되면 부부운이 흉하고, 월지와 형·충이 되면 부모궁이 흉하다. 대운의 경우와 같이 연운이 길운이더라도 형·충이 되면 다사 다난함은 면할 수 없다.
- 사주·대운·연운의 간지가 삼합 및 육합을 이루면 타인과의 협력이 원활하게 이루어지는 경향이 있다.

### (3) 월운月運

대운이나 연운은 간지를 종합하여 판단하되 지지에 중점을 두었으나, 월운은 간지를 종합하여 판단하되 천간에 중점을 두고 간명한다. 그것은 월의 지지는 매년 고정되어 있으나, 천간은 육십갑자의 주기로 돌아오기 때문이다. 이외의 감정법은 대운·연운과 같이 월의 간지가 용신을 생조하면 양호하고, 극루하면 불길하며, 간지의 상생·상극 및 형·충·파·해를 추론하는 것도 마찬가지이다.

### (4) 일운日運

일운일진은 대운과 연운의 감정법과 동일하나, 덧붙일 점은 사주와의 관계를 천을귀인, 천·월덕귀인, 천지덕합일, 공망일 등의 신살을 이용하여 판단한다는 점이다. 이것은 예전부터 결혼·이사 등의 택일에 이와 같은 방법이 널리 이용되었기 때문이다. 시간운의 감정법도 대운 및 연운과 동일하다.


## 2) 대운과 연운과의 관계

행운 가운데 대운 및 연운이 사주에 미치는 영향력이 크므로, 대운과 연운의 관계를 길흉으로 구분하면 다음과 같다.

- 대운도 좋고 연운도 좋으면 대길하고, 대운이 나쁘고 연운도 나쁘면 대흉이다.
- 대운이 좋은데 연운이 대운을 생조하거나, 연운이 좋은데 대운이 연운을 생조하면 더욱 길하다.
- 대운이 나쁜데 연운이 대운을 생조하거나, 연운이 나쁜데 대운이 연운을 생조하면 더욱 흉하다.
- 대운이 좋은데 연운이 대운을 파극하거나, 연운이 좋은데 대운이 연운을

파극하면 소길하다.

- 대운이 나쁜데 연운이 대운을 파극하거나, 연운이 나쁜데 대운이 연운을 파극하면 소흉하다.
- 대운이 좋고 연운이 나쁘면 길 중에 소흉이 있고, 대운이 나쁘고 연운이 좋으면 흉 중에 소길이 있다.

## 예1) 고위 공무원의 명

1952년 음력 2월 9일 巳시생 남명

| 戊 | 丁 | 丙 | 乙 | 甲 | 癸 | | 己 | 己 | 壬 | 壬 |
|---|---|---|---|---|---|---|---|---|---|---|
| 申 | 未 | 午 | 巳 | 辰 | 卯 | | 巳 | 酉 | 寅 | 辰 |
| 51 | 41 | 31 | 21 | 11 | 1 | | | | | |

이 명은 재관이 왕하므로 용신은 시지의 巳화이다. 巳酉 합금하여 용신이 무력하므로 사주에 탁기를 남겼으나, 희신인 己토가 완화하고, 월지의 정관을 일지의 식신이 제어함으로써 사주가 길하게 되었다. 초년 癸卯 대운은 기신운이므로 어려운 환경에서 자랐고, 甲辰 대운은 辰酉 합금하여 기신으로 화하였으나, 천간이 일간과 甲己 합토하므로 어려움 속에서도 학업을 이어나 갔다. 이십일 세 乙巳 대운은 巳酉 합금은 되었으나, 천간 乙목이 지지 巳화를 생하므로, 이십육 세 巳 대운부터는 소길운이다. 따라서 이십칠 세 巳운 戊午년에 용신 및 희신이 왕성하여 행정 고시에 합격하였다.

이십육 세 巳운부터 丙午 대운까지의 연운을 열거하면 다음과 같다.

26세 丁巳년 : 월지와의 寅巳형은 巳酉 합금이 되어 무사하고, 대운과 연운의 간지가 모두 용신운이므로 길운이나, 巳화가 금의 장생지이므로 소길운이다. 그러므로 학업에 열중할 수 있었다.

27세 戊午년 : 戊토가 기신인 壬수를 극하고, 午화는 寅목을 설기하여 酉금을 제어하고 일간은 생조하므로 대길운이다. 그러므로 행정 고시에 합격하였다.

28세 己未년 : 희신운이므로 일 년을 여유롭게 보냈다. 寅목이나 酉금을 다스리는 힘이 부족하므로 소길운이다.

29세 庚申년 : 대운 및 연운이 寅巳申 삼형이 형성되어 불길함을 면할 수 없으나, 화의 기운이 살아 있어 소흉운이다. 따라서 건강상의 이유로 휴직과 복직을 거듭하였다.

30세 辛酉년 : 대운과 巳酉합이 되고, 금 기운이 왕성하여 약한 일간을 더욱 설기하므로 소흉운이다. 따라서 건강도 완쾌되지 않았고, 가내가 두루 시끄러움이 많았다.

31세 壬戌년 : 寅월생이므로 寅월부터 丙午 대운에 접어들고, 희신인 화의 기운이 성하므로 기신인 금의 기운이 약화되어 기관지가 약해서 고생하였으나, 씻은 듯이 쾌유되었다. 丙午 대운은 양호하고, 연운의 지지와 午戌 합화하여 희신이 왕하므로 소길운이다. 그러므로 연운의 壬수가 정재운이므로 양갓집 규수를 만나 결혼하였다.

32세 癸亥년 : 시지와 巳亥충이 되어 불길하나, 월지와 寅亥합이 되어 충중 봉합이 되었고, 연운은 불량하지만 대운이 양호하므로 평범한 운이다.

33세 甲子년 : 지지의 子수가 甲목을 생하고, 甲목이 대운을 생하며, 대운이 다시 일간을 생하므로 오행이 생생 불식하여 길하게 되었다. 그러므로 일간과 甲목 정관이 합이 되어 득남하였다.

34세 乙丑년 : 일지·시지와 巳酉丑 삼합 금국이 되어 용신 巳화가 기신으로 화하고, 금이 왕성하여 일간을 설기하므로 대흉운이나, 대운 丙午화가 제압하여 평범한 운이 되었다. 그러므로 자식의 잔병 치례가 많았고, 자신도 근심이 그치지 않았다.

35세 丙寅년 : 寅목의 생을 받은 丙화가 개두되어 길하고, 대운도 양호하므로 대길운이다. 따라서 다시 득남하고 자신도 영전하였다.

36세 丁卯년 : 丙寅년과 거의 동일하다. 그러나 일지와 卯酉충이 되어 탁
하게 된 것을 왕성한 화기가 목생화·화생토로 유통시켜 탁
기를 제거하였다. 그러므로 소길운이다.

37세 戊辰년 : 辰酉 합금하여 금기가 왕성하나, 대운이 제어하므로 소길운
이다.

38세 己巳년 : 연운과 대운이 모두 양호하므로 길운이다.

39세 庚午년 : 천간이 기신이나 지지 午화가 극하고, 대운이 길운이므로
소길운이다.

40세 辛未년 : 지지의 토가 금을 생하고, 대운과 丙辛 합수하여 불길하나,
화기가 왕성하므로 소길운이다.

이후 丁未 대운도 양호하고, 戊 대운도 희신운이므로, 차관급까지 무난하
게 승진하리라.


### 예2) 사업가의 명

1960년 음력 3월 16일 寅시생여명

| 甲 | 乙 | 丙 | 丁 | 戊 | 己 | | 丙 | 己 | 庚 | 庚 |
|---|---|---|---|---|---|---|---|---|---|---|
| 戌 | 亥 | 子 | 丑 | 寅 | 卯 | | 寅 | 巳 | 辰 | 子 |
| 52 | 42 | 32 | 22 | 12 | 2 | | | | | |


이 명은 여성 사업가의 사주이다. 己토가 辰월 토왕절에 생하고, 인성이
왕하여 신왕이므로, 연지의 子수 정재가 용신이고, 희신은 천간의 庚금 상관
이며, 관성도 무난하다.

용신 子수는 庚금이 생하고, 子辰 합수하여 길명이 되었다. 이 명은 丑 대
운부터 의류 사업에 뛰어들어 현재까지 왕성하게 사업 활동을 하고 있는 맹
렬 여성의 명으로 丙子 대운의 연운을 열거하면 다음과 같다.

32세 辛未년 : 대운과 丙辛 합수하여 길하나, 연지가 기신운이므로 평범한

운이다.

33세 壬申년 : 일지 및 시지와 寅巳申 삼형이 되었으나, 월지·연지와 申子辰 삼합 수국을 이루어 완화되었고, 대운의 지지 子수가 천간 丙화를 제어하고, 연운이 희신운이므로 길운이다. 그러므로 寅목 남편과의 갈등은 있었으나, 사업은 크게 번창하였다.

34세 癸酉년 : 일지와 巳酉 합금하여 기신을 다스리고, 금수운이므로 양호하나 酉금이 수의 목욕지에 해당하므로 소길운이다. 따라서 회사를 더욱 키워 나갈 수 있었다.

35세 甲戌년 : 월지와 천충 지충하고 간지가 모두 기신에 해당하나, 대운의 지지가 子수이므로 소흉운이다. 따라서 庚금 자식의 질병으로 인하여 고통이 많았고, 辰戌충이 되어 같은 업종의 사업을 하고 있는 사람과 영업권 문제로 시끄러움이 많았다.

36세 乙亥년 : 乙庚 합금하여 자식의 질환이 완쾌되었고, 일지와 巳亥충은 시지와 寅亥 합목하여 충중 봉합이 되었으며, 亥수가 희신운이므로 소길운이다.

37세 丙子년 : 丙子 대운·丙子년은 丙庚 상극이 되었으나, 지지의 子수가 제어하여 문서사의 변동이 많은 해이다. 子수가 용신운이므로 길운이다. 따라서 회사를 확장하는 즐거움이 있었다.

38세 丁丑년 : 丑토가 습토이고, 대운이 길하므로 소길운이다.

39세 戊寅년 : 寅巳형이 되고, 기신인 화가 왕성하여 불리하나, 대운이 양호하므로 평범한 운이다.

40세 己卯년 : 연지 용신과 子卯형이 되고, 대운의 지지와도 子卯형이 되므로, 사업 확장으로 인해 금전적인 어려움으로 고생이 많았으나, 수기가 왕성하여 무난하게 대처하였다. 그러므로 평범한 운이다.

41세 庚辰년 : 대운과 子辰 합수하고, 庚금도 희신운이므로 대길운이다. 그러므로 사옥을 구입하였고, 해외에도 진출하였다.

이후 乙亥 대운도 희신운이므로 양호하여 사업으로 크게 성공하겠으나, 甲戌 대운은 일선에서 물러나 부동산 임대 사업이나 하는 것이 좋을 듯하다.


### 3) 운이 도래하는 시기

(1) 돈이 생기는 운
재성이 용신 및 희신에 해당하고, 이를 생조하는 대운 또는 연운을 만나면 돈이 들어온다.

- 신강 사주에 재성이 약하면 재성을 생조하는 식상 및 재성운에 재물이 불어난다.
- 신약 사주에 재성이 왕하면 일간을 생조하는 인성 및 비겁운에 재물이 들어온다.
- 신왕 사주에 식상이 왕하고 재성이 없으면, 재성운에 재물이 크게 불어난다.
- 신왕 사주에 관성이 약하고 재성이 없으면, 재성운에 돈과 명예를 동시에 얻는다.
- 종재격·종아격이 재성운을 만나면 재물이 빠르게 불어난다.
- 재성 이외의 타육신이 용신에 해당하더라도 이를 생조하는 대운 및 연운을 만나면 노력하는 만큼의 재물은 얻을 수 있다.

예1)

戊 丁 丙 乙 甲 癸　　庚 壬 壬 壬
申 未 午 巳 辰 卯　　子 申 寅 午

신강 사주이므로 연지의 재성이 용신이고, 월지의 식신이 희신이다. 월·일지가 寅申충이 되어 탁기가 있으나, 천간의 壬수가 소통하여 부격이다. 그러므로 丙午·丁未 대운에 재성이 왕성하므로 큰 부를 이뤘다.

예2)

壬 癸 甲 乙 丙 丁　　戊 甲 戊 癸
子 丑 寅 卯 辰 巳　　辰 寅 午 未

재성이 왕성하여 신약 사주이므로 인성이 용신이고 비겁이 희신이다. 甲寅·癸丑 대운에는 다난하였으나, 壬子 대운에 불같이 일어나 많은 재산을 모았다.

예3)

甲 乙 丙 丁 戊 己　　辛 丙 庚 癸
寅 卯 辰 巳 午 未　　卯 辰 申 巳

연지의 巳화는 왕한 금기에 의하여 파극되고, 시지의 卯목도 홀로 있어 신약 사주에 빈명이나, 그래도 丙화 일주에 재성이 성하므로 乙卯 대운부터는 재산이 늘어나 작은 부자 정도는 되었다.

(2) 합격운

합격운은 자격 시험·입학 시험·취직 시험·승진 시험 등 모든 시험에 적용된다.

• 관성이 용신 및 희신에 해당하고, 이를 생조하는 행운을 만나면 시험에 합격한다.
• 신강 사주에 관성이 용신인데, 이를 생조하는 재성운·관성운을 만나면 시험에 합격한다.

- 신약 사주에 인성이 용신인데, 이를 생조하는 관성운·인성운을 만나면 시험에 합격한다.
- 신약 사주에 식상이 용신인데, 이를 생조하는 식상운을 만나면 시험에 합격한다.
- 종관살격·종재격이 관성운을 만나면 시험에 합격한다.
- 이외에도 용신 및 희신이 되는 운은 시험에 합격할 수 있는 운이다.

예1)

| 丁 | 戊 | 己 | 庚 | 辛 | 壬 | | 丙 | 癸 | 癸 | 己 |
|---|---|---|---|---|---|---|---|---|---|---|
| 卯 | 辰 | 巳 | 午 | 未 | 申 | | 辰 | 丑 | 酉 | 酉 |

丙화가 시간에 투출하였으나 癸수가 酉월에 생하고, 금수 및 습토가 성하여 사주가 한습하므로 난조한 운을 만나야 발복한다. 그러므로 午 대운 戊寅년에 목화가 왕성하므로 행정 고시에 합격할 수 있었다. 이후의 대운도 동남방 목화운으로 향하므로 대길한 명이 되었다.

예2)

| 戊 | 己 | 庚 | 辛 | 壬 | 癸 | | 庚 | 丙 | 甲 | 癸 |
|---|---|---|---|---|---|---|---|---|---|---|
| 午 | 未 | 申 | 酉 | 戌 | 亥 | | 寅 | 寅 | 子 | 未 |

丙화가 寅목에 통근하고 인성이 성하므로 신왕이며, 子월생이나 금수가 산발되어 있어 용신은 관성이고, 희신은 재성이다. 그러므로 庚申 대운 戊辰년에 甲子辰 삼합 수국이 되어 용신이 왕성하므로 경감 승진 시험에 합격하였다.

예3)

| 癸 | 壬 | 辛 | 庚 | 己 | 戊 | | 甲 | 壬 | 丁 | 甲 |
|---|---|---|---|---|---|---|---|---|---|---|
| 酉 | 申 | 未 | 午 | 巳 | 辰 | | 辰 | 申 | 卯 | 寅 |

신약하고 관성도 미약하므로 신강해지고 관성도 왕해지는 행운을 만나면 대길하다. 그러므로 己巳 대운 癸酉년에 대운은 관성을 생조하고, 연운은 일주를 생조함으로써 서울대 의대에 합격할 수 있었다.

예4)

$$癸\quad 甲\quad 乙\quad 丙\quad 丁\quad 戊 \qquad 戊\quad 甲\quad 己\quad 戊$$
$$丑\quad 寅\quad 卯\quad 辰\quad 巳\quad 午 \qquad 辰\quad 辰\quad 未\quad 申$$

이 여명은 甲己 합토하고 재성이 왕성하므로 외격 사주이다. 그러므로 甲辰 대운 丁丑년에 재성 및 관성이 왕성해지므로 은행 취직 시험에 합격하였다.

### (3) 이성운

여기에서는 미혼이든 기혼이든 일반적인 이성간의 만남을 논하고, 결혼운에 대해서는 앞장 여명의 운명에 〈결혼운〉편을 참고하라.

- 여명은 관성운에 남자 친구가 들어오는 운이다.
- 여명에서 관성이 왕성할 경우에는 식상운에 좋은 남자 친구가 생긴다.
- 여명에서 관성이 미약할 경우에는 재성운에 좋은 남자 친구가 생긴다.
- 여명에서 관성이 왕성하고 식상에 미약하면 인성운에 남자 친구가 생긴다.
- 남녀 모두 일간이나 일지가 합이 되거나, 천지덕합이 되거나, 일간이 희신과 합이 되거나, 도화살을 만나는 해에 이성 친구가 생긴다.
- 남명은 재성운에 여자 친구가 들어오는 운이다.
- 남명에서 재성이 왕성할 경우에는 비겁운에 좋은 여자 친구가 생긴다.
- 남명에서 재성이 약할 경우에는 식상 및 재성운에 좋은 여자 친구가 생긴다.
- 여명에서 재성이 왕성하고 비겁이 미약하면 인성운에 남자 친구가 생긴다.
- 남녀 모두 재성 및 관성이 형·충이나 도화가 되는 해는 구설이 많고, 뒤

얽힌 복잡한 사정이 따른다.

예1)

乙 甲 癸 壬 辛 庚　　　丁 辛 己 辛
巳 辰 卯 寅 丑 子　　　酉 亥 亥 亥

이 여명은 금수가 왕성하여 시간의 관성이 맥을 못 추고 있다. 따라서 관성이 왕성해지는 재·관운을 만나야 조후도 되고, 관성이 성하므로 남자 친구가 생긴다. 그러므로 寅 대운 辛巳년에 목·화운이므로 남자 친구가 들어와 이듬해인 壬午년에 결혼을 할 수 있었다. 이러한 여명은 남편궁이 불량하므로 반드시 궁합을 보고 남자를 선택해야 한다.

예2)

甲 癸 壬 辛 庚 己　　　乙 丁 戊 庚
申 未 午 巳 辰 卯　　　巳 丑 寅 子

庚금 정재가 사지인 子수 위에 올라 있고, 寅목이 왕성하여 戊토를 극하므로 금이 의지할 곳이 없다. 대운도 결혼 적령기에 남방 화운으로 흘러 사십이 넘도록 총각으로 있다가, 癸未 대운 甲申년에 여자 친구를 만나 다음해인 乙酉년에 乙庚 합금하고, 巳酉丑 삼합 금국이 되어 재성이 왕성하므로 결혼을 하였다.

(4) 관재·구설·소송운
구속당할 사주는 용신 및 희신이 형·충되거나, 신약하고 관살이 혼잡되어 왕하거나, 신약하고 재성이 인성을 파극하거나, 식상이 관성을 파극하는 것 등이다.

- 용신 및 희신과 대운·연운이 형·충이 되면 송사를 벌일 운이다.
- 관살 혼잡이 되어 관성이 태왕하는 해가 송사운이다.
- 상관 행운이 왕성하여 정관을 심히 극하면 송사가 있다.
- 일주와 천충 지충되거나, 기신이나 원신에 해당하는 해가 송사가 있을 운이다.
- 양인이 여러 개 있고, 식상이 미약하거나, 괴강살·백호살·수옥살 등이 왕성하면 송사운이다.
- 명에 재성 또는 관성이 미약한데, 행운에서 재성이나 관성이 강하게 들어오면 송사운이다.

예1)

庚 己 戊 丁 丙 乙　　甲 己 甲 壬
戌 酉 申 未 午 巳　　戌 丑 辰 午

　신강하므로 천간의 관성이 용신인데 甲己 합토하여 사주가 탁하게 되었다. 그러므로 己酉 대운 辛未년에 대운 천간과 재차 甲己 합토하고, 지지에 丑戌未 삼형이 형성되므로 회사 돈을 횡령하다 구속을 당하였다.

예2)

丙 丁 戊 己 庚 辛　　壬 癸 壬 戊
辰 巳 午 未 申 酉　　子 酉 戌 子

　이 여명은 癸수가 추토월에 생하고, 금수가 왕성하여 신강 사주이다. 명이 한습하므로 왕한 화기를 만나면 극상이 되어 급흉을 당하기 쉽다. 그러므로 丁巳 대운 戊寅년에 왕성한 수·화의 기운이 상극하고, 대운과 연운이 寅巳 형이 되므로 유흥업소를 운영 중에 여 종업원의 화대를 갈취하여 구속을 당하였다.

예3)

丙 丁 戊 己 庚 辛　　辛 壬 壬 己
寅 卯 辰 巳 午 未　　亥 午 申 亥

명에 수·화·금이 상극하고, 이것을 풀어주는 목이나 토기가 약하여 천격이지만, 대운이 일로 동남방 목화운으로 향하므로 빈천은 면하였다. 그러나 고립 무원의 수화 편재가 용신이므로 여자만 보면 사족을 못 쓰는 위인이다. 따라서 己巳 대운 庚寅년에 대운·연운·월지가 寅巳申 삼형이 되어 간통으로 구속당했다.


### (5) 질환사망운

수명은 사주의 격국에 의하여 길고 짧음을 정하고, 사망 시기는 대운과 연운의 길흉에 의하여 판단하는데, 저자의 경험상으로는 연운의 영향이 더 지대하므로 큰 흐름은 대운으로 유추하고, 사망 시기를 정하는 데는 연운에 중점을 두고 간명해야 한다.


- 대운과 연운이 사주상의 용신을 파극하면 반드시 생명의 위험이 있다.
- 극신강 사주는 일주를 생조하는 행운을 만나면 생명이 위험하다.
- 극신약 사주는 일주를 극루하는 행운을 만나면 생명이 위험하다.
- 천간이 하나의 오행으로 구성되어 있고, 지지에 식상이 왕성하지 않는 한 행운의 천간에서 재성운이 들어오면 군비쟁재가 되어 몸숨도 부지하기 힘들다. 지지의 경우도 동일하다.
- 사주의 기신 또는 원신을 생조하는 행운을 만나면 생명이 위험하다.
- 형·충이 대운과 연운에서 겹쳐서 들어오는 해는 건강상 지장이 많다.
- 사주상의 극왕한 오행을 충극하면 생명이 위험하다.

예1)

丁 丙 乙 甲 癸 壬　　　丙 庚 辛 甲
丑 子 亥 戌 酉 申　　　戌 子 未 申

　신왕이므로 식상·재성·관성이 용신인데, 편관은 시간에 있으면서 입묘하였고, 식신은 일지에 편재는 연간에 멀리 떨어져 있어 상호 유정이 되지 않고 있다. 그러므로 丁丑 대운 丁丑년에 丑·戌·未 삼형이 겹쳐 들어오고, 금이 왕성해지는 해이므로 폐암으로 졸하였다.

예2)

丙 乙 甲 癸 壬 辛　　　甲 甲 庚 甲
子 亥 戌 酉 申 未　　　戌 辰 午 午

　화·토가 성하여 신약 사주이며, 지지가 모두 辰戌충·午午자형으로 구성되어 있어 일견하여 단명 사주임을 알 수 있다. 甲戌 대운 癸酉년 운에 辰·戌충을 충하고, 화·금·목이 상극이 되므로 작업하던 중 화공 약품 냄새에 장시간 도취되어 간경화로 졸하였다.

예3)

丁 戊 己 庚 辛 壬　　　庚 丙 癸 癸
巳 午 未 申 酉 戌　　　寅 子 亥 未

　수의 기운이 극왕하여 일간 丙화가 기색을 잃었고, 연지의 상관도 수기에 둘러싸여 제살을 못하고 있다. 丁巳 대운은 희신임에도 불구하고 丁丑년에 수·화 상극이 되어 심장병으로 졸하였다.

### (6) 문서·매매운

- 인성이 기신 및 병신에 해당하지 않는 한 인성운이 오면 부동산 매매 계약 등의 모든 문서사에 유리한 해이다.
- 재성이 기신 또는 병신에 해당하거나, 인성 및 재성이 형·충·파가 되거나, 일지가 복음이 되는 연은 부동산 매매나 이전에 불길한 운이다.

참고로 저자는 손재수가 있는 운에 오히려 부동산 투자를 권유하는 편이다. 그것은 어차피 나갈 돈이라면 수중에 있어도 내 것이 아니므로 그 돈으로 부동산 쪽에 투자를 해 놓으면 그 돈은 언제가는 살아 돌아오기 때문이다. 그러나 손재수가 있는 해이므로 중개업자의 말을 믿지 말고 본인이 직접 앞으로의 개발 전망이나 관련된 문서, 부동산의 위치 확인 등을 철저하게 검증하고 투자해야 한다. 그리고 우리 나라 전체 부동산 가운데 어느 지역이 빠르고 원활하게 개발이 이루어질 것인지도 고려해야 한다.


### (7) 이사·변동운

주택·상가·사무실·공장 이전 등의 모든 변동이 해당되고, 더 크게 늘려 가는 좋은 변동인지, 아니면 형편상 줄여서 이전하는 나쁜 변동인지는 사주의 구성과 행운의 길흉에 의하여 판단하고, 문서·매매운도 참고하기 바란다.

- 일지나 월지가 행운하고 충이 되는 해.
- 일지를 기준으로 하여 역마에 해당하는 해.
- 일지나 월지가 삼합 또는 육합이 되는 해.
- 희신이든 기신이든 행운이 인성운이고, 지지와 합이나 충이 되는 해는 이사·변동운이다.


### (8) 여행운

국내·외 여행이나 해외 이주, 해외 파견 근무 등도 포함하고, 행운은 역마에 해당하는 대운·연운 및 월운이 여행운이다. 또 역마에 해당하는 이외에도 다음과 같은 경우에는 여행을 하게 된다.


- 일주 및 월주와 행운의 천간이 상극되거나, 지지가 상충되는 해.
- 일지와 행운의 지지가 동일한 해.
- 행운의 인성 및 재성이 일주와 합이 되는 해.
- 일지 및 월지에 있는 역마를 충하는 해.


### (9) 교통 사고운

교통 사고운에 해당하는 자가 운전자는 가능하면 대중 교통을 이용하는 것이 사고운을 피해 가는 좋은 방법이다.


- 사주의 지지와 행운의 지지가 형·충·파가 되는 해.
- 관성이 왕성한데, 관성운은 만나거나 관살 혼잡이 되는 해.
- 사주 내의 왕성한 오행이 충극당하거나 충극을 하는 해.
- 역마와 양인이 동주하는 해.
- 이외에는 용신을 극해하는 운이거나, 기신이 왕성해지는 해는 교통 사고
  의 운이다.


## 4) 행운 비결


(1) 십이운성은 육친과의 관계가 가장 중요하다. 꼭 일간으로만 십이운성을 비교해 볼 것이 아니라, 천간에 투출되어 있는 오행도 그 지지의 십이운성과 비교하여 유추한다. 가령 丙戌이 사주에 있다면, 丙화는 戌토 묘지 위에 있으므로 그 丙화가 어느 육친에 해당하는가를 찾아서 판단하면 된다. 이를테면 丙화가 남명의 관성에 해당하면 크게 출세할 수 없고, 자식과도 인연이 없으며, 여명의 관성이 해당하면 남편덕이 없다고 판단한다. 행운에서 묘운

을 만나도 마찬가지이다.

(2) 辰·戌·丑·未 사고를 행운에서 충파하면 개고되어 부가 천창에 이른다
고 하지만, 그것은 지장간에 용신이나 희신이 암장되었을 때의 경우이지, 지
장간에 기신만 있는 경우는 오히려 집안에 우환만 따를 뿐 좋은 일은 없다.
또 개고도 젊어서 중년의 개고가 이롭지, 말년의 개고는 좋은 일이 없으며,
중년에 한번 개고되었다면 다시 개고해도 먹을 것이 없다.

(3) 신강인지, 신약인지 구별이 잘 안 될 경우에는, 남자는 인성·비겁을 용
신으로 취하고, 여자는 재성·관성을 용신으로 취한다. 그러나 인성·비겁이
많아도 사쇠지에 해당하면 신약인 경우도 있다.

인간은 태어난 날짜와 시간도 중요하지만, 장소와 환경의 영향도 받는다. 예를 들면, 추운 지방에서 태어난 사람은 그 사주가 난조하더라도 흉으로 볼 것이 아니며, 반대로 따뜻한 지역에서 태어난 사람은 사주가 한습하더라도 큰 흠결이 되는 것이 아니다. 또 난조한 사주가 비 오는 한습한 날에 출생했다면 대흉은 면한 것이며, 한습한 시주가 따뜻한 날에 출생했다면 태한은 면했다고 볼 수 있다. 따라서 난조한 사주가 한습한 운을 만나거나, 한습한 사주가 난조한 운을 만나면 하늘의 혜택을 받은 것이므로 만사가 순조롭고 여의로울 것이다.

오행 가운데 토는 활동의 근본이 되는 기운이므로 명 중에 토기가 없으면 중후한 복을 받을 수 없고, 천지간에 화는 광명이니 명중에 화기가 없으면 큰 그릇을 이루기는 어렵다.

## 1) 감정 순서

명리학의 이치는 오행의 생화극제와 태과불급을 헤아려서 용신을 정하고, 육신·십이운성·제합·제살을 참작하여 인간 만사를 추명하는 원리이다.

(1) 사주와 대운을 구성한 다음, 월지를 중심으로 타간지를 살피어 일간의

강·약·왕·쇠를 결정한다.

(2) 월지월령는 일국의 사령과 같으므로 월지를 기준으로 하여 격국을 정
하고, 외격인지의 여부를 가름한다.

(3) 용신을 산출하고 희신·기신 및 병신 등을 구분한다.

(4) 육신·십이운성·제합·제살·신살을 종합적으로 판단하여 성격·육친·
직업 등의 선악을 구별한다.

(5) 행운대운·연운·월운의 속내를 진단하여 길흉을 판단한다.

이상과 같은 순서에 의하여 사주를 감정하면 어렵지 않게 길흉 선악을 구
분할 수 있다.


## 2) 실례實例

### (1) 국회의원의 명
1934년 음력 5월 16일 寅시생남명

| 丁 | 丙 | 乙 | 甲 | 癸 | 壬 | 辛 | | 丙 | 己 | 庚 | 甲 |
|---|---|---|---|---|---|---|---|---|---|---|---|
| 丑 | 子 | 亥 | 戌 | 酉 | 申 | 未 | | 寅 | 巳 | 午 | 戌 |
| 64 | 54 | 44 | 34 | 24 | 14 | 4 | | 사 | 제왕 | 건록 | 양 |
| | | | | | | | | 월덕 | | 도화 | 공망 |

### ① 격국 및 용신
己토가 午월이 생하고, 寅午戌 삼합 화국하여 화기가 태왕하므로 조후용

신인 수기가 용신이고, 금이 희신이다. 또한 습토는 왕화를 설기하므로 이롭고, 목·화는 기신이며, 격국은 월지가 건록궁이므로 건록격이다.

② 성격

근토 일주이므로 실리적이고 변칙을 싫어하며, 순리를 추구한다. 가정에서는 보수적이며, 가장으로서의 품위를 지키고, 자녀들에게 매우 엄격하다. 화기가 왕성하고 신강 사주이므로 대기 만성형이며, 발달이 더딘 편이나 한 가지 목표를 세우면 어떤 역경이라도 이겨내고 기필코 성공한다.

③ 육친

재성이 없으므로 아버지와는 일찍이 이별을 하고, 인성이 왕성하여 어머니가 억척스럽게 가정을 꾸려나갔다. 그러나 행운이 일로 금수운으로 향하므로 자식은 아들·딸 모두 있겠으나, 원명에 재성이 약하므로 부인이 허약하여 잔병 치레가 많았을 것이다. 인성·비겁이 모두 기신이므로 부모·형제덕이 없다.

④ 직업

인성이 왕성하여 학자·교수직이 원만하겠으나, 정관이 살아 있으므로 재성운이나 왕성한 화기를 설기하는 습토운이 오면 신강하므로 정계에 진출해도 무난하다.

⑤ 행운

辛未 대운 : 천간은 이로우나 지지가 여름 절기인 화토이므로 소흉운이다. 따라서 아버지를 일찍 여의고, 홀어머니 밑에서 어렵게 성장했다.

壬申 대운 : 간지가 모두 희신운이므로 대길운이나, 寅巳申 삼형이 형성되어 고학으로 힘들게 학업을 이어나갔다.

癸酉 대운 : 간지가 희신운이고, 巳酉 합금이 되어 대길하다. 그러므로 좋은 성적으로 학업을 마치고, 酉 대운에 신문사 기자로 입사하였다.

甲戌 대운 : 甲운은 일간과 甲己 합토하고, 월간과 甲庚충하므로 합충이 해소되어 평운이나, 戌운은 재차 寅午戌 삼합 화국이 되어 관성이 기신으로 화하므로 본의 아니게 신문사를 사직하였다.

乙亥 대운 : 월간과 乙庚 합금하고 일지와 巳亥충하나, 시지와 寅亥 합목

하여 충중 봉합이 되므로 희신운이지만, 천간이 乙목이므로 亥수를 설기하고, 亥수 작은 물이 왕성한 화기를 제어할 수 없으므로 평운이다. 그러므로 乙亥 대운에 무소속으로 국회의원 선거에 입후보하여 두 번 낙선하였다.

丙子 대운 : 천간은 丙화이므로 기신운이지만, 지지가 대해수이므로 길운이다. 그러므로,

- 戊辰년에 子辰 합수하고, 습한 辰토가 사주의 왕한 화기를 설기하므로 대길년이다. 따라서 유력한 정당의 공천으로 국회의원 선거에 입후보하여 당선되었다.
- 己巳년은 대운은 양호하나 연운이 불량하므로 평운이다. 그러므로 동분서주하며 일신상의 변동이 많았다.
- 庚午년은 己巳년과 거의 비슷하나, 대운과 연운이 子午충이 되어 인성이 극진되므로 어머니가 사망하고, 내외도 다사 다난하였다.
- 辛未년은 연지와 戌未형하고 화토이므로 기신운이나, 대운이 양호하여 평운이 되었다. 그러나 수·화 상극하여 시끄러움이 많은 해이다.
- 壬申년은 申子 합수하고, 대운과 연운이 모두 양호하므로 대길년이다. 그러므로 국회의원에 재차 입후보하여 당선되었다. 이후 癸酉년은 대길하고, 甲戌년은 평운이며, 乙亥년은 길운이므로 의정 활동에 충실하였다.

丁丑 대운 : 丑습토이므로 길하고, 丙子년에 수기가 성하므로, 국회의원에 세 번째 당선되어 국회 상임위원장을 역임하였다. 이 명은 관록과 명예는 있으나, 재성이 미약하므로 부를 이루기는 어렵다.

tip 귀인·신살·공망·형·충·파와 합의 관계는 신살이 공망이나, 합이 되면 신살의 작용은 없는 것으로 간주하고, 공망과 형·충·파가 합이 되면 그 흉 작용을 잃는다고 판단하며, 귀인이 합이 되면 길조로 해석한다.

(2) 사업가의 명



| 丙 | 丁 | 甲 | 癸 | 壬 | 辛 | | 乙 | 丁 | 庚 | 乙 |
|---|---|---|---|---|---|---|---|---|---|---|
| 戌 | 酉 | 申 | 未 | 午 | 巳 | | 巳 | 巳 | 辰 | 酉 |
| 56 | 46 | 36 | 26 | 16 | 6 | | 제왕 | 제왕 | 쇠 | 장생 |
| | | | | | | | | | | 문창성 |
| | | | | | | | | | | 장성 |
| | | | | | | | | | | 천을 |

① 격국 및 용신

일간 丁화가 제왕 지지를 만나 신왕하고, 왕한 화기를 월지의 辰토가 생금하여 신왕 재왕하므로 사주가 대부격이 되었다. 격국은 상관 생재격이며, 용신은 화·금을 통관시키는 월지의 辰토 상관이며, 희신은 辰酉 합금하고, 巳酉 합금하여 금의 기운이 유정하므로 금을 제어하고 용신을 생조하는 화이다.

② 성격

활발 명랑하고 외향적이며, 좋고 싫은 감정을 숨길 줄 모르고 밖으로 나타내며, 어려운 일을 쉽게 풀어가는 특이한 능력이 있다. 의욕이 강하고 의지력이 있으며, 항상 합리적이고 객관적이며 창조 정신이 왕성하다.

③ 육친

초년 대운이 양호하므로 부모덕은 무난하고, 월지 상관이 성하고, 용신이므로 자식덕도 있으나 관성이 미약하여 남편덕은 없다.

④ 직업

신왕하고 상관 생재격이므로 사업으로 나가면 크게 성공할 것이다. 그러므로 유명 화장품 회사를 운영하고 있는 사장의 명이다.

⑤ 행운

辛巳 대운 : 희신운이므로 원활한 가정에서 무탈하게 성장했다.

壬午 대운 : 천간은 일간과 丁壬목으로 간합하고, 지지의 午화는 건록지이므로 대길운이다. 壬午 대운 丁未년부터 십 년간을 열거하면

다음과 같다.

- 丁未년에 대운의 천간인 壬수 정관과 丁壬 합목이 되고, 일간과도 간합하여 결혼운이므로 미남자를 만나 혼인하였다.
- 戊申년은 일지·시지와 巳申형이 되어 흉하나, 대운이 양호하므로 반길 반흉운이다. 그러므로 남편과의 갈등 속에서도 첫아이를 임신하였다.
- 己酉년은 평범한 운이므로 아들을 순산하였다.
- 庚戌년은 대운과 午戌 합화하므로 길운이다. 그러므로 남편과의 사이도 돈독하였고, 집안에 두루 경사가 많았다.

癸未 대운 : 癸운은 일간과 丁癸충이 되어 불길한 운이나, 未운은 희신운이므로 소길운이다.

- 辛亥년은 일·지지와 巳亥충이 되므로 남편과는 불화하였으나 둘째아들을 순산하였다.
- 壬子년은 일간과 간합하고, 수·화 상극이 되므로 흉운이다. 그러므로 남편과 별거하고, 정신적인 고통이 많았다.
- 癸丑년은 천간은 丁癸충하고, 연지·일지와 巳酉丑 삼합 금국이 되어 남편궁인 일지가 기신화됨으로써 바람꾼인 남편과 합의 이혼하였다. 그러므로 癸丑년은 대흉운이다.
- 甲寅년은 寅巳형이 되었으나 희신운이므로 소길운이다. 그러므로 자식들과 먹고 살려면 무엇을 해야 좋을지 궁리하던 중
- 乙卯년에 화장품 사업에 뛰어들었다. 卯목 편인과 연지의 편재가 충하므로 새로운 사업 시작, 이동·변동의 소길운이다. 이후 未 대운은 길운이므로 사업이 순조롭게 번창하였다.

甲申 대운 : 甲운은 월간과 甲庚충이 되나 乙庚 합금이 있어 평운이고, 申운은 巳申형하고 금 기운이 성하므로 흉운이다. 그러므로 사기에 휘말려 금적적인 고통을 겪는 등의 어려움이 많았다.

乙酉 대운 : 甲申 대운과 거의 비슷하므로 소흉운이다.

丙戌 대운 : 월지 상관과 辰戌충이 되어 자식으로 인해 근심은 있겠으나
　　　　　　재물복은 양호한 대운이므로, 개발한 한방 화장품이 인기를
　　　　　　끌어 큰 부를 이뤘다.


이 명은 신왕하고 상관 생재격이므로 재물복은 좋으나, 원명에 관성이 미약하여 남편덕은 없다. 그러나 궁합을 맞춰서 수의 기운이 성한 남자를 만나 결합하면 해로가 가능하다.


### (3) 장관의 명

1940년 음력 8월 17일 辰시생 남명

| 辛 | 庚 | 己 | 戊 | 丁 | 丙 | | 戊 | 甲 | 乙 | 庚 |
|---|---|---|---|---|---|---|---|---|---|---|
| 卯 | 寅 | 丑 | 子 | 亥 | 戌 | | 辰 | 子 | 酉 | 辰 |
| 57 | 47 | 37 | 27 | 17 | 7 | | 쇠 | 목욕 | 태 | 쇠 |
| | | | | | | | 금여 | | 비인 | 괴강 |
| | | | | | | | 화개 | | 도화 | 월덕 |

① 격국 및 용신

甲목이 酉월 금왕절에 생하였으나, 일지의 子수가 상생 유통하여 일간을 생하므로 용신은 인성이며, 희신은 비겁이다. 식상도 습한 사주를 조후하고 왕금을 제어하므로 길하며, 격국은 월지 정관격이다.

② 성격

甲 일주이므로 성품이 곧고 직선적이면서도 인자하고 너그러운 편이다. 정관격이므로 모든 문제에 대해서 관찰력이 예리하며, 치밀하고 정확하게 미래에 대한 예견과 예측을 판단하는 성품이다.

③ 육친

재성·관성·인성이 성하고, 신약이 아니므로 부모덕도 있고, 처·자식운도 무난하다. 그러나 사주가 한습하여 인덕은 없다.

④ 직업

정관격에 관성이 성하고 관인 상생하므로 전형적인 행정 관료의 명이다.
그러므로 관계에 진출하면 크게 성공한다.

⑤ 행운

丙戌 대운 : 丙운은 길하고 戌운은 흉하므로 평운이다.

丁亥 대운 : 간지가 모두 길운이므로 명문대 행정학과에 입학하였으며, 丙
午년에 대운의 亥수는 일간을 생하고, 연운의 丙午화는 관성
을 제어하며, 조후를 이루므로 행정 고시에 합격하였다.

戊子 대운 : 戊토는 기신이나 子수는 희신운이므로 참한 규수를 만나 결
혼하였고, 관직에서도 인기를 얻었다.

己丑 대운 : 甲己 합토하고, 子丑 합토하여 기신이 성하므로 흉운이다. 그
러므로 직장에서도 한직으로 전전하였고, 처의 건강이 좋지
않아 마음 고생이 많았다.

庚寅 대운 : 乙庚 합금하여 합살 유관이 되었고, 寅목은 희신운이므로, 가
내가 두루 평안하였고, 관직의 주요 보직을 역임하였다.

辛卯 대운 : 대운은 평운이나, 壬午년에 壬수는 일간을 생조하고, 午화는
관성을 제극하며, 습한 사주를 조후하므로 건설교통부 장관
에 임명되었다. 이 명은 관록도 있고, 행운의 여부에 의하여
재물복도 있을 명이다.


## (4) 변호사의 명

1974년 음력 6월 29일 寅시생여명

| 丙 | 丁 | 戊 | 己 | 庚 | 辛 | | 丙 | 己 | 壬 | 甲 |
|---|---|---|---|---|---|---|---|---|---|---|
| 寅 | 卯 | 辰 | 巳 | 午 | 未 | | 寅 | 丑 | 申 | 寅 |
| 53 | 43 | 33 | 23 | 13 | 3 | | 사 | 묘 | 목욕 | 사 |
| | | | | | | | | 고신 | 금여 | |
| | | | | | | | | | 천을 | |

① 격국 및 용신

己토가 申월에 생하고, 식상·재성·관성이 왕성하여 신약이므로, 용신은 시간의 인수이고 희신은 비겁이다. 격국은 申월의 장간에 있는 壬수가 투간되었으므로 정재격이다.

② 성격

己토는 정관인 甲목을 좋아하므로 현명하며, 욕심도 있고 실리적이며, 단단한 자기 중심의 세계를 가지고 있다. 꾀가 많고 눈치가 빠르고 똑똑하며, 생김새만 보아도 깜찍하고 야무져서 만만해 보이지 않으나, 믿음이 부족한 것이 흠이다.

③ 육친

초년 대운이 양호하여 귀문의 출신으로 부모의 비호 속에서 자랐다. 寅申 충하고 관성이 성하므로 결혼은 삼십삼 세 이후에 화기가 성한 배우자를 만나 결혼하면 무난하며, 자식덕도 볼 것이다.

④ 직업

정재격이므로 성실과 신용을 바탕으로 하는 업무가 길하고, 용신이 인수이며, 화의 기운이므로 다수를 위해 봉사하는 대인 봉사직도 양호하다.

⑤ 행운

辛未 대운 : 용신과 丙辛 합수하여 잔병 치레는 많았으나, 未토가 희신운이므로 부모의 보살핌 속에서 예쁘게 자랐다.

庚午 대운 : 천간은 기신운이나, 지지가 寅午 합화하여 길운이므로 명문대 법대에 진학할 수 있었다.

己巳 대운 : 寅巳申 삼형이 형성이 되어도 정·신·기 삼자가 충만하면 오히려 대발복의 기회가 될 수도 있으나 이 명은 그렇지 못하므로 寅巳申 삼형이 되어 사법 고시에 여러 번 낙방하였다. 그러나 壬午년에 寅午 합화하여 申금을 제어하므로 고시에 합격하였다.

戊辰 대운 : 비겁운이므로 길운이나, 辰토가 습토이므로 평운으로 봐야 하겠다. 그러므로 현재도 변호사 업무에 성실히 임하고 있다.

丁卯 대운 : 지지가 편관운이므로, 편정 혼합되어 불길하나, 천간의 丁화가
수기 유행하여 평범한 운이 되었다. 월간과 丁壬 합목이 있는
데, 이런 경우는 丁화는 그대로 있고, 목의 기운이 조금 더 왕
해진다고 보면 된다.

丙寅 대운 : 천간의 丙화가 목생화·화생토로 소통시켜 대길운이므로, 정계
에 입문할 수 있는 기회이다. 이 명은 대운이 일로 희신운으로
향하므로 돈과 명예를 모두 얻겠으나, 남편궁이 약하므로 반
드시 궁합을 맞춰 결혼해야 할 것이다.


## (5) 부장 판사의 명

1947년 음력 10월 12일 寅時생남명

| 乙 | 丙 | 丁 | 戊 | 己 | 庚 | | 壬 | 丁 | 辛 | 丁 |
|---|---|---|---|---|---|---|---|---|---|---|
| 巳 | 午 | 未 | 申 | 酉 | 戌 | | 寅 | 未 | 亥 | 亥 |
| 55 | 45 | 35 | 25 | 15 | 5 | | 사 | 관대 | 태 | 태 |
| | | | | | | | | 양인 | 천을 | 천을 |
| | | | | | | | | 암록 | | |


① 격국 및 용신

丁화가 亥월에 생하였으나, 未토가 亥수를 극하고, 丁화가 辛금을 제어하
며, 丁壬 합목하므로 신약은 면했다. 용신은 寅목이고, 희신은 화이며, 난조
한 토는 수기를 다스리므로 길하다. 寅목은 천간 壬수가 생하고, 寅亥 합목
하여 용신이 강왕하므로 길명이 되었다.

격국은 정관격이다.

② 성격

생활 철학이 뚜렷해서 요행이나 기적을 바라지 않고, 항상 노력하는 마음
자세로 쉬지 않고 노력하는 타입이다. 원만하고 너그러우며, 신용과 약속을
소중히 여기는 성품이다.

③ 육친

편재가 기신이고 초년 운세도 흉하므로 아버지와는 일찍 이별을 할 것이며,
결혼도 늦게 하고 자식도 늦게 두는 것이 길하다.

④ 직업

사주가 귀격이므로 정치·행정 기관 등의 문관이 양호하다. 그러므로 이
명은 부장 판사를 역임한 사주이다.

⑤ 행운

庚戌 대운 : 간지가 모두 기신이므로 아버지를 일찍 여의고 홀어머니 슬하
에서 성장했다.

己酉 대운 : 간지가 모두 기신이나 亥수 정관이 천을귀인에 해당하므로, 관
대·양인·암록이 성하는 丁未년에 법대에 진학하였다.

戊申 대운 : 甲寅년에 대운과 寅申충하므로 변동운이며, 관성과 寅亥 합목
이 되고 연운의 간지가 모두 용신운이므로 길운이다. 그러므
로 사법 고시에 합격하였다.

丁未 대운 : 대운의 간지가 모두 희신운이므로 길운이다. 그러므로 늦었지
만 결혼도 하고 자식도 두었다.

丙午 대운 : 대운의 간지가 모두 희신운이므로 길운이다. 따라서 부장 판
사로 승진하였으며, 안팎이 두루 평안하였다.

乙巳 대운 : 寅목과 寅巳형하고, 巳亥충이 되어 퇴직하고, 현재는 법무법인
대표 변호사로 활동하고 있다. 이 명은 관록과 명예는 양호하
고, 재물복은 식복 정도이다.

## (6) 의사의 명



1975년 음력 5월 10일 寅시생여명

| 戊 | 丁 | 丙 | 乙 | 甲 | 癸 | | 庚 | 丙 | 壬 | 乙 |
|---|---|---|---|---|---|---|---|---|---|---|
| 子 | 亥 | 戌 | 酉 | 申 | 未 | | 寅 | 申 | 午 | 卯 |
| 56 | 46 | 36 | 26 | 16 | 6 | | 장생 | 병 | 제왕 | 목욕 |
| | | | | | | | | 암록 | | 도화 |
| | | | | | | | 문창성 | | | |

### ① 격국 및 용신

丙화가 午월에 생하고 인성이 왕성하여 신강 사주이며, 壬수가 용신인데 극이 되고, 희신인 금은 충이 되어 흉명인 듯하나, 申금이 壬수의 장생지이고, 庚금의 건록지이며, 대운이 서북방 금수운으로 향하므로 길명이 되었다. 격국은 양인격이다.

### ② 성격

여명이 신강하고 충이 있으므로 성격이 괄괄하며, 욕심도 많고, 대망의 큰 뜻도 있으며, 요즘같이 급박하게 변하는 사회 환경에 적응력이 강하다. 그러나 다혈질적인 일면도 있어 구설수를 자초하는 경우도 많을 것이다.

### ③ 육친

행운이 토·금운이고, 편재가 희신이므로 부친덕은 양호하며, 남편덕도 있겠으나 자식은 많이 둘 수 없고, 어머니와는 인연이 없다.

### ④ 직업

신강하고 양인격이며, 인성이 세 개나 있어 의사·간호사 등의 활인하는 직업이 좋겠고, 아니면 군인·사법 기관 등의 드센 직업도 무난하다. 이 명은 가정 의학과 전문의 사주이다.

### ⑤ 행운

癸未 대운 : 癸수는 희신운이고 未토는 화토이며, 卯未 합목하므로 기신운이나, 천간에 癸수가 있고, 미약하나마 토의 기운이 남아 있으므로 평운이다.

甲申 대운 : 甲목은 기신운이나 申금은 희신운이므로 소길운이다. 寅申충
은 신강하고 기신을 제극하므로 양호하다. 그러므로 丙子년에
申子 합수하여 용신이 왕성해지므로 의대에 진학하였다.
乙酉 대운 : 乙목은 기신이나 乙庚 합금하여 흉은 면했고, 酉운은 희신운
이므로 학업에 전념하여 전문의 과정까지 이수하고 같은 의사
와 결혼도 하였다.
丙戌 대운 : 용신과 丙壬충하고, 寅午戌 삼합 화국이 되어 대흉운이다. 그
러므로 남편과 이별수도 있고 손재수도 있으므로 각별히 조심
해야 한다.
丁亥 대운 : 천간은 丁壬 합목하여 남편과 이별운이지만, 亥수는 희신운이
므로 소길운이다.
戊子 대운 : 천간·지지가 모두 희신운이므로 길운이나, 월지와 子午충이
되어 일신상의 분주함은 면할 수 없다. 이 명은 다사 분주한
명이지만 무사히 헤쳐 나갈 수 있는 사주이며, 명예도 있고, 노
력한 만큼의 재물도 있다.


## (7) 장군의 명

1950년 음력 9월 2일 巳시생남명

| 壬 | 辛 | 庚 | 己 | 戊 | 丁 |  | 辛 | 庚 | 丙 | 庚 |
|---|---|---|---|---|---|---|---|---|---|---|
| 辰 | 卯 | 寅 | 丑 | 子 | 亥 |  | 巳 | 辰 | 戌 | 寅 |
| 59 | 49 | 39 | 29 | 19 | 9 |  | 장생 | 양 | 쇠 | 절 |
|  |  |  |  |  |  |  | 암록 | 괴강 | 금여 | 역마 |
|  |  |  |  |  |  |  | 고신 |  | 천덕 |  |
|  |  |  |  |  |  |  |  |  | 월덕 |  |


① 격국 및 용신

庚금이 戌월에 생하고 토·금이 성하므로 신왕이며, 월지 편인격이고, 용신
은 재성이며, 희신은 관성이다.

② 성격

신왕하고 庚금 일주이므로, 우직하고 강직하여 명예를 중시하며, 위엄과 결단력이 있고 승부욕이 강해서 투기나 모험도 두려워하지 않는다. 남의 윗자리에 군림하려는 지배 욕구가 다른 사람들에 비해 강하다. 반면, 인정도 많아서 약자를 잘 돕는 성품이다.

편인격은 용모가 당당하고 활인하는 덕이 있으며, 공직으로 나가면 권귀가 창성하여 크게 출세하거나, 아니면 청고한 기예인이 되기 쉽다. 그러나 음주 가무를 좋아하면 방탕하여 패가 망신한다.

③ 육친

편재가 절지에 해당하므로 아버지와는 인연이 없고, 양어머니가 있을 팔자이며, 부인하고는 주말 부부로 사는 것이 현명하다. 관성이 입묘하여 자식은 적으나, 연지의 寅목이 戌토를 동화시켜 관성을 생조하므로 한 자식은 크게 성공한다.

④ 직업

庚금 일주에 신왕하고, 일주가 괴강이며, 지지에 형·충이 있으므로 형권을 가진 군인·판사·검사·경찰·의사직이 양호하다. 그러므로 이 사주는 육군 소장을 역임한 명이다.

⑤ 행운

丁亥 대운 : 원명은 부모운이 없으나, 지지가 연지와 寅亥 합목하여 희신운이므로 부모덕은 평범하다.

戊子 대운 : 戊운에 육사에 입학하여 공부를 잘 해 우수한 성적으로 졸업하였으며, 子운은 일지와 子辰 합수하여 재성이 생조됨으로써 결혼을 하였다.

己丑 대운 : 辰戌충에 丑戌 삼형이 되고, 기신인 인성운이므로 흉운이다. 그러므로 가족들과 떨어져 전근을 자주 다니며, 부산하고 힘든 시절이었다.

庚寅 대운 : 지지가 壬午戌 삼합 화국이 되어 관성이 왕성하므로 대길운이

다. 그러므로 46세 丙子년에 준장으로 진급하였다.

辛卯 대운 : 천간은 丙辛 합수하여 흉운이나, 지지가 卯戌 합화하므로 길
　　　　　운이다. 그러므로 52세 壬午년에 소장으로 진급하였다.

壬辰 대운 : 丙壬충하고, 辰戌충을 재차 충하므로 퇴직할 것이다. 이 명은
　　　　　재물복은 식복 정도이고, 명예와 관록은 양호한 사주이다.

## (8) 탤런트의 명

1971년 음력 10월 2일 巳시생여명

| 乙 | 甲 | 癸 | 壬 | 辛 | 庚 | | 丙 | 戊 | 己 | 辛 |
|---|---|---|---|---|---|---|---|---|---|---|
| 巳 | 辰 | 卯 | 寅 | 丑 | 子 | | 辰 | 申 | 亥 | 亥 |
| 56 | 46 | 36 | 26 | 16 | 6 | | 관대 | 병 | 절 | 절 |

암록

문창성

① 격국 및 용신

한습하고 신약하므로 용신은 화이며, 희신은 비겁이다. 목도 왕한 수기를
설기하여 용신을 생조하므로 길하며, 격국은 편재격이다.

② 성격

조용하면서도 지혜로워 처신도 신중하며, 자기의 속내를 잘 내비치지 않는
다. 이해 타산에 지나치게 밝고 이기적인 경향이 있으나, 두뇌가 명석하여 크
게 낭패를 당하지 않는 성품이다.

③ 육친

재성이 기신이고, 초년 대운이 흉하므로 부모덕은 없고, 관성이 미약하여
남편덕도 없으나, 본인과 합이 있는 배필을 만나 혼인하면 癸卯 대운부터는
원만하게 잘 살 수 있고, 자식운도 있다.

④ 직업

금수가 성하므로 총명 영리하고, 미인이며, 성적 매력도 있으므로 연예인
이 적합하고, 예술가·문예인도 양호하다. 그러므로 이 명은 유명 탤런트의

사주이다.

⑤ 행운

庚子 대운 : 간지가 모두 기신운이므로 아버지가 사업에 실패하여 부모가
　　　　　　이별하는 아픔을 겪었다.

辛丑 대운 : 미모가 뛰어나고 재치가 있어 庚午년에 모 방송국 탤런트 시
　　　　　　험에 합격하여 연기자 생활을 시작하였다.

壬寅 대운 : 대운의 지지와 일지가 寅申충이 되었으나, 寅亥 합목하여 수기
　　　　　　를 설거하고 용신을 생조하므로 인기도 얻고 돈도 벌었으나,
　　　　　　이성 문제만큼은 뜻대로 되지 않았다.

癸卯 대운 : 일간과 戊癸 합화하여 희신으로 화하고, 亥卯 합목이 되므로
　　　　　　대길운이다. 그러므로 인기도 탄탄하고 좋은 신랑감을 만나
　　　　　　결혼도 하리라.

甲辰 대운 : 甲운은 길하나 甲己 합토하여 남편과 이별운이고, 辰토는 습토
　　　　　　이므로 기신인 금·수를 부조하여 손재수가 있으리라.

乙巳 대운 : 乙목은 길하고, 巳운은 巳亥충하고 巳申형하여 불길하므로 문
　　　　　　서사로 인해 손해가 있겠고, 건강상의 고난이 따를 것이다. 이
　　　　　　명은 애정운은 불길하나, 인기·명예·재물복은 양호하다


## (9) 한의대 교수의 명

1961년 음력 7월 27일 卯시생남명

| 庚 | 辛 | 壬 | 癸 | 甲 | 乙 | | 癸 | 壬 | 丙 | 辛 |
|---|---|---|---|---|---|---|---|---|---|---|
| 寅 | 卯 | 辰 | 巳 | 午 | 未 | | 卯 | 寅 | 申 | 丑 |
| 60 | 50 | 40 | 30 | 20 | 10 | | 사 | 병 | 장생 | 쇠 |
| | | | | | | | 도화 | 암록 | 월덕 | |
| | | | | | | | | 고신 | 역마 | |
| | | | | | | | | 문창성 | | |

① 격국 및 용신

壬수가 申월 장생지에 생하고 금수가 왕하여 신왕이므로, 용신은 화이고 희신은 목이며, 조토는 길하고 습토는 흉하다. 격국은 편인격이다.

② 성격

자부심·승부욕·출세욕이 강하고 임기 응변이 뛰어나며, 성격이 일정치 않다. 때로는 급하고, 때로는 느리며, 때로는 온순하다. 그러나 한번 성질이 나면 그 누구도 말릴 수 없는 무서운 성격을 지니고 있다. 평소에는 이해심이 많고 호탕해서 부담이 없는 사람이다.

③ 육친

편재가 용신이므로 부친덕은 있겠으나, 丙壬극하고 寅申충하여 같이 생활하기는 어렵고, 모친은 두 분 모실 팔자이다. 丙辛 합수하고 일·월지가 충하므로 처연은 반드시 바뀌고, 아들은 좀 늦게 둘 것이다.

④ 직업

연지의 관성이 인성을 생하고, 丙화가 합이 되어 청기가 부족하므로 관계의 진출은 곤란하며, 신왕하고 월지편인격이므로 의사·전문 기술직·언론인·예술 계통이 적합할 것이다.

⑤ 행운

乙未 대운 : 乙목은 희신이고, 丑未충하여 집안에 우환은 있겠으나, 未토는 조토이므로 평범한 운이다.

甲午 대운 : 甲목이 丙화를 생하고, 寅午 합화하여 화기가 왕성하므로 대길운이다. 그러므로 명문대 한의학과에 진학하였다.

癸巳 대운 : 癸수는 기신이며, 寅巳申 삼형이 형성되고 신왕이므로 한의대 교수로 발탁은 되었으나, 부부 이별운이다.

壬辰 대운 : 壬수는 기신이고, 辰토 역시 습토이므로 흉운이다. 토가 관성에 해당하므로 교수로서의 인기는 얻고 있다.

辛卯 대운 : 부부 이별은 있겠으나, 재물운은 양호하다.

庚寅 대운 : 丙庚극이 되어 천간은 불길하고, 寅午 합화하여 지지는 길하

므로 길한 중에 소흉이 있다. 이 명은 처연과 자식복은 불길
하나, 재물복은 원만하다.

## (10) 공인 회계사의 명

1976년 음력 윤8월 27일 丑시생여명

| 壬 | 癸 | 甲 | 乙 | 丙 | 丁 | | 丁 | 乙 | 戊 | 丙 |
|---|---|---|---|---|---|---|---|---|---|---|
| 辰 | 巳 | 午 | 未 | 申 | 酉 | | 丑 | 巳 | 戌 | 辰 |
| 54 | 44 | 34 | 24 | 14 | 4 | | 쇠 | 목욕 | 묘 | 관대 |
| | | | | | | | 과숙 | 금여 | 괴강 | 양인 |
| | | | | | | | 고신 | | 암록 | |

① 격국 및 용신

이 여명은 종개격이다. 사주가 식상과 재성으로만 이루어져 식상이 있는
종재격이므로 사주가 길하다. 용신은 화·토이고, 기신은 수·목이며, 금은 왕
성한 토기를 유통시키므로 길하다.

② 성격

신경이 예민하고 두뇌가 명석하며, 말이 온유하고 행동이 단정하다. 조심
성이 있고 예가 바르기 때문에 누구에게나 호감을 사지만, 지나치게 현실과
물질을 중요시하는 면이 있다.

③ 육친

초년 대운이 희신운이므로 부모덕은 양호하고, 자식은 있겠으나 남편덕이
없으므로 궁합을 맞춰서 결혼해야 한다.

④ 직업

종재격이므로 금융 계통이 적합하고, 사업을 해도 이윤이 많을 것이나, 정·
신·기 삼자 중 정기가 부족하므로 관계로의 진출은 곤란하다.

⑤ 행운

丁酉 대운 : 丁화도 희신이고, 酉금 관성이 巳酉 합금하여 왕성한 토기를
수기 유행하므로 대길운이다.

丙申 대운 : 간지가 모두 희신운이므로 일류대 회계학과에 진학하였으나,
巳申형이 되어 건강상의 어려움이 있었다.

乙未 대운 : 乙목은 기신이나, 未토가 희신운이므로 辛巳년에 공인 회계사
시험에 합격하여 금융기관에 입사하였다.

甲午 대운 : 甲목은 기신이나, 지지의 午화가 설기하고 월지와 午戌 합화하
여 충을 해소하는 길운이므로 결혼할 것이다.

癸巳 대운 : 癸수는 기신이나 월간과 戊癸 합화하여 무난하고, 巳화는 희
신운이므로 많은 부를 축적할 것이다.

壬辰 대운 : 壬수는 기신운이고, 辰토는 편재이므로 희신이지만, 천간의 壬
수가 적시어 원명의 辰戌충을 재충하므로 금전적인 시끄러움
이 있겠고, 질환으로 고생할 것이니, 일선에서 물러나 심신을
편안하게 하는 것이 좋을 것 같다. 이 명은 남편운은 불길하나,
자식복·재물복은 있다.


## (11) 대기업 임원의 명

1964년 음력 2월 9일 酉시생 남명

| 癸 | 壬 | 辛 | 庚 | 己 | 戊 | | 乙 | 庚 | 丁 | 甲 |
|---|---|---|---|---|---|---|---|---|---|---|
| 酉 | 申 | 未 | 午 | 巳 | 辰 | | 酉 | 午 | 卯 | 辰 |
| 55 | 45 | 35 | 25 | 15 | 5 | | 제왕 | 목욕 | 태 | 관대 |
| | | | | | | | 양인 | | 도화 | 월덕 |

① 격국 및 용신

庚금이 卯월에 생하고, 목·화가 왕하므로 용신은 토·금이며, 격국은 정재
격이다. 시간의 기신인 乙목이 일간과 乙庚 합금하고, 지지에 형·충이 없으
므로 신약 사주이지만, 길격이 되었다.

② 성격

겉은 비록 강직하나 내면은 약하므로, 누가 자기 잘못을 추궁하면 그대로
시인을 하고 구구한 변명을 늘어놓지 않는 화끈한 성격이다. 윗자리에 군림

하려는 지배 욕구는 강하나, 가정에서는 아내에게 꼼짝 못 하는데, 그것은
속마음이 약하기 때문이다.

③ 육친

인성이 희신이고, 초년 대운이 길하므로 부모덕은 무난하고, 자식복은 정
관이 천간에 투출되고 재성이 이를 생조하여 양호하겠으나, 대운이 용신과
상반되므로 아들은 좀 늦을 것이다. 재성이 성하므로 처는 강강하겠다.

④ 직업

관성이 인성으로 화하지 못하여 정·관계외 진출은 곤란하고, 일간이 庚금
이고 酉금에 유근하며, 재·관이 성하므로 실업계로 진출하게 될 것이다.

⑤ 행운

戊辰 대운 : 戊辰토가 화기를 회화 생금하므로 대길운이다. 그러므로 유복
　　　　　한 가정에서 자랐다.

己巳 대운 : 己토는 희신이며, 巳화는 불이므로 기신이 될 것이나, 巳酉 합
　　　　　금하고, 庚금의 장생지이므로 己巳 대운은 소길운이다.

庚午 대운 : 庚금은 희신운이므로 상대 경영학과를 졸업하고 대기업에 입
　　　　　사하였다. 午운은 기신운이므로 회사의 경영 일선에서 분주하
　　　　　고 다사 다난하게 보냈다.

辛未 대운 : 辛운은 양호하며, 未운은 조토이고 卯未 합목하여 불길하나,
　　　　　토의 기운이 남아 있고 관대지이므로 소길운이다. 그러므로
　　　　　맡은 직분에 충실하여 진급을 거듭하였으며, 사십일 세 乙酉년
　　　　　에 乙庚 합금하고, 연지와 辰酉 합금하여 대길년이므로 영업
　　　　　직 이사로 승진하였다.

壬申 대운 : 壬수는 기신이나, 申금이 건록지에 해당하므로 별 기탄 없이
　　　　　임무에 충실하고 있으며, 이후로도 양호하다.

癸酉 대운 : 癸운은 기신운이나, 酉금이 제왕지이고 양인에 해당하므로 대
　　　　　길운이다. 그러므로 경영인으로서 최고의 지위까지 승진할 것
　　　　　이다.

tip 빈천한 명은 대운이 좋게 들어오지 않는 사람이고, 병약한 명은 오행이 편고
되어 있거나, 형·충·파가 많은 사람이다. 그러면 사주나 대운이 흉하면 노
력할 필요가 없지 않겠는가. 운이 좋으면 잘 되고, 나쁘면 안 되고 어려우니,
닥치는 대로 살자고 생각하는 사람도 있겠으나, 크게 성공한 사람들은 운이
나쁠 때 방황하거나 태만하지 않고 열심히 노력하여, 운이 좋을 때 큰 인물
이 되는 것이다. 하지만 평범한 사람은 운이 나쁠 때는 방황하고 불평 불만
으로 허송 세월을 보내다가, 운이 좋아지니 겨우 생활이 안정되고 평범하게
사는 것이다. 또 운이 좋을 때는 기고 만장하다가, 나쁜 운이 오면 실패하고,
관재 구설이 따르는 경우가 많다. 운이 좋을 때 조금만 몸조심하고 자중했다
면 나쁜 운이 와도 크게 다치지는 않았을 것이다. 만일 자신의 대운과 그릇
을 안다면 조심할 일은 조심하면서 몸가짐을 신중히 할 수 있을 것이다. 이
것은 장마철이 오기 전에 집 안을 돌아보고, 겨울이 깊어지기 전에 겨울 준
비를 하는 것과 같은 이치이다.


지금까지 명리학의 기초부터 실전까지 상세히 설명하였으므로《명리학 정
해》를 통해 자신의 그릇과 운세를 가늠하여 삶의 길잡이가 되기를 기원한다.

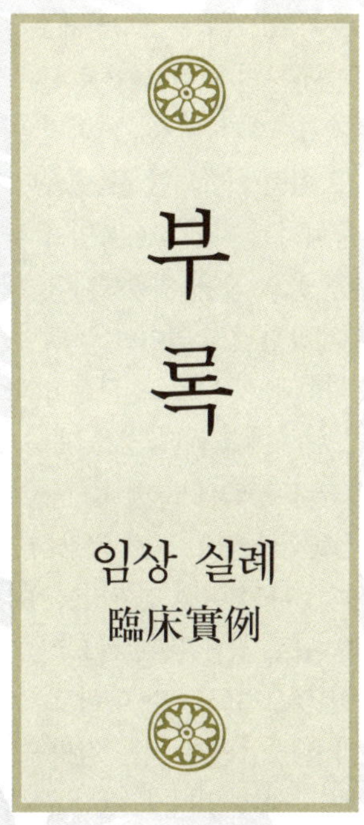

# 부 록

## 임상 실례
## 臨床實例

어느 날 갑자기 생각지도 않던 엉뚱한 일로 우리의 삶을
가로막고 나서는 위력적인 무언의 힘을 느낄 때가 너무도 많다.
호랑이한테 물려가도 정신만 차리면 산다는 말이 있듯이,
인간의 의지와 상관없이 초인적인 힘에 의하여 신상에 닥치는 위기를
피해 갈 수 있다면 무슨 일이든 나무랄 일이 아니지 않겠는가!
여기 소개한 임상 내용은 저자가 지인의 도움으로
모 일간지에 게재했던 실제의 상담 사례로서
지푸라기도 잡고 싶은 심정의 사람들에게
일말의 도움이 되었으면 하는 바람에서 올리는 글이다.

　● 한 여인이 무언가에 쫓기듯 찾아왔다. 초췌한 모습과 피곤한 기색이 역력한 그녀의 점사를 내어보니 후처로 살 팔자이며, 남편한테 칼 맞아 죽을 쾌가 나오길래 거침없이 그대로 말해 줄 수밖에 없었다.

　"남편한테 칼 맞아 죽을 수가 있으니 몸조심하세요."

　이에 여인은 눈물을 흘리면서 사연을 이야기 한다.

　"선생님, 제 말을 믿으시지요. 제가 이 말을 하면 아무도 믿어줄 사람이 없을 것 같아 지금까지 아무에게도 이런 이야기를 못 했습니다."

　남편이 한의사인데 저를 죽이려고 지난 3년간 밤에 잘 때부터 아침에 일어날 때까지 매일 8시간 정도를 침을 꽂고 잠을 재웠습니다. 남편이 처음 2년 간은, 이런 침은 자기가 처음으로 연구 개발한 침술법이며, 노벨상감이라 하고, 제 몸이 좋아진다고 하기에 맞았는데, 오히려 몸이 마르고 건강이 더 악화되어 맞지 않으려 하자, 지금은 체질 변형이 되기 위하여 그러니 침을 계속 맞기를 권유해, 하는 수 없이 그 뒤로 1년간을 더 맞았습니다. 그래도 제 몸은 좋아지기는커녕 몸이 더 마르며 기력이 없길래, 더 이상 침을 맞는다면 죽겠구나 하는 생각이 들었습니다. 그래서 남편 몰래 여러 경로를 통해 과연 이런 침술법이 있는지 알아보니 그런 침술법이 전혀 없다는 것입니다. 그 뒤로 침을 맞지 않으려 하자, 그 때부터는 강제적으로 침을 놓으려 하고, 저는 안 맞으려고 도망 다니고 있는데, 밤이 되면 두려워 견딜 수 없었습니다. 근래에 와서는 남편과 저는 각방을 썼는데, 제가 방문을 잠그고 자면 열쇠로 밖에서 열려고 생야단입니다. 생각 끝에 지금은 재래식 열쇠 고리를 달았지만, 밤마다 불안에 떨면서 비몽사몽 잠을 청하고 있습니다. 선생님, 이 일을 어떻게 하면 좋을까요?"

　이 이야기를 듣자 필자는 과감히 헤어질 것을 권유하며, 남편 사주를 풀어본바, 결혼을 세 번 할 운명이고, 여자를 교묘하게 이용하는 사주이며, 현재는 쇠고랑을 찰 쾌가 안 나와 할 수 없이 강남의 유명 여변호사와 합이 있어 그 변호사를 통해 민사 소송을 선택했다. 그런 뒤 법원에서 재산 가압류 통고장이 남편한테 당도하기 전에 길일을 잡아 자기 아이들과 집을 나오게 한 후, 몸과 마음을 맑게 하여 정신적인 안정을 찾게하고 선禪 수련을 하게 했다. 그리고 나자 지금은 몸과 마음이 많이 안정되었을 뿐만 아니라, 그 변호사와 협의하여 형사 소송도 준비하고 있다.


　● 작년 봄, 오십대 초반의 부인이 찾아왔는데, 얼굴은 전택<sub>눈썹과 눈 사이</sub>이 넓은 편이고 눈꺼풀이 도톰했다. 이 상은 윗사람의 이끌어줌과 은혜를 받아야만 탄력적으로 운명이 열리며, 부모님한테도 효도할 것이고, 마음씨가 넓고 성실하며, 또

한 무슨 일이건 정열적인 여성이 될 것이다.

그녀가 남편 사주를 보러 왔다기에, 생년월일을 묻고 풀이해 보니, 이건 완전히 바람둥이가 아닌가. 시쳇말로 치마만 두르면 다 여자로 보는 사람이며, 돈을 벌긴 버는데 앞으로 남고 뒤로 밑지는 형국이라.

"바깥양반의 사주가 파란 곡절이 많은 운명이며, 지금까지 돈 번 것 다 잃고 현재는 생활도 어려운 지경입니다. 돈이 모아지지 않는 이유는, 꼭 새로운 일을 시작하려 할 때 부인 이외의 쓸데없는 여자가 들어오니 사업이 잘 될 리가 있겠습니까? 원래 여자가 들어오면 사업운이 반감되어 재수가 없는 것입니다. 그리고 부인은 건강도 좋지 않군요."

"예, 그래요. 저희 집 아저씨는 천하의 바람둥이입니다. 저희 집에 세 들어온 여자부터 다방 레지와 식당 아줌마 등 이루 다 말을 할 수가 없습니다. 사업은 건축업을 했는데, 친정 도움을 받아서 사업도 번창하고 돈도 많이 벌었지요. 그런데 6년 전 친구의 소개로 부평역 지하도 상가 토목공사 하청을 맡아 했는데, 원청업체 사장의 농간으로 공사 대금을 받지 못해 그 사장을 고발해서 재판에도 이겼지만, 돈을 다 빼돌려 자기 명의로는 가진 것이 없기 때문에 한푼도 받지 못했습니다. 그놈은 지금 빼돌린 돈으로 호의호식하며 잘살고 있습니다. 그걸 보면 분통이 터질 지경이지만, 어떻게 할 수가 없어 울화병으로 몸도 많이 상했고, 현재는 살림마저 어렵지만, 남편은 지금도 저 몰래 바람을 피우고 있는 것 같습니다. 남편 바람기를 꼭 잡아 주십시오. 생활도 어려운데 정신 차려 취직이라도 해야 하는 것 아닙니까?"

그리하여 평생운과 올해의 운세를 뽑아보니 천부살과 탕화살이 끼어 있어, 부인 이외의 다른 여자가 들어오면 그 여자의 나쁜 기운으로 사업도 취직도 안 되는 것이었다. 그러나 다행히 재물운과 말년의 운세가 살아 있어 쓸데없는 여자만 들어오지 않게 막아주면은 앞으로 충분히 행세할 수 있는 사주였다. 그래서 천부살을 막아주고 탕화살을 풀어헤치는 방법을 하였으며, 행운을 불러들이는 방향·숫자·색깔·도장을 바꾸어 주었다.

그 후, 건설 회사에 취직하여 현장 소장으로 근무 중이며, 부부 금슬도 좋고, 가정에도 충실하고 있다.


● 하루는 삼십대 초반의 남자가 왔는데, 얼굴에 오성이마·턱·코·좌우 관골의 균형이 잘 잡혀 있었고, 풍만했다. 그러므로 이 상은 부귀를 얻어 영화로움이 있을 것이나, 간문이 어지러운 흠이 있어 처연이 약한 것이다.

사주를 풀이해 보니 아버지하고는 인연이 없고, 말로 풀어 먹는 운이며, 운세도 좋으니 직업은 언론계나 변호사 쪽이고, 현재는 결혼 문제 이외에는 큰 일은 없을 괘이다.

"이 사주는 말로써 풀어 먹는 사주이고 운세가 좋으니 어려움 없이 탄탄대로를 걷겠지만, 처연이 어지러우니 결혼만큼은 궁합을 봐서 해야 합니다."

"예, 저는 현재 방송국에서 근무하고 있으며, 데이트도 해 봤고 애인도 있었지만, 선생님 말씀대로 끝이 별로 좋지 않았습니다. 그래서 어머님 권유도 있고 해서 오늘 궁합을 보러 왔습니다."

하고 처녀 사주 3명 것을 내놓았다. 아! 역시 생긴 대로 영리하고 지혜가 있는 사람이구나 생각하고 하나씩 풀어보니, 첫 번째는 직업은 전문직이고 능력도 있지만은 남편을 극하는 사주이며, 두 번째는 재벌가 출인이고 미인이지만 제 잘난 맛에 사는 사람이라 시집 식구와의 융화가 안 되고, 세 번째는 직업이 교육자인데 융통성 있고 차분해서 어려운 때에 뜻밖의 힘을 발휘하는 심지가 굳은 여성이며, 궁합도 좋고 또한 전생도 인연이 있었다.

"세 번째 처녀의 직업이 무엇입니까?"

"예, 교사라고 하던데요."

"그렇지요. 궁합은 이분이 제일 좋습니다. 천생 연분이라 해도 과언이 아니에요. 이분과 사귀어 보시지요."

"그러세요? 한데 두 번째 처녀는 어떻습니까? 얼굴도 예쁘고 솔직히 재력도 좀 있고 해서 말입니다."

하여, 정신 일도하고 괘를 뽑아 자세히 훑어봐도 마찬가지이다.

"예쁘고, 직업 좋고, 돈 있으면 뭐합니까? 본인하고 맞지 않으면 다 소용 없는 것이지요. 그리고 세 번째 처녀는 시부모님한테도 효도할 것입니다. 어머님이 어렵게 고생해서 키우신 것 같은데, 효자 며느리를 보여 드려야 할 것 아닙니까?"

"예, 아버님께서 일찍 돌아가셔서 저희 자식들 키우시느라 어머님이 이루 말할 수 없이 고생을 많이 하셨습니다."

"또한 두 분은 전생에도 좋은 인연이 있었으니, 처음 봐도 낯이 익고 볼수록 예뻐 보이며 마음이 끌릴 것입니다. 더구나 속궁합까지 좋으니까 자식도 훌륭하게 둘 것이니 아무 말씀 마시고 만나 보세요."

"예, 잘 았겠습니다."

그런 뒤, 그 젊은이가 찾아왔다.

"안녕하세요? 선생님 말씀대로 볼수록 예쁘고 귀엽고, 성격도 좋습니다. 그리고 어머님이 무척 좋아하십니다. 결혼식 날짜를 선생님한테 잡으려고 했는데, 원래 여자 쪽에서 잡는 것이라고 하여 그렇게 하라고 했습니다. 정말 감사합니다."

"예, 잘 됐군요. 두 분의 생기방이 서쪽이니 침대 머리를 서쪽으로 놓고 주무시고, 아들딸 잘 낳아 훌륭하게 키우십시오."

● 하루는 사십대 후반의 여성이 왔는데, 그녀의 인상은 누당눈 아래의 반원형 부분에 부피가 없으면서도 마치 누군가에게 얼어맞아서 부은 것처럼 눈 아래의 살이 반원형으로 부풀어 올라 있었고, 또한 빗속에 홀로 서 있는 학과 같은 형상이었다. 따라서 결혼하게 되면 쓸쓸한 생활을 하는 운명이므로 남편의 사랑을 받기 어려울 것이다.

"안녕하세요? 아들이 한국외국어대학교 편입 시험을 보는데, 어떻게 될지 궁금해서 찾아왔습니다."

"그러세요?"

아들의 사주를 풀이해 보니, 운명은 권력·명예·인기를 포함한 관록이 충만하고 재물복도 왕성해서, 31세 이후로는 대성할 괘이다. 연운을 보니 작년까지는 시험운이 약했지만, 올해는 편입 시험에 합격할 운이 닿아 있었다.

"시험에 합격하니 걱정 안하셔도 되겠습니다."

그러자 그녀가 활짝 웃으면서 반긴다.

"그렇게 되면 좋겠네요."

"한데 남편과는 사이는 어떠신가요?"

"왜요?"

"부인을 보니 남편과 이별을 할 것인지 말 것인지, 근심이 가득합니다."

"아, 어떻게 알았습니까? 저는 남편이 여자한테 인기 좋은 멋진 바람둥이로만 알았습니다. 그래서 지금까지 남편이 바람을 피워도 저보다 예쁘고 젊고 똑똑한 여성과 연애하는 줄 알고 제 자신이 못났기 때문에 꾹 참았지만, 우연히 남편이 사귀는 여자를 봤는데, 저보다도 인물이 없고 늙어 빠진 여자와 사귀지 않겠습니까. 이건 정말 자존심이 상하고 분통이 터질 지경이었는데 선생님이 말씀하시는군요. 저희 부부는 어떻게 했으면 좋겠습니까?"

부부의 사주를 괘를 내어보니 이별이 없는 공방수이며, 남편의 직업은 공무원인데 경우가 없는 사람은 아니었고, 오히려 부인의 사랑을 받고 싶은 마음이 여린 사람이었다. 그리고 올해 몸과 마음을 차분히 하면 진급운이 있는지라,

"문제는 남편한테만 있는 것이 아니고 부인에게도 있습니다. 바람을 피우는지

안 피우는지, 들어오는지 나가는지 통 무관심하니, 부인을 봐도 보는 흥미가 있겠습니까? 질투도 할 때는 하고, 빈말이라도 당신이 최고야라고 하면서 기도 살려주고, 자식들만 안고 돌지 말고 남편한테도 관심을 가지세요. 그러면 남편이 밖에서 돌지 않습니다. 더구나 올해 집안이 화목하면 직장에서 진급도 있을 운입니다."
　하니, 깜짝 놀라 반기면서 말한다.
　"그래요? 이번에도 진급이 누락되면 명예 퇴직을 해야 하는데, 정말입니까?"
　"그렇습니다. 남편한테 관심을 좀 갖고 당신이 최고야라고 기도 살려주고, 또 쑥스럽지만 애교도 적당히 부리시면 부인이 더 예뻐 보이고 바람도 피우지 않을 것이며, 12월에는 진급도 꼭 할 것입니다."
　하고는 부부의 생기 방향과 자신의 행운을 불러들이는 방법을 알려 주었다. 그후 남편도 진급하고, 아들도 편입 시험에 합격했다는 감사의 연락을 받았다.


　● 하루는 지방에서 한 아주머니가 삼십대 초반으로 보이는 여동생을 데리고 올라왔는데, 얼굴에 열이 올라 벌그레하고 눈도 충혈되어 있었다. 또한 표정과 행동거지가 혼란스럽고, 정신이 나간 사람 같은 모양이라, 분명 신병이 발동했다 싶어 아주머니에게 물었다.
　"언제부터 이렇습니까?"
　"예, 한 3개월 전부터 가끔 헛것이 보인다면서 자꾸 헛소리를 했습니다. 그리고 꿈에 머리를 산발한 채 소복한 여인이 나타나 자기한테 오라고 손짓한다고 하더니, 일주일 전부터는 다 죽어갈 만큼 괴로워하고 행동이 이상해서 선생님의 소문을 듣고 데리고 왔습니다."
　한다. 사주를 풀이해 보니, 올해는 그녀의 신기가 발동하는 운세이고, 얼마 전에 남편과 이별했을 운이다.
　"동생이 남편 잘못 만나서 고생 많이 했네요. 헤어지길 잘 했습니다."
　"예, 맞습니다. 제부가 도박에 정신이 팔려 직장도 그만두었습니다. 동생이 시집가기 전에 돈을 좀 모아서 갔는데, 그것마저 다 털어먹었답니다. 그 동안 우리는 모르고 있다가 연락이 없길래 어떻게 사는지 가 봤는데, 글쎄 꼴이 말이 아니었습니다. 배도 곯고 두들겨 맞고 해서 제 형부가 시골 집에 데려다 놓고 강제로 이혼을 시켰습니다. 이 애가 그 때 받은 결혼 생활의 충격으로 이러는지도 모르겠습니다."
　"예, 신병이 발생하는 이유는, 첫째 신병이 발동하는 운세일 때, 둘째는 정신적·육체적 고통으로 몸과 정신이 많이 약해져 있을 때, 셋째는 전생에 신병을 앓은 전력이 있을 때, 넷째는 집안 내력으로 이런 현상이 있는 것인데, 동생은 첫째와 둘째의 해당 사항입니다."

"그러면 이 일을 어찌하면 좋을까요? 선생님, 정신만 돌아오게 해 주십시오."

필자는 마음을 가다듬고 괘를 내어보니, 신을 받아서는 안 될 운명이고, 더욱이 풀어 먹을 수도 없는 운세이다. 그러니 정신만 바로잡아 주면 앞으로의 운세가 재물복이 상당히 발복하는 괘이다. 하여, 잡신을 물리치는 신방과 더불어, 사문방을 막아주고 개문방을 열어주는 비방을 취하였으며, 또한 귀신을 내몰아치는 방법을 하여 물에 타서 먹이기를 3일 동안 하였다. 그 밖에 가정 생활에서의 주의할 점, 자신의 운세를 바꿔주는 방법과 방향, 행동을 알려 주면서 말했다.

"앞으로 동생의 건강이 원만해지면 노점에서라도 장사를 한번 시켜 보십시오. 멀지 않아 재물복이 발복해서 돈 버는 데 재미 붙여 열심히 움직일 것이고, 그렇게 되면 몸도 건강도해지면서 자연히 정신도 강해지니까 귀신도 범접을 못 할 것입니다. 그렇게 하도록 옆에서 도와 주십시오."

"예, 잘 았았습니다. 고맙습니다."

그 후, 한참이 지난 어느 날이었다.

"안녕하세요. 저희 기억하시죠? 선생님 말씀대로 했더니 그 뒤로 동생 건강이 좋아졌습니다. 그리고 원래 저희 사는 데가 시골이지만 5일장이 서는데, 동생이 그 장터의 노점에서 마늘·깨·파 등을 파는 장사를 시작했습니다. 요즘은 도로망이 좋아져서 도시 사람들까지 몰려와 거의 매일 장이 서다시피 해 장사가 번창해서 조그만 가게도 하나 샀고, 형편이 많이 나아져 결혼도 준비 중이라 궁합을 보러 왔습니다."

"아하, 예, 잘 오셨습니다."


● 작년 여름, 무더위가 기승을 부릴 때 50대 중반의 신사가 찾아왔는데, 위엄도 있고 점잖해 보이는 사람이었다.

생녕원일을 묻고 사주를 풀이해 보니, 직업은 전문 경영인 쪽이지만 현재는 쉬고 있는 상태이며, 올해의 운세는 7월에 관재 구설, 9·10월에 사업 이동 변동수라, 일단 이 달에 사업적으로 관계가 있는 사람이 사장님을 고소할 일이 있으니 조심하시라 하니, 얼굴색이 변하면서,

"실은 그 일 때문에 찾아왔습니다. 제가 전에 관리했던 회사의 하청업체 주식을 3년 전에 싼 값에 취득했다 하여, 그 회사를 그만둔 지 3년 뒤인 이제 와서 제가 무슨 검은 거래로 그 하청업체의 주식을 취득한 것이라 믿고 있습니다. 그래서

지금 하청업체의 관리인 측이 저를 배임 혐의로 검찰에 고발을 하여 출두 통지서
가 왔습니다. 선생님 정말 불안합니다. 이 일이 어떻게 될까요?"

하며 불안한 기색을 감추지 못하는데, 필자는 정신을 한 곳으로 집중하여 점괘
를 내어보니, 관재 구설은 구설인데 다행히 시끄러움만 내고 끝날 운이라,

"사장님, 걱정 마십시오. 비록 이 일로 심신이 피로하겠지만, 구속이나 재판까
지는 가지 않고 잘 풀려나가겠습니다. 다행히 사장님은 큰 욕심이 없는 분이고,
그 주식을 비리에 의해서 취득한 것이 아니기 때문에 무사히 넘어갈 것입니다. 걱
정마십시오."

하고 설명을 해 주자,

"정말 고맙습니다, 선생님."

하고 기뻐하는 것이었다.

"그런데 사장님 운에 올 9월경쯤 직업이 들어오는데, 혹 무슨 별일은 없습니
까?"

하고 묻자,

"예, 얼마 전에 법정 관리가 진행 중인 동銅 전선을 만드는 회사에 관리 사장으
로 가려고 곧 청주 지방법원 판사를 만날 일이 있는데, 그 일이 잘 되겠습니까?"

하고 깜짝 놀라며 반기는 것이다. 그래서 저자는 웃으면서,

"걱정 마시고 마음 편히 추진하시면 사장님 뜻대로 잘 풀릴 것입니다."

하고 괘를 풀어 방향을 잡아, 잠을 잘 때 머리를 두는 방향과 색깔, 행운의 숫자
등 자신의 행운을 불러들이는 방법을 알려주었다. 그 3개월 뒤, 그 신사로부터 모
든 일이 잘 됐다는 반가운 소식을 들었다.


● 하루는 사십대 초반의 부부가 왔는데, 남자의 얼굴을 보니 관록궁과 명궁이
훤칠하고, 사회궁과 노복궁도 좋아서 명예도 얻고 이름도 날리며, 많은 무리를 이
끌어 나갈 상이었다. 그러나 사십대 초반의 운인 산근 부위와 찰색이 빛을 잃어서
현재는 마음이 산만하고 걱정할 일이 있을 것이다. 또한 부인의 상은 코가 길고
살집이 풍만하니, 동정심도 많고 온후한 성질이며, 장수할 상이고, 오악이 균형이
맞으니 남편 내조도 잘 하고 집안 살림도 잘 할 것이다.

생년·월·일을 묻고 풀이해 보니, 사주는 때려잡는 사주이며, 관록과 명예가 좋
고 운세도 좋으니 분명 법조계에 근무할 것이었다. 그리고 올해의 운세는 직장 이
동과 변동운인데, 움직여서는 안 될 운이고, 최소 5년간은 더 근무해야 할 명이다.
그래서 직업은 법과 관련된 업이며, 올해 직장에 변동수 있으나 하시면 안 됩니다

고 하니,

"예, 맞습니다. 저는 ○○ 고검 검사로 재직 중인데, 그만두고 변호사 개업을 할까 해서 앞으로의 일이 궁금해서 찾아왔습니다."

한다. 그래서 괘를 내어 찬찬히 훑어 보니 현재 3월은 직업이 흔들리는 피곤한 달이지만, 갈수록 관록궁이 충만하여 12월에는 진급운과 좋은 자리로 갈 수 있는 운세이니 절대 퇴직해서는 안 될 운이다.

"현직을 절대 그만둬서는 안 되며, 재물운이 5년 뒤에 발복하니 그 때까지는 근무하셔야 합니다. 명예가 중요하지. 돈이 그렇게 중요한 것은 아니지 않습니까?"

하니, 옆에 있던 부인이 조금 서운한 목소리로 말한다.

"하지만 아이들이 커나가고 있으며, 요즘은 공부도 많이 하고, 또한 저희도 노후 생활 계획도 해야 하니 필요한 만큼의 돈이 있어야 하지 않겠습니까?"

"아이들이 아직 어리니 봉급 가지고 아껴 쓰시면 되고, 5년 후에야 재물운이 발복하니 그 때부터 시작하셔도 늦지 않습니다. 또한 올 12월에 진급운과 좋은 보직을 받게 될 것이니 더욱더 근무하셔야 합니다."

라고 대답하니, 옆에 있던 남편의 얼굴이 밝아지면서 말했다.

"아 그렇습니까? 그러면 다시 한 번 생각해 봐야겠군요."

"그리고 얼굴도 판사감이니 변호사 개업 뒤에는 더 큰일을 도모할 수 있는 기회가 있을 겁니다. 하나 지금은 때가 아니니 꼭 계셔야 합니다."

"잘 알겠습니다. 안심이 좀 되는군요."

마지막으로 필자는 자기 자신의 운세를 일으키는 방향·색깔·숫자 등의 방법을 가르쳐 주었는데, 지금도 현직에 계속 근무하고 있는 걸로 알고 있다.